KB074092

반도체 제국의 미래

반도체 제국의 미래

흔들리는 반도체 패권, 최후 승자는 누가 될 것인가!

정인성 지음

THE FUTURE OF SEMICONDUCTOR EMPIRES

이레미디어

반도체 무한 경쟁 시대,
알아야 이긴다

2019년 일본의 아베 정권은 대한민국에 대하여 반도체 및 디스플레이 제조공정에 핵심 소재로 사용되는 고순도 불화수소$^{Hydrogen\ Fluoride}$, 극자외선 감광제$^{Extreme\ Ultra\ Violet\ Photresist}$, 플루오린 폴리이미드$^{Fluorinated\ Polyimide}$의 수출을 제한하는 행정적인 조치를 단행했다. 이어서 한국을 화이트리스트(수출심사우대국)에서 제외한 것은 사실상 우리 대법원의 징용 배상 판결에 반발해 경제보복의 일환으로 강경 조치를 취한 것과 같았다. 일본의 이러한 조치는 한국 전체 수출의 20%를 차지하고 있는 반도체 산업에서 차세대 반도체 개발과 생산에 차질을 주기 위한 의도가 분명했고, 핵심 소재 부품을 제한함으로써 미래 첨단 소재 부품 확보의 불확실성과 함께 대한민국 경제에 큰 타격을 줄 것이라 예상했었다.

반도체 메모리 산업은 처음에 미국에서 시작하였다가 일본으로 넘어가고, 이후 한국으로 주도권이 넘어왔다. 시간이 지나면 이 주도권이 또 다른 개발도상국으로 넘어갈 것으로 생각했던 일본과 대부분의 전문가들의 판단은 완전히 잘못되었다. 한국 메모리 반도체의 성능은 국제 가치사슬의 분

업체계를 최대한 활용한 첨단 생산기술의 향상으로 하루가 다르게 증가했다. 우리나라의 메모리 반도체 세계시장 점유율은 2021년 기준 70%를 넘어섰다. 더욱이 한국의 메모리 성능 향상은 미국의 인텔이 주도하는 비메모리 반도체 기술의 비약적인 발전과 시너지 효과를 내면서 스마트폰, 냉장고, OLED TV 등 각종 디지털 제품에서도 일본을 추월하고 세계 점유율을 높여가고 있다. 지난 아베 정권은 자국의 경제에 대한 위기감과 자존심에 상처를 입었을 것이다. 일본의 수출 규제 조치는 우리의 최대 수출 품목인 반도체 분야를 국제 가치사슬의 협력체계에서 제외하여 반도체 국제 경쟁력을 약화시키고, 그 시장을 일본이 다시 탈환하기 위하여 경제전쟁을 도발한 것이었다.

더 나아가서 미국의 트럼프 전⁽⁾ 대통령은 값싼 노동력을 바탕으로 첨단 생산기술을 습득하여 미국에게 막대한 무역적자를 발생시키고 있는 중국을 견제하기 위하여 미·중 무역전쟁을 일으켰다. 2020년, 첨예한 대립의 여파는 대만까지 영향을 미쳐 중국과 TSMC의 분쟁으로 확산되었다. 국내 경제 성장률에 영향을 미칠 것이란 기존의 걱정과 달리, 미국의 견제 덕분에 한국은 자본과 규모를 앞세워 추격해오던 중국을 따돌리며 한숨을 놓을 수 있었다. 미·중 무역전쟁으로 전 세계는 반도체 산업의 파괴력을 절실히 깨달았고, 이로 인해 국내 반도체 회사들은 또 다른 도전에 직면해 있다.

일본의 화이트리스트 제외 이후 한국 정부와 학계 그리고 산업계에서는 이러한 장·단기적 어려움과 심각성을 인식하고 반도체 소재, 부품, 장비의 안정적인 확보를 위해 대기업과 중소기업 그리고 학계 및 연구소와의 협력 체계를 통한 국산화 연구 및 개발을 적극적으로 추진하였다. 그 결과 기업들은 국내 생산을 확대하고 수입 공급처의 변화를 꾀하며 비교적 안정적인 수급을 유지하여 산업을 안정화할 수 있었다.

이러한 위기를 이겨 낸 지 얼마 지나지 않았는데 우리는 미·중 양국의 힘 겨루기에 끼어 있다. 반도체 산업이 미·중 무역전쟁의 핵심으로 떠오른 가운데, 매우 혼란스러워진 국제 환경 속에서 출간된 개정증보판《반도체 제국의 미래》는 4차 산업의 핵심 부품인 반도체 산업의 위기와 기회 그리고 미래를 다루고 있다. 또한 산업 현장의 반도체 제조기술 소개와 함께 경영 팩트 데이터 중심으로 재조명해볼 수 있어 시기적으로도 매우 적절하다. 삼성전자, 인텔, ARM, 엔비디아, TSMC, 구글 등이 변화와 혁신의 세월을 겪으면서 습득하고 실행에 옮긴 승리의 법칙을 기술하였고, 여전히 무서운 속도로 우리를 추격하고 있는 중국 반도체 산업의 잠재력과 미래의 도전, 현주소를 소개한 것 또한 유익하고 흥미롭다.

반도체 산업에 대해 보다 깊이 있는 정보와 식견을 얻기 원하는 독자들에게 이 책을 추천한다.

김광선
한국기술교육대학교 명예교수
충청남도과학기술진흥원 원장
한국반도체디스플레이기술학회 전 회장

생존을 위한 반도체

최근 들어 반도체 시장은 조용할 날이 없습니다. 일본발 수출 규제 사태가 발생한 지 몇 달 되지도 않아 코로나19 팬데믹이 전 세계를 휩쓸었고, 미·중 무역분쟁이 발생하였습니다. 일본발 수출 규제는 두 국가의 분쟁이 전 세계 공급망을 잠시 흔드는 정도였지만 뒤의 두 사건은 다릅니다.

코로나19는 IT기술이 우리의 삶을 얼마나 변화시킬 수 있는지를 보여주었습니다. 만남 자체를 막아서는 바이러스의 전 세계적 유행 앞에서 사람들이 일상을 유지하고 살아가게 해준 것은 교육, 배달 앱 등의 IT 기술이었습니다. 혹자는 이번 팬데믹을 이겨낼 수 있는 이유가 '배달의 민족'이라는 배달 애플리케이션 덕분이라는 이야기까지 하고 있습니다. 배달 애플리케이션을 원활하게 작동시킬 수 있는 강력한 IT 인프라가 없었더라면 이는 가능하지 않았을 것입니다.

팬데믹으로 인한 재택근무는 업무 문화, 나아가서 부동산 시장까지 뒤흔들기 시작하였습니다. 심지어 미국의 깃랩GitLab Inc.은 '사무실 없는 회사'를 시도해 보기까지 하고 있습니다. 3년 전만 해도 위워크WeWork라는 회사가 '공유 사무실'이란 개념을 들고 나타나 혁신을 부르짖었는데, 어느새 그 조차도 옛 이야기가 되어 버린 것입니다. 깃랩 같은 극단적인 예가 아니더라도 이미 글로벌 대기업들은 재택근무를 조건으로 거주 지역에 맞는 임금을 제안하고, 좋은 피드백을 얻고 있습니다. 생각해 보면 부동산으로 흘러 들어갔어야 할 부^{富}를 대기업과 엔지니어가 나눠 가진 셈입니다. 그뿐만이 아닙니다. 글로벌 기업은 지리적으로 고립되어 있던 인재를 값싸게 쓸 수 있는 새로운 힘도 얻었습니다. 이러한 변화로 인해 사무실의 수요는 줄어들 것이고, 일자리와 가깝다는 이유로 비쌌던 특정 지역(새너제이 등)의 집값이 어느 정도 안정화되는 효과가 있을 것입니다.

미·중 무역분쟁이 정점으로 치달았을 때 대만의 TSMC는 중국 화웨이Huawei, 정확하게는 칩 설계 자회사인 하이실리콘HiSilicon과의 거래를 끊었습니다. 하이실리콘은 TSMC의 거래처 중 상위에 포진된 고객 중 하나였을 뿐만 아니라, 중국의 안보와 관계된 기업이었습니다. 당연히 중국은 TSMC에 대한 보복이 있을 것을 암시하였고 과격한 발언을 쏟아 내었습니다.

그러나 정작 이 분쟁으로 치명타를 입은 것은 화웨이의 반도체 설계와 스마트폰 사업이었습니다. 사업이 사방팔방으로 찢어지기 시작한 화웨이와 달리 TSMC는 그 어떤 피해도 입지 않았습니다. 화웨이의 빈자리는 순식간에 AMD 등의 다른 고객들이 채워 들어갔고, 화웨이가 자체 생산하던 스마트폰은 다른 회사들에 의해 생산되며 아무 일도 없다는 듯이 팔리고 있습니다. 세계 2위 패권국이란 위치는 어마어마합니다. 중국의 GDP는 대만의 GDP보다 20배 이상 거대합니다. 하지만 다윗과 골리앗의 싸움에서 골리앗은 아무것도 하지 못했습니다. 외교력도 군사력도 무력했습니다. 이 정도로 보복 비슷한 무언가조차 해보지 못하기는 쉽지 않을 것입니다.

이 모든 사건은 반도체라는 것이 단순히 편리하다/아니다 만의 문제가 아닌, 생존의 문제라는 것을 보여줍니다. 팬데믹에서 우리에게 IT기술이 없었다면 제대로 된 삶을 영위할 수 없었을 것입니다. 대만은 TSMC가 없었다면 이번 미·중 무역분쟁에서 치명적인 국가적 피해를 입었거나, 서방 세계와 사이가 멀어졌을지도 모릅니다.

이제는 생존을 위해서라도 모두가 반도체 기술을 배우고 알아야 할 때입니다. 한국 역시 대만과 비슷한 점이 있습니다. 수출 중심의 국가이며, 첨예한 충돌이 반복해서 일어나는 동북아 지역에 위치하고 있습니다. 전자산업, 특히 반도체 산업이 국가의 핵심 산업인 것까지 유사합니다. 대만에 일어났던 일은 그저 과거로 치부할 이야기가 아닙니다. 어느 정도는 이미 한국에서도 일어나고 있습니다. 당시 싸움의 후속조치로 중국은 SMIC에 투자를 단행하였으며, 미국과 유럽은 제조 공장 유치를 위한 국가적 노력을 치열하게 하고 있습니다. 미국의 조 바이든 대통령은 취임 직후 국가 정상들보다도 먼저 글로벌 반도체 회사 대표들과 회의를 하였습니다. 이젠 경제를 넘어, 삶과 안보를 이해하기 위해서라도 배워야 한다는 뜻입니다.

이 책에서는 반도체가 우리의 삶을, 세계 패권을 이 정도까지 좌지우지할 수 있게 된 이유를 반도체 사업 시원의 역사와 패권 다툼 중심으로 확인해 볼 것입니다. 반도체가 다른 재화와 달리 어떤 특성이 있는지 살펴보고 이러한 특징으로 인해 발생한, 반도체가 아니면 일어날 수 없는 수많은 혁신과 그에 대한 결과를 알아볼 것입니다. 그리고 그 혁신이 불러오는 또 다른 혁신의 연쇄를 함께 고찰할 것입니다.

앞으로 살펴보시게 될 수많은 혁신들은 전부 우리의 삶을 책임지고 있는 것들이며, 그중 하나라도 없다면 어떻게 될지 독자 여러분도 쉽게 이해하실 수 있을 것입니다. 반도체가 전략무기화된 이유를, 즉 얼마나 중요한지, 얼마나 대체하기 힘든 것인지 역시 이해하실 수 있을 것이라 믿습니다. 그 다음 최근 논란이 되었던 몇 가지 사안들과 키워드에 대해 살펴볼 것입니다. 책의 내용을 잘 따라오셨다면 즐겁게 보실 수 있을 것이라 생각합니다.

이 책은 단순히 독자 여러분들을 숫자로 감동하게 하거나 혹은 크게 겁을 먹게 하기 위해 쓰지 않았습니다. 반도체를 둘러싼 생태계와 혁신 그리고 이로 인해 발생하는 파워게임과 역학 관계를 이해하시길 바라고 썼습니다. 예를 들면 어째서 '인텔은 미세공정이 수년간 지지부진함에도 아직 생존하고 있는가?' 등에 대한 답을 찾으실 수 있으면 됩니다. 특정 페이지에서 두 경쟁자나 협력자 사이의 역학 관계가 이해되셨다면 수많은 기술적 단어들은 전부 다 넘어가서도 좋습니다. 전부 이해하면 책의 저자로서 영광이지만, 독자 여러분들의 상황 판단을 돕고 결정적인 순간 도움을 주는 수준으로만 이해되어도 이 책은 목적을 다 한 것입니다. 개정판을 쓰고 있는 것만으로도 무척 과분한 사랑을 받았다고 생각합니다.

그렇지만 조금 더 욕심을 내 보자면, 훗날 이 책이 '제 2의 반도체'가 무엇이 될지를 판단하는 데 조금이나마 도움이 되었으면 합니다. 반도체가 더 이상 세계 패권을 좌지우지할 물건이 아닌 날이 올지도 모릅니다. 그런 순간이 오기 전, 누군가 반도체 사업에서의 교훈을 발판 삼아 정말 중요한 사업을 찾아낸다면 그만한 영광이 없을 것이라 생각합니다.

TSMC의 창업자 모리스 창은 나이 56세에 홀로 파운드리 사업을 개척하였습니다. 여정이 쉽지만은 않았습니다. 삼성전자 이건희 회장의 스카우트를 받기도 하였지만 거절하였습니다. 그리고 그 소신 덕분에 2020년 TSMC는 대만의 수호자가 되었습니다. 엔지니어로서 그런 인물이, 혹은 그런 산업이 한국에서 나타난다면 매우 기쁠 것 같습니다.

정인성

Part

1 반도체 제국의 탄생

Part

2 4차 산업혁명 시대, 새로운 승자의 법칙들

반도체가 세상을
바꿀 수 있는 이유

우리는 으레 '반도체가 세상을 바꾼다'고 이야기하곤 한다. 그런데 잘 생각해 보면 '컴퓨터가 세상을 바꾼다'고도 이야기하지 않던가? 반도체는 부품이고, 컴퓨터는 완제품이므로 '컴퓨터가 세상을 바꾼다'라고 말하는 게 옳다. 그런데 왜 사람들은 여기에서 반도체를 떠올리는 것일까? 반도체가 없다면 컴퓨터는 세상을 바꿀 파괴력을 가질 수 없기 때문이다. 본론으로 들어가기에 앞서 컴퓨터와 반도체의 개념을 짚어 보고 지금의 이들을 있게 한 기술적 기반에 대해서 간단히 알아볼 것이다.

먼저 컴퓨터의 역사부터 살펴보려고 한다. 옥스퍼드 사전에 따르면 1613년, 처음으로 '컴퓨터'란 단어가 등장했다. 1640년, 1897년 등 단어 출현에 관한 여러 가지 설이 존재하는데 확실한 것 하나는 컴퓨터란 단어의 역사가 전자회로보다 길다는 것이다. 즉 컴퓨터의 개념은 전자회로의 개념과 분리된

그림 Ⅰ 해석기관❶

그림 Ⅱ 해석기관의 프로그램에 해당
하는 천공 카드❷

다. 두 가지 개념이 분리된다는 것으로 미루어 짐작건대 컴퓨터의 개념만 가지고는 지금의 IT시장 구조를 정확히 이해하기가 쉽지 않을 것임을 알 수 있다.

우리가 컴퓨터하면 떠오르는 것과 비슷한 무언가를 만들려는 시도는 과거부터 계속되어 왔다. 1837년 영국의 찰스 배비지Charles Babbage는 에이다 러브레이스Ada Lovelace 부인과 협력하여 수증기를 이용해 움직이는 컴퓨터인 해석 기관Analytic Engine을 만들고자 했다.

배비지가 세상을 떠나는 바람에 끝내 빛을 보지 못했지만(너무 복잡해서 배비지가 좀 더 살았더라도 실패했을 것이란 의견이 있다), 해석기관은 현대 컴퓨터와 유사한 특징을 다수 가지고 있었다.

해석기관에는 숫자를 수십 개 저장할 공간이 있었고, '천공 카드'라는 판에 일종의 프로그램을 짤 수도 있었다. 해석기관에 천공 카드를 투입하면 해석기관이 천공 카드에 새긴 프로그램을 규칙에 맞게 수행했다. 예를 들면 저장된 수십 개의 숫자 중 '첫 번째와 두 번째를 더해라' 등의 사칙연산을 한 뒤 '값을 열 번째 칸에 써라' 등의 절차를 천공 카드에 패턴을 새겨 넣음으로써 수행시킬 수 있는 구조였다. 천공 카드를 바꿔 끼우면 마치 우리가 문서 편집 프로그램을 열었다가 웹 브라우저를 여는 것과 같은 효과가 나는 것이다. 물론 해낼 수 있는 작업의 종류는 지금의 컴퓨터보다 적었을 것이고 복잡한 숫자 계산 정도나 가능했을 것이다.

이후 해석기관 같은 시도는 한동안 없다가 1940년대가 되어서야 최초의 컴퓨터 '에니악ENIAC'이 등장한다. 에니악은 '진공관'이라는 전구와 비슷하게 생긴 물체를 통해 전기 신호를 제어함으로써 프로그램을 실행하고 연산을 수행할 수 있었다. 그러나 〈그림 III〉에서 확인할 수 있는 것처럼 이렇게 생긴 진공관이 2만 개 가까이 필요했기 때문에 기기 전체의 크기가 매우 컸다. 성능을 높이려면 진공관을 더 많이 끼워야 했는데 전력 소모도 심했고 백열전구와 비슷한 특성을 가져 개별 소자의 고장이 잦았다. 결정적으로 진공관이 너무나 크기를 줄이기 힘든 구조로 되어 있었다. 전구와 비슷한

그림 III 다양한 진공관의 모습. 크기가 상당함을 알 수 있다
(Photographed by Stefan Riepl, CC-BY-SA 2.0, 1cm 표시 추가)

그림 Ⅳ 에니악의 모습❸

크기를 줄인다고 노력한들 얼마나 줄일 수 있었을까? 컴퓨터의 핵심 부품이 진공관이었다면 우리가 아는 PC나 스마트폰은 나올 수 없었을 것이다.

컴퓨터의 개념이 지금 우리가 아는 PC와 스마트폰으로 확대될 수 있도록 해 준 발명은 '트랜지스터'였다. 예전부터 과학자들은 '무언가'의 흐름을 제어할 수 있는 도구를 여러 개 연결하면 컴퓨터 같은 기계를 만들 수 있다는 걸 알고 있었는데, 그 분야에서 어마어마한 진전이 일어난 것이다. 찰스 배비지가 시도했던 해석기관 역시 증기와 톱니바퀴로 제어되는 물건이라 볼 수 있다.*

최초로 나타난 트랜지스터는 'BJT' 형태였다. BJT는 베이스^{Base}라고 부르

---

* 정확히 말해, 논리 게이트를 조합하여 컴퓨터를 만들 수 있다는 것이다. 그리고 논리 게이트는 어떤 형태로든 신호(전기, 물, 공기 무엇이든)를 제어할 능력만 있으면 만들 수 있다.

는 곳에 얼마 이상 전압을 가해주면, 콜렉터^{Collector}와 이미터^{Emitter} 사이에 전류를 흘렸다가, 끊었다가 할 수 있는 물건이었다. 즉 전기를 통해 전기의 흐름을 제어할 수 있게 된 것이다.*

트랜지스터의 발견은 '흐름을 제어할 수 있으면 컴퓨터를 만들 수 있다'와 합쳐져 어마어마한 효과를 가져왔다. 인간이 만든 내연기관은 초당 3,000~10,000번 정도 회전할 수 있고, 저자 본인은 1초에 약 1~2회 정도 방의 스위치를 껐다, 켰다 할 수 있다. 반면에 트랜지스터는 전자회로이기 때문에 초당 수억 번 상태를 바꿀 수 있을 뿐만 아니라, 내연기관이나 전등 스위치보다 내구력이 훨씬 우월하다. 자동차 엔진은 마모가 일어나지만, 약한 전류로 인해 전선이 끊어지는 일은 매우 드물다.

그러나 〈그림 V〉를 보면 알 수 있듯이 BJT는 생산 방식의 특성으로 원하는 만큼 작아질 수는 없다. BJT를 이용해 현대의 컴퓨터를 만든다면 건물 하나의 크기가 나올 것이다. 〈그림 V〉의 트랜지스터는 개발 초기에 조악했던 BJT보다 많이 작아지고 성능도 좋아졌지만 저런 소자를 수억 개쯤 빼곡히 한 자리에 끼워 넣기는 여전히 어렵다는 것을 쉽게 알 수 있다. 물론 진공관이라면 아예 뭘 해 볼 수도 없는 사이즈일 것이므로 이건 이대로 발전이

---

* '베이스', '콜렉터', '이미터'는 반도체 물질로 이루어져 있는데, 이러한 반도체 물질과 각종 도선의 조합인 트랜지스터도 반도체라 부르는 것이 매우 흥미롭다. 이후 이 책에서 말하는 반도체 대부분은 반도체 물질이 아닌, 반도체 소자를 의미한다.

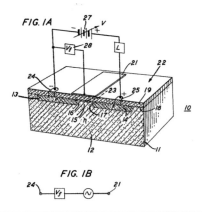

그림 Ⅵ 세상을 바꾼 강대원 박사의 특허 3,102,230번

라 말할 수는 있겠지만 말이다.

미래로 향하는 마지막 단추는 '모스펫^{MOSFET}(전계 효과 트랜지스터)'이라는 트랜지스터가 개발되며 끼워졌다. 1959년, 벨 연구소^{Bell Labs, 現 NOKIA Bell Labs.}의 강대원 박사와 마틴 모하메드 존 아탈라^{Martin Mohammed John Atalla} 박사가 개발한 이 트랜지스터는 BJT와는 달리 납작한 모양이었고 실리콘 표면에 산화, 식각, 세정 등의 처리를 해서 만들 수 있었다.

발명은 세계를 뒤흔들었다. 뒤에서 자세히 알아보겠지만 납작하고 실리콘 표면에서 만들 수 있다는 특징이 노광 기술과 합쳐지면 실리콘 웨이퍼 표면에 수천~수만 개의 모스펫을 한번에 생성할 수 있는 길이 열린다. 이후에 노광기의 해상도가 높아지면 그 크기를 더 줄일 수 있어 동일 면적당 더 많은 모스펫을 생성할 수 있게 된다. 컴퓨터를 만드는 핵심 부품은 어떠한 신호를 끊었다 붙였다 할 수 있으면 되지, 크기는 중요하지 않다. '신호를 끊었다 붙였다 할 수 있는 어떤 부품'이 있으면 컴퓨터를 만들 수 있다는 사실과 무한히 작아질 수 있는 '신호를 끊었다 붙였다 할 수 있는 어떤 부품'의 조합이 세상에 나온 것이다. 우리가 아는 'CPU', 'D램DRAM', '낸드NAND', 'GPU' 등의 반도체 칩은 전부 모스펫을 기반으로 한다.

컴퓨터는 한때 개념만이 존재했다. 이후 컴퓨터는 진공관을 거쳐 전기를 통해 신호를 제어하는 발명품을 만났고, 사람들은 전기로 신호를 제어하는 물건을 동일 면적에 2년마다 2배씩 더 많이 생산하는 방법을 알아내게 된다. 그리고 12년 뒤 1971년, 인텔이 이러한 기술과 자신들의 설계 기술을 조합하여 최초로 CPU의 모든 핵심 부품을 단 한 개의 칩에 모은 '인텔 4004'를 출시했다. 이전에 존재했던 혁신이 다른 혁신을 부르고, 또 다른 혁신과 만나 드디어 임계 질량이 된 것이다. 그리고 이 때를 기점으로 인류는 지금까지 겪어보지 못한 엄청난 속도의 기술 발전을 경험한다. 컴퓨터와 모스펫이 만났기에 가능했던 일이었다. 이 기술들을 기반으로 하여 우리가 아는 반도체 제국들이 출현하기 시작했고, 그 든든한 기반 위에 수많은 IT기업들이 세워졌다.

THE
FUTURE
OF
SEMICONDUCTOR
EMPIRES

반도체를 만든다는 것
- 제조 공정 이해하기

반도체는 전체 수출의 20%를 차지하고 그 액수는 1,000억 달러를 넘어서는 명실공히 한국의 대표 수출품이라고 할 수 있다. 첨단제품을 최초로 지속적으로 만들어내고 있고, 전 세계 반도체 시장의 강자로 확고하게 자리매김하고 있어 우리 국민이 느끼는 자부심도 강하다.

반도체 없이는 각종 전자제품은 물론 일상생활이 영위되지 않을 정도임에도 정작 우리는 반도체에 대해 아는 것이 거의 없다. 반도체는 어떤 것이며 어떤 종류가 있는지, 또한 어떤 공정을 거쳐 제조되는지 아는 사람은 많지 않다. 반도체 산업에서 승자가 된 기업들의 기술과 전략을 살펴보기 전에 먼저 반도체 제조 공정을 알아보도록 하자.

반도체 제조는 건축과 비슷하다. 건물을 지을 때 가장 첫 단계는 일단 건물의 용도를 정하는 것이다. 사전 시장조사를 통해 어떤 건물이 필요한지

조사한 뒤 아파트로 할지, 거대한 화학 공장으로 할지, 운동장으로 만들지 등을 정해야 한다.

건물의 용도가 정해지면 건물의 도면을 그린 청사진^{Blueprint*}을 만들어 구체적으로 건물의 특정 부분이 어떤 일을 할지 정해나간다. 아파트를 예로 들면, 도면의 왼쪽 아래 문이 있고 중앙에는 거실이 얼만큼의 면적으로 위치하며, 주방과 안방은 어디에 어느 정도 사이즈로 있어야 하며, 창문의 규격과 위치 등을 결정한다. 이 과정에서는 입주할 사람들의 취향에 맞추는 선에서 가능한 효율적으로 건설할 수 있는 구조를 취해나가야 한다.

이렇게 설계도가 완성되면 건축 자재를 대규모로 매입하는 한편, 수많은 하청 업체와 인테리어 업체를 고용하여 건설에 들어간다. 땅을 다지고, 대들보를 올리면서 수많은 층을 올려 예정된 설비들을 붙여 넣는 것이다. 그리고 건설 과정에서 지속적으로 설계도대로 진행되고 있는지 확인하고 최종적으로 완공되면 고객에게 판매한다.

반도체도 마찬가지로, 일단 시장조사를 통해 원하는 제품을 선택한다. 삼성전자와 같은 메모리 회사는 고객사들의 이야기를 듣고 어느 정도의 저장용량을 가진 메모리가 가장 많은 수요가 있는지 알아본다. 그리고 어느 정도의 전력 소비까지 고객이 감내할 수 있는지를 종합적으로 판단한다. 인텔과 같은 로직 회사의 경우도 비슷하게 고객이 어느 정도의 CPU 성능을 요구할지, 노트북 고객들은 어느 정도의 배터리 수명을 요구하고 CPU로부터 어느 정도의 전력 및 발열까지 감내할 수 있는지를 조사한다.

이렇게 모인 정보를 바탕으로 각 회사들은 자신의 칩이 시장의 요구사항

---

* 이제는 건물의 도면을 만들 때 청사진만을 사용하진 않는다.

을 맞출 수 있도록 최적의 디자인을 만들기 시작하는데, 이를 반도체 설계라고 한다. 건물 청사진에 화장실, 사무실, 탕비실, 엘리베이터, 인터넷선 등을 가장 효율적인 위치에 배치하는 것처럼, 트랜지스터의 조합으로 이루어진 각종 소형 부품들의 연결 관계와 위치를 대략적으로 지정하는 것이다. 이 과정은 각 회사가 영위하는 사업 분야에 따라 크게 달라진다. 아파트 건설 회사도, 거대한 플랜트 건설 회사도 전부 설계도를 만들긴 하지만 설계도의 구성은 완전히 다르다. 예를 들어 대표적인 반도체인 D램과 CPU의 차이를 잠시 살펴보자. 물론, 이러한 반도체 간의 차이는 앞으로도 계속 언급될 것이다.

메모리의 대표주자 D램을 예로 들면, D램은 사용자로부터 명령과 주소를 받는 부분, 주소를 해독하는 부분, 데이터 저장소와 읽어온 데이터를 잠시 보관해두는 래치Latch 등으로 비교적 간단하게 구성된다.* D램의 가장 기본적인 동작은 사용자(CPU 등)로부터 명령의 종류(읽기, 쓰기), 주소, 데이터를 받은 뒤 명령이 '읽기'라면 해당 주소의 저장소에 접근하여 데이터를 보내주고, 명령이 '쓰기'라면 해당 주소에 전하를 채우는 것이다. 그 이외에 리프레시나 작동 속도, 타이밍 변경 등 다른 동작들도 있지만, D램을 이해하는 데에는 크게 필요하지는 않다. 이를 통해서도 알 수 있겠지만, D램은 설계의 기술이 상대적으로 적게 필요하며, 대신 전체 면적의 대부분을 차지하는 데이터 저장소를 줄이는 것이 더욱 중요하다. 이를 해내기 위해서 회사들은 신형 노광기를 도입하는 등 여러 가지 노력을 기울이고 있다. 쉽게 말하면

---

* 명령어의 종류와 사용 방법은 사전에 스펙의 형태로 정의되어 고객과 공유되어 있다. 사용자는 메모리 회사가 칩을 스펙에 맞게 잘 만들었다고 전제하고 사용하며, 메모리 회사는 스펙에 나온 명령어의 행동 규칙을 만족했는지 확인하며 개발한다.

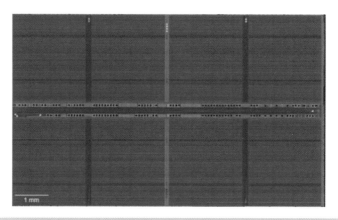

1 mm

그림 Ⅶ D램 칩을 확대하여 찍은 사진: 칩의 면적 대부분은 데이터 저장소로, 동일한 패턴이 반복되고 있음을 알 수 있다. ④

메모리 반도체 칩은 거대한 아파트 단지와 비슷하다. 메모리는 이해하기 쉬운 유사한 구조가 반복되어 빽빽하게 들어차 있으며, 그나마 복잡한 업무라고 해야 택배를 원하는 주소로 보내는 정도의 수준이다.

인텔 같은 CPU 회사들의 경우는 데이터 저장이 목적이 아니고 강력한 연산 성능을 제공해야 하기 때문에 매우 다른 구조를 가지고 있다. 프로그램은 수백~수천 가지 다양한 명령어의 조합으로 만들어져 있다. 또한 CPU는 초당 10억 개씩 밀려들어오는 수천 종류의 다른 프로그램 명령어를 해독Decode하여 명령어의 수행 대상 지점으로 보내는 어려운 역할을 해야만 한다. 이러한 작업은 시대가 지나 실리콘이 신호전달, 열밀도, 트랜지스터 전류 구동 능력 등의 한계를 보일 때마다 더욱 어려워졌으며, 새로운 기능들을 칩 내부에 추가하여 어려움을 극복하였다. 따라서 현대의 CPU는 완전히 다른 기능을 가진 수십 가지의 섬이 오밀조밀하게 각종 배관을 통해 합쳐진 것 같은 모습을 하고 있다. 이는 마치 매우 복잡한 중화학 플랜트와 비슷한 구조이다. 거대한 아파트 단지와 달리 칩의 각 부위들은 완전히 다른 역할을 하며, 긴밀히 상호작용한다.

현대의 CPU들은 다층의 캐시 메모리와 디코더, ROB, 대기소, 연산포트, 연산기^{ALU} 등 다른 기능을 하는 많은 조그마한 하드웨어들로 연결되어 있다. 〈그림 Ⅷ〉의 네모 칸(빨간 박스)이 하나의 CPU 코어인데, 이 내부에 수많은 연산장치와 캐시 메모리 등이 들어가 있다. 메모리와는 달리 이들의 기능을 하나하나 이해하는 것은 매우 힘들기 때문에, 뒷장에서 좀 더 자세히 볼 것이다. 전체적으로는 메모리와 CPU는 〈표 Ⅰ〉과 같은 설계적 차이점이 있다.

당연하지만 이런 복잡한 설계는 사람이 손으로 직접 하기가 어렵다. 수십억 개가 넘는 트랜지스터를 하나씩 손으로 배치하는 것은 불가능에 가까우며, 검증도 곤란하다. 따라서 칩의 설계를 도와주는 EDA$^{Electronic\ Design\ Automation}$ 툴, 해당 설계를 특정 제조 기술에 맞춰주는 PDK$^{Process\ Design\ Kit}$

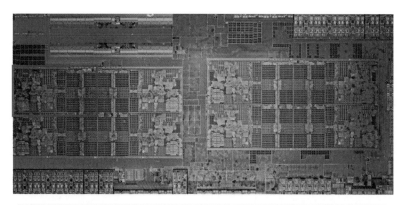

그림 Ⅷ AMD EPYC 칩렛의 사진: D램과는 달리 매우 복잡한 모습을 가지고 있음을 알 수 있다. ❺

툴 등이 필요하다.

이런 어려운 과정을 거쳐 칩이 설계되고 나면, 실제 설계도에 따라서 팹 Fab이라고 부르는 반도체 공장에 가서 완성품을 만든다. 이 과정 역시 깎고, 위로 쌓아 올리는 등 건축 과정과 유사하다. 이를 반도체 제조라 한다.

제조는 다른 제조업들과 마찬가지로 목적이 매우 간단하다. 시장이 원하는 성능과 특성을 맞추는 한도 내에서 최대한 싸게, 최대한 많은 제품을 만들어내는 것이다. 이때 차이가 있다면 압도적 기술력을 사용하면 원자재의 가격을 무한대로 줄일 수 있다는 것이다. 과자 회사의 기술이 아무리 뛰어나도 50g의 과자를 만들기 위해선 50g의 재료를 투입해야만 한다. 하지만 반도체 회사에서는 1MB의 메모리를 만들기 위해 필요한 재료의 양이 매해 수십 %씩 감소하는 마법이 일어난다.

한편, 설계 단계에서 만들었던 구조를 실제로 웨이퍼 위에 수천 개씩 구현하는 것 역시 엄청난 도전이다. 반도체는 건물이 아니기 때문에 일단 다 만든 뒤 그 내부를 사람들이 돌아다니며 내용물을 채워넣는 등의 행동을 할 수 없다. 오로지 위에서 보고 깎기, 쌓기만이 가능한 상당히 제약이 많은 퍼즐 게임과도 같다. 그래서 전체의 모습을 이미 제조 첫 단계부터 생각하며 세심히 그려 넣어야 한다. 예를 들면 간단한 막대기 하나가 서 있는 구조를 만들기 위해서는 어떻게 해야 할까?

표 Ⅰ 메모리와 CPU의 차이점

	동작의 종류	설계 복잡성	트랜지스터 밀도
메모리	적다(읽기/쓰기)	낮다	높다
CPU	많다(수천 종류)	높다	낮다

〈그림 IX〉에서 알 수 있듯 일단 맨 아래쪽에 판을 준비해야 한다. 그다음에는 물질을 웨이퍼 위에 두텁게 바른다. 원하는 막대기의 두께만큼 발라야 한다. 그 이후에는 물질 위에 포토레지스트Photoresist라고 부르는 독특한 물질을 입힌다. 이 물질은 광원에는 잘 반응하여 빛을 받으면 타버리지만, 물리적으로 깎는 것에는 저항하는 독특한 특성이 있다.

이렇게 포토레지스트까지 준비되고 나면, 고성능의 광원과 빛을 차단하는 마스크를 준비하여 기둥이 될 가운데 부분을 제외한 주변부의 포토레지스트를 태워서 없애버린다. 이를 통해 깎아버릴 곳과 남겨둘 곳을 정하는 것이다. 다음 단계에서는 강력한 가스를 이용하여 주변부를 깎아버리고, 남

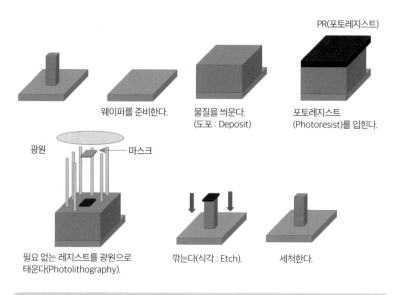

웨이퍼를 준비한다.

물질을 씌운다.
(도포 : Deposit)

PR(포토레지스트)

포토레지스트
(Photoresist)를 입힌다.

광원

마스크

필요 없는 레지스트를 광원으로
태운다(Photolithography).

깎는다(식각 : Etch).

세척한다.

그림 IX 웨이퍼 위에 기둥 하나가 서 있는 구조를 만드는 방법 예시

---

* 공정 목표와 사용해야 하는 물질에 따라서는 반대로 가운데만 구멍을 뚫은 뒤 물질을 채워 넣는 방식을 사용할 수도 있다.

아 있는 포토레지스트를 제거하면 원하는 구조를 만들어낼 수 있다.*

실제 제조 환경에서는 물질을 도포하고, 포토레지스트를 씌우는 과정에서 베이킹 과정이 추가되는 등 더욱 복잡한 모습을 보이게 된다. 실제 반도체는 이렇게 한 단계만으로 만들어낼 수 없으며, 반복해서 이러한 구조물들을 만들어야 한다. 때로는 임시 구조물을 세웠다가 없애버리기도 하고, 약간의 빈 공간을 만드는 등 매우 복잡한 테크닉이 필요하다. 최첨단의 반도체들은 일반적으로 완성까지 이러한 과정들은 600스텝 이상의 공정을 필요로 하는 것으로 알려져 있으며, 이렇게 하여 완성된 구조물은 〈그림 X〉과 같은 모습이 된다. ❻

〈그림 X〉을 보면 알 수 있듯, 가장 아래쪽 웨이퍼와 가까운 쪽에는 반도체 소자(흔히 PMOS, NMOS로 불림)들이 위치하고 있으며, 이들이 가장 미세하게 제조되어 있음을 알 수 있다. 이러한 부분을 제조하는 과정을 FEOL^{Front End of the Line}이라 부른다. 그 위로는 금속 배선층이 자리하고 있으며, 이들이 각 소자들을 연결하는 역할을 한다. 사이사이 절연물질이 채워져 있고, 필요에 따라서 소자와 직접 접촉하거나 다른 금속들과 연결되는 것을 알 수 있다. 이러한 과정을 BEOL^{Back End of the Line}이라 부른다.

현대의 첨단 반도체는 10억 개 이상의 소자들로 이루어져 있으며, 금속 배선들을 통해 이러한 소자들을 최소한 한 번은 연결해야 하는 매우 어려운 일을 해나가는 것이다.

한편 BEOL에서 위층으로 갈수록 미세함이 떨어지고 배선도 굵어지는 것을 볼 수 있는데, 이러한 이유 때문에 첨단 공정에서도 구세대 장비를 계속 이용할 수 있다. 그림에는 나와있지 않지만, FEOL에도 이와 유사하게 그 특성상 소형화할 수 없는 소자들이 존재한다. 소 잡는 칼을 닭 잡는 데 쓰는 것

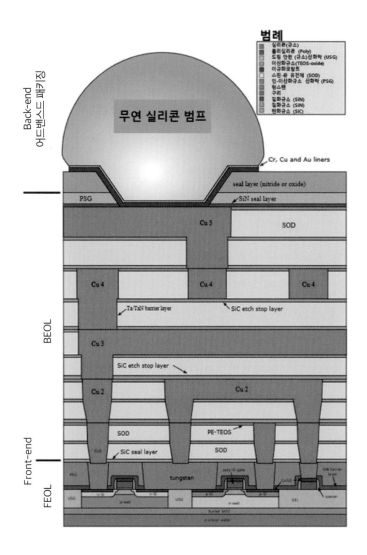

그림 X 실제 반도체의 단면 그림 ⑦

은 낭비이기 때문이다. 실제로 정밀도가 높은 장비들은 출력^{Throughput}과 장비 도입 가격 측면에서 손해인 경우가 많다. 그렇다고 해서 정밀도가 낮은 장비 위주로 세팅하게 되면 맨 아래층의 가장 핵심적인 부분들의 특성이 영향을 받게 된다. 그러므로 반도체 제조사들은 장비의 가격과 추가 정밀도를 통해 얻을 수 있는 수율과 특성 강화 등의 요소들을 고려해가며 최적의 장비 조합을 찾아 세팅해야만 한다. <그림 XI>를 통해 이러한 효과를 간단히 알아볼 수 있다.

뿐만 아니라, 장비와 소재들은 매우 밀접한 관계를 가지고 있다. 예를 들면 특정 수준의 정밀도를 요구하는 식각 공정이 있다면 해당 식각에 필요한 최적의 장비를 찾아야 하고, 거기 사용할 식각용 물질과 포토레지스트도 맞춰서 구해야 한다. 식각 용액에는 일정 수준 이상의 불순물이 들어 있을 뿐만 아니라, 불순물의 조성도 각 업체마다 다르기 때문에 물질을 바꾸게 되면 결과도 조금씩 바뀔 수밖에 없다.

이런 산전수전을 거쳐 첫 테스트용 칩이 탄생하면, 그 후에는 칩이 원하는 대로 만들어졌는지 테스트를 거치고 원하는 대로 동작하는지를 보게 된

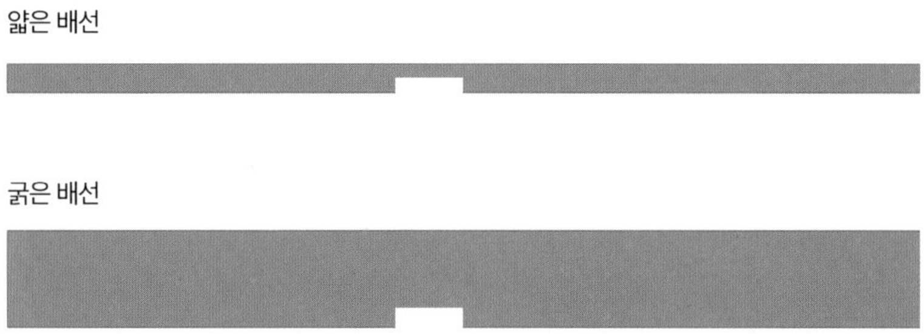

얇은 배선

굵은 배선

그림 XI 동일 크기의 오차가 주는 두 가지 다른 영향: 중요한 부분에서 정밀도가 낮은 공정을 사용할 경우 큰 오차를 만들어낼 수 있다.

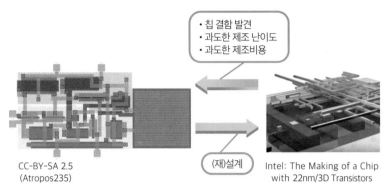

• 칩 결함 발견
• 과도한 제조 난이도
• 과도한 제조비용

(재)설계

Intel: The Making of a Chip
with 22nm/3D Transistors

출처: http://commons.wikimedia.org/wiki/File:Visiopamp2.gif
인텔 홍보 동영상

그림 XII 설계된 칩이 제조되고 나면, 칩을 수차례 평가하여 그 결과를 다시 설계에 반영하게 된다.

다. 만약 칩의 설계도가 잘못되어 원하는 대로 동작하지 않거나(하드웨어 버그),* 개발 중에 시장에 큰 변화가 있어 특성을 바꿔야 하거나, 제조해보니 생각보다 난이도가 높아 경제성이 좋지 않다는 결론이 나오면 다시 반도체 설계 단계로 돌아가 필요한 부분을 수정하게 된다. 이러한 일을 수차례 반복하여 칩의 결함을 수정하여 시장의 요구사항에 맞추면, 비로소 칩이 시장으로 나오는 것이다.

칩을 테스트하는 것 역시 굉장히 많은 장비와 노하우를 필요로 하며, 매우 어려운 일이다. 웨이퍼가 작동하는 칩이 되기까지는 1개월에서 3개월이라는 오랜 시간이 걸리기 때문에, 잘 짜인 테스트를 이용해 찾아낼 수 있는 결함을 최대한 찾아내는 것이 중요하다. 일반적으로 제품 개발 기간이 1~2년인 것을 고려할 때, 전체 일정의 15%가 늘어날 수도 있다.

---

* 대표적인 예가 인텔 CPU의 보안 결함이다.

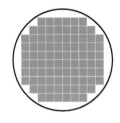

그림 XIII 왼쪽과 같이 검은 칩 단위까지 패키징하여 비즈니스를 할 수도 있고, 아예 필수적인 검사들을 마친 웨이퍼 단위로 판매할 수도 있다.

작동하는 칩을 얻은 이후에는 비즈니스가 여러 형태로 나뉘게 된다. 엄밀하게 이 과정부터는 반도체 패키징이라고 부른다. 이 과정도 반도체 회사가 직접 패키지를 만들어 다른 종류의 칩과 칩을 연결하여 판매하는 경우도 있고, 아예 패키징 자체를 하지 않고 웨이퍼 단위로 비즈니스를 하는 경우도 있다. 전자의 경우가 가장 흔한 형태의 비즈니스다. 하지만 최근 스마트폰 등 소형 전자기기 사용이 늘어나 반도체 칩의 크기와 공간의 사용이 중요한 주제가 되었고, 칩의 패키지가 차지하는 기능과 공간조차 최적화하려는 고객이 늘어나며 후자의 비즈니스가 생겨나게 되었다.

최근에는 미세공정의 한계가 다가오고, 고객들의 공간 활용도의 요구사항이 높아짐에 따라서 여러 개의 CPU나 CPU+GPU 등의 이종Heterogeneous 칩을 고속의 인터커넥트로 연결하여 한 패키지에 포함시켜 판매하거나, 한 패키지 안에서 칩 위에 칩을 바로 쌓는 등의 어려운 기술이 개발되고 있다.

정리하면 반도체를 만드는 과정은 '시장조사 → 설계 → 제조 → 테스트 → 패키징*'으로 나뉘며, 제조의 경우 크게 FEOL과 BEOL 과정으로 나뉜다. 이후의 패키징 역시 고객의 다양한 요구사항에 따라 다른 형태로 진행되고 있다.

이러한 과정을 반드시 한 개의 회사가 진행할 필요가 없다. 시장의 요구 사항에 맞춰 반도체 설계만을 하는 회사(팹리스)도 존재하며, 설계를 받아 제조만을 수주받는 회사(파운드리)도 존재한다.

반도체 제조 공정을 조금 더 자세히 알고 싶은 독자를 위해 책 뒷부분의 〈부록〉에 반도체 공정과 관련된 한국의 주요 기업들을 소개했다. 해당 기업이 생산하는 장비가 전체 공정에서 어떤 역할을 하는지, 그 과정이 구체적으로 어떻게 이루어지는지 설명했다.

---

* 사실 테스트는 패키징 전에도 시행되고, 패키징 후에도 시행된다.

PART

1

반도체 제국의 탄생

1장

삼성전자:
무모한 도전으로 시작해
챔피언이 되다

누구든 도전할 수 있는 메모리 분야

현대의 컴퓨터는 매우 복잡하게 생겼지만, 사운드 코덱 칩, 모뎀 등 상당수의 보조 장비들을 떼어놓고 보면 주로 CPU, 메모리, 보조기억장치로 구성된다. 모니터도, 키보드도 없는 모습이 이상할 수 있지만, 본래 컴퓨터가 하는 일은 '메모리에 들어 있는 명령어를 CPU가 수행한다', '메모리의 값을 CPU에 읽어 들여 연산한다', '메모리에 연산 결괏값을 적는다' 이 세 가지가 대부분이다.

CPU는 중앙연산장치라고도 불리는 하드웨어로, 사용자가 만들어놓은 일련의 명령어들을 해석^{Decode}하여 특정 장소에서 값을 불러와 각종 연산을 수행한 뒤, 결괏값을 다시 특정 장소에 저장하는 일을 한다. '읽고, 계산하고,

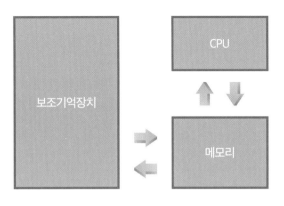

그림 1-1 가장 기초적인 부분만 남긴 컴퓨터의 구조

쓰고'라고 생각하면 매우 단순해 보이지만, 2018년 기준 인텔 CPU가 해석해 내야 하는 명령어의 종류는 설명서만 A4 2,000페이지가 넘는 분량을 자랑한 다. 그뿐만 아니라, 사용자들의 높아져만 가는 성능 요구사항을 맞추기 위 해서 한 개의 하이엔드급 CPU 코어는 2021년 현재 인텔 11900K 기준 1초에 4,110억 개 가까운 명령어를 처리해낸다(드라이스톤Dhrystone* 기준). 당연하게 도 칩의 구조는 매우 복잡하고, 설계의 난이도는 매우 높아지게 된다.

메모리는 데이터가 저장되는 방으로, CPU가 처리해야 하는 명령어들의 집합을 저장해두거나, CPU에게 전달해주거나 혹은 CPU가 스스로 연산해 서 생성해낸 데이터들을 저장해둔다. 그리고 요청받을 경우 데이터를 전달 해주는 역할을 한다. CPU는 분명 여러 가지 일을 하지만, 메모리 입장에서 CPU는 '이걸 저장해줘', '이걸 읽어줘' 두 가지 요청만을 보내온다. 처리해야

---

* 1984년에 제안된 컴퓨터 성능 측정의 지표

하는 주요 동작은 오로지 입출력뿐이다. 중요한 점은 '메모리는 스스로 무엇인가를 시작할 수 없다'는 것이다. 메모리는 저장하라고 하면 저장하고, 읽으라고 하면 읽을 뿐이다. CPU에게 자발적으로 무언가를 보낼 수는 없다.

덕분에 메모리는 구조상 주소(CPU가 읽기/쓰기를 요청한 메모리 위치)를 구분해내고, 데이터를 문제없이 저장해놓을 수 있으면 충분하다. 게다가 CPU에게 요청하는 것이 없기 때문에, 스스로 행동을 판단해야 하는 복잡한 로직도 필요하지 않다. 읽기와 쓰기만 수행하고, 데이터만 잘 유지하면 되는 것이다. 이 둘이 일하는 방식을 요약하면 〈그림 1-2〉와 같다.

이러한 차이는 실제 설계 구조와 반도체의 단면에서도 드러난다. 〈그림 1-3〉의 좌측은 D램의 3차원 구조다. D램은 왼쪽과 같은 유사한 구조가 수억 개 반복되며, 데이터를 입출력하는 부분을 최소한으로 만드는 방식으로 구성된다. 로직의 경우 오른쪽과 같이 복잡한 형태로 구성된 수많은 세부적인 블록의 조합으로 구성된다. 메모리는 유사한 기능(데이터 저장)을 하는 동일한 회로가 반복되는 구조이며, 로직은 각자 뚜렷한 기능을 가진 조그마한

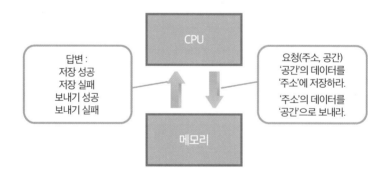

그림 1-2 CPU와 메모리의 관계: CPU만이 메모리에 요청을 할 수 있다. 메모리는 CPU에게 능동적으로 무언가 요청할 수 없다.

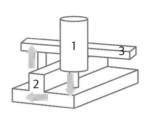

그림 1-3 D램의 3차원 구조(좌)와 로직 일부의 구조(우) ❽

하드웨어들의 집합이다.

위에서 알 수 있듯 D램은 설계의 난이도가 낮았기 때문에, 누구나 일단 시장에 진입하여 작동하는 물건을 만들어 낼 수는 있었다. 따라서 시장 초기에 첨단기술산업이라는 유혹에 이끌려 생겨난 메모리 반도체 회사는 서른 곳이 넘었다. 물론 이 시기의 회사들은 메모리도 하고, 로직도 하고, 컴퓨터도 함께하는 등 지금의 전문화된 기업들과는 많이 다른 모습을 가지고 있었다.

보조기억장치는 메모리 용량 부족으로 원하는 모든 것을 담아두지 못할 경우나, 전원 손실 시 데이터가 완전히 손실되는 것을 방지하기 위해 사용하는 보조적인 공간이다. 과거에는 테이프 등이 사용되었고, 현재 가장 많이 쓰이는 것은 HDD나 SSD, USB 메모리 등이다.

단순함이 만들어낸 살벌한 비즈니스 규칙

일반적으로 제품을 만들기 위해서는 원재료, 임금, 경비(감가상각 포함)의 세 가지 요소가 필요하다. 이는 자동차 회사부터 과자 제조 업체까지 동일하다. 각 제조 기업들은 투입하는 요소를 언제나 최적화하기 위해 노력한다. 노동자들이 최고의 효율로 일하도록 하며, 원재료 가격을 절약하며, 최신의 장비를 들여놓기 위해 노력한다. 또한 노하우를 쌓고 지속적으로 기술을 개발함으로써 위 세 가지 요소가 같은 양으로 투입되더라도 더 많은 물건이 나오도록 한다. 이는 반도체 회사도 마찬가지로, 자신들이 가진 요소를 최대한 활용하여 이익을 극대화하려고 한다. 하지만 우리가 알기로 반도체 시장에는 대기업 소수만이 남아 있다. 특히 메모리 시장의 경우, 20개가 넘던 제조사가 전부 망하고 2021년 현재 전 세계 단 3개 회사만이 남아 있다. 대체 무슨 차이일까?

반도체 회사들이 다른 제조업과 구분되는 가장 큰 차이점은 기술력이 미치는 영향력이 막대하다는 것이다. 다른 일반 제조업의 경우, 기술력이 부족한 회사는 사업장을 이동하여 임금 등의 다른 원가 요소를 아껴 순이익을 확보하거나, 주 경쟁 기업의 빈틈을 파고들어 틈새시장을 공략하는 등의 전략을 사용할 수 있다. 동네에 잘나가는 1등 빵집은 빵의 재료를 더 싸게 구매할 수 있고, 규모가 커서 숙련도나 효율성도 높다. 이런 경우 2등 빵집은 1등이 만들지 않는 신상품인 자연효모 빵이나, 초콜릿 빵 등을 만들어 소수고객을 공략하는 등의 선택이 가능하다. 정 안 된다면 해당 지역의 경쟁을 피하여 임대료와 인건비가 싼 곳으로 옮겨보는 선택도 가능하다.

하지만 반도체 시장은 그렇지 않다. 기술력이 원가에 미치는 영향은 상상할 수 없는 수준으로 매우 높기 때문이다. 2015년 기준 1MB 메모리 가격은 약 0.0042달러다. 1980년에는 6,480달러였으니 무려 100만 배가 넘게 가

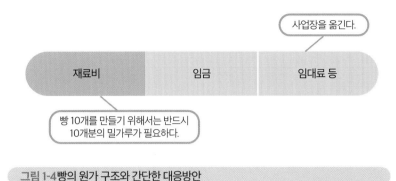

사업장을 옮긴다.

| 재료비 | 임금 | 임대료 등 |

빵 10개를 만들기 위해서는 반드시
10개분의 밀가루가 필요하다.

그림 1-4 빵의 원가 구조와 간단한 대응방안

격이 하락한 것이다. 원가 역시 그만큼 감소했다. 임금 등 다른 투입 요소를 1년에 10%도 절약하기 힘든 것을 생각하면 이는 그야말로 경악할 만한 수치다.

빵집에서 밀가루를 더 쓰지 않고 더 많은 빵을 만들 방법은 없다. 하지만 반도체 회사는 설계를 바꾸고, 신형 노광장비 등을 도입하여 차기 미세공정으로 넘어가게 되면 원재료인 웨이퍼 위에 기존보다 수십 %가 넘는 반도체를 추가로 배치할 수 있는 잠재력을 가지게 된다.*

게다가 이는 상당 기간 지속 가능한 방법이다. 계속해서 차기 공정으로 넘어감에 따라, 트랜지스터당 원재료비 및 인건비가 기하급수적으로 감소하게 된다. 게다가 동일 면적에 직접된 트랜지스터는 전력 소모량이 같다는 데너드 스케일링Dennard scaling이라는 악마가 자리하고 있기 때문에, 기술이 앞서는 회사는 전력 소모 등의 특성도 앞서가게 된다. 같은 면적 안에 트랜지스터가 100개이건 1만 개이건 전력 소모가 같기 때문이다. 따라서 기술이

---

* 잠재력이라는 표현을 사용하는 이유는 반드시 그렇게 하지 않아도 되기 때문이다.

앞서가는 회사는 집적도를 올려 원가를 극단적으로 낮추거나, 남는 웨이퍼 면적 일부를 이용하여 전력을 절약하는 회로 등을 부착해 특성을 개선하는 등, 선택지가 매우 다양해진다.

그뿐만 아니라 반도체는 부피가 작고 부가가치가 높다. 때문에 빵집과는 달리 원가가 앞서는 단일 회사가 세계 수요의 상당 부분을 제조한 뒤, 항공 운송 등으로 실어 나를 수가 있다. 지리적 장벽을 기반으로 달아날 수도 없는 것이다. 최고의 기술력을 가진 자는 최고의 성능과 가장 싼 원가를 동시에 가질 수 있으며, 경쟁을 피할 방법도 존재하지 않는 것이다. 이는 다른 재화들이 가지지 못한 매우 살벌한 특성이다.

원가에서 설비 투자가 차지하는 비용이 압도적으로 크다는 것도 독특한 점이다. 반도체 업종은 한 대 가격이 2,000억 원이 넘는 노광기 수십 대를 들여놔야 하는 대표적인 장치 산업이다. 삼성전자의 경우 매해 10조~17조 원에 이르는 금액을 반도체에 투자하고 있으며, 이 금액은 반도체 산업이 생긴 이래로 매해 기하급수적으로 늘어나고 있다. 즉 반도체 회사의 원가는 고정 비용의 비율이 매우 크다. 고정비용이 크다는 것은 회사들이 그해 생산시설을 멈추더라도 아낄 수 있는 비용이 그다지 많지 않다는 것을 의미한다. 만약 빵의 원가가 100인데, 변동비가 80이고 고정비가 20이라면 생산을 중단할 경우 20의 손실만을 입게 된다. 하지만 변동비와 고정비가 모두 50이라면, 생산 중단으로 인한 손실은 50이 되는 것이다. 전자에 비해 후자는 생산 중단 결정을 내리기가 힘들다. 특히 반도체 공장의 경우 공장 재가동에 오랜 시간이 걸린다는 추가적인 문제가 있다.

일반적으로 반도체는 포토마스크 한 장을 처리하는 데 하루 이상이 걸리며, CPU에 비해 비교적 간단하다는 D램조차도 2000년에 이미 20장 이상의 마스크를 사용했다. 2013년 메모리 주요 제조사들에 따르면,[9] D램 웨이퍼 한 장이 필요로 하는 마스크의 수가 40장을 돌파하였다. 13년간 광학장비의 처리량 감소를 고려하면, 설비 투자는 늘어났지만 장비당 처리할 수 있는 시간당 웨이퍼의 면적은 줄어든 것이다. 마스크당 1.5일이 소요된다고 가정하더라도 공장을 재가동하고 첫 제품을 얻을 수 있는 시점은 두 달 뒤가 되는 것이다. 3~4년 뒤면 구식이 될 공장을 수조 원을 들여 건설한 뒤, 한 달 정도 생산을 쉬려는 결심을 했다면 사실상 3개월간 아무것도 하지 않은 것이 되는 것이다.

기술력의 영향력과 고정비용이 크다는 반도체 시장의 두 가지 특징은 모든 상품이 균질하다는 메모리 반도체의 특징과 합쳐지면 매우 살벌한 결과를 가져오게 된다.

일단 고정비용이 크다는 특징은 반도체 회사들이 공장을 멈추지 못하게 한다. 공장 가동에 추가적으로 드는 비용은 겨우(?) '해당 공장의 인건비+웨이퍼 및 재료 가격'인 반면, 얻을 수 있는 것은 해당 제품을 통한 매출이기 때문이다. 반도체 공장이 생산 자체를 중단하는 상황(사실 모든 사업이 마찬가지)은 매출액이 변동비용보다 낮을 경우이다. 하지만 앞서 이야기했듯 반도체 회사의 변동비용 비율은 매우 낮은 편이므로, 제품의 가격이 시장에서 공포스러울 정도로 하락하더라도 생산을 멈출 수가 없는 것이다. 이는 심지어 한 해 연구개발을 망쳐서 굉장히 품질이 나쁜 반도체가 개발되었을 때도 마찬가지다.

게다가 모든 회사가 만드는 제품이 균일하고 지리적 장벽조차 없기 때문에 가격을 다르게 매기는 등의 의사결정을 할 수 없다. 단기적 조치로는 돈을 빌려오거나, 증자를 받는 것 외에는 할 수 있는 게 없다. 그리고 장기적으로는 연구개발을 잘하여 다음 제품을 더 싸게 만들어낼 수밖에 없다. 하지만 지난해 공장 값을 회수하지 못한 회사가 매해 기술개발비가 천문학적으로 증가하는 업계에서 다음 기술개발을 하는 것이 쉽겠는가? 채권자나 주주들이 다음에는 기술개발에 성공할 것이란 말을 믿어주겠는가? 뒤에서 알아보겠지만, 일본의 엘피디는 기술개발 성공을 발표하여 유가증권 시장에서 증자를 받고자 했다. 잘 되지 않았고 결국 부도가 나게 되었다.

그렇다고 해서 싸움을 포기하고 회사를 청산한 뒤, 투자금을 챙겨 달아날 수 있는 것도 아니다. 각 회사들의 미세공정 수준이 비슷하더라도 실제 사용하는 장비의 조합 및 마스크의 형태, 레시피가 극단적으로 다르다. 내 회사 입장에서는 최적의 장비 조합일 수 있지만, 다른 회사 입장에서는 써먹기 힘든 공장이 되어버리는 것이다. 똑같은 D램으로 보이지만 사용하는 도구는 일식집과 양식집만큼 엄청난 차이가 날 수도 있다. 피인수 회사의 장비를 공용화하거나 기술팀을 합치는 등의 시너지를 일으키기가 매우 힘들다는 것이다. 실제로 삼성전자는 지금까지 단 한 번도 메모리 회사를 인수합병$^{M\&A}$한 일이 없다.

이는 미세공정이 진척됨에 따라 설비 투자 금액이 증가하고 장비의 조합이 많아지면서 더욱 심각한 문제가 되었다. 일반 사업체라면 인수합병을 통해 시장 지배력을 강화하거나, 기술의 유사성을 이용하여 시너지를 취할 수 있지만, 메모리 반도체 시장에서는 불가능하다. 물량을 통해 얻어낸 시장점유율은 시장가격이 폭락할 경우 언제나 칼날이 되어 돌아오기 때문이다.

행여나 이런 싸움에서 한번 살아남는다고 하더라도 여전히 문제는 남게 된다. 이 싸움이 끝났다는 것은 제품가격이 상승 반전했다는 것이다. 이는 바닥권의 회사 하나가 자신의 변동비용조차 매출로 감당할 수 없는 상황이 되어 생산을 중단했다는 것을 의미한다. 이런 상황에서 부도난 회사보다 원가 상황이 아주 조금 나아서 적자만은 면했던 기업과 시장에서 가장 뛰어난 원가를 가진 기업의 상황이 같을 리 없다. 단 1년의 테크놀로지 차이가 20~30% 원가 차이로 나타나기 때문에, 기술력이 1년만 차이가 나더라도 동일 매출 대비 얻어내는 추가 현금은 1.3배로 벌어지게 된다. 전자에 해당하는 기업의 경우 간신히 적자를 면하느라 힘들었던 한 해였는데, 1등 기업은 무려 30%라는 제조업에서는 상상하기 힘든 영업이익률을 누리는 것이다. 1등 기업은 이 돈을 이용하여 다시 신기술을 개발하고, 더 많은 공장을 짓고, 더 큰 격차를 만들어낸다.

이러한 이유 때문에 메모리 반도체 시장의 플레이어들은 매우 고통스러운 싸움을 해나가야 한다. 일단 설비 투자를 집행하고 나면 연구개발과 재무운영 이외에는 달리 해볼 수 있는 게 없다. 게다가 한번 달리기 시작하면 경쟁자 하나가 사라질 때까지 쉴 수도 없다. 또한 지리적으로 다른 지역으로 도망가거나 틈새시장으로 달아나는 것도 허용되지 않는다. 이것이 30년간 용량당 메모리 가격이 100만 배 가까이 하락한 원동력이다.

물론 이러한 특징들은 시장이 처음 생성되었을 때부터 이미 존재했다. 하지만 이 특성들이 조합되었을 경우 시장이 얼마나 파괴적으로 변할 수 있는지 이해하고 있는 회사들은 거의 없었다. 대부분의 회사들은 그저 첨단 산업에 진출하여 고부가가치를 누리고자 했을 뿐이다.

첨단기술을 재정의한 D램 시장의 승리자

개인용 컴퓨터 시대가 열리다

컴퓨터라는 개념이 새로 생겨났던 시절, 컴퓨터는 매우 거대한 방 안에 큰 자리를 차지하고 있는 물건이었다. 최초의 컴퓨터였던 에니악(반도체를 사용하지 않음)은 그 무게만 50톤에 달하였고, 가격은 현재 가치로 60억 원이 넘었다. 그 이후의 컴퓨터들도 사정은 크게 다르지 않았다. 제조가 힘들어 가격이 높고 관리는 힘들었기 때문에 아무 작업에나 쓰기는 어려웠고, 중요한 연산이 필요한 경우에만 요청을 받아 사용되는 경우가 많았다. 어찌 보면 지금의 슈퍼컴퓨터에 가깝다고 할 수 있다.

하지만 이후 인텔 4004가 출시되며 시장은 서서히 전환점을 맞이하게 된다. 기존에는 중앙처리장치를 제조할 때 여러 가지 칩을 조합한 뒤, PCB에 납땜을 해서 ALU*, 레지스터** 등을 만들어 붙이는 방식으로 제조되었다. 하지만 인텔 4004는 그 대부분의 것을 웨이퍼 조각 하나에 모두 올려 칩 하나로 만들어내는 획기적 방식이었다.

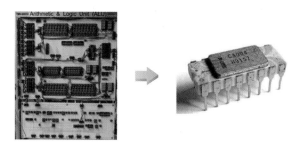

그림 1-5 개인이 웨이퍼 위의 로직을 흉내 내어 만든 CPU 메가프로세서(좌)의 일부와 최초의 마이크로프로세서 인텔 4004(우)⑩

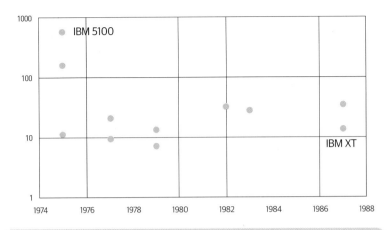

그림 1-6 1975~1987년 사이 물가를 고려한 PC 및 가정용 오락기의 가격

비록 인텔 4004 자체는 4비트^{Bit} 연산밖에 지원하지 못하여 0부터 15까지의 숫자만을 인식할 수 있었다. 때문에 범용 컴퓨터용 연산장치로는 낙제점 레벨이었다. 하지만 칩 하나로 중앙연산장치를 구현할 수 있음이 알려지게 되면서 컴퓨터의 가격은 드라마틱하게 하락하기 시작한다. 최초의 마이크로프로세서^{Microprocessor}의 탄생이기도 했으며, PC$^{Personal\ Computer}$ 시대가 개막했음을 알리는 신호탄이었다.

그 후로 10여 년간 컴퓨터는 10배 가까이 저렴해지고, 10배 가까이 성능이 증가하였다. 1975년에 만들어진 전문가용 컴퓨터 IBM 5100은 1.9Mhz의 CPU와 64킬로바이트의 메모리를 가지고 있었지만, 1987년 만들어진 IBM XT는 4.77Mhz의 CPU와 640킬로바이트의 메모리를 가지고 있었다.

---

* 덧셈, 곱셈 등을 수행하는 CPU 속 산술연산기
** CPU가 연산을 수행할 내용을 직접 저장해두는 고속의 저장소. 일반적으로 CPU의 비트 수 (32비트, 64비트)는 이 레지스터의 크기와 동일하다.

물론 당시 IBM 5100 역시 퍼스널 컴퓨터로 불렸다. 히지만 이는 누구든 쉽게 사서 쓸 수 있다는 의미보다는 개인이 상호작용할 수 있는 완제품 PC를 일컫는, 메인프레임의 반대 의미에 가까웠다.

한편, PC 시대가 열리기 전까지 메모리 시장을 주름잡던 것은 일본의 메모리 회사였다. 일본 회사들은 메인프레임들이 요구하는 고^{高}신뢰성의 전자 부품을 생산하며 빠르게 전 세계 메모리 제조의 다크호스로 성장하였다. 그리고 그 시대 메모리 시장의 대마였던 인텔을 시장에서 축출하는 데 성공하며 1980년대 메모리 반도체 시장을 주름잡게 되었다. 전성기 일본의 D램 세계 시장점유율은 70%를 넘었다. 세계 메모리 10개 중 7개는 일본에서 나온 것이었다. 유노가미 다카시의 책《일본 반도체 패전》에 따르면, 당시 25년 품질을 보증하는 메모리 제조사는 일본밖에 없었다. ⓫

일본의 메모리 회사들이 한창 전성기를 구가하고 있던 1983년, 해외 기술을 수입하여 TV를 조립하고 있던 삼성전자가 돌연 도쿄 선언을 통해 메모리 사업에 뛰어들 것을 공식적으로 발표하였다. 이 소식은 빠르게 퍼졌으며, 순식간에 비웃음거리가 되고 말았다. 일본은 '한국이 반도체를 할 수 없는 다섯 가지 이유'라는 칼럼을 통해 대놓고 실패를 기정사실화했다. 청와대조차도 삼성의 메모리 시장 진출에 난색을 표할 정도였다. 반도체 산업은 세계 최고 수준의 GDP와 교육 수준을 가진 국가에서만 할 수 있는 최첨단 산업이었기 때문이다. 사실 아주 틀린 말은 아니었다. 당시 한국은 세계 최빈국을 간신히 벗어나고 있는 상황이었다. 첨단 제품을 구입하여 조립하는 수준의 사업을 시작한 회사가 반도체를 해낼 수 있을지 의심하는 것은 당연했다.

최고의 성능은 최고의 제품을 담보하지 않는다

하지만 삼성전자에게 승산이 없는 것은 아니었다. 시장의 지배자였던 일본 회사들은 품질과 신뢰성을 중심으로 사업을 전개하고 있었다. 당시의 D램은 10년 이상 써야 할, 지금으로 따지면 슈퍼컴퓨터에나 사용되는 고급 부품이었기 때문에 높은 신뢰성이 중요했다. 하지만 당시 반도체 시장에는 큰 격변이 일어나고 있었다. 뒤에서 자세히 알아보겠지만, IBM PC라는 혁신적 콘셉트의 컴퓨터가 출현하여 사람들의 마음을 사로잡기 시작하자 거대한 메인프레임에서 개인용 디바이스인 PC로 시장의 중심이 변화할 조짐을 보이고 있었다. 이에 따라 부품에 요구되는 특성도 변화하고 있었다. 하지만 당시의 마켓 리더들은 그 상황을 아직 알아차리지 못하고 있는 절호의 시점이었다.

인력 측면에서는 당시 미국에서 교육받은 최고 수준의 반도체 연구원들이 해외 명문대학에서 박사를 마치고 귀국하며 인적 자원이 충원되고 있었다. 훗날 삼성전자의 CEO가 되는 권오현과 진대제 모두 이 시기에 삼성전자에 합류하였다. 즉 당시 시장을 지배하고 있던 일본 회사들은 시장의 변화를 읽지 못하고 있는 상황이었다. 거기에 덧붙여 일본 기업들은 한국 기업들을 전혀 라이벌로 생각하지 않았다. 때문에 가장 중요한 순간에 역량을 확보하고 있던 한국 기업들을 견제하지 않는 큰 실수를 저지르게 된다.

일반적으로 기업의 연구소는 신제품을 개발하는 역할을 하며, 공장은 개발된 제품을 양산하는 역할을 한다. 많은 사람이 삼성전자로 대표되는 한국 업체들이 높은 양산 능력을 이용하여 세계를 제패했다고 생각한다. 틀린 말은 아니다. 하지만 실제로는 연구소에서 개발되는 제품의 디자인 자체가 양산성에 어마어마한 영향을 미친다.

일반적으로 연구소 조직은 성능이나 수명 혹은 신기술 등 눈에 드러나는 디바이스의 최종 성능에 관심이 많은 경향이 있다. 반면, 공장^{Fab}은 제품의 수율 및 생산성에 더욱 관심이 많다. 일본 회사들의 경우 이러한 경향이 더욱 강했다. 우리가 잘 알고 있듯 일본은 품질 제일주의를 내세워 제품들을 생산해왔고, 이러한 품질 중심주의는 D램 시장이 아니었다면 잘 될 수 있는 전략이었다.

하지만 한국의 업체들은 달랐다. 삼성전자는 시장이 요구하지 않는 성능 부분은 철저하게 골라낸 뒤, 시장의 요구를 정확히 맞출 성능을 끌어내고 남는 모든 역량을 철저하게 원가에 집중하는 전략을 추구했다. 삼성전자는 시장에서 100의 성능 정도만을 요구한다면 기꺼이 110의 성능을 이룰 수 있는 상황에서도 메모리 밀도를 높이고 원가를 낮추는 것에 집중한 것이다. 혹자는 이러한 방식의 제품 개발을 '기술이 부족하여 저가 전략으로 밀어붙였다'고 표현할지도 모른다. 하지만 '기술이 부족하다'는 옳은 표현이 아니었다.

예를 들어, 100년 수명을 가진 자동차 엔진의 가격은 220만 원이고, 10년 수명을 가진 엔진의 가격이 200만 원이라고 할 때 소비자는 과연 어떤 엔진을 선호할까? 10% 가격만 더 내면 무려 10배의 수명을 연장할 수 있지만 그것이 정말 중요한 특성일까? 〈매일경제〉(2013)에 의하면 한국인들은 일반적으로 자동차를 4년마다 교체하며,[●] 이후 중고로 팔린 자동차는 10년 정도 지나면 국내나 해외를 전전하다가 최종적으로 폐차되는 게 일반적이다. 이는 개개인의 소비 특성 때문이기도 하고, 자동차의 수명은 엔진뿐만 아니라 다른 부속품의 영향을 받기 때문이다. 엔진 이외의 다른 구동계가 수명을 다하거나, 상품이 시대에 맞지 않게 변화해버릴 수 있는 것이다.

이러한 상황이라면, 100년 가는 엔진이나 파워트레인을 만드는 것이 의미가 있을까? 사실 과잉 기술이라고 볼 수도 있다. 일견 10% 가격 상승으로 10배 이상의 특성을 개선한 것은 뛰어나 보이지만, 이는 자원의 낭비일 수 있다. 김치 가격이 싸다고 밥상에 김치만 잔뜩 올려놔서는 훌륭한 음식점이 될 수 없는 것이다.

핵심은 한국 회사들이 100년 가는 엔진을 만들 기술력이 없었다는 게 아니다. 한국 회사들은 10년 수명의 200만 원짜리 엔진을 만들 기술이 있었고, 일본은 그럴 기술이 없었다고 해야 한다. 이 기술은 단일 대학이나 연구소만이 만들어낼 수 있는 거창한 것은 아니었다. 오히려 현장에서 장비를 다루는 사소한 방법이나 장비를 조합하는 노하우, 신기술을 도입하는 타이밍 등 다양한 요소가 관여된 다소 복잡한 과정이었다. 한국 업체들은 이를 매우 잘 알고 있었으며, 이를 통해 200만 원짜리 엔진을 만들 수 있었던 것이다. 그렇다면 메모리 제조에서 220만 원의 100년 가는 엔진이란 어떤 의미일까?

유노가미 다카시에 따르면, 일본 회사들이 만드는 고신뢰성과 고성능의

자동차 A
자동차 가격 : 2,000만 원
엔진 수명 : 100년
차대 수명 : 10년

자동차 B
자동차 가격 : 1,800만 원
엔진 수명 : 10년
차대 수명 : 10년

그림 1-7 자동차 A가 자동차 B보다 더 나은 가치를 준다고 할 수 있을까?

제품들은 사실 장비와 공정의 희생을 바탕으로 이뤄지는 것이었다. 일본 회사들은 항상 최고의 성능과 품질을 가진 반도체를 만들고 싶어 했다. 이를 위해서는 D램의 개별 회로들이 최고의 품질로 만들어질 필요가 있었다. 당연히 제조 공정은 길어질 수밖에 없었으며, 특정 회로가 요구하는 높은 특성을 만족시키기 위해서 사용하는 장비의 종류가 늘어날 수밖에 없었다. 장비의 종류가 늘어나게 되면, 도입되는 개별 장비의 가동률은 낮아질 수밖에 없다. 장비의 평균 가동률이 80%에서 90% 정도로만 올라도 설비 투자에서 10% 가까이 아낄 수 있다. 이는 투자 금액이 적었던 초기 시장에서는 큰 액수가 아니었지만, 미세공정이 진척됨에 따라 차츰 큰 부담으로 다가오게 된 것이다. 뿐만 아니라 일본 업체들은 공정의 길이까지 길었기 때문에 이로 인한 생산량 손실이 더 클 수밖에 없었다. 유노가미는 일본 회사들은 요소 기술 개발력은 뛰어나지만, 공정 통합 및 양상 기술은 약하다고 분석하였으며, 이런 약점 때문에 일본 반도체 업체들이 제조업의 기본에서 멀어졌다고 지적하였다. (《일본 반도체 패전》, p.39)

내가 다섯 가지 메뉴로 구성된 코스요리를 파는 음식점의 사장인데, 최고의 음식을 내놓기 위해서 각 요리마다 전용 도구가 필요하다면 어떻게 되겠는가? 무려 다섯 종류의 도구를 갖춰놔야 한다. 만에 하나 동일한 요리를 주문하는 손님 두 명이 동시에 온다면 한 손님을 기다리게 하거나(웨이퍼가 장비를 기다림), 도구를 2배로 구입해야 한다(장비를 2배로 늘림). 전자의 경우 공장이 생산할 수 있는 월 웨이퍼의 숫자가 감소할 것이며, 후자의 경우 설비 투자가 2배 증가하게 된다.

물론 전자의 경우처럼 전용 도구로 만드는 음식의 품질이 더 좋을 것이다. 하지만 그렇게 얻어낸 더 좋은 음식이 얼만큼의 가치를 갖는지는 시장 상황이 정한다. 파인 다이닝이 유행하는 시기라면 생산량 감소분을 높은 판매가로 상쇄시킬 수 있지만, 값싼 음식이 대세라면 높은 판매가를 매길 수 없을 것이다. 하지만 일본 회사들은 시장의 변화를 외면하고 품질을 택했다.

반면 한국의 메모리 회사들은 유사한 장비를 최대한 대량으로 도입하고, 그에 맞춰 메모리를 설계했다. 유사한 장비를 대량으로 도입하면 도입 단가를 낮추고 장비 운용의 노하우를 늘릴 수 있을 뿐만 아니라, 공장의 가동률을 올릴 수 있다. 여러 단계의 다른 공정이 같은 장비를 사용하고 있다면, 공정 단계와 상관없이 비어 있는 공정에 장비를 보내면 되기 때문이다. 이러한 방식을 통해 한국 회사들은 동일 수준 공정에서도 더 나은 원가를 확보했을 뿐만 아니라, 그렇게 얻은 자본을 통해 차기 공정으로 더욱 빠르게 넘어갈 수 있는 기틀을 마련하였다. 시장의 흐름은 원가 경쟁으로 움직이고 있었고, 이를 가장 먼저 시작하였던 삼성전자와 한국 업체들은 결국 시장의 최강자로 군림하게 되었다.

원가 경쟁력 향상을 위한 끊임없는 노력

시장에 들어서자 한국 반도체 업체들은 온갖 노하우를 동원하여 원가를 하락시키기 시작하였다. 단순히 신형 노광기를 빠르게 도입하는 방법뿐이 아니었다. 이는 D램 설계에서 완제품 제조에 이르는 모든 곳에서 이뤄지고 있었다. 한국 기업들은 조직을 서로 경쟁하는 형태로 만들었으며, 핵심 엔지니어들을 중요한 의사결정에 참여시켰다. 그리고 웨이퍼 크기, D램 저장소 크기 등의 최적화로 원가를 하락시키려고 하였다. 후발주자로서 기술 개발력을 극한으로 끌어올리는 한편, 팹의 공간 활용 및 장비의 효율성을 증대시키고, 시장 요구사항에 맞기만 한다면 필요 없는 부분은 적극적으로 덜어내는 전략이었다.

삼성전자는 연구개발 조직 내에 단일한 설계팀을 구성하기보다는, 여러 개의 설계팀을 구성하여 각 팀이 경쟁하는 구조를 만들어냈다. 각 팀은 의사소통을 하기는 하였지만 기본적으로는 독립적인 존재였으며, 양산을 두고 경쟁하는 형태에 가까웠다. 조던^{Jordan}(2005)에 따르면, 삼성전자의 256킬로비트^{KB} D램 양산품은 캘리포니아 팀에 의해 주도된 디자인이었으며, 그 다음 세대인 1메가비트^{Mbit} D램 양산품은 한국의 팀에 의해 개발되었다.[13]

하지만 삼성전자는 단순히 엔지니어들을 경쟁시키기만 한 것은 아니다. 때때로 매우 중요한 결정을 해야 할 때는 최고경영자인 이건희 회장이 엔지니어들을 직접 불러 의견을 물어보고, 의사결정의 중요한 참고사항으로 사용하기도 하였다.

1989년, D램의 크기가 4메가비트를 넘어가자 D램의 저장소 형태가 문제가 되기 시작했다. 지금까지의 D램은 전부 한 평면 위에 트랜지스터와 D램 저장소를 함께 늘어놓는 방식이었다. 하지만 밀도를 높이기 위해서는 일부 구조물들을 웨이퍼 표면에서 다른 곳으로 옮겨야 했다. 그래서 나온 대안이 트렌치^{Trench}(참호)형과 스택^{Stack}(위로 쌓음)형의 D램 저장소였다. 문제는 두 가지 전부 지금까지 해보지 못한 일이기 때문에 수율과 특성을 장담할 수 없었다.

삼성전자 내부에서 큰 논쟁이 벌어졌고, 이건희 회장은 이 문제를 해결하기 위해 진대제, 권오현 박사에게 직접 보고를 받은 후 결정을 내리게 된다. 두 사람은 무언가 잘못되었을 경우 그 구조물을 바로 확인할 수 있는 스택 방식이 더 좋다고 보고했으며, 이를 이건희 회장이 받아들였다.[14] 당시 후발 업체였던 삼성전자는 IBM, 도시바, NEC 등의 주요 기업들이 트렌치를 택

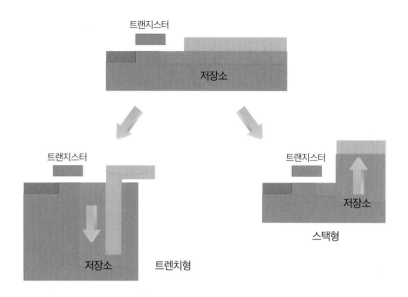

트랜지스터

저장소

트랜지스터

저장소

트렌치형

트랜지스터

저장소

스택형

그림 1-8   D램 아래로 파고들 것인가, 위로 올라갈 것인가의 논쟁: 두 방식 모두 면적이 절약되는 것을 알 수 있다.

하는 와중에도 소신대로 밀어붙였다. 이 결정은 옳았으며, 삼성전자는 4메가비트 D램 개발을 대성공하게 된다.

반도체 업계에서 웨이퍼의 크기는 양산성에 큰 영향을 미친다. 반도체 공장에서 사용하는 많은 장비는 넓은 면적에 무언가를 더 할 수 있을 뿐만 아니라, 웨이퍼가 기계에서 나갔다가 들어오는 시간도 절약할 수 있기 때문이다. 피자 가게가 제한된 개수의 오븐만을 가지고 있고, 오븐 하나에 피자를 하나밖에 넣지 못한다면, 피자의 크기가 커질수록 더 많은 피자를 판매할 수 있는 것과 같다. 결국 피자 한 판을 굽는 시간은 비슷하기 때문이다.

그뿐만 아니라, 웨이퍼가 커지면 버리는 공간은 줄어든다. 웨이퍼는 원형

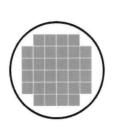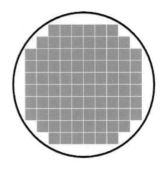

그림 1-9   웨이퍼의 면적 효율: 두 웨이퍼의 면적은 2.25배 차이지만, 왼쪽 웨이퍼에서는 32개, 오른쪽 웨이퍼에서는 2.75배인 88개의 칩이 나온다.

인 반면 반도체는 모두 동일한 사각형이다. 때문에 웨이퍼의 외곽 부분에는 완성된 칩을 놓을 수가 없다. 웨이퍼는 완전한 평면이 아니라 끝부분이 약간 경사졌기 때문에 웨이퍼의 가공이 힘들다. 또한 웨이퍼 표면에 처리하는 약품은 액체이기 때문에 경계면이 웨이퍼와 평행하지 않을 수 있다. 그래서 웨이퍼의 외곽으로 갈수록 수율과 특성이 악화되는 경향이 있으며, 이로 인해 필요한 경우 해당 영역의 칩들을 넉넉히 골라내는 경우도 있다. 물론 이런 영역들은 온전히 폐기되지는 않으며, 다른 용도로 재활용된다.

　본래 반도체 산업이 처음 시작되었을 때는 매우 작은 웨이퍼(100mm)에서 제조되었다. 첨단 부품으로 부가가치가 충분했기 때문이다. 이후 1980년대에는 150mm가 주류가 되었고, 1990년대에 들어서면서 200mm의 웨이퍼를 사용하게 된다. 동일한 미세공정 수준에서 웨이퍼당 생산 가능한 칩의 개수는 늘어난 면적에 비례하게 되므로, 100mm에서 100개라고 하면 150mm에서는 약 225개, 200mm에서는 약 400개 정도가 된다. 만약 300mm 웨이퍼를 사용한다면, 900개의 칩이 한 웨이퍼에서 생산될 수 있다. 물론 이는 이론치이지만, 외곽 특성으로 인해 실제 사용 가능한 칩의 개수는 웨이퍼가 커질수록 면적비 이상으로 유리해지게 된다. 실제로 100mm와 300mm는 웨이퍼당 칩 개수가 10배 이상 차이가 난다.

여담이지만 큰 칩을 만들수록 이 차이는 커지게 된다. 유명한 빅 칩 중 하나인 IBM의 POWER9은 약 25×27mm의 크기를 가지고 있는데, 이러한 칩을 100mm 웨이퍼에서 생산할 경우, 단 4개밖에 생산할 수 없다. 웨이퍼의 총 면적은 7,850mm^{2}이고, 생산된 칩의 면적은 2,700mm^{2}밖에 되지 않으니 약 66%의 면적이 버려지게 된다. 웨이퍼를 크게 가져가면 당장 설계 완료된 칩의 원가뿐만 아니라, 차후 설계 변경 시에 유리한 점이 생기는 셈이다. 따라서 선발주자가 선제적으로 큰 면적의 웨이퍼 기반으로 성공적으로 반도체를 양산하게 되면 후발주자가 작은 면적의 웨이퍼를 대량생산하는 방식으로 대응할 수도 없게 된다.

2001년, 메모리 회사들은 중대한 지점에 있었다. 드디어 웨이퍼 업체들이 300mm 웨이퍼 양산기술을 확보했기 때문이다. 당시 메모리 업체들이 주로 쓰는 웨이퍼는 200mm였다. 300mm 웨이퍼를 도입하면 기존 200mm 대비 웨이퍼 1장당 2.25배 이상의 반도체를 만들어낼 수 있었으며, 추가되는 장비의 가격 등을 고려했을 때 장기적으로 원가를 30% 가까이 낮추는 효과가 있었다.* 하지만 '장기적'이라는 것이 상당한 부담으로 다가왔다. 원가절감 효과는 모든 메모리 제조사가 과거 100mm, 200mm 등으로 전환해왔기 때문에 이미 알고 있었다. 반도체 가격 모델링 전문 회사

---

* 장비 가격이 상승하고, 웨이퍼 원가도 증가하기 때문에 가격의 하락폭은 2.25가 되지 않는다.

인 ICKnowledge(2010)에 따르면, 당시 300mm 웨이퍼의 면적당 가격은 200mm의 2배 이상이었을 뿐만 아니라, 300mm 장비 중 가장 비싼 장비는 200mm 장비에 비해 73% 더 비쌀 수 있고[Wet], 50% 가까이 공간을 더 차지하기도 하였다. 불황의 시기에 기존에 지어놓은 공장 안에 더욱 크고 비싼데 사용해보지 못한 장비를 들여다 놓고 공정을 최적화해야 한다는 것은 회사들에게 큰 부담이 될 수밖에 없었다. 뿐만 아니라 세계 시장 역시 심각한 하락 국면에 접어들고 있었다.[⑮]

2000년 10월 닷컴버블이 붕괴하기 시작했고, 불황이 닥쳐왔다. D램시장은 겪어보지 못한 레벨의 시장 붕괴를 경험하기 시작하였다. 버블의 절정에서 64메가비트당 20달러에 이르던 D램의 가격은 2001년 2월에는 3.8달러까지 하락해 80%가 넘는 대폭락을 하게 된다. 2001년에는 9·11 테러라는 사상 초유의 사태까지 발생했다.

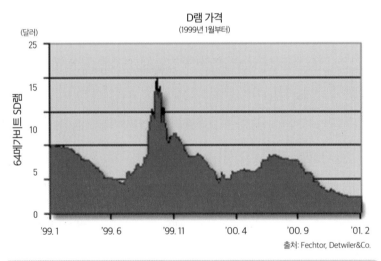

출처: Fechtor, Detwiler&Co.

그림 1-10   무려 1년 6개월 만에 80% 가격이 하락한 D램[⑯]

이런 상황에서 300mm 팹으로의 전환은 상당한 모험이었다. 일단 300mm로 전환하는 데에 수조 원의 장비가 투입되어야 했다. 그리고 한 번 가동하면 절대로 멈추지 않을 것이라는 확신이 필요했다. 거대한 라인을 정지시켰을 때 발생하는 피해가 조그만 라인 하나를 정지시켰을 때와는 비교가 되지 않을 정도로 컸기 때문이다. 전구 10개로 구성된 전등이 있다면, 전구를 일부만 끔으로써 원하는 밝기를 얻을 수 있다. 그러나 거대한 전구 하나로 구성된 전등이라면 그렇게 할 수 없다. 즉 300mm로의 전환은 원가 경쟁력과 생산의 유연성을 맞바꾸는 방향인 것이다. 자칫 유연성이 필요한 불황의 시기에 유연성을 잃는 선택이 될 수도 있었던 것이다.

2001년 9월, 몇몇 언론을 통해 재무적 압박에 시달리던 일본의 엘피다 메모리가 300mm로의 전환을 9개월 늦추겠다고 발표했다. 본래 엘피다의 계획은 2001년 12월에 장비 반입을 시작하여 2002년에 양산 체계를 갖추는 것이었다. 그러나 시장 상황이 악화되는 것을 보고 양산 일정을 늦추기로 한

표 1-1 2000~2003년 사이 메모리 회사들의 수익성 비교[17]

회사	2000	2001	2002	2003
삼성전자	47.1%	7.9%	30.8%	28.7%
하이닉스	16.9%	-32.4%	-31.3%	-7.2%
엘피다			-37.7%	-26.3%
마이크론	37.6%	-24.8%	-39.6%	-38.4%
난야	7.1%	-86.4%	11.6%	-0.2%
PSC	24.8%	-53.2%	-10.5%	0.8%
프로모스	41.2%	-44.9%	-8.5%	3.4%
윈본드	21.6%	-49.4%	-5.6%	-5.5%

것이다. 건물은 지속적으로 짓되 장비만 입고하지 않겠다는 것이었다. [18]

하지만 정확히 한 달 뒤인 2001년 10월, 삼성전자는 300mm 웨이퍼를 기반으로 신형 120나노 기반 D램 양산을 시작하였음을 발표했다. [19] 뿐만 아니라 이 D램의 칩당 용량은 무려 512메가비트로, 다른 회사들은 아직 개발조차 완료하지 못한 상황이었다. 삼성전자의 기술 우위와 합쳐진 신형 공장은 그야말로 파괴적인 위력을 보여주었다. D램 시장이 호황이었던 2000년에는 모든 회사가 흑자였지만, 최악의 불황이었던 2001년에는 삼성전자만 흑자를 유지했다. 다른 회사들이 불황의 영향에서 아직도 벗어나지 못했던 2002년에는 30%대 영업이익률로 독주했다.

엘피다는 시장 상황이 좋아지고 나서야 뒤늦게 300mm 레이스에 뛰어들었으나, 엘피다의 신형 300mm 공장은 2003년 1월에나 가동될 수 있었다. 이미 삼성전자는 2001년 말 이후부터 압도적 원가 및 물량을 통해 반등한 메모리 가격의 이익을 누리며 체급을 더욱 키우고 기술을 개발한 뒤였다. 2002년 엘피다의 영업이익률은 -37.7% 정도였지만, 삼성전자의 영업이익률은 무려 30.8%에 달했다. 삼성전자가 300mm로 전환하지 않고, 엘피다가 300mm로 전환했다면 이 갭은 상당히 좁아졌을 것이다. 하지만 현실에서는 반대로 선두 회사가 모험을 하고 2등 회사가 안정을 추구한 것이다. 그 대가로 엘피다는 정말로 어려운 상황에 처하게 되었다. 엘피다가 흑자 전환하게 된 것은 2004년의 일이었다. 물론 이후 다시 적자가 올 것은 불 보듯 뻔한 일이었다.

한편, D램을 제조할 때는 그 특징상 여러 개의 동일한 셀을 특정 공간에 밀어넣는 방식을 취한다. 각 데이터 저장소에 접근하기 위해서 D램에는 가로, 세로 방향으로 수억 개의 금속 선이 지나가며, 그 아래쪽에 데이터가 저장되는 캐패시터들이 배치된다.

〈그림 1-11〉에서 1은 셀이라고 불리며, 실제 데이터가 저장되는 곳이다. 2는 트랜지스터 스위치로 워드라인이라고 부른다. 워드라인은 전등 스위치와 같은 역할을 한다. 평소에는 1에 있는 데이터가 빠져나가거나 1로 들어오지 못하게 않게 막고 있다가, 사용자가 전류를 흘려주면 통로를 개방하는 역할을 한다. 3은 비트라인으로, 데이터가 사용자^{CPU}에게 흘러나가는 전선이다. D램은 이와 같이 1개의 셀(1)과 1개의 트랜지스터(2)로 구성되어 1T1C 구조라고도 불린다.

〈그림 1-11〉을 잘 보면 알 수 있겠지만, 비트라인이 반드시 셀만큼 있을 필요가 없다. 두 개의 워드라인이 한 비트라인을 공유하더라도 두 개의 워드라인이 동시에 선택되지만 않으면 되기 때문이다. 이와 같은 구조를 위에서 보면 〈그림 1-12〉처럼 보인다.

실제 제조 과정에서는 트랜지스터 스위치(2)를 웨이퍼 맨 아래쪽에 매우

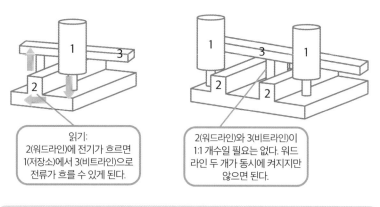

읽기:
2(워드라인)에 전기가 흐르면 1(저장소)에서 3(비트라인)으로 전류가 흐를 수 있게 된다.

2(워드라인)와 3(비트라인)이 1:1 개수일 필요는 없다. 워드라인 두 개가 동시에 켜지지만 않으면 된다.

그림 1-11　　D램 셀의 작동 구조(좌)와 실제 D램셀이 구성되는 모식도(우)

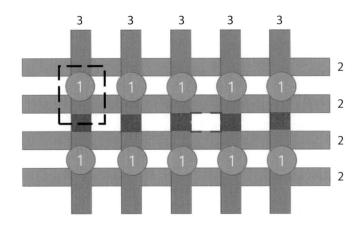

그림 1-12   D램 셀의 배치를 위에서 본 모습

많은 양을 생성해놓은 뒤, 금속 다리들과 비트라인을 형성하고 그다음에 캐패시터를 그 위로 형성하는 방식으로 제조된다. 주어진 테크 수준에서 D램의 밀도는 아래에 만들어둔 트랜지스터들을 얼마나 낭비 없이 사용하느냐에 의해 결정되는 것이다. 여기에서 각 배선 간 간격의 절반을 최소한의 단위 길이가 정의하는데, 이 길이를 1F라고 한다. 〈그림 1-12〉에 나온 D램은 계산해보면 위아래로 4F, 좌우로 2F로 총 $8F^2$의 면적이 나옴을 알 수 있다(왼쪽 위 점선 공간).

하지만 잘 살펴보면 상당한 공간이 낭비되고 있음을 알 수 있다. 가로로 늘어서 있는 셀(1)들 사이에는 상당한 흰 공간이 있으며(가운데 빨간 점선 박스), 이 공간들은 아무것도 하지 않고 버려져 있게 된다. 많은 D램 제조사들이 이렇게 버려진 공간을 사용할 수 있을 것이라고 생각했고, 〈그림 1-13〉과 같은 제조 방식이 제안되었다.

〈그림 1-13〉은 이해하기 힘들지만, 왼쪽의 점선 부분을 잘 보면 〈그림

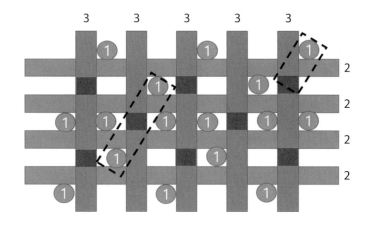

그림 1-13   6F² 방식의 D램

1-12〉의 그림과 똑같이 생겼음을 알 수 있다. 1-2-3-2-1의 형태로 동일하게 늘어서 있기 때문이다. 한편, 사용하는 면적은 바로 〈그림 1-12〉보다 정확히 25%가 적다.

하지만 이 아이디어는 쉽게 적용되지 않았는데, 패턴을 각자 수직으로 연결하는 것이 아니라 대각선으로 파야 하는 부담이 크게 작용했기 때문이다. 그러한 패턴을 만들어본 사례가 없기 때문에 자칫하면 힘들게 아낀 원가가 늦은 출시일로 인해 크게 빛을 보지 못하게 될 수 있기 때문이다.

만약 〈그림 1-13〉을 이해하기 힘들다면, 〈그림 1-14〉와 같이 공을 상자 안에 넣는 방식을 바꾸는 혁신이라고 생각하면 편하다. 왼쪽의 그림은 모든 공을 엇갈리지 않게 차곡차곡 쌓는 방식이고, 오른쪽 방식은 공을 엇갈리게 쌓는 방식이다. 공의 개수가 많을 경우, 오른쪽의 방식은 왼쪽 방식에 비해서 공 8개가 모인 빈 공간을 좀 더 활용할 수 있기 때문에 더 많은 양의 공을 채워넣을 수 있다.

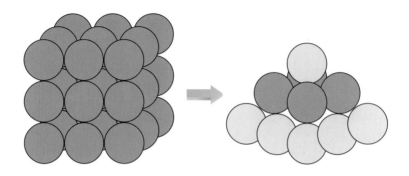

그림 1-14   공을 쌓는 방식을 왼쪽에서 오른쪽으로 바꾸면 약 30%의 개선 효과가 있
다.

셀 구조 변화로 인해 얻어질 수 있는 면적상의 이익은 동일 테크놀로지에
서 최대 25%에 달하지만, 실제로는 주변 회로들의 크기와 특성을 맞춰야 하
기 때문에 현실적으로는 약 20% 정도가 된다. 이 기술은 마이크론이 2006년
에 처음 양산품에 적용하였으며, 바로 뒤이어 삼성이 양산품에 적용하였다.
반면 디램익스체인지^{DramExchange}(2008)에 따르면 일본 회사들은 2008년 엘
피다가 65nm(나노미터)에 이르러서야 이를 통해 양산을 시작하였다. [20] 동일
테크놀로지 수준에서 20% 가까운 제품 생산량 차이가 2년 이상 유지되는
상황이라면, 연간 순이익도 그만큼 벌어질 수밖에 없는 것이다.

2005년 기준 삼성전자와 엘피다의 비트 밀도 차이는 30% 가까이 벌어져
있었다. 엘피다는 이후 삼성전자의 6F^{2}보다 더욱 밀도가 높은 4F^{2}로 업계 최
초로 전환하겠다고 발표했다. 그러나 2021년 현재까지도 이것을 해낸 회사
가 없다. 이후 엘피다는 지속적으로 증자를 받고 투자한 뒤 적자가 반복되
었으며, 2011년 세계 최초 20나노급 D램을 개발했다는 발표를 마지막으로
독일 키몬다의 뒤를 이어 역사의 뒤안길로 사라졌다. 당시 권오현 삼성전자

대표는 그 개발 완료 발표에 대해 "두고 보시죠"라는 매우 짧고 의미심장한 소감을 말하였다. 이미 엘피다가 그러한 기술을 개발할 수 없음을 알고 있었던 것으로 생각된다. 이후 엘피다의 시설과 특허들은 마이크론이 인수하여 사용하게 된다.

일본 회사들은 자신들이 정점에 있을 때 시장의 파괴적 특성을 이해하지 못하고 후발주자에게 자리를 내주었다. 하지만 삼성전자는 그러한 실수를 하지 않았다. 삼성전자는 규칙이 자리 잡지 않은 시장에서 새로운 조직 구조와 업무 방식을 도입하여 선두 기업으로 올라섰다. 그리고 최고가 된 이후로도 기술개발의 속도를 늦추지 않고 $6F^2$ 셀, 300mm 반도체 공장 건설을 선도하며 지속적으로 생산량은 높이고 시장가격은 낮추는 전략을 취하였다. 2000년부터 2010년까지 사실상 매해 한 개의 D램 제조사가 부도가 나거나 인수합병되어 사라졌으며, 2012년 엘피다를 마지막으로 D램 시장에는 평화가 찾아오게 된다.

삼성전자는 D램 시장의 본질, 나아가서는 반도체 시장의 본질을 매우 빠르게 간파하였다. 컴퓨터라는 기기의 포지션이 개인이 함부로 구매할 수 없는 첨단기기에서 개인용 전자기기로 변화함에 따라 시장에서 완제품의 수명이 빠르게 짧아지고 있음을 파악하였다. 그리고 이 방향에 맞추어 제품의 수명과 품질을 사용자가 필요로 하는 정도로 맞추고, 나머지 자원을 원가 경쟁력 확보에 사용하는 원칙을 확립하였다. 이를 통해 구매자에게 원치 않는 레벨의 고성능 제품을 제공하는 대신, 더욱 낮은 가격으로 핵심 부품을 공급해준 것이다.

이 간단한 원칙은 시장 지배자가 매해 수십 %의 원가 경쟁력을 추가로 가질 수 있게 됨을 보여주었다. 시장 리더는 이를 이용해 나머지 경쟁자를 압살하거나 레드오션이 된 시장에서 혼자 블루오션을 만끽할 수 있다는 잔인한 사실이 알려지게 되었다. 그리고 그 사실을 조금 늦게 파악한 일본 경쟁회사들은 시장 퇴출이라는 큰 대가를 치러야만 했다. 그들은 흐름을 바꾸고자 수차례 노력했지만, 삼성전자는 실수하지 않고 언제나 가장 앞서 원가를 떨어뜨릴 수 있는 기술을 도입하였다.

삼성전자는 단순히 원가 싸움에서 상대를 압살하며 승리하였다는 것 이상의 의미가 있다. 삼성전자는 첨단기술이라는 것이 무조건 고성능, 고신뢰성을 의미하지는 않는다는 것을 증명하였다. 첨단기술은 혼자 존재할 수 없으며, 언제나 사용자가 존재한다. 사용자들이 원하는 수준의 물건을 가장 빠르게, 가장 저렴하게 제공하는 인적·물적 기반이야말로 진정한 첨단기술임을 보여준 것이다.

세상을 바꾼 저품질 메모리, 낸드

보조기억장치: 저품질 저장 매체의 역사

컴퓨터는 크게 세 가지 구성 요소를 가지고 있다. 중앙에서 연산을 처리하는 CPU와 수행되어야 할 코드 및 연산 결과를 저장하는 메모리 그리고 HDD, SSD 등의 보조기억장치. 이 중 보조기억장치는 D램의 가격과 휘발성 한계라는 독특한 위치에서 태어났다.

보조기억장치는 CPU 및 메모리와는 상당히 이질적인 위치에 있다. 왜냐하면 초기의 컴퓨터 이론에서 존재하지 않았으며, 실제로도 이론상 존재할 필요가 없었기 때문이다. 만약 나에게 필요한 모든 데이터와 코드가 이미 메모리에 올라와 있는 상태라면 구태여 결괏값을 다른 공간에 저장하거나, 다른 곳에서 불러와서 사용해야 할 이유가 없다. 실제로 '주기억장치=D램=전원이 꺼질 경우 데이터 손실(휘발성)'이라고 알고 있는 사람들이 많은데, 이는 컴퓨터 개념이 처음 생겨났을 때 만들어진 것이 아니다. 단지 기술의 한계로 인해 CPU가 수행해야 할 명령어 체계를 기억하고, 연산 결과를 받아 기록하는 고성능 메모리였던 D램과 S램은 전력이 끊길 경우 데이터가 손실되는 특징이 있었을 뿐이다. 실제로 <그림 1-15>에서 알 수 있듯 초기 구조 중 하나인 폰 노이만 구조에는 기억장치(메모리)와 CPU란 개념만이 존재한다. CPU의 연산장치는 기억장치와 상호작용하며, 입력장치에서 사용자 요청이 들어오면 기억장치 안에 있는 명령어와 자신의 연산장치를 이용하여 사용자가 원하는 아웃풋을 출력할 뿐이다. 이때 전원이 차단된다고 해서 메모리의 데이터가 사라진다는 내용은 전혀 없다.

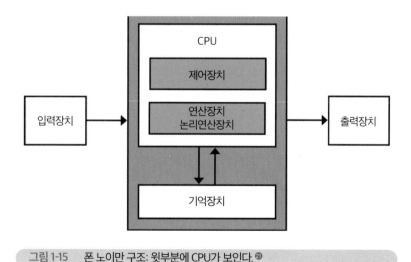

그림 1-15   폰 노이만 구조: 윗부분에 CPU가 보인다. ㉚

문제는 현실이었다. 컴퓨터의 가능성이 알려짐에 따라 연구원들은 컴퓨터에게 더 많은 일을 시키려고 하였다. 당연히 저장해야 할 자료의 양도 늘어나기 시작했으며, 메모리가 요구하는 용량도 커졌다. 하지만 메모리의 크기는 그렇게 쉽게 늘릴 수 없었다. 비록 무어의 법칙에 따라 2년마다 2배씩 밀도가 늘어나고는 있었지만, 사람들이 하고 싶은 것은 어떤 시점에서든 '무한대'였다.

그뿐만 아니라, 앞에서 보았듯 주기억장치인 D램은 전원이 없으면 데이터를 손실하는 문제가 있었다. 데이터의 보존이라는 측면에서 볼 때, 이는 치명적인 문제였다.

이러한 문제를 해결하기 위해서 사람들은 성능을 포기하고 가격을 낮춘 새로운 형태의 '저품질' 디바이스를 자연스럽게 떠올리게 되었다. 일단 전원이 차단되어도 데이터를 안전하게 보호해야 했다. 대신 CPU가 메모리 이외의 영역에 보낸다는 것은 당분간 접근할 일이 없다는 이야기이므로, 성능은 다소 떨어져도 상관 없었다. 보조기억장치라는 개념이 생겨난 것이다.

D램은 CPU가 직접 접근해야 했기 때문에, 메모리의 모든 데이터 방이 CPU에서 바로 접근 가능해야만 했다. 이는 메모리 설계에서 큰 부담으로 작용하였다. 모든 데이터 방에 금속을 설치하여 연결해야만 하기 때문이다. 따라서 이러한 원가 문제를 해결하기 위해 좀 더 큰 단위로 데이터를 저장하는 디바이스를 만들고, 필요할 때마다 그 디바이스로부터 메모리를 읽어와서 사용하도록 했다. 지금까지는 CPU가 집주소에서 데이터를 1명(1바이트 Byte*)씩 직접 부르는 방식이었다면, 이제는 거대한 운동장 하나에 일단 수백 명(512명이나 4,096명)씩 살게 해둔 뒤, 필요하다면 그 수백 명을 전부 메모리에 불러온 다음에 그 안에서 필요한 사람을 찾는 방식이 된 것이다. 한 사람

당 주소를 부여하는 것보다 수백 명을 묶어 한 집에 몰아넣은 뒤 주소를 부여하는 방식이 원가에서 더욱 우월했다.

이러한 역할을 하는 디바이스 역시 큰 변화를 겪어왔다. 구태여 메모리 소자로 이루어질 필요는 없기 때문에 수많은 물질과 기기를 사용해왔다. 초기에는 마그네틱 테이프 같은 물건에서 출발하였으나, 이러한 것들은 원하는 데이터에 접근하는 것이 매우 어려웠다. 만약 사용자가 원하는 데이터가 마그네틱 시작 지점, 끝 지점, 중간 지점… 이런 식으로 무작위로 흩어져 있다면 감았다 풀었다를 반복해야 하기 때문에 성능이 매우 나빠질 수밖에 없다. 따라서 이러한 문제를 해결한 보조기억장치인 하드디스크^{HDD}가 1956년 IBM에 의해 세상에 등장하게 되었다.

〈그림 1-16〉에서 알 수 있듯 하드디스크는 원형의 플래터 위에 데이터를 저장하고, 그 위에 원하는 데이터를 새겨놓는다. 따라서 원하는 데이터에 접근하기 위해 걸리는 평균 시간이 카세트테이프에 비해 굉장히 빠를 뿐만 아니라, 최적·최악 사이의 차이도 상대적으로 줄어든다. 카세트테이프는 데이터에 접근하기 위해서는 최악의 경우 전체 데이터 크기만큼의 시간이 필요하다. 하지만 하드디스크는 전체 용량/트랙 개수로 나눈 수준에서 컨트롤된다.

만약 읽어야 하는 데이터의 주소가 1 다음에 6이 된다면, 카세트테이프는 1부터 6까지 총 5구역을 거쳐가야 한다. 하지만 하드디스크는 안쪽으로 두 칸 간 뒤, 데이터가 회전해서 도착하기만 기다리면 된다. 만약 들어갈 수 있

＊ 실제로는 1바이트씩 접근하지 않고 CPU 아키텍처에 따라 4~8바이트 단위로 접근한 뒤 나머지 바이트를 버리는 방식을 사용한다. 4바이트 단위로 접근하는 아키텍처가 32비트이며, 8바이트 단위로 접근하는 것은 64비트이다.

작업	주소
1	1
2	3
3	5
4	6
5	4
6	2

그림 1-16 카세트테이프 대비 하드디스크의 이점

는 최대 데이터 개수가 100만 개라면, 카세트테이프는 1부터 100만까지 가야 한다. 하지만 하드디스크는 큰 시간 차이가 없다. 최고 성능과 최악 성능 사이의 차이도 매우 적다.

즉 카세트테이프는 순차 접근만이 가능하지만, 하드디스크는 무작위 접근이 가능한 것이다. 카세트테이프는 다음 번 읽을 때 걸리는 시간이 그 전에 했던 동작에 큰 영향을 받지만, 하드디스크의 경우는 최악의 경우에도 한 바퀴 도는 데 걸리는 시간과 헤드(읽는 장비)의 이동 속도의 합을 넘어서지 않는다. 물론 하드디스크의 가격은 마그네틱 테이프보다 비쌌지만, 이를 보상할 만큼 성능은 좋았다.

무엇보다 중요한 것은 HDD는 테이프보다 관리도 쉽고 소형화가 쉬웠으며, 성능도 빠르게 향상시킬 수 있었다. PC의 시대가 열리면서 HDD 역시 빠르게 발전해나가기 시작하였다. 하드디스크의 세계 출하량은 1996년 1억 대까지 치솟았으며, 2013년이 되면서 무려 8억 대까지 치솟았다.

하지만 HDD는 그 한계가 뚜렷했다. HDD는 분명 그 중간에 있었던 수많은 보조기억장치보다는 뛰어났지만, 여전히 기계장치라는 한계가 존재했다. 밀도 상승의 한계에 부딪치는 등 각종 문제들이 나타났고, 이를 LDPC 등의 신기술을 이용하여 해결하고는 있었지만 HDD는 가장 결정적인 문제를 해결할 수 없었다. 바로 성능이었다. 순차 접근 속도도 한계가 뚜렷했지만, 그보다는 무작위 접근의 성능 발전 한계가 더욱 아프게 다가왔다. HDD의 성능을 높이기 위해서는 데이터의 밀도를 높이거나, 디스크의 회전 속도를 높여야 했다. 그러나 데이터 안정성 때문에 3.5인치 이상의 디스크에서는 회전속도를 7,200RPM 이상으로 올리는 것이 힘들었다. 반면 반도체 소자인 CPU와 D램의 성능 발전은 모두가 알고 있듯 그야말로 눈부셨다.

그 예로 2001년부터 2012년까지 CPU의 성능은 무려 24배* 증가하였으며, 메모리의 가격 대비 용량은 128배, 전송 속도는 12배, 접근 속도는 4배** 이상 증가하였다. 이 두 반도체 소자의 발전은 눈부셨다. 미세공정의 진전으로 인해 얻어낸 새로운 트랜지스터와 높은 전성비(전력 대 성능비)가 아낌없이 성능 증대에 투입된 것이다.

하지만 동일 기간 동안 HDD의 성능 발전은 실망스러웠다. 용량은 100배

표 1-2 웨스턴디지털의 HDD 성능 및 용량 변화[20]

연도	전송 속도	반응 속도	용량	제품명
2001	40	12.1	10GB	WB100EB
2012	150	8.9	1TB	WD10EZEX

---

* 2001년 펜티엄 1.2Ghz와 2012년 샌디브리지 3.3Ghz 비교. 코어 성능 6배, 코어 개수 4배 증가
** 2001년 PC-133, 2012년 DDR3-1600

가까이 증가하여 체면치레는 하였지만, 최대 전송 속도가 3.75배밖에 증가하지 못한 것이다. 더욱 심각한 것은 반응 속도인데, 10년이 넘는 시간 동안 36% 증가에 그쳤으며, 이는 모터의 작동 속도를 5,400RPM에서 7,200RPM으로 높인 것으로 얻어낸 수치다. 만약 하드디스크의 용량 증가를 사용자의 자료 수요량으로 본다면, 사용자가 가지고 있는 전체 자료를 읽어들이는 데 걸리는 시간이 무려 30배 가까이 증가했다는 의미가 되는 것이다.

무작위 접근 능력의 문제는 더욱 크다. 컴퓨팅 기술이 발전함에 따라 각종 프로그램과 OS가 발전하면서 파일의 크기가 커졌을 뿐만 아니라, 동시에 실행하는 프로그램의 수가 늘어나게 되면서 파일의 개수도 늘어나게 되었다. 이로 인해 사용자가 프로그램을 실행하면, 하드디스크는 지속적으로 여러 부분을 탐색하며 다음 파일을 읽어야 하는데, 여기에서 큰 성능 하락이 발생하는 것이다.

1995년 사용자들은 플로피 디스크 한 장에 1.44메가바이트^{MB}의 내용을 탑재할 수 있는 MS-DOS를 사용하였다. 그리고 2010년 사용자들은 용량이 2기가바이트^{GB}가 넘는 윈도우 7을 사용하고 있는 상황이다. 예를 들면 MS-DOS 시절 사용자들은 약 3~10개의 파일만 부팅 중 로드하면 되었지만, 윈도우 부팅에 필요한 파일 개수는 수천 개가 넘어간다. 실제로 측정해보면 윈도우 부팅에 필요한 총 보조기억장치 접근 회수는 3만 회*가 넘어간다. 사용자마다 설치된 파일과 세팅이 달라 조금씩 수치가 다를 수 있지만, 이 값을 수백에서 수천으로 획기적으로 줄이는 것은 불가능하다. 이는 다른 프로그램들도 마찬가지다. MS-DOS 시절 게임들은 수 메가바이트 정도의 용량

---

* 저자가 직접 측정

을 가지고 있었으며, 순식간에 실행시킬 수 있었다. 하지만 2000년대 중반에 나타난 블록버스터 게임들은 로딩 시간이 1분 가까이 되었다. HDD는 전체 컴퓨터 사용 중 데이터 입출력 병목을 일으키고 있었던 것이다.

〈표 1-3〉을 보면 알 수 있지만, 성능을 결정하는 주요 부품 중 한 부분이라도 성능 개선이 더딘 경우 총 성능의 향상이 미약함을 알 수 있다. 분명 CPU는 6배, D램은 10배 가까운 성능 향상이 있지만, HDD의 파일 처리 성능이 문제가 됨을 알 수 있다. 특히 파일 탐색 시간이 2012년 기준으로 CPU와 D램이 무한대의 속도로 빨라져서 전체 시간에서 차지하는 비율이 0으로 변하더라도 12년간의 성능 향상은 3배 남짓으로 멈추게 됨을 알 수 있다. 제조업에서 중요하게 여기는 공정 병목과 비슷한 현상이 컴퓨터에도 나타나는 것이다. 이러한 저장소 병목은 다루는 데이터가 커짐에 따라 응용프로그

표 1-3 CPU, D램, HDD의 성능 향상을 기준으로 동일 프로그램의 2001~2012년간 성능 향상을 측정한 시나리오

사용자 작업 순서	사용자 작업 순서	소요 시간 (2001)	사용자 작업 순서	소요 시간 (2012)
프로그램 실행	HDD : 파일 읽기	50	HDD : 파일 읽기	13.3
프로그램용 파일 1 읽기	CPU : 코드 실행	60	CPU : 코드 실행	10
파일 1의 결과 사용	HDD : 파일 탐색	100	HDD : 파일 탐색	73.5
	HDD : 파일 전송	50	HDD : 파일 전송	13.3
	D램 : 파일 복사	10	D램 : 파일 복사	1
	CPU : D램 자료 요청	10	CPU : D램 자료 요청	2.5
	CPU : 파일 1 사용	90	CPU : 파일 1 사용	15
	총 시간	370	총 시간	128.6
	HDD 비중	54%	HDD 비중	77.8%

램 시작과 종료, 거대한 데이터베이스 입출력에 상당히 큰 영향을 미치게 된다. 그리고 지금까지 수많은 프로그래머를 고뇌에 몰아 넣고 있다.

다행히도 이가 없으면 잇몸으로 해결하듯, 오랜 기간 소프트웨어 개발자들의 노력으로 프로그램 자체의 성능은 메모리 사용을 통해 해결할 수 있었다. 로딩해오는 영역을 더욱 세분화하여 쪼개고, 예측 능력을 높여서 미리 다음에 사용할 것을 메모리에 남겨두는 등의 일을 하는 것이다. 그런 노력에도 불구하고, 가장 중요한 순간의 성능들은 〈표 1-3〉에서 알 수 있듯 언제나 가장 느린 부분의 영향을 받을 수밖에 없다. 컴퓨터가 작업하기 위해서는 최초 한 번은 데이터를 읽어와야 할 뿐만 아니라, 결과물 역시 언젠가 한 번은 보조기억장치에 저장되어야 한다.

또한 HDD는 거대한 기계장치 때문에 엄청난 성능 저하 없이는 소형화시키기 어려웠으며, 느린 쓰기 속도로 인해 컴퓨터를 저전력 상태로 만들기 위해 걸리는 시간이 길어 저전력을 유지하는 것도 어려움이 있었다. 보조기억장치는 이미 컴퓨팅 발전의 큰 방향인 저전력과 고성능 두 방향 모두에서 부담을 주고 있었던 것이다.

이러한 이유 때문에 보조기억장치 역시 언젠가는 세대 교체가 필요했다. 그리고 이러한 조짐은 반도체 쪽에서 오래전부터 서서히 보이고 있었다. 플래시 메모리의 등장이었다.

저품질 메모리 등장하다: 낸드와 노어^{NOR} 플래시 메모리

플래시 메모리는 1980년 도시바의 후지오 마스오카 박사에 의해 개발되었다. 이름은 동료였던 쇼지 박사가 붙였는데, 이는 나중에 살펴볼 데이터 삭제 과정과 관계 있다. 이 메모리는 기존 S램, D램 등과는 차별되는 독특한 특징들이 있다. 일단, S램과 D램은 전하를 매우 작은 도체로 구성된 공간에 채움으로써 1과 0을 구분하였다. 하지만 플래시 메모리는 좀 더 출입이 어려운 절연 구역에 고전압을 가하여 전자를 터널링시켜 아예 가둠으로써 1과 0을 구분하였다.

이 때문에 플래시 메모리는 도체와 바로 붙어 있는 S램과 D램보다 읽기와 쓰기 속도가 매우 나빴다. D램의 경우 저장소와 바로 금속 배선이 연결되어 있어 전자의 이동 속도가 매우 빨랐다. 따라서 D램은 수십 나노초 정도의 시간이면 읽기와 쓰기 작업을 할 수 있었지만, 플래시 메모리는 전압펌프를 가동한 뒤 절연 공간에 전하를 집어넣을 때까지 수십~수천 마이크로초로 D램보다 천 배 이상 긴 시간을 필요로 했다. 대신, 전하가 절연 공간에 갇혀 있는 방식이므로 전자로 움직이는 소자임에도 불구하고 전원을 차단하더라도 데이터가 그대로 보존되는 독특한 특징이 있었다.

전원이 나가도 데이터가 유지되는 특성(비휘발성)은 보조기억장치로 사용하기에는 매우 훌륭한 특성이다. 하지만 플래시 메모리는 사용을 매우 어렵게 하는 독특한 특성이 있었는데, 바로 덮어쓰기가 불가능하다는 것이다.

플래시를 사용할 때 데이터를 썼던 영역에 다시 데이터를 쓰기 위해서는 지우기 작업을 한 번 해야 했다. D램의 경우는 데이터를 그대로 두거나 방전시키면 사라진다. 하지만 플래시 메모리는 데이터가 절연 공간에 있으므로, 반대방향으로 전압을 가하여 전자를 전부 빼야만 했다. 즉 D램을 문이

D램   플래시 메모리

D램의 특징
- 방이 작게 여러 개로 나뉘어 작은 단위 접근이 된다.
- 문이 작거나 없어서 자유롭게 드나들 수 있다.
- 문이 작거나 없어서 전원 차단 시 데이터가 손실된다.
- 데이터를 몇번이고 동일 영역에 다시 쓸 수 있다.

플래시 메모리의 특징
- 방이 매우 커서 있어 작은 단위 접근이 되지 않는다 (낸드).
- 문이 매우 두꺼워서 접근이 오래 걸린다.
- 문이 두꺼워서 전원이 손실되도 데이터가 유지된다.
- 데이터를 다시 쓰기 위해서는 문을 열고 데이터를 제거한 뒤 새 데이터를 써줘야 한다.

그림 1-17   D램과 플래시 메모리의 차이점

없는 작은 데이터의 방이라고 한다면, 플래시 메모리는 매우 두꺼운 문이 달린 거대한 집이라고 볼 수 있다. 그 차이는 〈그림 1-17〉과 같다.

또한, 플래시 메모리는 데이터를 지우는 단위와 쓰고 읽는 단위가 달랐다. 플래시의 데이터 삭제 단위는 블록Block이라고 하는데, 보통 그 최소 사이즈가 데이터 쓰기/읽기 단위의 수백~수천 배에 달하는 엄청난 크기였다.*데이터가 번쩍 터지듯이 없어지는 이런 특성 때문에 플래시란 이름이 붙은 것이다. 이 특성으로 인해 플래시 메모리에 데이터를 '조금' 바꿔 쓰기 위해서는 〈그림 1-18〉과 같이 임시 공간Block 1에 한 블록의 데이터를 전부 백업한 뒤, 기존 블록을 지우고 다시 원래 위치로 옮겨 복사하는 복잡한 과정을

---

* 초기 플래시 메모리의 블록은 수십 킬로바이트 정도의 크기였지만, 2021년 현재는 수 메가바이트에 이를 정도로 커졌다.

플래시의 데이터 고쳐 쓰기

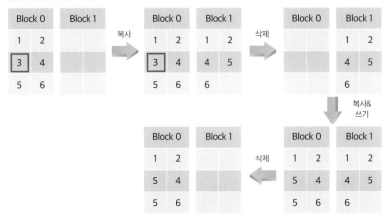

그림 1-18 플래시 메모리의 데이터 다시 쓰기 과정

거쳐야만 했다. 데이터 하나를 변경하기 위해 쓰기 11회, 삭제 2회가 이루어지는 것이다.

플래시 메모리를 연산 중에 너무 자주 사용한다면 D램을 사용할 때에 비해서 전력 소모도 크고, 성능도 좋지 않을 뿐만 아니라 꽤 번거로워질 수 있다. D램은 그냥 '3' 칸에 'S'라는 새 데이터를 덮어쓰면 된다.

그뿐만 아니라 제조 공정의 한계상 한 개의 플래시 칩 내부에는 수많은 결점이 있었다. 이는 전 세계 모든 플래시 제조사가 가지고 있는 한계이며, 공정 자체의 근본적인 문제이기 때문에 딱히 대응할 방법이 없다. 양산된 플래시 칩 내부의 블록 중 1% 이상이 결함을 가지고 있어 사용할 수 없다. 반면 D램의 경우는 완성된 칩 안에 결함이 사실상 존재하지 않는다.[**] 심지어 미세공정이 수십 나노대로 접근하게 되면서, 플래시 칩은 쓰기 요청이 들

** 실제로는 결점이 있으나, 사용자에게는 티가 나지 않도록 수리된다.

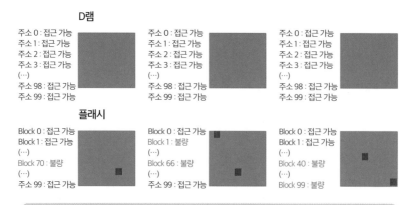

D램

주소 0 : 접근 가능
주소 1 : 접근 가능
주소 2 : 접근 가능
주소 3 : 접근 가능
(…)
주소 98 : 접근 가능
주소 99 : 접근 가능

주소 0 : 접근 가능
주소 1 : 접근 가능
주소 2 : 접근 가능
주소 3 : 접근 가능
(…)
주소 98 : 접근 가능
주소 99 : 접근 가능

주소 0 : 접근 가능
주소 1 : 접근 가능
주소 2 : 접근 가능
주소 3 : 접근 가능
(…)
주소 98 : 접근 가능
주소 99 : 접근 가능

플래시

Block 0 : 접근 가능
Block 1 : 접근 가능
(…)
Block 70 : 불량
(…)
주소 99 : 접근 가능

Block 0 : 접근 가능
Block 1 : 불량
(…)
Block 66 : 불량
(…)
주소 99 : 접근 가능

Block 0 : 접근 가능
Block 1 : 접근 가능
(…)
Block 40 : 불량
(…)
Block 99 : 불량

그림 1-19 D램 단품과 플래시 메모리 단품의 차이점: D램은 모든 단품의 특성이 같지만, 플래시 메모리는 조금씩 불량을 가지고 있으며, 그 위치도 다르다.

어온 데이터를 몇 비트 정도는 틀리게 저장할 수밖에 없었다. 덕분에 플래시 메모리는 항상 메모리 외부에 에러 정정 장치를 붙여 사용해야 했다.

이러한 저질스러움 때문에 플래시 메모리의 사용은 매우 까다롭다. 프로그램들은 D램이나 하드디스크와 비슷한 방식의 접근에 익숙하기 때문에, 〈그림 1-18〉에 나오는 것 같은 번거로운 동작을 일일이 해줄 수가 없다. 심지어 위에서 설명한 읽기와 쓰기 등의 동작은 약 2~3회의 커맨드 코드를 주고 받아야 하는 번거로운 작업이다.

또한, 플래시는 제조 단계의 결함 때문에 개별 단품의 특성이 너무 달라 사용하기 까다로웠다. 완성품 D램의 경우 D램을 100개 사더라도 사용자에게 완전히 동일하게 보이지만, 플래시 메모리는 단품*을 구입해서 사용할 경우 플래시 메모리 100개의 특성이 모두 다른 것이다. 일반적으로 플래시 제조사는 특별한 목적으로 사용되는 블록 0번은 불량이 없을 것과 칩 내 불

---

* 로우^{Raw} 낸드라고 불린다.

량 블록이 몇 개 이하일 것이라는 정도만 보장하여 판매한다. 플래시 메모리의 구매자는 직접 플래시를 관리하는 프로그램을 만들어서 해당 정보를 기억하고, 자신의 프로그램이 해당 영역에 접근하지 않도록 직접 관리하는 번거로움을 감내해야만 한다.

이 작업은 쉬운 작업이 아니다. 그러므로 플래시 메모리는 대부분 컨트롤러와 결합되어 운영되며, 컨트롤러 안의 조그만 소프트웨어[FTL]를 탑재하여 이러한 문제를 해결한다. 메모리가 가진 단점을 조그만 CPU를 결합하여 해결한 것이다. 결국 값싼 원가를 대가로 얻은 낮은 질을 소프트웨어를 통해 해결하는 것이다.

한편, 이 메모리는 노어[NOR]와 낸드라는 두 가지 다른 형태를 가지고 있었다. 둘 다 거대한 블록 단위로 데이터를 지워야 하는 것은 같지만, 한 번에 쓰고 읽을 수 있는 사이즈가 달랐다. 노어 플래시의 경우는 한 번에 접근할

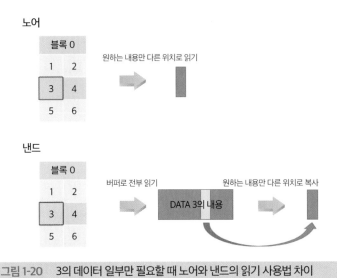

그림 1-20   3의 데이터 일부만 필요할 때 노어와 낸드의 읽기 사용법 차이

수 있는 크기가 D램과 비슷한 수 바이트 정도로 작았던 반면, 낸드는 반드시 한 번에 수 킬로바이트씩 접근해야 하는 단점이 있었다. 용량당 가격의 경우 노어와 낸드는 수배 가까이 차이가 났다. 노어는 D램과 유사하게 각 방에 접근할 수 있는 선을 연결해야 했던 반면, 낸드는 그럴 필요가 없었기 때문이다. 사용의 편리함과 반응 속도, 가격 사이의 교환 관계가 있는 셈이다.

당연하지만 이 메모리는 성능이 좋지 않았기에 주기억장치로 사용하기는 어려웠다. 주기억장치는 CPU가 초당 수억 번 접근하여 읽기/쓰기를 해야 하는데, 읽기는 그렇다 치더라도 쓰기의 경우 단 한 개의 비트만 고치고 싶을 때도 특정 구역을 통째로 갈아치워야만 했다.

후지오 마스오카 박사도 이런 사실을 알았기에 이 메모리로 주기억장치인 램^{RAM}을 대체하려고 하지는 않았다. 대신, 이 메모리를 이용해 마그네틱 기반의 저장소를 전부 바꿀 수 있을 것이라는 원대한 꿈을 꾸었다. 하지만 초기의 시장은 그렇게 받아들이지 않았다. 심지어 도시바는 이를 상품화할 계획을 세우지 않았으며, 그의 상관은 그런 아이디어는 지워버리라고 하였다. 결국 후지오 마스오카 박사는 매우 적은 보상만을 받아야 했고, 이후 상관들과 관계가 나빠지면서 1990년 퇴사해야 했다. 〈사이버데일리〉(2011)에 따르면, 이후 도시바는 세상을 바꾼 엔지니어 중 한 사람을 이렇게 대한 것이 창피했는지, 외신과의 인터뷰에서 플래시 메모리의 원조는 도시바가 아니며 인텔이 개발한 것이라는 괴상한 주장을 했다고 한다. 하지만 이 거짓말은 순식간에 탄로나게 된다.[28]

이런 거짓말을 할 만한 근거가 있었는데, 원조인 도시바가 이 메모리의 강력한 잠재력을 알아채지 못하고 있을 때 먼저 행동한 것은 인텔이었기 때문이다. 인텔은 CPU 비즈니스를 영위하고 있었는데, CPU가 동작하기 위해서는 일련의 구동 코드들 및 BIOS를 마더보드에 저장해둘 외부 공간이 필요했다. 지금까지의 컴퓨터들은 이러한 코드를 PROM, EPROM이나 EEPROM 등의 저장장치에 보관하였는데, 이런 장치들은 제어가 굉장히 어려웠다. EPROM의 경우는 데이터를 쓰기는 쉬웠지만 지우기 위해서는 자외선을 조사해야 하는 귀찮은 과정을 거쳐야 했다. 나름의 개선품이었던 EEPROM은 사용하기 쉬웠지만 용량이 매우 작았다. PROM의 경우는 아예 물리적으로 퓨즈를 끊어 0과 1을 구분하는 방식이었기 때문에 실수하면 칩을 못 쓰게 될 위험이 존재했다. 플래시 메모리는 이러한 단점들이 하나도 없는 뛰어난 제품이었으며, 인텔이 이를 알아챈 것이다.

이러한 코드들은 오로지 컴퓨터를 부팅할 때만 필요하며, 실제 프로그램의 성능에 영향을 끼치치 않는다. 뿐만 아니라 용량이 수십 킬로바이트~수십 메가바이트 정도밖에 되지 않았다. 또 데이터를 바꾸는 일은 BIOS 업데이트 등을 할 때를 제외하면 거의 없었고, 언제나 사용자 환경과 분리되어 운영되었기 때문에 데이터 접근 성능에 대한 걱정도 할 필요가 없었다.

HDD와 같은 보조기억장치는 용량당 가격은 우월했지만, 모터 등의 기계장치가 있어 최소 가격이 매우 높았다. 따라서 이러한 메모리를 통해 컴퓨터의 총 가격을 낮출 수 있었다. BIOS에 들어가야 할 프로그램의 크기도 분명 매해 증가하고 있었으나, 일반적인 사용자 데이터 수준은 아니었다. 당연하지만 사용의 편의성 때문에 낸드보다는 노어가 주로 사용되었다. 중요한 특성은 사용의 간단함과 데이터의 비휘발성이었다. 성능도, 용량도 그다지 중요한 시장이 아니었기 때문이다. 결국 플래시 메모리 최초의 상업화는 도시바가 아닌 인텔에 의해 일어나게 된다.

낸드 플래시는 비트당 가격이 노어에 비해 저렴했지만, 사실 메모리로서의 특성은 노어에 크게 뒤처지고 있었다. 덮어쓰기가 되지 않는다거나, 불량 블록이 존재하는 등 수많은 플래시 메모리의 단점을 그대로 가지고 있었다. 뿐만 아니라 노어 플래시보다 최소 접근 가능한 크기가 매우 컸다. 이러한 이유로 낸드 플래시 컨트롤러는 노어 플래시 컨트롤러보다 크고 복잡하여, 작은 용량만을 필요로 하는 부품에 사용하기는 다소 힘들었다.

〈그림 1-22〉에서 붉은 박스는 SSD의 컨트롤러인데, 이 안에는 오른쪽에 빼곡히 박혀 있는 플래시 메모리를 제어하는 소형 프로그램이 올라가 있다. 이 프로그램이 컨트롤러가 가진 수많은 보조 하드웨어와 D램 캐시(컨트롤러 바로 위)를 이용하여 플래시의 성능과 수명을 최대로 끌어올리게 된다.

이유야 어찌되었든 플래시 메모리는 첨단 제품이었고, 수많은 반도체 업체가 진출하기 시작하였다. CPU와 로직 반도체를 가지고 있던 인텔, AMD와 같은 반도체의 강자들 역시 플래시 메모리 시장에 진출했는데, 대부분 노어에 집중하는 경향이 있었다. 이들은 이미 CPU와 마더보드를 가지고 있었기 때문에, 마더보드 위의 롬^{ROM}을 대체할 수 있을 것으로 판단했다. 실제로도 이들은 이러한 일에 매우 익숙했다.

그림 1-21　패키징된 노어 플래시㉔

인텔의 노어 플래시 메모리 공세로 인해 원조의 자존심을 구긴 도시바는 1991년 낸드 플래시 개발을 완료하고 시장 진출을 선언했다. 하지만 낸드 플래시를 위한 시장은 크지 않았다. 인텔과의 경쟁에서 비트 출하량이 밀릴 경우 표준 자체가 생기지 못해 큰 시장 형성이 되지 않을 것으로 판단하였는지, 도시바는 자체 규격을 만들어 낸드 기반의 저장매체를 만들었다. 그리고 1992년 당시 자신들보다 한참 규모가 작던 삼성전자에게 낸드 플래시 기술을 라이선싱해주게 된다. [●] 완제품 가전도 제조하고 있던 도시바로서는 안정적인 제2공급망을 확보하는 것은 물론, 낸드 제조사를 늘림으로써 다른 메모리 회사들과의 세력 싸움에서 우위를 차지하려는 계산이 있었을 것이다. 도시바는 이런 결정을 통해 노어 진영에게 승리를 거두게 되지만, 물론 그 뒤에 자신들이 2인자로 밀려날 것은 예상하지 못했을 것이다.

도시바는 알지 못했겠지만 삼성은 이후 미래 디지털 제품의 기술 확보를 위해 D램, 낸드, CDMA 3개를 선정하여 역량을 쏟아붓겠다는 결정을 하였다. [●] 현재 D램 시장의 주요 매출처 중 하나가 스마트폰이며, 스마트폰의 저장소가 전부 낸드 기반인 것을 생각해보면 아주 의미심장한 일이다.

또한 메모리를 직접 제조하지 않는 수많은 설계 전문 업체 역시 이 시장에 진입하기 시작했다. 낸드는 컨트롤러가 있을 경우 상당히 사용이 편하기 때문에, 이러한 컨트롤러들도 나름의 노하우가 필요했다. 훌륭한 컨트롤러들은 낸드가 가지고 있는 포텐셜을 최대한 사용할 수 있게 해주었다. 노어역시 정도의 차이는 있지만 컨트롤러가 있으면 상당한 이점이 있었다. 이러한 회사들은 설계한 컨트롤러를 메모리 회사에 팔거나, 반대로 메모리 회사로부터 플래시를 구매하여 자사의 컨트롤러와 결합해 다양한 형태의 완제품으로 만들어 파는 방식을 취하였다. 이러한 사업을 했던 회사 중 하나가과거 선디스크^{SunDisk}였던 샌디스크^{SanDisk}다.

이렇게 후지오카 박사가 만들어낸 새로운 저품질 메모리는 정작 자신의회사에서는 찬밥 취급을 당했다. 하지만 그 포텐셜을 알아본 일부 기업들에의하여 서서히 생태계가 자리를 잡아가기 시작하였다. 세계 최고의 메모리

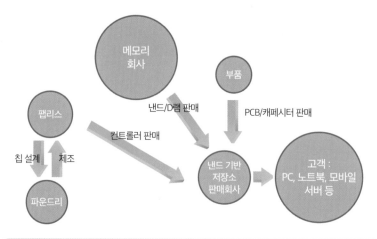

그림 1-23 플래시의 밸류 체인: 실제로는 회사가 이렇게 정확하게 나뉘지 않으며, 밸류 체인의 여러 분야를 동시에 영위하는 회사들도 존재한다.

제조사들이 사업에 진입하기 시작했고, 이후 다양성을 뿌리게 될 컨트롤러 업체들이 함께 나타났다.

하지만 우리가 알고 있는 낸드 플래시는 낮은 품질과 번거로움으로 인해 여전히 주인공으로 등장하지 못했다. 낸드 플래시의 대역전극은 메모리 제조업의 중심지가 아닌 전혀 다른 곳에서 시작되고 있었다.

문제는 휴대성이다: 스티브 잡스의 뒤에서

IBM PC로부터 출발하여 컴퓨터 기술이 발전함에 따라 시장에는 서서히 변화가 찾아왔다. PC 시장이 발전하면서 수많은 데이터 수요를 감당하고 데이터를 이리저리 옮기기 위해 각종 저장장치가 개발되었다.

가전제품들의 기능이 확장됨에 따라서 가전제품을 전자적으로 제어해야 할 필요가 생겨나기 시작했다. 과거에는 단순한 논리 판단만 하던 가전제품들은 이제 데이터를 저장하고, 훗날 불러와서 사용하는 일이 늘어나게 되었다. 요구되는 기능이 많아짐에 따라 내부에 필요한 용량도 커지게 되었으며, 사용자 경험을 개선하기 위해 읽기/쓰기 성능이 어느 정도 요구되기 시작했다.

이런 제품들 중 눈부시게 발전한 물건 중 하나는 휴대전화였다. 휴대전화는 단순히 액정에 수신번호를 알려주는 정도의 기능에서 벗어나, 컬러 스크린이 도입되고 간단한 형태의 프로그램은 수행할 수 있도록 다양한 기능들을 갖춰가기 시작했다. 당연히 수많은 코드와 그림을 저장해야 할 상황이었지만, 하드디스크가 손 안에 들어가기에는 너무나 컸다.

또 다른 하나는 지금까지 없던 제품이던 디지털 카메라였다. 디지털 카메라는 기존에 있던 필름과 렌즈 조합을 '센서+디지털 저장장치'로 바꾸는 첨단기기였다. 일반적으로 휴대 가능한 크기여야 할 뿐 아니라, 충격에 강해야 하고 배터리 수명도 길어야 했다.

이 모든 것에는 데이터를 읽고 쓸 수 있는 대용량의 영구 저장소가 필요했다. 플로피 디스크, 시디롬CD-ROM, 휴대용 HDD 등이 고안되었으나 이러한 보조저장장치들은 여러 가지 문제가 있었다.

플로피 디스크의 경우 성능 향상이 힘들고, 신뢰하기 힘든 매체가 사용되었기 때문에 저장밀도가 낮았다. 시디롬은 이름에서도 알 수 있듯 한 번 기록한 내용을 고칠 수 없다는 심각한 문제가 있었다. 휴대용 HDD는 생각보다 물리적 크기가 매우 컸으며, 충격으로 인해 데이터를 손실할 수 있는 문제가 있었다. 애초에 PC 이외의 플랫폼에서 사용하기 위해 개발되지 않았기 때문에 소형화가 쉽지 않았던 것이다. 물론 이후에 초소형 HDD들이 등장하지만, 상당한 성능 손실을 감내해야 했다. 매체의 특성상 반지름이 줄어들고 모터의 성능이 나빠지게 되면 성능이 그대로 줄어들 수밖에 없기 때문이다. 드디어 낸드 플래시가 활약할 시간이 온 것이다. 고밀도 메모리라는 강점과 비휘발성이라는 특성을 뽐낼 기회가 찾아왔다.

이러한 흐름에 맞춰, 도시바는 SD^Secure Digital라는 신규격을 만들어냈으며, 이스라엘의 M-시스템즈M-Systems는 최초의 휴대용 USB 메모리를 자신들이 설계한 컨트롤러와 샌디스크로부터 구입한 낸드를 결합하여 만들어냈다. 당시 USB 메모리의 용량은 8~16메가바이트로 경쟁품 중 하나인 시디롬보다는 용

그림 1-24　M-시스템즈의 16MB USB 메모리

량이 매우 낮았지만, 휴대성과 안정성은 상당히 뛰어났다.

낸드 플래시의 수요처가 다양해지면서 낸드 플래시의 공급이 늘어나기 시작했고, 규모의 경제를 통해 가격 역시 서서히 하락하였다. 본래 낸드 플래시는 제조가 쉬움에도 불구하고 수요처들 대부분이 제품당 저용량 칩 1~2개 정도만을 사용했다. 때문에 규모의 경제를 누리고 있지 못하여 가격이 D램보다도 비쌌다. 하지만 드디어 부팅 시 한두 번만 읽으면 되는 단조로운 코드들의 저장소를 벗어나 가치 있는 콘텐츠들을 저장하기 시작하면서 수요가 폭증했다. 2001년 낸드 플래시는 최초로 연 1조 원의 매출을 기록했고, 2년 뒤인 2003년에 이는 4배로 늘어났다.

한편, 이 시기 D램 시장의 완벽한 승자로 굳히기를 끝낸 삼성전자*는 낸드 플래시의 비트당 가격이 D램보다 높음에 주목하였고, 낸드에 대규모 투자를 시작하게 된다. 삼성전자는 메모리를 양산해본 경험이 풍부했을 뿐만 아니라, D램에서 얻은 풍부한 현금과 더불어 가용한 유휴 장비들이 있었다. 이를 이용하여 D램 시장에서 전개했던 전략을 유사하게 전개할 수 있었으며, 대규모 투자의 결과로 2004년 낸드가 D램보다 비싸던 시대는 종말을 고하게 된다. 낸드 플래시 메모리의 비트당 가격은 D램보다 싸지기 시작하였고, D램 시장이 그러했듯 가격경쟁의 피바람이 불어닥치기 시작한다.

한편, 음악 감상 기기였던 아이팟^{iPod}을 만든 애플은 이 시기에 중요한 결정을 내리게 된다. 지금까지 아이팟에는 소형의 하드디스크가 달려 있었다. 음악 감상은 하드웨어 읽기/쓰기의 엄청난 성능을 요구하지 않기 때문에 소

---

* 경쟁 업체는 많이 남아 있었지만, 삼성전자는 이 시기의 유일한 흑자 D램 기업이었다.

형 하드디스크의 성능으로도 사용이 가능했다. 하지만 애플은 여기에서 크기는 더욱 줄이고, 배터리 효율을 높여 시장에서의 경쟁력을 강화하고자 했다. 이렇게 해서 등장한 것이 아이팟 나노iPod Nano였다.

기존 제품들과 아이팟 나노를 비교했을 때 가장 큰 차이점은 휴대성이었다. 아이팟은 스마트폰과 비슷한 140g의 무게를 가졌던 반면, 아이팟 나노는 겨우 31g밖에 되지 않았다. 크기 역시 절반 이하로 줄어 휴대성도 높았고, 목에 걸 수 있었다. 작은 크기에도 불구하고 용량은 기존의 아이팟과 큰 차이가 나지 않았다. HDD로는 이런 작은 디바이스에 맞는 고용량 저장소를 구현할 수 없었다. 이 순간 애플의 눈에 보인 것이 플래시 메모리였다.

아이팟 나노는 1~4기가바이트의 용량을 목표로 제작되었는데, 당시 노어 플래시의 칩 한 개당 밀도는 256~512메가비트 정도밖에 되지 않았다. 4기가바이트 용량을 만들기 위해서는 가장 큰 노어 플래시 칩이더라도 64개나 필요했다. 이는 2018년 기준 가장 용량이 큰 SSD에나 집어넣을 수 있는 개수다. 당시 낸드의 칩당 밀도는 10배 이상 뛰어난 4,096~8,192메가비트였다. 애플의 선택지는 낸드뿐이었다.

그림 1-25　플래시 메모리의 도약을 불러온 아이팟 나노

그다음 선택은 낸드의 공급사를 선택하는 것이었다. 이러한 대용량의 디바이스를 대규모로 생산·판매하기 위해서는 신뢰할 수 있는 대형 공급사가 필요했다. 여기에서 선택된 것이 삼성전자였으며, 애플이 삼성전자 생산량의 40% 가까이 낸드를 구매할 수 있다는 뉴스가 나기도

하였다. 물론 이에 대해 삼성전자는 고객에 대해서는 언급할 수 없다고 발표하였으나 이런 발언을 통해 이 딜이 얼마나 큰 것이었는지는 짐작이 가능하다. ⓐ

　발매되자마자 아이팟 나노는 단순한 음악감상 기기를 넘어서는 것임이 밝혀졌다. 아이팟 나노는 패션 아이템과 문화가 되어 어마어마하게 판매되었다. 생태계라는 개념을 잘 이해하고 있던 애플의 스티브 잡스는 당시 MP3 플레이어 사용자들이 가장 번거로워하는 것이 음악을 옮겨 담는 것임을 알고 있었다. 아이팟 나노는 기존 애플 사용자라면 바로 사용할 수 있으며, 작은 크기로 심미성과 실용성이 합쳐져 폭발적인 수요를 창출하게 된다. 애플은 아이팟 나노 1세대를 3주 만에 100만 대를 판매했다. 이는 디바이스당 평균 용량을 2기가바이트로 가정할 경우, 연 환산 시 무려 25만테라바이트에 해당하는 양이었다.

　반면 노어 플래시를 사용하는 롬 등은 디바이스당 들어가는 용량이 64~256메가바이트 수준이었으며, 전체 디바이스 가격에서 메모리가 차지하는 비중도 그다지 크지 않았다. 지금까지 플래시 메모리들은 완제품에서 차지하는 비중이 매우 작았지만 이제는 달라진 것이다. 낸드는 완제품 내부의 보조 부품이 아닌, 주인공 중 하나가 된 것이다. 낸드가 제조사들과 함께 처음으로 IT 역사의 중심에 나타난 것이다. 그동안 수십만 개 단위로 양산되어 사용되던 낸드 플래시가 처음으로 글로벌 시장 전체에 수천만 단위로 판매되며 제품의 주요 부품으로 채택된 것이다.

　당연하지만 아이팟 나노가 성공하자 다른 기업들도 유사한 콘셉트의 제품을 개발해야 했고, CD나 HDD 기반의 음악감상 장치들은 도태되었다. 플래시 메모리가 매우 많이 필요했고, 수요는 치솟았다. 삼성전자에게는 엄청난 순이익이 들어오기 시작했다.

삼성전자에게 축복을 내려줬던 애플 역시 이를 통해 자사의 디지털 허브 전략을 성공적으로 확장할 수 있게 되었다. 휴대용 기기를 통해 사람들의 지갑을 열 수 있다는 가능성을 보여주었을 뿐만 아니라, 애플 기기들의 연결성이 휴대 기기까지 확장되는 순간이었다. 이때 시도했던 많은 일이 훗날 앱스토어를 만들 때 귀중한 경험이 되었을 것이다.

〈그림 1-26〉은 낸드가 들어간 아이팟 나노와 노어가 들어간 마더보드를 비교한 것이다. 아이팟 나노에서 낸드는 휴대성을 결정짓는 중요한 부품일 뿐만 아니라, 용량 자체도 중요하므로 매출에서 차지하는 예상 가격이 매우 높았다. 반면, 노어가 주로 사용되는 마더보드에서는 정작 큰 비중을 차지하지 않았다.

이러한 시장 변화 덕분에 2004년에 낸드는 노어를 매출에서 앞질렀으며,

아이팟 나노(1세대, 2005)

가격 : 499달러
저장소 용량 : 1GB
낸드 가격 : 48달러(추정) 512Mb당 3달러
매출 대비 메모리 가격 : 9.8%

LGA775 마더보드(2005)

가격 : 100달러
저장소 용량 : 매우 작음(칩 1개)
노어(SPI) 가격 : 3달러 (추정) / 256Mb당 3달러
매출 대비 메모리 가격 3%

그림 1-26　낸드(위)와 노어(아래)의 완제품에서의 가격 비중:
노어의 가격은 셀 크기 비율로 추정하였다.

바로 그다음 해인 2005년에는 무려 64%나 성장했다. 이후로도 이러한 성장세 차이는 계속 이어지게 된다.^㊲ 노어를 중심으로 사업을 전개하던 인텔, AMD/스펜션 연합 등은 플래시 메모리 시장에서는 되레 역성장을 하게 되었다. 핵심 제품의 선택을 받지 못한 대가는 너무나 컸다.

낸드 제조사들에게는 혜택이 돌아갔다. 특히 삼성전자의 약진은 그야말로 눈부셨다. 이미 낸드 시장점유율 1위였던 삼성전자는 애플에게 상당한 수준의 할인을 제공하였음에도 불구하고 2004~2005년 매출액이 무려 1.5배 증가하여 플래시 메모리의 원조라는 도시바를 할 말 없게 만들었다.

삼성전자에게 더 유리했던 점은 도시바와는 달리 D램 사업과 설계, 파운드리를 함께 영위하고 있었다는 것이다. 아이팟 나노는 모바일 SD램과 일종의 소형 CPU인 미디어 프로세서도 필요했는데, 삼성전자는 이러한 부품들도 전부 가지고 있었다. 실제로 애플에게 미디어 프로세서를 공급하던 팹리스였던 포털플레이어^{PortalPlayer}는 2006년 애플과의 계약이 종료되었음을 발표하였다.^㊳ 반면 삼성전자는 지금까지 중 최대 물량의 비메모리 고객(애플)의 수주를 받았음을 발표하였다.^㊴ 이후 포털플레이어는 엔비디아에게 인수된다. 저전력 시장에서 애플의 삼성전자 사랑은 이후로도 계속되며, 2007년 아이팟 터치에 이어 2010년 이후 일어날 모바일 혁명에서 다시 그 모습을 보여주게 된다.*

한편 낸드 제조사 모두가 이익을 본 것은 아니었다. 일본의 르네사스반도체는 2010년 12월 더 이상 낸드 개발을 하지 않을 것을 선언하게 된다.^㊵ 이

---

* 삼성이 애플과 관계가 미묘해진 것은 스마트폰 시장에서 삼성의 존재감이 커진 이후다. 이전에는 삼성은 애플에게 있어 첨단 제품을 빠르고 안정적으로 공급하는 좋은 파트너 회사였다.

분야에서도 일본 메모리 업체들은 게임의 규칙을 제대로 이해하지 못했다.

D램 시장의 플레이어들이 본격적으로 뛰어들기 시작하자, 똑같이 전쟁이 발발하게 되었다. 다시 승자 기업들이 시장의 이익을 빨아들이기 시작한 것이다. 원가 경쟁력 부족 때문에 힘에 부치는 상황에, 전 세계에서 가장 거대한 고객과의 관계도 밀리게 되어 경쟁사들은 이번에도 고난을 겪게 되었다. 낸드에 제대로 진출하지 못했던 인텔과 상대적으로 후발주자였던 마이크론은 시장을 차지하기 위해 서로 협력하여 IM 플래시라는 플래시 전문 벤처기업을 설립하였다.

휴대용 장비 시장에서의 첫 결전으로 서구권의 노어 플래시 사업은 변두리로 밀려났으며, 낸드는 메모리 시장의 양대 산맥 중 하나가 되었다. 하지만 이는 낸드의 반쪽짜리 승리일 뿐이었다. 여전히 더 거대한 반도체 시장은 HDD가 공고하게 자리를 잡고 있었다. 아직은 후지오 마스오카의 꿈이 이루어질 날은 요원하기만 하였다.

수직 통합을 통하여 IT 생태계로: 세상을 바꾸는 저질 메모리

2005년, 애플의 아이팟 혁명으로 성공가도를 달리고 있던 삼성전자는 돌연 새로운 사업을 발표한다. 1.8인치 및 2.5인치 SSD 시장에 진출하겠다는 것이었다. 지금까지 SSD 시장에는 상대적으로 덩치가 작은 팹리스들만이 존재했으며, 삼성전자는 이런 회사들과는 체급 자체가 다른 회사였다.

SSD는 삼성전자가 개발한 제품은 아니다. 반도체 기반의 보조기억장치는 컴퓨팅이 시작되었던 초반부터 제안되어왔다.* 플래시 기반의 SSD는 1991년 선디스크(현재 샌디스크^{SanDisk})의 20메가바이트 SSD에서 시작했다. 하지만 이 당시 HDD의 절반밖에 되지 않는 용량에 가격은 1,000달러나 되

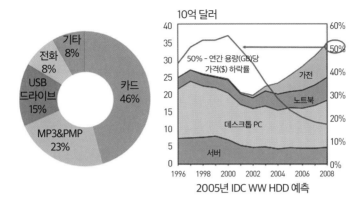

그림 1-27   낸드 플래시 시장의 응용처 비율(좌)과 HDD의 매출 수치(우)※

었다.

이런 물건들은 매우 비싼 가격 때문에 고성능을 요구하는 하이엔드급 시스템이나 하드디스크를 쓰기에는 안정성 등의 문제가 생길 수 있는 군사, 항공 등의 제한적인 영역에서만 사용되었다. 하지만 이제는 상황이 달라졌다. 세계 최대 규모의 메모리 회사가 시장 진출을 선언했고, 이는 낸드가 일반인들의 눈에도 보일 정도로 가까이 올 것이란 의미였다.

하지만 이런 큰 회사들은 대규모 물량 판매에 성공할 경우 압도적 규모의 경제를 누릴 수 있었지만, 팔지 못할 경우 큰 문제가 발생할 수 있었다. 삼성전자가 발표했을 당시 HDD의 용량은 최대 200기가바이트에 달했던 반면, 낸드 플래시 기반의 저장소들은 대부분은 1~4기가바이트에 불과했다. 뿐만 아니라 기존 SSD 업체들이 10년 이상 노하우를 쌓아온 것을 생각하면 다소 무리한 도전일 수도 있는 상황이었다.

---

* SSD를 반드시 낸드로 만들어야 할 이유는 없다.

또한 미세공정이 진척됨에 따라 지속적으로 나빠지는 낸드의 특성도 큰 고민거리였다. 이미 낸드는 '쓴 데이터를 정확하게 읽지도 못하는' 물건으로 전락할 정도로 나빠지고 있었다. 얼핏 봐서는 아직 사실상 존재하지도 않는 수준의 크기인 시장에 큰 배팅을 해야 할 상황이었던 것이다.

주어진 시장의 크기도 문제였다. 2006년 전 세계 낸드 시장의 규모는 연 11조 원으로 매우 작았으며, SSD는 그 부분집합인 8% 영역에 속했으므로 매우 작았음을 짐작할 수 있다. 반면 HDD 시장은 연 4억 대 출하를 눈앞에 두고 있었으며, 연 매출은 30조 원에 육박했다. 가장 낙관적으로 예측하더라도 둘 사이의 매출액은 약 30배 가까운 차이를 보일 것이었다.

하지만 이 어려워 보이는 싸움에서 삼성전자는 나름 승산을 점치고 있었을 것이다. 지금까지 큰 성장을 안겨준 시장은 대부분 디바이스의 크기 등 HDD가 진입하기 어려운 부분이었다. 이러한 시장들에서 저장 용량은 분명 커지고 있었지만, 아직 데이터로 무언가를 하고 있지는 않았다. 디지털 카메라는 찍은 사진을 훼손하지 않고 보관만 하면 되고, 아이팟 나노 역시 사용자가 내려받은 음악을 잘 읽어주기만 하면 되는 수준이었다. 음악 파일의 크기는 수 메가바이트 정도로, 낸드 플래시의 최대 성능을 끌어내야 할 만큼 크고 복잡하지 않았다.

분명 아이팟과 같이 데이터를 저장하는 시장도 상당한 가치가 있긴 했다. 하지만 정말 거대한 시장은 데이터를 활용하여 무언가 새로운 것을 창조해내는 시장이었다. 바로 PC와 서버의 메인 저장장치였다. PC와 서버는 저장 용량 수 기가바이트 정도는 우습게 여기는 곳이며, 수 기가바이트/s로 데이터를 옮겨야 했다. 또한 수 테라바이트의 공간을 탐색하여 원하는 데이터를 찾아내야 했다. 고객들은 이러한 요구사항을 맞추기 위해 OS부터 자신들의 소프트웨어까지 극한의 최적화를 통하여 짜낼 수 있는 모든 것을 짜내고 있었다. 기존 플래시 시장은 생태계가 존재하지 않았기 때문에 메모리 제조사들이 스스로 생태를 만들거나, 완제품 제조사들과의 간단한 협업만으로도 충분했다. 하지만 PC 시장에 진입하기 위해서는 기존에 HDD를 중심으로 갖춰진 생태계에 플래시 메모리가 맞춰서 들어가야만 했다.

휴대장비들의 경우 용량당 가격이 상당히 비싸더라도 휴대성에서 오는 이익이 매우 컸기 때문에 상당한 비즈니스를 할 수 있었다. 하지만 PC 시장에서는 이야기가 달랐다. PC를 구동하는 데 필요한 운영체제는 수 기가바이트에 이르는 큰 용량이 필요했다. 수십 기가바이트, 심지어 수 테라바이트가 넘는 응용프로그램과 데이터베이스가 즐비했다. 메모리 회사들에게 다행이었던 점은 가장 큰 문제였던 용량당 가격 문제가 해결되고 있다는 점이었다.

HDD는 반도체가 아님에도 무어의 법칙에 준하는 수준으로 매해 괄목할 만한 성장을 하고 있었지만, 날이 갈수록 용량을 높이는 게 어려워졌다. 초기의 HDD는 흔히 알려진 대로 N/S극을 이용하여 0과 1을 정확하게 표시했지만, 현대의 HDD는 데이터 밀도가 cm^2당 100기가비트 이상이다. 이는 가로, 세로 1cm의 조그마한 공간에 무려 13기가바이트를 저장하는 수준으로, 하드디스크는 무려 초당 60바퀴를 돌면서 그 조그만 공간에 데이터를 기록해야만 한다. 3.5인치 HDD의 최외각의 회전 속도는 시속 200km가 넘는다. 그리고 데이터의 최소 단위 비트의 크기는 가로 세로 0.00003cm밖에 되지 않는다. 비트 하나를 스쳐 지나가면서 N/S극을 한 번 바꾸는것조차 어렵다는 것을 알 수 있다.

물론 첨단 과학기술을 총동원하면 그러한 기록도 가능하겠지만, 개당 10

만 원 내외로 HDD는 이런 일을 해내야 한다. 하지만 이는 하루하루 어려워지고 있었다. 시게이트는 밀도를 높이기 위하여 '쓰기'한 데이터의 일부를 살짝 덮어쓰는 SMR 기술을 사용해 제품을 양산했다. 그러나 제품의 쓰기 성능이 크게 떨어지기 때문에 일반적인 용도로는 사용하기 힘들게 되었다. 한편, 웨스턴디지털은 열을 이용해 저장 밀도를 높이는 기술을 개발했다. 하지만 이 기술은 사용자가 한 지점에 집중적으로 접근할 경우, 디바이스 자체가 손상될 수 있는 큰 위험을 안고 있어서 상용화가 힘들었다.

반면 낸드는 무어의 법칙에 따라 빠르게 가격을 낮추고 있었다. 한 개의 물리적 공간에 2개, 3개의 데이터를 적어넣는 MLC, TLC 등의 신기술 역시 이를 뒷받침했다. 하지만 자기 기록장치인 HDD는 그러한 방식을 사용할 수가 없었다. 밀도 저하로 인한 신뢰성 문제는 낸드만이 겪고 있는 문제가 아니었던 것이다. 그나마 낸드는 셀 크기를 줄여 밀도를 높일 경우 성능이 빠르게 높아지는 장점은 있었다.

삼성전자는 세계에서 낸드 플래시를 가장 잘 알고, 잘 만드는 회사다. 어떤 방식으로 제조하면 낸드 플래시의 원가를 어디까지 떨어뜨릴 수 있을지와 낸드 플래시의 특성이 어떻게 변화할지를 잘 알고 있었다. 이는 기존 팹리스들이 모든 낸드 플래시 공급처에 대응해서 많은 것을 고려해야 하는 것과 비교하면 매우 큰 이점이었다. A 회사의 낸드 플래시가 읽기는 빠르지만 쓰기는 느린데, B 회사의 낸드 플래시는 그 반대일 수가 있는 것이다. 팹리스들은 이런 것을 모두 고민해야 했지만 삼성전자는 그럴 필요가 없었다.

뿐만 아니라, 컴퓨터 구동에 필요한 필수적 프로그램 중 하나인 OS의 사이즈 증가율이 감소하기 시작했다. 과거 1990년대의 MS-DOS의 용량은 10메가바이트가 채 되지 않았지만, 2000년 초 윈도우 XP는 2기가바이트가 넘는 용량을 차지했다. 무려 100배 가까이 용량이 증가한 것이다. 하지만 윈도우 XP에서 윈도우 7으로 넘어가는 순간에는 20기가바이트 정도로, 약 10배 증가에 그쳤다. 심지어 최신 발매된 윈도우 10은 윈도우 7과 사이즈가 비슷하거나 작기까지 하다. 이는 용량당 가격에서 HDD 대비 열위를 가진 낸드 제조사들에게는 상당한 호재가 되었다.

대부분의 사람은 컴퓨터 사용 시 웹서핑과 단순 사무작업을 주로 한다. 이러한 작업에는 사실 큰 용량이 필요하지 않다. 단지 OS를 깔아야 하는 것이 문제일 뿐이다. 낸드는 OS 설치 용량을 확보하는 것도 매우 힘들었던 상황이지만, OS의 용량 증가가 멈추게 되자 낸드 회사들이 걱정하지 않아도 될 정도로 그런 부담은 매해 자동으로 줄어들기 시작하였다. 이런 상황에서는 HDD가 용량당 가격의 이점을 지속적으로 가져가더라도 승부를 할 수 있었다. 사람들은 256기가바이트 SSD와 4테라바이트 HDD의 가격이 같더라도 전자를 택할 것이다. 왜냐하면 대부분의 사람들은 4테라바이트 용량

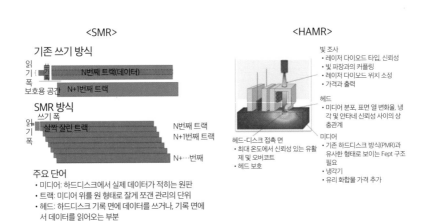

그림 1-28 쓰기용 보호 영역까지 사용해 용량을 늘리고자 하는 시게이트의 SMR(왼쪽)과 열을 이용해 저장 밀도를 높이는 웨스턴디지털의 HAMR(오른쪽)[33]

의 1/10도 제대로 다 쓰기 힘들기 때문이다. 만약 SSD 용량이 25.6기가바이트이고, HDD 용량이 400기가바이트라면 사람들은 후자를 택할 수밖에 없을 것이다. 운영체제의 용량을 20기가바이트 상수로 둔다면, 전자의 SSD는 여전히 236기가바이트의 여유 용량이 있지만, 후자 SSD는 5.6기가바이트밖에 남지 않기 때문이다.

〈그림 1-29〉는 삼성전자가 예측한 노트북에서의 HDD 사용률을 보여준다. 그림을 보면 업체들이 탑재한 HDD는 2002년에 90% 가까운 공간을 빈 공간으로 두게 되며, 만약 SSD의 총용량이 계속 늘어난다면 이를 통해 SSD가 치고 들어갈 수 있을 것이었다. SSD가 HDD 용량의 4분의 1만 되어도 60%의 공간이 여유 공간으로 남게 되는 것이다.

뿐만 아니라 SSD의 높은 내충격성과 성능 덕분에 충격방지 설계 및 CPU에 소모될 예산을 아낄 수도 있으니 전체 비용이 줄어들고, 경량화로 가는

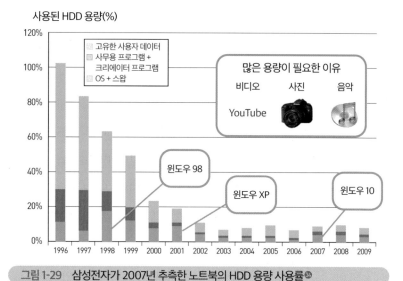

그림 1-29   삼성전자가 2007년 추측한 노트북의 HDD 용량 사용률[24]

길은 더 가까워질 수 있었다. 실제로도 1kg 미만의 노트북은 SSD가 대중화되고 나서야 유행했다.

여기에 덧붙여 삼성전자는 이미 HDD와 완제품 컴퓨터 사업을 영위하고 실제로 제품을 판매하고 있었다. 삼성전자는 HDD 사업에서 1위 기업은 아니었으나, HDD와 경쟁하는 제품을 만드는 입장에서 매우 큰 도움이 되었으리라 짐작할 수 있다. SSD를 구입할 잠재적인 고객층은 결국 HDD의 고객이기 때문이다.

이미 HDD와 노트북을 만들어본 삼성전자는 이러한 검증 단계에 무엇이 있는지 잘 알 수밖에 없다. 과거 삼성전자의 HDD를 구매했던 고객들로부터 어떤 작업을 할 때 HDD의 온도가 높아졌는지, 전력을 많이 소모했는지, 성능이 나빴는지 등의 피드백을 받았을 것이기 때문이다. 또한 회사 내 컴퓨터 사업을 통해 자신들의 HDD가 새로운 윈도우와 CPU, D램 등과 조합되었을 때 제 성능을 낼 수 있는지도 미리 알아낼 수 있었을 것이다. 결국 사용자 입장에서는 그 안에 들어 있는 것이 회전하는 원반인지, 메모리인지는 중요하지 않았다. 사용 방식은 어차피 똑같으니, 과거 HDD 제조 시 사용했던 테스트를 통과한 SSD라면 자기 회사의 제품에 채용해도 문제가 되지 않을 것이기 때문이다.

또 한 가지 승산은 삼성전자가 파운드리와 칩 설계 모두를 갖추고 있었다는 것이다. HDD 컨트롤러의 구조를 보면 사용자(CPU 등) 측과 연결된 인터페이스가 존재하고, 그 내부에 S램 위에서 동작하는 조그마한 컨트롤러가 있다. 이 소형 컨트롤러는 그 아래에서 데이터 임시 저장소를 맡는 D램, 채널(데이터 통로), 서보[servo](모터)를 통제한다. 호스트 인터페이스(SATA, PCIe 등)에서 들어오는 사용자의 쓰기/읽기 요청은 일반적으로 데이터의 시작 주소와 길이 형태로 전달되며, 이를 전달받은 소형 컨트롤러는 데이터가 HDD 플래터 위 어느 위치에 있는지를 알아낸다. 이를 분석하여 채널과 서보가 해야 할 일이 정해지게 되고, 사용자에게 데이터가 전달되는 것이다. 만약 동작 중 에러가 발생하면 에러는 다시 소형 컨트롤러에게 전해지게 되고, 이를 통해 복구를 시도하려 한다면 어떤 방식으로 복구를 시도할지 등을 결정하게 된다.

SSD의 컨트롤러 역시 이와 유사한 구조를 지니고 있다. 호스트 인터페이스로부터 들어온 데이터를 작은 컨트롤러가 해석하여 데이터의 위치를 알아내고, 읽기/쓰기 명령을 D램이나 낸드에 전달하는 것이다. 실제로 이 구조는 HDD에서 서보와 채널을 낸드와 주변 회로로 대체한 것이다. HDD 컨트롤러를 다뤄본 회사들은 SSD 컨트롤러 역시 잘해낼 가능성이 있는 것이다. 마벨Marvell과 같은 HDD 컨트롤러를 제조하던 회사들이 시기에 맞춰 SSD 컨트롤러로 옮겨간 것도 놀라운 일이 아니다. 어떤 의미에서는 낸드 플래시의 블록, 페이지를 관리하는 것이 기계장치인 서보 모터와 헤드를 제어하는 것보다 쉬웠다. HDD의 주요 부품들이 회전이라는 아날로그 형태로 움직이기에 유체역학까지 동원해야 하는 것과는 달리, 최소한 낸드 플래시는 디지털 부품이었기 때문이다. 실상 SSD 컨트롤러는 HDD 컨트롤러에서 일부 기능을 덜어내는 형태에 가까웠다.

2006년 3월, 삼성전자는 최초의 양산형 SSD를 699달러에 발표했다. 이 SSD는 용량이 32기가바이트에 불과했으며, 순차 읽기/쓰기 속도가 57메가바이트/s, 32메가바이트/s로 HDD의 절반 정도밖에 되지 않았다. 이 정도 속도로는 고성능 서버나 워크스테이션 등에는 납품이 불가능했다. 하지만 지금까지 나오던 플래시 기반 저장장치들보다는 확연히 거대한 용량이었기에 삼성전자 스스로가 밝혔듯 노트북과 같은 휴대용 디바이스에는 사용 가능한 용량이었다. 그리고 노트북 사용자들이 사용하는 HDD보다 확연히 좋은 성능을 제공했다. 당시의 노트북용 HDD(100기가바이트 정도)와 비교해도 생각보다는 크지 않았다. 뿐만 아니라 무작위 접근 속도는 HDD가 따라갈 수 없을 만큼 빨랐기 때문에, 눈에 보이는 이익들을 얻을 수 있었다.

　마이크로소프트 역시 그 가능성을 확인하고 OS에 TRIM 등을 추가하기 시작했다. 이는 삭제된 영역을 저장장치에 알려주는 커맨드인데, HDD는 덮어쓸 수 있어 필요 없지만, SSD는 기존 영역에 데이터를 쓰기 위해서는 블록을 지운 후 해야 하기 때문에 이러한 명령어가 있으면 성능 향상에 큰 도움이 되었다. OS 업체들도 SSD의 가능성을 알아가고 있었던 것이다.

　실제로 삼성전자는 자사 노트북에 SSD를 포함하는 라인업을 추가하기 시작했다. 이를 통해 제품의 부가가치를 늘리고 실제 사용에 따른 SSD의 변화 등을 알 수 있게 될 것이다. 시장조사 업체들은 세계 SSD 시장이 2006년

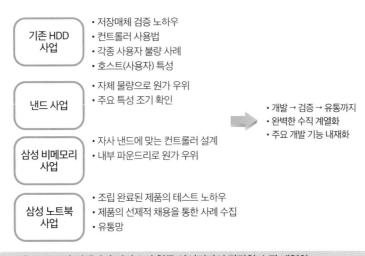

그림 1-30　타 경쟁사가 따라오기 힘든 삼성전자의 막강한 수직 계열화

약 6,000억 원에서 2007년 1조 3,000
억 원으로 늘어날 것으로 생각했다.
그리고 모두가 알고 있듯 메모리 시
장은 매우 빠르게 원가를 낮춰갈 것
이었다. 이후 시장에는 유사한 콘셉
트의 SSD들이 컨트롤러 업체들로부
터 등장하기 시작한다. 흔히들 알고
있는 플렉스터, 퓨전 IO, OCZ, 실리

콘모션^{SiliconMotion} 등의 팹리스 업체들은 특유의 유연성으로 빠르게 시장에
진입했으며, 메모리 회사들로부터 낸드를 구입하여 자사 컨트롤러에 결합
해 판매하기 시작했다.

〈스토리지 리뷰^{StorageReview}〉(2018)에 정리된 역사를 확인해보면, SSD를
제조하는 업체의 수는 41개에 이르기도 하였으며, 이는 낸드를 제조하는 업
체 수를 압도적으로 상회하는 숫자다. 모두가 알고 있던 SSD 시장의 구조는
이렇게 완성되었다. ㉟

2008년 5월, SSD의 새로운 가능성을 보여주는 제품이 인텔로부터 나타
났다. 휴대용 저장장치 시장을 제대로 읽지 못하여 노어 시장이 쇠퇴하면서
플래시 메모리 시장에서 큰 재미를 보지 못하고 있던 인텔이 마이크론과 협
력하여 만든 역작이었다. 인텔의 신형 SSD는 80~160기가바이트의 용량을
가진 MLC 기반 SSD인 X-25M과 이의 SLC 버전인 X-25E로 나뉘어 있었다.
이 두 제품은 HDD의 순차 성능까지 따라잡았으며, 무작위 접근 성능은 초
당 3만 회가 넘었다. 이는 단일 HDD가 처리할 수 있는 무작위 성능의 100
배를 넘는 것이었다.

지금까지 서버용 HDD들은 무작위 성능을 높이기 위해 온갖 트릭을 사용하고 있었다. 하드디스크들을 레이드^{RAID}로 한데 묶는 것뿐만 아니라, 사용자 스스로가 일부러 하드디스크의 상당 용량을 포기하고 트랙 외각만 사용하는 경우도 있었다. 이는 엄청난 낭비였으나, 총 저장 용량보다 서비스 속도의 가치가 더 높다면 그렇게라도 해야 했다.

SSD는 이런 거대한 어레이^{Array}를 얇은 카드 하나로 해결해줄 수 있는 마법 같은 제품이었다. 과거에는 〈그림 1-32〉와 같이 어레이에 수많은 하드디스크를 연결한 뒤, 레이드 컨트롤러$^{RAID\ Controller}$라는 비싼 하드웨어를 추가해야만 얻을 수 있던 성능을 얇은 SSD 하나로 해결할 수 있게 된 것이다.

뿐만 아니라 UBER* 값이 10^{16}으로, 기존 저장장치의 최종 보스격이었던

그림 1-32   SSD 하나는 HDD 여러 개를 합친 것보다 무작위 접근 속도가 뛰어나다.

---

* Uncorrectible Bit Error Rate : 수정 불가능한 에러가 발생할 확률을 뜻하며, 서버 시장에서 저장소 안정성의 중요한 지표 중 하나이다. 10^{16}은 1,000,000,000,000,000개 데이터 당 한 개가 자기 마음대로 변조될 확률을 의미한다.

서버용 HDD와 맞먹는 수준으로 안정적이었다. 이는 일반적으로 시장의 불신을 받던 MLC에서도 이루어낸 성과였다. 이는 SSD가 서버 시장에도 진입할 수 있다는 의미였으며, 일단 진입하게 되면 당시 폭증하고 있던 데이터 수요의 상당 부분을 흡수할 수 있을 것이었다. SSD가 일부 서버에도 진출하면서, 팹리스들 역시 새로운 컨트롤러를 설계하여 서버향 제품들을 출시하기 시작했다. 곧 삼성전자도 비슷한 콘셉트의 SSD를 내놓으면서, 두 개의 거대한 성장 시장 모든 곳에 SSD가 발을 붙였다.

30년이 넘던 HDD의 저장소 독재 시대가 끝나는 시작점이었으며, 팹리스와 대기업으로부터 수많은 아이디어가 태어나는 원년이 되었다. 이윽고 유튜브 등이 유행하며 전 세계에 데이터 수요가 폭발적으로 증가하면서, 삼성전자는 그 첨병 중 하나로 이익을 누릴 수 있었다.

삼성전자가 플래시 메모리 시장에서 이룬 성취는 부분적으로는 D램 시장에서와 비슷하지만, 세부 내용에서는 많은 차이를 보인다. 삼성전자는 D램 시장에서는 시장의 단순함을 인정하고, 압도적인 원가 경쟁력을 차지함으로써 경쟁 업체를 고사시키는 방법을 사용했다면, 낸드 시장에서는 D램의 전략을 사용하되 마켓의 흐름을 읽어 사용자가 원하는 바를 파악하고, 가치를 제공하기 위해 낸드와 다른 하드웨어 등을 섞어 솔루션을 제공했다는 차이가 있다. 그리고 이는 강력한 수직계열화로 뒷받침되었다.

삼성전자는 플래시 메모리 시장에서 후발주자였지만, 가전 및 휴대전화 사업에서 가지고 있는 이점을 이용하여 부피가 작은 휴대용 저장장치 시장이 커질 것임을 정확히 예측하여 노어와 낸드 사이에서 낸드를 선택했다. 또 당시 혁명을 준비하고 있던 애플과 손을 잡아 노어 플래시와의 경쟁에서 시장의 승자가 되면서 하나의 혁신을 촉발시킨 매개체가 되었다. 그렇게 얼

삼성전자의 주요 연대표

연도	항목	내용	비고
1983		메모리 사업 진출 선언	
	D램	마이크론 라이선스 기반으로 64킬로비트 D램 개발 완료	최초의 D램
1985	D램	256킬로비트 D램 개발 완료	캘리포니아팀 개발
1986	D램	1메가비트 D램 개발 완료	한국팀 개발
1989	D램	4메가비트 D램 개발 완료	위로 쌓는 방식의 D램 세계 최고 수준 기술력 획득
1992	낸드	도시바, 삼성전자에 낸드 제조 라이선스 제공	낸드 제조 역량 취득
1993	D램	세계 1위 D램 제조사로 등극	
1997	낸드	64메가비트 낸드 개발 완료	
2001	D램	512메가비트 D램 개발 완료	300mm 웨이퍼 기반 양산
2002	낸드	세계 1위 낸드 제조사로 등극	낸드의 메모리 시장 비율 : 10%
2004	낸드	애플 아이팟 나노 공급계약 체결	
2005	낸드	삼성전자 SSD 사업 진출 선언	낸드/노어 시장 크기 역전
2006	D램	80나노 DDR2 D램 개발 완료	$6F^2$ 셀 구조 적용
2012	D램	일본 엘피다 부도	메모리 시장의 과점화

어낸 원가 경쟁력으로 가능성을 확장하여 SSD를 일반 소비자 및 서버 시장의 저장매체로 끌어들였으며, HDD가 차지하고 있던 시장으로 향하는 교두보를 열었다.

수십 년간 존재했던 연산의 거대한 병목 하나가 사라지는 순간이었다. 그리고 새로운 시장으로의 진입을 망설이고 있던 선두주자들을 종합가전 기업이 가진 장점으로 앞지른 훌륭한 예시다. 마스오카 박사의 꿈이 이루어질 순간이 다가온 것이다.

2장

착한 독재자 인텔: CPU의 강자로 군림하다

우리가 CPU를 구입하는 진짜 이유

인텔의 성공을 분석하기 위해서는 소비자가 왜 인텔 CPU를, 더 나아가서는 컴퓨터를 구매하는지 생각해봐야 한다. 구매 이유에 대해 물어보면 인텔 CPU가 빨라서 등 다양한 이유를 떠올릴 것이다. 하지만 근본적으로는 인텔 CPU를 이용하면 '무언가'를 할 수 있기 때문이며, 새로운 CPU를 사는 이유는 그 '무언가'를 더욱 빠르게 할 수 있기 때문이다. 그럼 여기서 의문이 하나 생겨난다. 왜 사실상 인텔 CPU만이 시장에 남게 된 것인가?

이를 이해하기 위해서는 ISA라는 개념을 이해할 필요가 있다. ISA는 Instruction Set Architecture의 줄임말로, 특정 CPU가 이해하는 언어와 비슷한 개념이다. CPU들은 국적을 가진 사람들과 같으며, 각 국적마다 언

```
#include <stdio.h>

int main()
{
    int a = 0;
    a = 1;
    a += 2;
    printf("a is %d!\n", a);
    printf("Let me sell books!\n");
    return 1;
}
```

```
MZ? ㄴ ㅣ        ?    @
$      ?된??????뷀숯 ?뺇슿 ?뺇슙 ????????????
壩= ?< ?= ?< 籟< ?; ?+ ?# ?< 涌< ?' ?;
뚱@     ?  댔儆儆ㅈ 풍 瓦? ?잘 _^[겂? ;麟ㅣ
hP9A d?  P깠?VW?쟀 1E?圦뭳?? 덛?ҫ?? 깠ㅓㅇ
P?? V뷀晩     h ㅓ P뭳? h?A 뭳晩    h ㅓ P묎?
껜ㄱw    ??괄 ]??존儆儆儆見ㅣ 존儆儆儆儆?땡책ㄹ
??? 깠ㅓ된필uㅣㅣ힘? ?淸     동五? 됩?E?E?M?ㅁ
苳     r r 딲ㄴ뙩뭳   뺀ㄴ멨섯  뭳 딪?묎?딪? jPj
Ph쟀A 旺? 뭳깠ㄹ?u ㅗ 캠 껜WuyWWh쟀A 촒?
뙩ㅇ뭳?뭳??뭳?뭳?j ㅗ? 뙩 ?굄G0뎞?E??묎??됨??
儆儆儆儆儆儆儆儆儆儆儆儆儆儆儆儆儆儆儆儆儆儆儆儆儆儆
%ㅓ캠 %◆굄 %우캠 %ㅓ굄 %ㅕ굄 %X굄
儆儆儆儆儆儆儆儆儆儆儆儆儆儆儆儆儆儆儆儆儆儆儆儆儆儆儆
儆儆儆儆儆儆儆儆儆儆儆儆儆儆儆儆儆儆儆儆儆儆儆儆儆儆
```

그림 1-33 간단한 소스 코드(왼쪽)와 컴파일 산출물(오른쪽): 오른쪽의 내용물은 도저히 인간이 이해할 수가 없다.

어가 다르다. 인텔 CPU와 경쟁사인 AMD는 인텔의 ISA인 x86과 x86-64를 사용하며, ARM CPU는 ARM V8 등의 ISA를 사용하는 CPU이다. 조금 더 자세히 알아보기 위해 〈그림 1-33〉을 보자. 왼쪽의 프로그래머 코드는 매우 간단하다. 의미 없는 산술 연산을 수차례 해본 뒤, 프로그램을 실행할 경우 "책 잘 팔리게 해주세요!"라는 문자열을 출력하는 것이다. C언어로 된 코드는 그럭저럭 이해할 수 있다. 덧셈, 등호 등의 수학 기호가 있고, print라는 글자도 보인다. 아마도 무언가 출력하라는 뜻일 것이다.

하지만 정확히 CPU가 수행한 것은 무엇일까? 왼쪽의 코드는 알파벳의 집합일 뿐이며, 컴퓨터에게는 어떠한 의미도 없다. 컴퓨터는 알파벳을 이해하지 못한다. 왼쪽의 C언어를 수행하기 위해서는 컴파일Compile이라는 과정을 거쳐 CPU가 알아듣는 언어인 기계어로 바꿔줘야만 한다. 프로그래머의 코드를 한글이라고 치면, 인텔 CPU는 영어만 할 줄 아는 사람이다. 이 책을 미국인에게 읽히기 위해서는 한글을 영어로 번역해줘야 하는 것과 마찬가지로, 프로그램 역시 프로그래머의 의도를 현실화시키기 위해서는 반드시 C언어에서 기계어로의 번역이 필요한 것이다. 이 번역된 내용은 0과 1의 집

왼쪽의 프로그래머 코드는 매우 간단하다. 의미 없는 산술 연산을 수차례 해본 뒤, 프로그램을 실행할 경우(…)

Code above is very simple. Code executes some meaninglesse aritmetics, then....

```
#include <stdio.h>

int main()
{
    int a = 0;
    a = 1;
    a += 2;
    printf("a is %d!₩n", a);
    printf("Let me sell books!₩n");
    return 1;
}
```

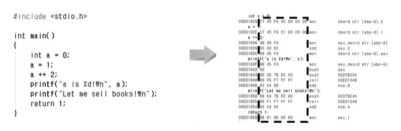

그림 1-34   프로그래밍 언어와 기계어와의 관계

합으로 변화하며, 인간이 보기에 매우 복잡하다.

〈그림 1-34〉는 조금 더 자세히 살펴본 기계어 부분이다. 오른쪽의 점선 박스 안에 있는 코드가 실제로 컴퓨터가 수행하는 기계어다. 텍스트 형태로 열었을 때 알아볼 수 없던 이상한 문자열의 집합은 사실 컴퓨터가 이해할 수 있는 코드들이다. 점선 오른쪽에 있는 것은 어셈블리 언어라고 하는데, 기계어를 조금 더 인간이 이해하기 쉬운 수준(여전히 C언어보다 어려움)으로 번역한 것이다. 위에서 짠 코드는 대부분 복사MOV, 덧셈ADD, 함수 호출Call의 형태로 변화되었음을 알 수 있다.

예를 들면 그림에서 밑줄 친 부분, a에 2를 더하라는 C코드(a+=2)의 경우, a라는 자료가 있는 방에서 EAX라는 CPU 내부 방으로 데이터를 불러오고 MOV, EAX에 2를 더한 뒤ADD 다시 원래 방에 해당 값을 저장MOV하는 3개의 기계어 명령으로 쪼개진 것이다.

여기서 중요한 것은 컴파일이란 과정은 프로그램 실행 전 사전에 이루어져야 한다는 것이다. 즉 컴파일을 한다는 것은 이미 원본이었던 프로그래머의 코드는 사라져 버리고, CPU를 위한 언어(영어)만이 남는 것이다. 실제로 위 코드에서 a라는 변수를 b 등의 다른 이름으로 바꾸고 다시 컴파일 해도, 기계어는 완전히 똑같이 생성된다. 컴퓨터에게는 변수 이름은 필요가 없기 때문이다.

즉 프로그래머의 소스 코드는 완전히 원형이 소멸하고 대신 목적에 따라 인텔 기계어(한글)만 남아 실행파일^{exe*}, 동적 라이브러리^{dll**} 등 여러 파일로 분리된다. 우리가 사용하고 있는 운영체제인 윈도우 10, MS 워드, 엑셀 뿐만 아니라 구글의 크롬, 마이크로소프트의 인터넷 익스플로러 모두 이런 과정을 거쳐서 만들어지는 것이다. 그리고 그 내용물은 대부분 인텔 기계어이며, 나머지는 사진, 동영상 등의 시청각 자료들이다.

이렇게 만들어진 파일들은 개발자가 직접 사용하기도 하고, 상용 프로그램들은 인터넷, CD, USB 메모리로 복사된 뒤 전 세계 사람 등의 컴퓨터로 퍼져나가게 된다. 즉 우리가 현 시점에 컴퓨터를 구입하는 이유는 세상의 수많은 프로그래머가 미리 만들어 둔 x86-64 형태로 컴파일되어 있는 프로그램을 실행하여 여러 편의를 맛보기 위함이다.

변수가 너무 많은 과거의 프로그래밍

과거의 프로그래머들은 생각할 것이 매우 많았다(지금도 일부 분야에서는 그

---

* 사용자가 직접 클릭하여 실행할 수 있는 형태의 파일
** 다른 실행 파일이 불러와서 사용할 수 있는 형태의 파일

표 1-4 프로그래머들의 고민

내용	고려사항
어떤 CPU에 개발할까?	성능이 어떤가. 변화가 많은가. 신뢰 가능한가. 기술 문서가 충실한가.
개발툴이 존재하는가?	컴파일이 되는가. 누가 만들었는가. 지원 기간은 얼마나 되는가. 개발 회사는 안정적인가. 설명서는 충실한가.

렇다). 〈그림 1-34〉에서 한글에 해당하는 프로그래밍 언어(C, 자바 등)만을 택해서는 일을 시작할 수가 없다. 일단 타깃 CPU를 정해야 한다. 세상에는 생각보다 CPU의 종류가 많다. 인텔 CPU로 일을 해야 할까, 아니면 MIPS로 해야 할까? 아니면 ARM을 대상으로 하는 게 좋을까? 프로그래머들은 개발을 시작하기 위해서는 자신의 개발 언어를 정한 뒤, 컴퓨터가 쓸 언어도 정해야 한다. 뿐만 아니라 그 변환 과정에서 충실히 지원을 받을 수 있을지, 해당 시스템에서 사용할 수 있는 컴파일러 등의 툴이 적절하게 갖추어져 있는지도 알아야 한다.

예를 들어 내가 미국인과 일하기 위해서는 영어 번역기가 필요하고, 일본인과 일하기 위해서는 일본어 번역기가 필요한 것과 같다. 만약 일본인과 일하고 최종 생산물을 일본어로 만들기로 결정했는데, 일본어 번역기가 없다면 어떻게 할 것인가?

컴파일러 그 자체도 거대하고 복잡한(당시에는 버그도 상당했던) 프로그램이다. 앞에서 잠깐 살펴보았지만, 기계어를 설명하는 책자 자체도 수백 페이지에 달할 정도로 엄청난 두께를 가지고 있다. 어려운 책의 내용을 반영해

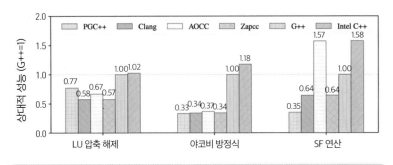

그림 1-35　동일 C코드를 컴파일러만 바꾸어 성능을 측정해본 결과[36]

야 하기 때문에 컴파일러의 개발은 생각보다 쉽지 않으며, 큰 노력이 필요한 하나의 거대한 소프트웨어 프로젝트가 되기도 한다.

특정 CPU에 맞는 컴파일러는 존재하지 않거나, 생성된 프로그램의 질이 나쁠 수도 있다. 특히 특정 C코드를 여러 가지 기계어의 조합으로 구현하는데, 이때 최종 프로그램의 성능 차이가 크게 벌어질 수 있다. 'How are you?'라는 문장을 '요즘 어떻게 지내니?'로 번역할 수도 있고, '요즘 어때?'라고 더 간결하게 번역할 수도 있다. 번역가의 능력에 따라 계약이 성사되거나 불발될 수도 있으며, 한 시간 동안 설명해야 할 것을 단 10분 만에 단축시킬 수 있는 것과 마찬가지다. 실제로도 컴파일러별 프로그램 성능 측정은 지금도 매우 중요하게 다뤄지는 부분 중 하나이다. 〈그림 1-35〉는 동일한 사용자 코드를 컴파일러만 바꿔서 인텔용 프로그램을 생성하여 수행해본 결과이다. 총 6개의 다른 컴파일러가 사용되었고, 컴파일러에 따라 최대 4배 가까이 성능 차이가 날 수도 있음을 알 수 있다.

컴파일러가 없다면 처음부터 CPU의 기계어로 코드를 짜면 될까? 물론 그래도 되지만 이 경우에는 프로그래밍 난이도가 기하급수적으로 높아질 뿐만 아니라, 비즈니스 위험이 어마어마하게 커진다. 기계어는 CPU 내부 구조를 이해하고 사용해야 하기 때문에 매우 복잡하고 이해하기 힘들다. 실제로 한글이나 영어 같은 언어가 아니고, 컴퓨터의 내부 구조에 대한 전제를 가지고 만들어진 코드 집합이기 때문이다.

〈그림 1-36〉에서 볼 수 있듯 일반적인 프로그래밍 언어는 변수 등에 이름을 부여하는 방식으로 코드를 본 사람이 이해할 수 있게 도와줄 수 있다. 그러나 기계어는 그런 것이 없다. 인텔의 기계어로 프로그램을 짜야 할 경우, 사용자는 4개의 레지스터만을 이용하여 모든 코드를 구현해야 한다. 만약 5가지가 넘는 변수가 필요할 경우 4개의 값 중 하나를 메모리에 밀어넣고, 필요하면 다시 다른 변수 메모리에 하나를 저장한 뒤 기존 변수를 불러오는 번거로운 작업을 해야 한다. 변수의 개수가 수천 개가 넘어가는 현대 프로그래밍에서 적용할 수 있는 방법은 아니다. 기계어로는 어딘가에 있는 숫자에 2를 더하는 것조차 3줄을 필요로 했는데, 만약 수백 명의 프로그래머가 함께 코드를 짜며 같은 변수를 보고 무언가 한다면 어떤 식으로 깔끔하게 코드를 공유할 것인가?

뿐만 아니라, 기계어는 CPP나 Java 등의 현대적 프로그래밍 언어가 가지고 있는 안정성을 갖추고 있지 않아서 프로그래머가 치명적인 실수를 하고도 놓칠 가능성(Fool proof* 하지 않다)이 매우 높다. 더욱 큰 문제는 비즈니스를 전환하기 힘들어진다는 것이다. 슬프게도 기계어끼리의 전환은 거의 불가능에 가깝기 때문에, 프로그래머가 MIPS용으로 10년간 1,000만 줄의 코

---

* 부적절 혹은 틀린 사용법으로 이용하더라도 기기나 시스템의 신뢰성, 안전성을 유지할 수 있도록 설계하는 것. 바보제거라고도 한다.

드를 기계어로 작성했는데, 이후 인텔용으로 전환해야 할 일이 생긴다면 코드를 재활용할 방법은 없다. 콘셉트만 그대로 가져와서 바닥부터 다시 개발하는 것이 코드를 전환하는 것보다 더 빠르다. 이런 선택지는 거대한 코드를 만드는 전문 회사로서는 도저히 취할 수가 없는 방식이다.

이런 문제는 컴파일러에서만 생기는 것이 아니다. ISA가 바뀌게 되면 편집기부터 특정 하드웨어(하드디스크, GPU 등)에 접근하는 드라이버 코드까지 전부 뒤집어야 할 가능성이 높다. 심지어 OS를 바꿔야 하는 경우도 존재한다. 거대한 프로그램의 특성상 어느 순간에는 OS에게 자원을 요청하는 시스템 콜$^{System\ Call}$을 해야 할 상황이 생겨나는데, 시스템 콜은 특성상 OS의 영향을 받을 수밖에 없다. 이런 함수들이 해당 OS에 제대로 존재하는지도

```
.text:00000000 _sub:        push    ebp
.text:00000001              mov     ebp, esp
.text:00000003              mov     eax, [ebp+8]
.text:00000006              mov     ecx, [ebp+0Ch]
.text:00000009              lea     eax, [ecx+eax*2]
.text:0000000C              pop     ebp
.text:0000000D              retn
.text:00000010 _main:       push    ebp
.text:00000011              mov     ebp, esp
.text:00000013              push    ecx
.text:00000014              mov     eax, [ebp+0Ch]
.text:00000017              mov     ecx, [eax+4]
.text:0000001A              push    ecx
.text:0000001B              call    dword ptr ds:__imp__atoi
.text:00000021              add     esp, 4
.text:00000024              mov     [ebp-4], eax
.text:00000027              mov     edx, [ebp-4]
.text:0000002A              push    edx
.text:0000002B              mov     eax, [ebp+8]
.text:0000002E              push    eax
.text:0000002F              call    _sub
.text:00000034              add     esp, 8
.text:00000037              mov     esp, ebp
.text:00000039              pop     ebp
.text:0000003A              retn
```
88

그림 1-36   이런 코드를 100명 단위의 사람이 함께 보며 수정할 수 있겠는가?㊿

파악해야 하는 것이다. 또한 프로그램이 주변기기에 접근하여 사용하기 위해서는 접근시키는 드라이버^{Driver}*라는 작은 소프트웨어가 필요한데, 해당 드라이버가 그 OS에 존재하지 않을 수도 있다. 사실 비교적 준비가 잘 되어 있는 현대의 프로그래머들조차 자신이 사용해야 하는 개발 OS만 바뀌어도 지구에서 살다가 달에서 사는 수준의 충격이 가해지고, 기존 OS에서 잘 작동하던 모든 개발 인프라가 이해하지 못할 에러를 내는 경우가 생긴다.

이러한 이유 때문에 반도체 시장 초기의 프로그램들은 사실상 PC 제조사가 직접 만들거나, 해당 시스템을 오랫동안 써야 할 연구팀이나 회사들이 직접 만들어서 사용하곤 하였다. 물론 이런 제약이 있음에도 컴퓨터가 주는 이익은 굉장히 컸기 때문에 달에 인류를 올려보내거나 태양계 탐사선을 조종할 수 있는 수준의 계산을 수행할 수 있었다. 이러한 계산들은 정밀도를 요구했지만, 프로그래밍 차원에서는 아주 복잡하지 않았다. 기본적으로 당시의 프로그램들은 매우 복잡한 소프트웨어 프로젝트라기보다는 인간이 손으로 하기 힘든, 속칭 노가다 계산들을 높은 정확도로 빨리 해주거나 기계 제어에 가까운 일들을 했다.

실제로 1977년 발사되었던 탐사선 보이저 1호와 2호의 메모리는 고작 68 킬로바이트에 불과했다. 이 정도 용량이라면 인간이 기계어로 직접 짜도 문제가 없는 수준으로, 보이저의 제어 프로그램은 기계어와 포트란이라는 언어의 조합으로 작성되었다. 하지만 현대의 프로그램들은 수십~수백 명의 프로그래머가 달려들어 개발하며, 수십 기가바이트에 달하는 어마어마한

---

* 사실 저 시대에는 드라이버라는 개념이 약했다. 애초에 프로그램을 수많은 컴퓨터가 돌려서 쓰려고 하지 않았다.

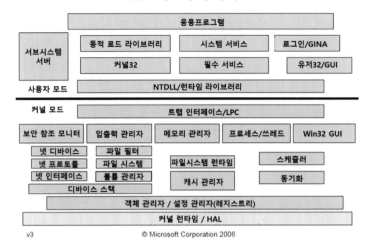

윈도우 아키텍쳐

응용프로그램		

서브시스템 서버	동적 로드 라이브러리	시스템 서비스	로그인/GINA
	커널32	필수 서비스	유저32/GUI

사용자 모드 — NTDLL/런타임 라이브러리

커널 모드 — 트랩 인터페이스/LPC

보안 참조 모니터	입출력 관리자	메모리 관리자	프로세스/쓰레드	Win32 GUI

넷 디바이스	파일 필터		
넷 프로토콜	파일 시스템	파일시스템 런타임	스케줄러
넷 인터페이스	볼륨 관리자	캐시 관리자	동기화
디바이스 스택			

객체 관리자 / 설정 관리자(레지스트리)

커널 런타임 / HAL

v3   © Microsoft Corporation 2006

그림 1-37   윈도우 커널의 구조 ®

용량을 가지고 있다. 예를 들면 윈도우 7의 설치 용량은 4기가바이트에 달하며, 이는 인간이 기계어로는 도저히 짤 수 없는 수준이다.

〈그림 1-37〉에서 볼 수 있듯 윈도우는 수십 개의 다양한 작은 프로그램들이 상호작용하는 구조로 이루어져 있다. 각각의 상자 하나하나가 수십~수백 메가바이트의 용량을 가지고 있다. 윈도우 7은 커널만으로도 프로그램 200만 줄이 넘는다. 즉 과거의 프로그래머들은 생각보다 많은 고민에 처해 있었다. 이들은 자신이 어떤 언어를 써서 개발해야 할지 고민해야 했고, 타깃 시스템이 앞으로 어떻게 변화해갈지도 알아야 했다. 물론 이러한 일은 비즈니스를 하기 위해서라면 반드시 해야 했지만, 프로그램 회사들을 보수적으로 만들었으며 기존 프로그램에 기능을 확장해가는 일을 어렵게 만들었다.

가장 일반적인 형태는 완제품 제조사가 직접 프로그램을 만드는 것이다. 제조사는 제품에 대한 책임을 져야 하며, 프로그램의 질이 시스템의 판매량에도 영향을 크게 미친다. 물론 이런 흔적은 미래에도 남아서, 윈도우는 지금까지도 OS에 게임이나 메모장, 그림판 등의 기초적인 툴을 제공하고 있다. 물론 과거와는 달리 그것으로 뭔가 의미 있는 일을 하라기보다는 사용자에게 새로운 OS에 익숙해지라는 의미에 가깝다.

IBM, 인텔, 마이크로소프트의 천하통일

춘추전국시대를 끝낸 영웅: IBM XT의 등장

초기의 사무용 컴퓨터 시장은 매우 혼란스러웠다. 완제품 PC 제조사는 50개가 넘었으며, 이들은 나름의 노하우와 사상을 구현하기 위하여 다양한 부품의 조합을 사용하였다. CPU와 ISA 역시 매우 혼란스럽고 복잡했으며, 8비트 컴퓨터와 16비트가 혼재되어 존재하고 있는 상황이었다. 이들은 저마다의 장점을 뽐내며, 자신만의 프로그램을 내장하고 있었다. 하지만 프로그램들은 매우 단조로웠다.

그나마 사정이 좀 나아졌던 1977년에도 이러한 분화는 지속되었다. TRS-80은 지로그^{Zilog}라는 CPU를 사용하고 있었는데, 이 CPU는 LG(구 금성)에서도 위탁 생산하였다. 애플의 Apple II는 모스 테크놀로지^{MOS Techonology}라는 회사의 CPU를 탑재하여 당시 가격이 1,300달러였다. 그러나 지원되는 프로그램은 매우 적었다. 하지만 흥미롭게도 여기에는 스티브 워즈니악의 강력한 의지로 컴퓨터 구매 후 기능을 확장 가능한 확장 슬롯이라는 개념이 들어가 있었다. 이 덕분에 일부 다른 회사의 프로그램이나 기능을 사용할 수 있게 되었다. 물론 이들은 기본적으로 MOS 6502를 사용하고 있었

그림 1-38   인텔 8088⑨

으므로, TRS-80에서 사용하는 프로그램은 전혀 돌릴 수 없었다. 심지어 동일 CPU를 가지고 있어도 호환되지 않는 경우도 많았다.

혼란이 한창이던 1981년 8월, IBM으로부터 그 자신도 생각하지 못한 엄청난 혁명이 시작된다. IBM은 Apple II의 확장 가능한 PC 디자인에 상당한 감명을 받았는지, 이와 유사한 콘셉트의 PC를 만들어냈다. IBM은 이 획기적 PC를 XT라 불렀다. IBM은 서드 파티에게 컴퓨터를 오픈했을 뿐만 아니라, 보조기억장치로 HDD와 플로피 디스크, 확장 가능한 램 슬롯을 갖추는 등 1990년대 PC의 모습을 갖춘 역작을 탄생시켰다. 이는 당시 대부분의 컴퓨터들 대부분이 가지고 있던 닫힌 아키텍처와는 확연히 다른 행보였다. 또한 여기에는 세계를 바꿀 두 회사의 역작이 들어가 있었다. CPU로는 인텔의 8088* 프로세서가 사용되었으며, 기본 OS는 유명한 빌 게이츠의 MS-DOS 역시 탑재되어 있었다.**

지금으로서는 상상하기 힘들지만, 당시 컴퓨터는 확장 슬롯 자체가 없거나, 오로지 공인된 하드웨어만을 부착할 수 있었다. 또 그 사용 설명도 굉장히 불친절했다. 특히 해당 컴퓨터의 하드웨어 등으로 무언가 응용해보려는

---

*   넘버링은 더 높지만, 인텔 8086보다 메모리 접근 성능이 나쁘다.
** 빌 게이츠가 바닥부터 설계한 물건은 아니다.

사람들에게는 그야말로 지옥이었다. 그 시절에는 인터넷이나 구글도 없었으니 그 어려움은 상당했을 것이다. 이러한 비표준적인 하드웨어 배치로 인해 당시의 컴퓨터들은 CPU가 동일한 ISA를 사용하더라도(심지어 ISA가 같은 수준이 아니고 아예 동종의 CPU를 사용하더라도), 다른 PC 제조사에 제공된 번들 소프트웨어를 자신이 구입한 PC에서 사용할 수 없는 경우가 많았다.

지금의 컴퓨터들이 삼성/하이닉스 램, 엔비디아/AMD 그래픽카드 중 무엇을 사용해도 잘 작동하는 것과는 완전히 달랐다. A사의 컴퓨터를 샀다면, A사에서 공식적으로 인정한 부품만이 (물리적으로) 부착될 수 있었고 작동 가능했다. IBM의 PC는 시장에 혁명으로 다가왔으며, 언론의 찬사를 받게되었다. 당대 최고의 컴퓨팅 기업이 만들어낸 물건이니 당연한 일이었다.

당시 인텔은 IBM에게 선택받을 대부분의 요건을 갖추고 있었다. 이러한 사정은 피터 노튼(1977)에 의해 잘 설명되어 있다. 당시 인텔의 8088은 가격이 매우 저렴했을 뿐만 아니라, 성능이 뛰어났다. 또한 인텔 x86-16은 CISC이라고 부르는 명령어 체계를 사용하고 있었는데, x86-16에는 범용 레지스터(CPU 내부의 연산을 처리하는 초고속 저장공간)가 훨씬 많아서 코드를 잘 짜면 기존 경쟁자들을 압도할 수 있었다. 더 중요한 점은 8088이 내부적으로는 16비트를 사용하여 성능을 끌어올렸음에도, 외부로는 8비트 버스를 가지고 있었다는 것이다. 당시 시장에는 8비트를 기준으로 설계된 하드웨어가 많았기 때문에 IBM 입장에서는 더 많은 하드웨어에 접근할 수 있었고, 확장 슬롯을 위한 16비트 보드를 설계하는 어려움을 피할 수 있었다.⁴⁰ 즉 기존에 만들어둔 하드웨어들에 큰 변화를 주지 않고도 성능을 향상시킬 수 있는 묘수였다.

마이크로소프트의 빌 게이츠 역시 IBM에게 8비트 프로세서 대신 16비트 프로세서인 8086을 사용해야 함을 강력히 주장했다. 그리고 역사가 말해주듯, 그 결정은 옳은 것이었다. 그리고 인텔에게는 마이크로소프트와 IBM의 고민을 모두 없애줄 수 있는 8비트 버스와 16비트 연산기를 가진 8088이 있었다. IBM은 8088을 선택했고, 이것이 인텔과 마이크로소프트의 첫 합작이었다.

황제가 된 가신: IBM 호환 PC의 등장과 인텔의 지배

이 혁명은 다른 컴퓨터 제조사들의 눈에 바로 뜨였다. 공교롭게도 당시에는 지적재산권법이 잘 발달해 있지 않았을 뿐만 아니라, IBM 역시 자신들의 핵심적인 지적 자산에 대한 어떠한 법적 보호도 행하지 않았다. 주요한 코드에 대한 암호화도 제대로 되어 있지 않았고, 코드 사이즈 자체도 지금과는 비교가 되지 않을 만큼 작았다. 때문에 수많은 제조사가 IBM의 컴퓨터를 따라 하기 위해 경쟁을 벌였다.

이는 IBM 확장 슬롯에서 동작하는 컴퓨터를 만드는 것과 MS-DOS를 사용할 수 있게 만드는 두 가지 방향으로 이루어졌다. 당시 MS-DOS는 IBM이 구입해서 쓰는 OS일 뿐이었지, 완벽하게 IBM에 속한 물건은 아니었기 때문에 가능한 일이었다. MS-DOS는 이미 인텔의 8088 프로세서에서 돌아가고 있었으므로, 인텔의 8088을 구입한 뒤 약간의 커스텀을 거치면 당

그림 1-39　최초의 IBM 호환 PC인 모델 5150 ⑲

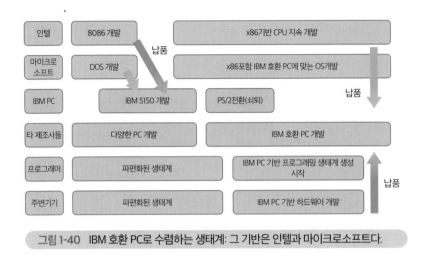

인텔	8086 개발		x86기반 CPU 지속 개발
마이크로 소프트	DOS 개발	납품	x86포함 IBM 호환 PC에 맞는 OS개발
IBM PC	IBM 5150 개발	PS/2전환(쇠퇴)	납품
타 제조사들	다양한 PC 개발		IBM 호환 PC 개발
프로그래머	파편화된 생태계		IBM PC 기반 프로그래밍 생태계 생성 시작
주변기기	파편화된 생태계		IBM PC 기반 하드웨어 개발

그림 1-40   IBM 호환 PC로 수렴하는 생태계: 그 기반은 인텔과 마이크로소프트다.

대 최고의 컴퓨터 회사가 가진 수많은 프로그램과 확장 카드를 그대로 사용할 수 있을 것이라고 판단했다. 당연하지만 회사들이 IBM PC를 따라 하기 위해서는 반드시 인텔의 CPU, 정확하게는 x86-16을 사용하는 CPU를 선택해야 한다.

이러한 시도는 HP 등의 회사들에 인해 진행되었다. IBM PC는 매우 자세하게 리버스 엔지니어링*되었으며, 몇 차례의 실패를 거쳐 결국 컴팩Compaq에 의해 성공하게 되었다. 이후 30여 년간 반도체 시장을 자리 잡을 사실상의 표준De facto standard IBM 호환 PC가 등장하는 순간이었다. CPU 제조사 중 하나였던 인텔과 평범한 소프트웨어 기업이었던 마이크로소프트가 '윈텔'로 태어나는 역사적 순간이었다.

---

* 역공학 설계: 완제품을 뜯어서 분석하는 일

IBM PC는 혼란 속을 헤메이던 소프트웨어 개발자들과 컴퓨터 제조 회사, CPU 회사, 주변장치 회사 모두에게 등대와 같은 존재가 되었다. 초기 CPU 시장에는 수많은 아이디어와 사상이 돌아다니고 있었다. 미래 컴퓨팅을 결정하기 위한 새로운 소프트웨어 방법론, 프로그래밍 언어, CPU 디자인, ISA 구조 등 수많은 요소가 반도체 시장에 존재하고 있었다. 그러나 그 어떤 것도 시장의 주가 되지 못하는 상황이었다. 뛰어난 아이디어라고 생각했으나, 갑자기 해당 기업이 사라지거나 결점이 발견되는 일도 많았다. 이로 인해 하드웨어가 빠르게 성장하지 못하였고, 하드웨어가 성장하지 못하니 OS 역시 격렬한 변화를 거쳐야 했다. 소프트웨어의 토양이 되어야 할 OS가 유동적으로 흔들리자, 소프트웨어도 크게 성장할 수 없었다.

IBM은 이러한 춘추전국시대의 혼란에 종지부를 찍고, 대륙을 평정한 것이다.* IT 업계사람들은 처음으로 모두가 같은 기준에서 대화할 수 있는 표준을 얻게 되었다.

이제 하드웨어 개발자들은 IBM PC에 맞는 규격으로만 개발하면 되었고, 소프트웨어 개발자는 자신이 작성하던 코드가 잿더미가 될 걱정을 하지 않아도 되었다. IBM PC는 모두가 따르는 규칙이었기 때문이다. 이 덕분에 프로그래머들은 서로 자신만의 능력을 뽐내며 독특한 코드를 개발할 수 있게 되었다. 과거라면 특정 알고리즘의 전문가라 하더라도, 다음 세대의 PC가 등장하면 어떤 것이 변화할지 노심초사해야 했지만, 이제는 그런 걱정을 할 필요가 없었다. 거래하던 PC 제조 회사가 망하더라도 다른 회사와 얼마든지 비즈니스를 할 수 있었다.

---

* 물론 정확하게는 IBM이란 등대가 생겨 업계가 한 방향을 보게 된 것이다.

이에 따라 새로운 소프트웨어들은 과거보다 더욱 강력한 기능들을 제공할 수 있게 되었다. 1980년대의 유명했던 스프레드 시트 프로그램인 로터스^{Lotus} 123은 1메가바이트 남짓의 용량이었던 반면, 지금의 오피스 2016은 1기가바이트가 넘는 용량을 가지고 있다. OS의 사이즈도 1,000배 이상 거대해졌고, 기능도 막강해졌다. 이제는 한 종류의 확장자를 여러 프로그램이 전부 읽어서 사용할 수도 있다. 드디어 장기적 안목을 가지고 자신의 전문 분야를 가진 프로그래밍 집단이 탄생할 수 있게 된 것이다. 주변장치, CPU 등 자잘하지만 비즈니스에 치명적일 수 있는 문제들을 신경 쓸 필요가 없게 되자, 모든 역량을 소프트웨어에 집중할 수 있게 된 것이다.

이러한 흐름 덕분에 소프트웨어뿐만 아니라 프로그래머들을 보조하는 컴파일러 등의 수많은 프로그램 개발 도구가 IBM 호환 PC를 중심으로 발전하게 되었다. 그리고 프로그램 내의 수많은 최적화 테크닉들도 IBM 호환 PC에 맞춰서 적용되었다.* 가장 훌륭한 프로그래밍 툴과 최적화 테크닉이 대부분 인텔 x86에 맞춰지면서 소프트웨어 회사들은 개발도 간편하고 사용자 층도 두터운 IBM 호환 PC를 타깃으로 비즈니스에 몰두하게 되면서, 다

른 시스템으로 떠날 이유가 사라지게 되었다. 컴파일러의 능력이 막강해지니 똑같은 C언어로 코드를 짜도 인텔 CPU에서의 성능이 제일 좋을 수밖에 없었다.

이윽고 소프트웨어 개발자들이 가장 큰 시장에 집중하게 되자, IBM 호환이 되지 않는 PC들에서는 돌아가지 않는 프로그램도 나타나게 되었다. 그리고 프로그램 실행에 문제를 겪던 다른 비호환 PC들은 시장에서 도태될 수밖에 없었다. 프로그램이 돌아가지 않는 PC는 아무 의미도 없기 때문이다.

흥미롭게도 컴퓨팅 시장의 표준을 제시했던 IBM에게 있어 이러한 오픈 아키텍처는 장기적으로 독이 되고 말았다. 오픈 아키텍처로 PC 시장에 새로운 지평을 연 것까지는 좋았으나, IBM은 이를 다른 회사들이 따라 하도록 내버려두었다. 결국 IBM PC는 혁신의 아이콘에서 흔한 컴퓨터중 하나로 그 위상이 격하될 위기에 처하게 된다. 심지어는 IBM PC가 최신형 80386을 사용하기도 전에, 80386을 사용한 IBM 호환 PC가 나오는 참사가 발생하기도 하였다. 오리지널은 나오지도 않았는데 짝퉁(?)이 먼저 나온 것이다. 이후 IBM은 이러한 상황을 반전시키기 위해 다시 폐쇄적인 PS/2 아키텍처

---

* 이는 지금 안드로이드 소프트웨어 시장의 상황과 다르지 않다. 현재 안드로이드 기반의 소프트웨어는 대부분 삼성 갤럭시를 디팩토스탠더드De facto standard(사실 표준)로 취급하여 삼성폰에서 발생한 프로그램 버그를 우선적으로 수정한다. 이는 구글이 개발 표준 스마트폰을 만든 뒤에도 변하지 않았다.

를 만들어 시장의 주도권을 유지하려고 했다. 하지만 이는 이미 비가역적으로 변해버린 PC 시장에서는 의미가 없는 행동이었다. 결과적으로 해당 플랫폼의 주도권은 인텔에게 넘어가게 되었다. IBM 호환 PC는 'IBM조차도 거역할 수 없는' 규칙이 되어버린 것이다.

PS/2의 흔적은 이제 PC 뒤편의 USB에 밀려 거의 쓰이지 않는 키보드/마우스용 규격밖에 남지 않게 되었다. 그리고 PC 시장에서 IBM의 영향력은 절대자에서 그저 그런 컴퓨터 제조사로 전락하였다. 다행스러운 것은 IBM에게 있어 PC 시장은 다양한 사업 영역 중 하나일 뿐이었으며, 아직도 많은 능력을 가지고 있다. IBM은 지금까지도 메인프레임 시장의 절대자로 남아 있다.

이 시점에 인텔은 두 가지 중요한 결정을 내리게 된다. 하나는 당시 회사 매출의 큰 비중을 차지했지만, 일본 회사들과의 치열한 경쟁이 붙은 D램 사업을 포기하고 모든 인력을 CPU에 투입하는 것이었다. 이와 동시에 타사에 더 이상 인텔 신형 80386 프로세서의 생산을 맡기지 않았다. 인텔을 왕좌에 올렸던 8088 프로세서를 위탁 생산하던 회사는 AMD, NEC, 후지츠 등 10개 가까이 되었다. 이러한 아웃소싱을 통해 통해 인텔은 웨이퍼 공장을 상대적으로 작게 유지할 수 있었지만, 밸류 체인의 상당 부분을 위탁 생산 중이던 회사들에게 나눠줘야만 했다. 뿐만 아니라 훗날 AMD가 인텔 x86의 유일한 경쟁자로 남은 것에서 알 수 있듯이 기술이 새어나갈 위험도 있었다. 이 두 가지 결정으로 인해 인텔의 CPU 설계 역량은 크게 향상되었을 뿐만 아니라, 더 이상 인텔의 설계가 타사에 새어나가지 않게 되었다. 또한 물론 사실상 전 세계의 PC CPU의 설계부터 제조까지 밸류 체인을 장악할 기반을 다지게 되었다. [43]

당연히 완제품 PC 제조사들은 단일한 공급선으로부터 핵심 부품을 공급받게 될 경우, 행여나 제조에 차질이 생겨 부품 공급이 끊길 경우를 우려하며 불안해했다. 당시 반도체 제조 산업은 지금과 달리 매우 원시적이었으며, 수년간 라인 정지가 없는 현재의 공장들과는 달리 설비가 자주 멈춰서곤 했다. 이러한 위험을 피하기 위해 고객들 역시 여러 공급사가 있는 것을 선호할 수밖에 없었다. 지금은 당연하게 이루어지고 있는 인텔을 통한 단일 공급은 당시로서는 매우 이례적인 일(지금도 CPU 산업을 제외한 다른 산업 분야에서는 이례적인 일)이었다. 인텔은 팹에 대규모 투자를 함으로써 PC 제조사들을 설득하고, 이후 인텔은 그 약속을 30년 가까운 세월 동안 지켜나간다.

호환성과 성능 모두를 만족시킨 '착한 독재자' 인텔

아름다운 독재자: 하위 호환성과 소프트웨어 생태계

이렇게 왕좌에 올라간 인텔이었지만, 인텔은 석유 독과점 기업들처럼 그 과실을 여유롭게 누릴 수 있는 기업은 아니었다. 외부 위탁 제조 생산을 취소시켜 NEC, TI 등의 거대한 경쟁자들을 미리 제거하는 데는 성공했다. 하지만 AMD가 포기하지 않고 CPU 자체 설계를 시작했다는 것이 있었고,* 내부적으로는 과거의 인텔이 자신의 경쟁자가 될 수밖에 없는 시장의 특성 때

---

* 인텔이 자체 생산으로 물량을 돌리던 시점, AMD는 인텔의 x86 ISA만을 라이선싱하고 설계는 자체적으로 가져가는 대담한 결정을 한다. 예를 들면 프랜차이즈 가맹점 사장이 프랜차이즈 계약을 바꿔 '메뉴 이름'만 쓸 권한을 획득하고, 요리는 자신의 도구로 직접 하는 형태로 가게 된 것이다.

문이었다. CPU는 사실상 수명이 무한했기 때문에, 인텔의 신형 CPU가 구형 CPU보다 좋지 않다면 수요를 창출할 수 없었을 것이다. 이러한 이유 때문에 인텔은 투자를 줄이고 독점 시장의 수익으로 제자리에 머물러 있을 수 없었다. 적어도 올해의 물건은 작년의 문제보다 가치가 높아야만 했다.

다행히도 반도체 세계에는 데너드 스케일링이 존재했다. 미세공정을 진행하여 면적당 트랜지스터의 개수를 늘리더라도 전력 소모는 늘어나지 않는 것이다. 이 덕분에 인텔 역시 전력 소모량을 유지하더라도 더 많은 부품을 CPU에 빽빽히 꽂아넣어 성능을 높일 수 있었다. 또 약간 밀도를 낮춰 부품의 동작 마진을 높여 더 높은 클럭으로 동작할 수 있게 했다.

인텔은 트랜지스터를 아낌없이 사용자들에게 제공하였다. 1982년 인텔 286 당시 약 13만 개였던 CPU 속 트랜지스터의 개수는 다음 세대인 386으로 넘어가니 36만 개를 헤아렸으며, 486으로 넘어가면서 1989년 100만 개를

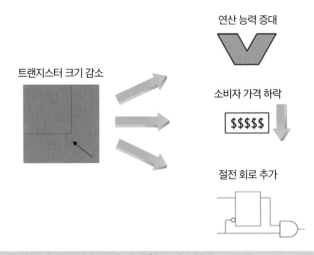

연산 능력 증대

트랜지스터 크기 감소

소비자 가격 하락

$$$$$

절전 회로 추가

그림 1-43 인텔이 신규 미세공정을 통해 할 수 있는 일들

128

돌파하였다. 그리고 작동 클럭은 25Mhz에서 100Mhz로 4배 가까이 상승하였다. 고객들이 같은 돈으로 제공받는 트랜지스터의 개수는 2년마다 2배씩 상승하였다.

이러한 변화는 생태계 참여자들에게는 그야말로 축복과 같은 것이었으며, 인텔의 독재를 '착한 독재'로 만드는 원동력이기도 했다. 지금의 PC 사용자와 프로그래머들은 매우 당연하게 느끼고 있는 것이지만, 사용자들 입장에서는 내가 산 프로그램이 아무런 변화를 겪지 않았음에도 불구하고 성능이 올라가는 효과를 얻은 것이다.

사용자가 인텔 286에서 돌리던 사무용 프로그램은 인텔 486에서도 아무 문제 없이 돌아갈 뿐만 아니라, 성능은 10배 가까이 상승한 것이다. 사용자도, 프로그래밍 회사도 추가적인 일을 할 필요가 없었다. 인텔이 새로운

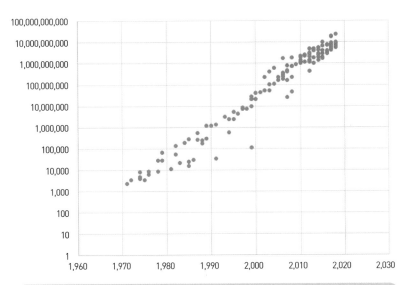

그림 1-44 1971년부터 2018년까지 판매된 칩당 트랜지스터 수 변화[44]

CPU를 만들어주기만 하면 되기 때문이다.

만약 소프트웨어 회사가 자신의 소프트웨어 성능을 높이고 싶은데, 그 시점에 해당 성능을 만족시키던 CPU가 지금까지 개발을 진행해오던 CPU와는 다른 ISA를 사용하고 있다면 어떻게 해야 할까? 이런 일은 소프트웨어 회사에게는 재앙이나 다름없다. 하지만 인텔의 지배하에서는 이런 문제는 발생하지 않았다. 인텔은 늘 완벽에 가까운 하위 호환성을 추구했기 때문이다.

실제로 인텔은 컴퓨팅의 발전이 빨라지고, 메모리 용량이 커지기 시작하자 x86-16에서 x86-32로 넘어가려고 했다. x86-16은 64킬로바이트 이상의 메모리를 인식할 수 없었기 때문이다. 인텔은 80386 프로세서에서 이러한 전환을 단행했다. 놀라운 점은 인텔 80386은 간단한 조작만으로 x86-16을 완벽히 이해할 수 있게 설계되었다는 것이다. 인텔은 CPU 내부에 가상 8086 모드Virtual 8086 mode라는 소형의 에뮬레이션 기능을 추가했으며, 이를 통해 과거의 프로그램을 완벽히 돌아가게 한 것이다. 이는 중세 한글에서 현대 한글로 넘어가는 시점에 중세 한글을 현대 한글로 바꿔주는 실시간 번역기를 제공하는 것과 같다.

프로그래머들은 더욱 고성능의 x86-32로 넘어올 것이지만, 그 중간 애매한 지점에서 필요하다면 과거의 프로그램들을 계속 사용할 수 있었다. 이는 마이크로소프트의 MS-DOS가 프로그램 종류만 구분하면 되는 일이었다. 프로그래머가 할 일은 없었으며, 마이크로소프트에게도 어려운 일이 아니었다. 심지어 8086 명령어는 지금도 가상 환경하에서는 수행이 가능하다.* ISA를 교체할 때는 하위 호환성을 유지한 채 마이크로소프트와의 협업만 유지하면 나머지는 자동으로 해결될 것이었다. 왜냐하면 소프트웨어 업체들이 시장 경쟁에 떠밀려 압도적 성능을 가진 신형 ISA로 자연스럽게 넘어와 과거의 명령어가 서서히 도태될 것이기 때문이다.

고생하는 독재자: 하위 호환성과 성능 모두를 만족하는 세 가지 혁신

이런 호환성 유지는 보기보다 쉬운 일은 아니었다. ISA의 모든 명령어가 유용한 것은 아니었으나, 하위 호환성을 유지하기 위해서는 그런 명령어도 버릴 수는 없었다. 이는 전부 웨이퍼 면적으로 나타날 수밖에 없었다. 극단적으로는 전 세계에서 단 하나의 프로그램이라도 특정 명령어를 쓴다면, 반드시 유지해야 하는 것이다. 따라서 어느 정도는 웨이퍼의 면적 및 전력 낭비가 발생하게 된다. 인텔은 이를 기꺼이 감내하면서도 성능을 향상시킬 방법을 지속적으로 찾아 나섰다.

성능을 높이는 한 가지 방법은 클럭을 높이는 것이었다. 신형 노광기 등 최신의 제조 장비를 빠르게 도입하여 미세공정의 품질을 높이고, 이를 통해 셀의 크기를 줄이고 누설 전류와 발열을 억제시켜 CPU의 최대 스위칭 속도를 높이는 것이다. 이를 통해 클럭이 2배 높아지면 동일한 구조의 CPU 성능도 약 2배로 향상된다. 자동차로 따지면 단순히 자동차의 최대 속도가 2배 올라가는 것과 같다. 물론 이는 공짜로 할 수는 없는 것이며, 이를 위해 새로운 물질들을 지속적으로 발굴해야 했다. 또한 설계 측면에서는 지속적으로 한 덩어리였던 하드웨어 블록을 여러 개로 쪼개야 했다(이를 파이프라인이라 한다). 트랜지스터의 스위칭 속도는 물리적으로 전류의 전달 속도보다

＊ 8086 프로세서 시절 CPU의 트랜지스터 개수는 3만 개 정도였으며, 현대 CPU의 트랜지스터 개수는 1억 개가 넘는다. 사실 현대 CPU 안에 8086 프로세서를 포함시키는 것도 불가능은 아니다.

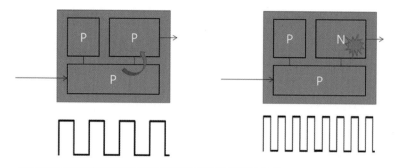

그림 1-45 스위칭 속도가 너무 빨라질 경우: 본래 함께 움직이는 것을 전제로 설계했던 회로가 함께 움직이지 못하게 된다.

빠를 수 없었기 때문이다. 스위칭 속도가 빨라짐에 따라 한 개의 하드웨어 블록이 동일한 시점에 동일한 상태를 공유할 수 없게 되었다.

〈그림 1-45〉는 그러한 예를 보여주는 것이다. 한 개의 하드웨어 블록 안에 3개의 세부 하드웨어가 있는데, 이들은 모두 같은 상태 전환을 전제로 디자인되어 있다. 하드웨어의 3개 부분은 전부 동일한 P 상태나 N 상태를 가져야 한다. 하지만 클럭 스위칭 속도가 빨라지게 되면, 상대적으로 멀리 있는 부품의 클럭 전달은 느려지게 되고, 가까운 부품들이 클럭 상승 중인데 먼 부품은 클럭이 하락하는 문제가 생기게 된다.

또 한 가지 방법은 아키텍처를 넓히는wide 것이다. 인텔 샌디브리지Sandy Bridge, 해스웰Haswell, 스카이레이크Skylake 등이 이러한 아키텍처의 코드명이다. 예를 들어, 회사의 상관이 '회계문서 작성을 끝낸 뒤 커피를 가져오라'는 지시를 내렸다고 해보자. 상관은 두 작업을 순서대로 말했지만, 이 두 작업은 전혀 상관관계가 없다. 즉 이 두 개의 작업은 상관이 시킨 순서대로 수행할 필요가 없는 것이다. 물을 티포트에 올려놓은 뒤, 문서 작성을 하다가 상관(프로그래머)이 문서를 요구하는 시점에 문서를 건네주고 티포트는 감춰두

표 1-5 뛰어난 서무는 15분 만에 두 가지 일을 전부 해낸다

지시	지시의 내용	소요 시간
1	회계문서를 작성하라.	10분
2	커피를 끓여 가져와라.	15분

서무의 스케줄	지시의 내용
0분	티포트에 물을 따른다.
1분	문서 작성을 시작한다.
11분	문서를 가져다준다.
15분	커피를 가져다준다.

면 된다. 만약 상관이 문서 완료를 확인하기 전에 커피를 먼저 확인해도 커피는 없다고 잡아떼면 그만이다. 상관 입장에서 당신이 무엇을 먼저 했는지는 중요하지 않다. 두 작업이 전부 빨리 끝난다면 모든 게 좋을 뿐이다. 이렇게 한 개 CPU 코어에서 동시에 처리될 수 있는 작업을 ILP^{Instruction Level Parallelism}이라고 부른다.

CPU에도 이와 비슷한 상황이 자주 생긴다. 소프트웨어 회사가 만들어 낸 코드들은 반드시 순서대로 실행해야 할 필요가 없다. 분명 프로그래머는 명령어를 순서대로 시행하라고 코드를 구성했지만, 반드시 그래야 할 필요는 없는 것이다. 이를 이용하여 여러 개의 명령어를 한번에 받아오게 한 뒤, CPU 안에서 관련성이 없는 명령어들은 순서를 바꾸어 수행하는 것이다. 이런 식으로 ILP를 찾아내어 성능을 높이는 CPU를 슈퍼스칼라^{Superscalar} 프로세서라고 한다. 최대 속력은 동일한 자가용을 트럭으로 바꾸는 것과 비슷한 방식의 성능 향상이라 할 수 있다. 물론 이러한 변화 역시 매우 어렵다. 트럭에 한 번에 실을 수 있는 짐을 매우 빠른 속도로 골라내야 하기 때문이다.

두 번째는 함께 수행할 수 없는 명령어들의 집합이다. 이는 마치 팀장이 커피 끓이기, A 문서 작성, A 문서의 결과를 보고한 후 결과가 긍정적이면 B를 작성하고, 결과가 부정적이면 C를 작성하라 지시를 내렸다고 해보자. 일단 효율적으로 일하는 사람이라면 커피가 다 끓고 나서 A 문서를 작성할 리는 없다. 이 둘은 동시에 수행할 수 있다. 하지만 B와 C는 어떤가? 나는 A를 완료하기 전에는 B와 C 중 무엇을 할지 정할 수 없다. A는 반드시 B, C 전에 해야만 한다.

〈그림 1-46〉은 간단한 명령어 병렬성을 보여주는 코드이다. c라는 변수에 a와 b를 더한 값을 넣고, d라는 변수에 b와 7을 더한 값을 넣는 것이다. 변화는 좌변에 있는 c와 d에서만 일어나고, 우변에는 어떠한 변화도 없으므로 이 둘은 순서가 바뀌어도, 동시에 실행되도 결과에 아무 문제가 없다. 하지만 그 아래의 예는 약간 다르다. a 값을 어딘가에서 불러와야 하므로, a 값을 알기 전에는 if문을 처리할 수가 없다. 이런 경우에는 동시에 수행할 수 없게 되는 것이다.

현실에서 인텔 CPU는 이보다 훨씬 어려운 상황에 더욱 많은 명령어를 실시간으로 처리한다. A를 통해 B, C 중 뭘 해야 할지 정하고, B의 값을 이용해서 또 다른 조건을 처리하는 등 무수한 연쇄가 이어진다. 100개가 넘는 수행 중인 명령 속에서 그러한 상호 의존성의 연쇄를 찾아내고, 의존성이 없는 명령어를 모두 뽑아내 선제적으로 수행한다.

당연하지만 이러한 트릭을 이용한 성능 향상을 도모할 경우 사용자와 프로그래머 모두 성능이 빨라진 것 이외에는 어떠한 변화도 느낄 수 없다. 분명 전 세대 CPU와 클럭이 똑같음에도 불구하고 소프트웨어가 더 빠르게 동작하는 마법일 뿐이다. 사용자와 프로그래머는 새로운 CPU를 사용하기 위

```
① def TestFunctionEasy():
       a = 10
       b = 0
       c = a + b # d와는 전혀 무관하다
       d = b + 7 # c와는 전혀 무관하다

② def TestFunctionHard():
       a = GetExternalState() # 밖의 변수를 받아온다
       b = g_global_volatile
       if a == 1:
           c = a + 4
       else :
           d = b + 10
```

그림 1-46 ILP의 예시: ①의 경우 c와 d는 완전히 병렬로 수행이 가능하지만, ②는 불가능하다.

해 어떤 것도 할 필요가 없다. 그저 새로운 CPU를 사서 끼우기만 하면 느린 속도가 불만이었던 게임이 더욱 빠르게 돌아가는 마법이 펼쳐진다.

명령어 병렬처리 능력^{ILP}을 향상시키기 위해 인텔은 꾸준히 CPU를 혁신했다. 1989년 인텔 486 기준으로 보면 당시 단 하나씩이던 FPU(소수점 계산기)와 ALU(산술연산기) 및 메모리 접근장치는 무려 6개가 넘게 늘어나게 된다. 그리고 CPU가 무려 224개가 넘는 명령어를 미리 쌓아두고 순서를 바꿔 수행하는 괴물 같은 덩치로 변화하게 된다. 코어당 트랜지스터 개수는 무려 1억 개를 헤아린다. 지금의 기술력으로 486 CPU를 다시 만들면, 〈그림 1-47〉과 같이 지금의 스카이레이크 CPU 모서리에 작은 공간 정도의 크기밖에 되지 않는다.

마지막 방식은 새로운 명령어를 ISA에 추가하는 것이다. 명령어의 구조를 대대적으로 갈아엎는 대신, 프로그래머들이 특별한 목적에 사용할 경우 매우 빠르게 동작하는 신규 명령어 및 이를 수행할 하드웨어들을 CPU에 추가하는 것이다. 이는 화물회사가 범용 트럭을 늘리는 대신 부서지기 쉬운 물건, 횟집용 등 특정 화물 운송에 특화된 트럭을 추가하는 것과 같다. 자신

그림 1-47 현재 인텔의 14나노 공정으로 80486을 제조하면, 왼쪽 위 모서리의 검은 사각형 안으로 들어가게 된다.

이 횟집 사장이고 해당 트럭의 존재를 안다면 이를 통해 훨씬 빠르고 값싸게 운송할 수 있다. 하지만 이를 모르는 사람의 경우는 일반 트럭으로 일을 처리할 것이다.

이러한 방식은 분명 특정 업무 환경에서는 성능 향상이 뛰어나지만, 사용자가 이의 존재를 모르면 사용하기 힘들다. 뿐만 아니라 상위 호환성을 잃어버릴 위험이 있었다. 2000년에 만들어진 프로그램을 1999년의 CPU는 수행하지 못할 가능성이 생기는 것이다. 물론 전자의 단점은 가용 트랜지스터가 늘어남으로써 해결되었으며, 후자의 위험은 하위 호환성을 잃어버리는 것에 비하면 매우 작은 문제에 불과했다.

핵심은 기존에 짜여 있던 안정적 생태계가 CPU 변화로 붕괴하는 것이지, 과거의 기계들이 미래에 잘 작동하지 못하는 것이 아니다. 어차피 대다수의 프로그램은 빠르게 높아지는 PC 성능에 맞춰져 개발되었다. 많은 경우 최첨단 프로그램들을 과거 PC에서 돌리기에는 버겁거나 시간이 아까웠다.

이러한 성능 향상의 예로는 인텔 펜티엄에서 등장한 MMX, 펜티엄 3에

```
def SumMany():
    a = [0, 1,   2,   3,   4,   5,   6,   7  ]
    b = [0, 100, 200, 300, 400, 500, 600, 700]
    c = [0, 0,   0,   0,   0,   0,   0,   0  ]
    for i in range(8):
        c[i] = a[i] + b[i]
```

그림 1-48   숫자 8개가 쌍인 a와 b를 c에 더하는 코드

서 등장한 SSE, 코어 시리즈에서 등장한 AVX등의 SIMD* 명령어들이 있다.
〈그림 1-48〉의 예는 a와 b라는 숫자 배열을 더해서 c라는 배열에 넣는 코
드이다. 각 배열 속 숫자가 8개이므로, 일반적인 CPU 명령어로는 연산을 8
번 해야만(for 루프) 이 작업을 끝낼 수 있다. 이런 코드를 많이 가진 프로그래
머라면, 이런 작업을 단 하나의 명령으로 끝낼 수 있기를 바랄 것이다. 고성
능 컴퓨터 그래픽 수요가 늘어감에 따라 단순 숫자 합과 곱의 성능에 대한
프로그래머 수요가 늘어나기 시작했고,** 그 흐름에 맞춰 인텔은 실제로 그
러한 명령어들을 만들었다.

이 방식은 위의 두 방식과는 다르게, 프로그래머가 개입해야만 한다. 인
텔이 새로운 명령어 세트를 추가하더라도 사용하는 프로그램이 없다면 소
용이 없기 때문이다. 따라서 이 명령어의 존재만으로는 과거에 이미 개발된
프로그램의 성능은 향상되지 않으며, 미래의 프로그램 성능에만 영향을 미
치게 된다. CPU의 하위 호환성은 그대로 유지되지만, 과거의 CPU들은 최
신의 프로그램을 돌려보지 못할 위험이 존재한다. 영어 사전에 새로운 단어

---

* Single Instruction Multiple Data: 한 개의 명령어만으로 다수의 숫자열 상태를 바꿀 수 있는
형태의 명령어들을 뜻한다.
** 그래픽 작업은 극단적으로 병렬성이 높은 작업에 해당한다. 모니터에 표시되어 있는 화소들
은 서로 상호작용하지 않기 때문에 서로 간 의존성이 없다.

가 생겨난 것과 똑같은 것이다. 예를 들면, 386은 MMX 명령어의 존재 자체를 이해하지 못하기 때문에 MMX가 추가된 프로그램을 실행하면 에러가 발생한다.

새로운 명령어를 직접 사용하는 것은 프로그래머들에게는 매우 고달프고 번거로운 일이었다. 일단 인텔의 새로운 명령어가 만들어지기 전에 개발된 컴파일러는 당연하게도 인텔의 새로운 명령의 존재를 모르기 때문에, 해당 명령어를 스스로 끼워넣지 못한다. 인텔은 이를 해결하기 위해 자신들 스스로가 컴파일러^{ICC}를 개발하고 판매했다. 다행히도 인텔의 CPU 개발 및 양산 주기는 매우 빨랐고, 인텔 CPU의 세대와 세대 사이의 성능 차이는 매우 컸다. 때문에 새로운 명령어를 공격적으로 도입해야 하는 고성능 프로그램들의 경우 전 세대 CPU에서는 사실상 사용해보지 못할 가능성이 높았다. 덕분에 이로 인한 호환성 문제는 크게 나타나지 않았다.*

인텔은 혼란스럽던 범용 반도체 시장을 통일하고 독점함으로써, 소프트웨어 및 완제품 PC 제조사들의 혼란을 종식시켰다. 그리고 그 대가로 강력한 시장 지배력과 이익을 얻게 되었다. 하지만 이는 때때로 인텔 자신을 옭아매기도 했다. 램버스와의 협력으로 RD램을 만들어 다시 한번 메모리 시장에 발을 내딛고 PC 플랫폼에 대한 영향력을 더욱 넓히려던 계획은 원가 싸움의 달인들이던 메모리 빅 플레이어들에 의해 좌절되기도 했다. 또 생태계의 영향력에 대한 과신 및 경쟁사에 대한 과소평가로 인해 큰 실수를 하기도 했다.

---

* 하지만 이 문제는 미세공정 및 설계 혁신을 통한 성능 향상이 한계에 부딪힘에 따라, 최근 들어 조금씩 나타나기 시작했다. 다이 사이즈 및 수율 문제로 인해 인텔은 AVX부터는 AVX-512 등 CPU마다 지원하는 명령어세트가 조금씩 달라지게 된다.

인텔조차 거스를 수 없는 소프트웨어 생태계

고뇌의 독재자: 하위 호환성에 짓눌리는 x86

20세기 말, 컴퓨터의 성능 및 용량은 기하급수적으로 늘어나고 있었다. 32비트 기반이었던 x86은 접근 가능한 메모리 영역이 4기가바이트였는데, 메모리의 용량이 빠르게 증가함에 따라 곧 시스템에 부착된 모든 메모리를 쉽게 접근하지 못하게 될* 상황이 다가오고 있었다. 인텔은 CPU의 작동 기반을 64비트로 전환함과 동시에, 최대 메모리 주소를 늘려야 함을 이미 알고 있었다. 하지만 여기에서 큰 기로에 놓이게 되었다. 20년간 유지해온 하위 호환 정책에 대한 것이었다.

인텔의 하위 호환 정책은 지속적으로 인텔에게 영향을 미치고 있었다. 과거에 설계된 명령어들은 웨이퍼 면적 및 전력을 낭비시키고 있었다. 매해마다 신형 칩은 2000년 기준 1Ghz의 벽을 돌파하여 실리콘 웨이퍼가 견딜 수 있는 최대 클럭인 4~5Ghz 근처로 빠르게 다가가고 있는 상황이었다. 또 만들어진 지 20년이 넘은 인텔의 x86은 각 명령어마다 길이가 달랐기 때문에 CISC, 그 이후에 생겨난 모든 명령어의 길이가 같은RISC ARM 프로세서와 비교할 때 비순차 수행에 그다지 적합하지 않았다.** 설상가상으로 CPU가 추출해낼 수 있는 동시 수행 가능성은 한계에 다가가고 있었다.

인텔은 이러한 위기를 이겨내기 위해 x86을 포기하고 단절적 변화를 추

---

* 접근은 가능하지만, 여러 단계를 거쳐서 접근해야 하므로 효율성이 떨어진다.
** 비순차 실행을 위해서는 명령어들을 CPU의 특정 방에 넣어둔 후 순서를 바꿔야 한다. 모든 명령어의 크기가 같다면 이는 매우 쉽지만, 각 명령어의 크기가 1~6 등으로 다양하다면 순서를 바꿔서 뺀 곳에 명령을 채워넣거나 명령을 찾는 것이 매우 어려워진다. 인텔은 이를 x86 명령어를 받아 다시 다른 크기가 같은 조그만 명령어(uOP)로 쪼개는 방식으로 해결했다.

구했다. 자신들을 반석에 올려준 하위 호환성의 상당 부분을 포기하고 앞으로 나아가겠다는 결심을 한 것이다. 여기에는 HP의 협력이 주요했다. HP는 1980년부터 RISC도 CISC도 아닌 대안 아키텍처를 고민하고 있었으며, 최근 반도체 제조기술의 발전으로 신형 프로세서를 만들어내기 위해서는 반도체 제조공장과의 협력이 절실한 상황이었다. HP와 인텔의 이해가 맞아떨어진 것이다.

2001년, 인텔은 HP와 협력하여 새로운 CPU 아키텍처인 아이태니엄^{Itanium}을 발표했다. 이 아키텍처는 기존의 수많은 CPU와는 콘셉트 자체가 확연히 달랐다. 기존의 CPU들은 비순차 수행 방식을 통해 성능을 끌어올렸다. 하지만, 인텔의 새로운 CPU는 그런 복잡한 비순차 수행 엔진을 만들 웨이퍼를 추가 연산장치에 아낌없이 추가하는 방향을 추구하기로 하였다.

대신, 애초에 실행파일이 생성되는 컴파일 시점에 함께 수행될 수 있는 명령어 세트를 미리 모아두는 방식으로 전환했다. 명령을 수행하는 중에 순서를 바꾸는 것이 아니고, 명령을 만드는 시점에 애초에 CPU가 동시에 수행할 수 있는 명령들을 모아서 보내도록 한 것이다. 즉 무작위로 날아오는 명령어를 CPU가 똑똑하게 순서를 바꾸는 것이 아니라, CPU의 처리 가능 용량을 최대한 늘려 놓고 일을 시키는 쪽에서 똑똑하게 주는 방식인 것이다. 처음부터 일을 시킬 때 명시적으로 '커피를 올려놓고 끓이며 문서를 작성하라'고 동시에 일하도록 지시하는 것이다. 컴파일러의 부담이 커지긴 하겠지만, 컴파일은 프로그램을 만드는 개발 회사가 단 한 번만 하면 되는 것이고, 그렇게 만들어진 프로그램은 수년~수십 년간 사용될 것이다.

이러한 설계 사상은 매우 뛰어난 것이었다. 인텔이 걱정하고 있던 거의 대부분의 문제를 해결해줄 뿐만 아니라, 웨이퍼 면적을 절약하여 원가와 전

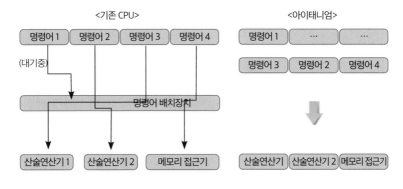

<기존 CPU>

<아이태니엄>

| 명령어 1 | 명령어 2 | 명령어 3 | 명령어 4 |

| 명령어 1 | ... | ... |

| 명령어 3 | 명령어 2 | 명령어 4 |

(대기중)

명령어 배치장치

| 산술연산기 1 | 산술연산기 2 | 메모리 접근기 |

| 산술연산기 | 산술연산기 2 | 메모리 접근기 |

그림 1-49 기존 CPU와 아이태니엄의 차이: 명령어 배치장치를 없애는 대신, 명령어 들이 이미 연산기 위치에 맞춰져서 CPU에 전달된다.

기 소모 모두를 줄일 수 있었기 때문이다. 비순차 수행장치를 제거하고 그 곳에 연산장치를 하나 늘리고, 남는 면적은 그대로 둔다면 성능은 높아지고 원가는 낮아지며 전력 소모도 줄어들 것이다.

복잡했던 비순차 수행 엔진을 설계하던 엔지니어들을 다른 업무로 전환 할 수도 있었다. 성공한다면 누구도 손해보지 않는 결정이 될 게 분명했다. 인텔은 일단 이 신형 CPU 설계를 이용해 메인프레임 시장에 인텔의 이름으 로 진출하고, 일반 데스크톱 시장까지 진출한다는 야심찬 계획을 세웠다.

HP는 이를 이용해 슈퍼돔^{SuperDome} SX1000이라는 거대한 컴퓨터를 설 계했다. 슈퍼돔은 당시로서는 놀라울 정도였다. 최대 64개의 인텔 아이테니 엄 CPU와 최대 1테라바이트의 메모리를 사용했다. ❹ 당시 일반 데스크톱은 1개의 CPU와 256메가바이트의 램을 사용하던 시절이었다.

문제는 이러한 장점을 현실에 적용시키기 매우 힘들다는 것이었다. 첫 번 째 문제는 컴파일러였다. 이제 컴파일러는 실행파일을 생성하는 순간에 이 미 프로그램이 돌아갈 CPU의 사양을 알아야 했다. 동시에 실행할 수 있는 명령어들을 최대한 함께 묶으려면, 몇 개의 연산장치가 있는지 이미 컴파일러가 알고 있어야 했다. 이를 위해서는 컴파일러 등 소프트웨어가 빠르게 큰 변화를 겪어야 했다. 기존 컴파일러들은 주로 사용할 인텔이나 AMD CPU의 이름을 힌트로 주기는 했지만, 이를 다르게 주더라도 성능의 작은 차이 이외의 큰 문제는 발생하지 않았다.

두 회사는 동일한 ISA를 공유하기 때문에, 인텔 CPU용 옵션을 주고 만든 프로그램이더라도 AMD CPU에서도 당연히 구동될 수 있었다. 컴파일러 개발 회사들 입장에서는 해당 옵션을 지원해야 하는 부담이 적었던 것이다 (심지어 저 옵션은 없어도 프로그램을 생성하는 것에는 문제가 없다).

하지만 아이태니엄에서는 달랐다. 어떤 CPU에 사용할 명령어일지 컴파일 전에 전달받으면, 이에 맞춰 매우 세심하게 기계어를 생성하여 컴파일러가 최종 프로그램을 조합해내야 했다. 컴파일러 회사들은 지금과는 달리 신형 CPU가 나오면 매우 긴장해야 했다. 자칫 비즈니스가 큰 타격을 입을 수 있기 때문이다.

뿐만 아니라, 이러한 디자인은 그동안 존재하던 공짜 점심의 일부를 날려

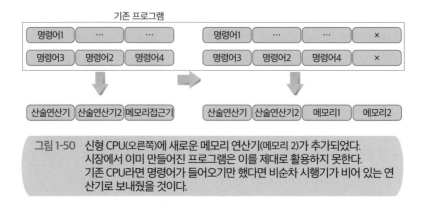

그림 1-50 신형 CPU(오른쪽)에 새로운 메모리 연산기(메모리 2)가 추가되었다. 시장에서 이미 만들어진 프로그램은 이를 제대로 활용하지 못한다. 기존 CPU라면 명령어가 들어오기만 했다면 비순차 시행기가 비어 있는 연산기로 보내줬을 것이다.

버릴 수 있는 위험을 안고 있었다. 이미 명령어가 '내가 돌아갈 CPU에는 연산기가 4개 있다'를 알고 생성되었는데, 다음 세대 CPU에 연산장치가 6개로 늘어난다면 어떻게 할 것인가? 이미 생성된 실행파일은 여전히 명령을 4개 단위로 보낼 것이고, 이러면 남는 2개의 연산장치는 놀 수밖에 없다. 기존 슈퍼스칼라 프로세서라면 새로 추가된 2개의 연산장치를 스스로 잘 사용했을 것이다. 이제 진정한 공짜 점심은 클럭 상승 하나만 남게 되는 것이다.

하지만 아이태니엄으로의 이행 이유 중 하나가 이미 클럭 상승 한계가 아니었던가? 즉 새로운 CPU 성능의 이득을 보기 위해서는 소프트웨어 회사들은 앞으로 매번 새 CPU가 나올 때마다 이미 만들어놨던 프로그램을 다시 컴파일해서 전 세계 고객들에게 배포해야만 했다. 고객들은 자신의 PC, 서버 등의 인프라가 새로 받은 프로그램에 맞는 것인지 고민해야 했다. 이는 구형~신형 서버가 섞여 있는 회사들에게는 큰 문젯거리가 될 것이었다. 더욱 머리가 아픈 점은 소프트웨어 회사들이 상호 의존적이라는 것이었다. A 회사가 자신들의 핵심 알고리즘에 B 회사의 소프트웨어를 사용했는데, 그다음 해에 B 회사가 자신들의 소프트웨어를 신형 CPU용으로 바꾸지 않는다면 어떻게 될 것인가? 이 경우 A 회사는 경쟁사들 대비 성능의 열위를 가지게 될 가능성이 있다. 이러한 위험을 피하기 위해서는 B 회사에서 프로그램을 사들이는 대신 스스로 만들어야 했다. 개발팀이 커져야 하는 것이다. 최악의 경우에는 컴파일러 회사가 늦을 수도 있었다.

가장 큰 문제는 호환성의 붕괴였다. 하위 호환성의 중요성을 아는 인텔이었기에 아이태니엄을 발표하면서 기존 x86 명령어를 돌릴 수 있는 에뮬레이션 환경을 CPU 수준에서 제공했다. 즉 기존 x86으로 만들어둔 실행파일을 CPU의 에뮬레이터가 받아들여 실시간으로 아이태니엄이 이해할 수 있는 IA-64로 변경한 뒤, CPU 본체에 넘겨주는 것이다. 이를 통해 하위 호환성을 유지하며 서서히 시장이 아이태니엄에 적응하길 바랐다. 하지만 개발된 에뮬레이터의 성능은 사람들의 기대에 미치지 못했다. 신형 CPU를 부착했으니 못하더라도 기존 프로그램이 예전 정도의 성능으로는 돌아가는 게 이상적이었지만, 현실에서는 그렇지 못했다. 최악으로는 90%의 성능 하락이 발생하는 참사가 일어났다. 고성능 서버 시장에서는 성능이 전 세대 대비 제자리걸음이어도 큰 문제인데, 감소하는 경우까지 생기게 되는 것이다. 익숙한 생태계를 떠날 큰 결심을 해야 할 고객들에게 있어 치명적인 단점이었다. 비록 1~2년 뒤에 성능을 따라잡더라도, 이미 사용자들이 떠나버릴 수 있기 때문이다. 이러한 문제들로 아이태니엄의 매출 예상치는 매해 반토막으로 떨어지게 되었다.

추락하는 독재자: AMD의 대반격과 x86-64 헤게모니

2003년, 인텔에게 청천벽력과 같은 소식이 들려왔다. 지금까지 인텔의 ISA만을 라이선싱하여 사업을 하던 AMD가 완벽하게 하위 호환을 유지하면서도 64비트 확장을 성공시키고, 성능까지 높인 새로운 명령어 세트인 AMD 64(x86-64)*를 론칭함과 동시에, 이를 사용하는 서버용 CPU인 코드명 슬렛지해머를 발매하였다. 이 CPU는 AMD의 서버용 라인업인 옵테론 Opteron으로 처음 등장하였으며, 옵테론은 과거의 x86으로 구성된 명령을 완벽히 수행할 수 있었다. 뿐만 아니라, 기존 생태계에 존재하는 프로그램들

---

* 이 ISA의 본명은 AMD 64이다. x86-64는 기존 x86과 호환된다는 의미로 붙은 일종의 별칭이다.

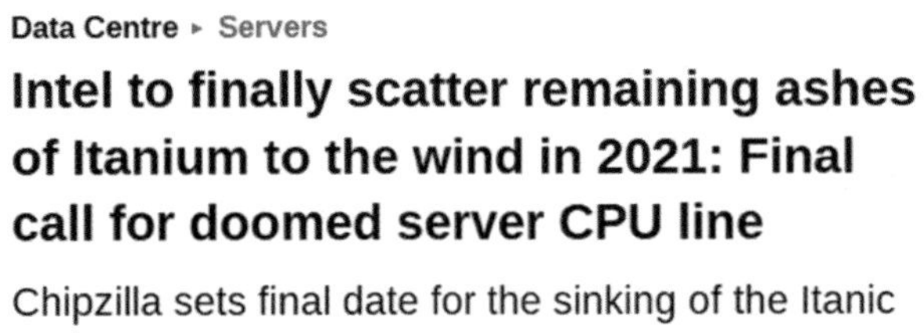
Data Centre ▸ Servers

Intel to finally scatter remaining ashes of Itanium to the wind in 2021: Final call for doomed server CPU line

Chipzilla sets final date for the sinking of the Itanic

그림 1-51 아이태니엄의 마지막: '아이타닉'이라는 명칭이 눈에 띈다.[46]

에게 지속적으로 공짜 점심을 공급해줄 수 있는 CPU였다. 서버 업체들 입장에서는 경쟁사 중 하나가 x86-64로 갈아타게 되면, 성능이 밀리게 되어 매출을 잃어버릴 수도 있게 된 것이다. x86-64로의 이행은 아이태니엄으로의 이행보다 빠를 것이 자명했기 때문이다.

반면 인텔 아이태니엄의 생태계는 아직 걸음마 단계를 벗어나지 못하는 상황이었다. 만에 하나라도 소프트웨어 업체들이 아이태니엄 생태계에 적응하기도 전에, 기존 x86 기반의 프로그램들이 x86-64로 전환되기라도 하면 인텔은 1위의 자리를 잃게 될 수도 있었다. 위기를 느낀 인텔은 어쩔 수 없이 허겁지겁 x86-64를 받아들이고 CPU 개발 계획을 크게 전환해야만 했다. 하지만 HP와의 계약이 남아 있어서 아이태니엄 프로세서를 완전히 접을 수는 없었다. HP 역시 대형 서버를 도입한 고객들 및 소프트웨어 공급 계약을 맺은 회사들과의 계약을 지켜야 했다.

이 사건으로 인해 x86의 원조였던 인텔은 자존심을 구기게 되었다. 인텔은 AMD에게 지금까지도 x86-64의 사용료를 지급해야 하는, 마치 원조 국밥집이 옆집에 사용료를 내야 하는 어처구니 없는 처지에 놓이게 되었다. 또한 아픈 손가락이 된 아이태니엄은 인텔에게 비용을 지속적으로 발생시

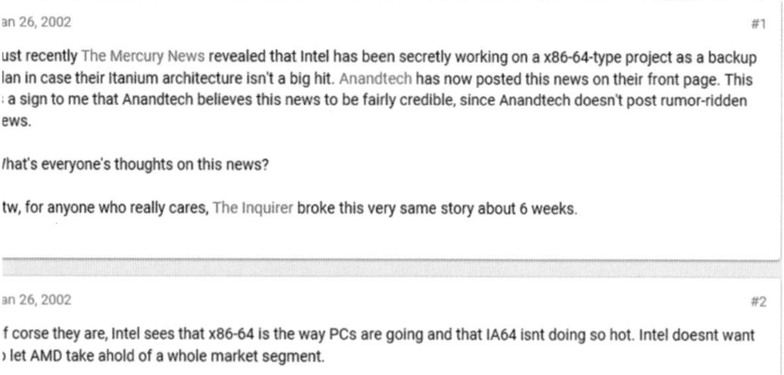

an 26, 2002 #1

ust recently The Mercury News revealed that Intel has been secretly working on a x86-64-type project as a backup lan in case their Itanium architecture isn't a big hit. Anandtech has now posted this news on their front page. This : a sign to me that Anandtech believes this news to be fairly credible, since Anandtech doesn't post rumor-ridden ews.

/hat's everyone's thoughts on this news?

tw, for anyone who really cares, The Inquirer broke this very same story about 6 weeks.

an 26, 2002 #2

f corse they are, Intel sees that x86-64 is the way PCs are going and that IA64 isnt doing so hot. Intel doesnt want) let AMD take ahold of a whole market segment.

그림 1-52 얌힐의 존재에 대해 이야기하는 2002년 아난드텍 포털[47]

켰다. HP에게 HP-UX 시스템용 CPU를 공급하는 장기 계약을 하였기 때문이다.

2017년, 5년 만에 최후의 아이태니엄인 킷슨Kittson이 발매되었는데, 이 CPU는 32nm 공정을 사용했다. 참고로 인텔은 2015년부터 일반 사용자용 CPU에 14nm 공정을 도입해 사용하고 있었으니, 인텔 내에서 이 CPU의 취급을 알 수 있었을 것이다. 이것은 무려 3세대나 뒤처지는 공정이었다.

충격과 공포에 빠져 있던 인텔에게 다행스러운 점은 인텔의 오레곤 연구소가 놀랍게도 만약을 대비하여 최고 경영진들에게조차 비밀로 한 채(!) IA-64 기반이 아닌 AMD의 x86-64를 기반으로 한 CPU를 설계하고 있었다는 것이다. 이는 얌힐 프로젝트로 알려져 있으며, 수많은 칩 역공학 전문가들이 고성능 분석장치를 이용하여 이미 인텔 CPU에 용도를 알 수 없는 부분이 존재한다는 것을 밝혀내면서 드러나게 되었다.

이 정체불명의 부분이 x86-64 호환 하드웨어가 아니냐는 질문이 끊임없이 나왔다. 인텔은 이에 대해 수차례 부정했지만, 결국 2004년 인텔의 신형

CPU인 펜티엄 4 프레스캇이 1년 만에 시장에 모습을 드러내면서 의혹은 사실로 밝혀지게 된다. 펜티엄 4 프레스캇은 발매 초기에 x86-64를 지원하지 않았다. 하지만 얼마의 시간이 지나자 x86-64를 지원한다는 문구를 달고 팔리기 시작했다. CPU의 개발 주기는 최소 1년 이상으로 매우 길기 때문에 x86-64를 지원하기 위해 재설계했다고 하기에는 일정이 맞지 않는다. 따라서 앞서 밝혀진 정체불명의 공간은 x86-64를 위한 것이고, 처음 출시할 때는 해당 공간을 간단하게 잠가 두기만 했을 것으로 추정이 가능하다.

인텔의 IA-64 이행 실패는 표준이 정립된 시장에서 움직이는 것이 얼마나 어려운지를 보여주었다. 또 한 가지는 생태계를 뒤집어엎는 혁신의 이해당사자를 조율하는 것은 매우 어렵다는 것이었다. 인텔의 제안은 장기적으로는 전체 반도체 시장의 효율을 높이는 제안이었지만, 인텔은 고객들에게 매해 치열한 시장 경쟁에서 타사보다 나은 성능을 제공해야 했다. 또한 소프트웨어 회사들은 컴파일러의 발전 및 자신들과 관계가 있는 회사들의 이행 계획을 눈치봐야 하는 상황이었다.

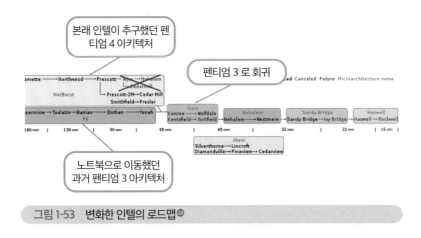

그림 1-53　변화한 인텔의 로드맵[46]

다른 한 가지는 경쟁자의 존재였다. 만약 인텔이 과점 기업이 아닌 100% 독점 기업이었다면 이러한 변화를 밀어붙일 수는 있었을 것이다. 호환성을 엎으면서 생겨날 여러 문제를 고객들에게 떠넘기면서 앞으로 나아갈 수 있다.

문제는 능력 있는 경쟁자인 AMD가 살아 있었다는 것이다. 인텔이 경쟁자를 무시하고 차기 생태계를 향해 움직이려 할 때 AMD는 고객사들이 겪는 문제점을 빠르게 파악하여 빈틈을 찔렀다. 그리고 새로운 생태계로의 이행 자체를 불필요하게 만들어버렸다. 인텔의 허를 찔러 힘을 얻은 AMD는 이후 듀얼코어 맨체스터를 개발하면서 시장의 우위를 점하였으며, 이 시기 인텔은 비순차 처리 엔진보다는 클럭 상승에 집중하는 잘못된 설계 방향을 잡았다. 이로 인해 클럭에 비해 낮은 성능을 내게 되었을 뿐만 아니라, 발열도 심해져 펜티엄 4 프레스캇은 '프레스핫'이라는 별명까지 얻게 되었다. 반면 AMD는 승승장구하였으며, 2005년 기준 40%가 넘는 시장점유율을 차지할 정도로 성장했다. 인텔 CPU의 성능은 최저가 라인에서부터 최고가 라인업까지 AMD에게 열세를 면치 못했다.

이는 생태계의 지배자로서는 뼈아픈 실패였으며, 카피캣이 원조를 밀어내는 순간이었다. 인텔은 절치부심하며 반격을 준비했다. 펜티엄 4 프레스캇의 다음 세대로 예정되었던 5Ghz 이상의 작동 속도를 가지는 설계였던 코드명 테자스^{Tejas}와 제이호크^{Jayhawk}를 폐기했다. ⑩ 인텔은 펜티엄 4의 설계 사상을 포기하고, 구형 펜티엄 3의 설계를 이은 새로운 CPU를 준비하기 시작했다.

AMD의 도박, 인텔과의 결전

제국의 역습: x86으로 귀환

2005년까지 인텔은 AMD와의 경쟁에서 고전을 면치 못하고 있었다. 단순히 x86의 열화판 카피를 만든다고 생각했던 AMD는 인텔의 혁신 시도 속에서 작은 빈틈을 노리고 인텔에게 막강한 펀치를 날렸다. 인텔은 ISA 전략뿐만 아니라, 설계 수준에서도 연달아 실수를 저질렀다. AMD는 고가 라인업이었던 펜티엄에서는 애슬론 FX로, 저가 라인업인 셀러론에서는 셈프론을 통해 인텔에게 전방위 압박을 가하고 있었다.

2005년, 인텔은 과감한 결단을 내렸다. 지금까지 AMD에게 밀려 성능상 2인자로 취급되던 펜티엄이라는 브랜드를 전격 폐기하고,* '인텔 코어 2 프로세서'라는 새로운 브랜드를 론칭한다. 코어 2에서 시작하는 이유는 이 아키텍처의 기본이 되는 칩이 이미 노트북에 메롬이란 이름으로 존재했기 때문이다. 2006년 7월 7일, 인텔의 신형 마이크로아키텍처, 코드명 콘로^{Conroe}가 시장에 모습을 드러냈다.

Retail CPU market share in October 2005: AMD - 49.8%, Intel - 48.5%

Current Analysis says that in October 2005, AMD processors were in 49.8% of the PCs those retailers sold, compared with a 48.

 By ZDNet Editors for IT Facts | November 9, 2005 -- 00:10 GMT (08:10 GMT+08:00) | Topic: Processors

그림 1-54   소비자 시장에서 처음으로 인텔을 역전한 AMD⁶⁰

---

* 이후 펜티엄은 인텔의 저가형 라인업 이름으로 돌아온다.

인텔의 콘로 프로세서는 작동 속도가 2.4Ghz밖에 되지 않았지만, 그 성능은 다른 CPU를 압도하는 수준이었다. 전 세대 인텔 CPU가 3.6Ghz에 달했던 것을 생각하면 상당히 실망스러운 수치일 수 있다. 하지만 약 33만 원 정도 되었던 인텔의 신형 '보급형' 콘로 프로세서는 당시 100만 원이 넘던 AMD의 최고급 CPU였던 애슬론 64 FX62를 25% 이상 압도적 차이로 밀어버렸다. 더 놀라운 점은 인텔은 트랜지스터 카운트를 전 세대보다 줄였다는 것이었다. 인텔은 최고의 설계 자원을 아낌없이 신형 프로세서에 투입했으며, 이를 통해 트랜지스터도 아끼고 전력 소모도 줄였으며, 성능도 끌어올린 것이다. 인텔은 공짜 점심의 방향을 클럭 중심에서 아키텍처 확장으로 전환하였고, 이는 매우 성공적이었다. 강력한 노하우의 설계팀을 가지고 있을 뿐만 아니라, 내부적으로 여러 시도를 하고 있던 인텔이었기에 가능한 일이었다. 실제로 인텔은 8년이 지난 2013년에야 코드명 해스웰Haswell을 통해 4Ghz의 벽 돌파를 재시도하게 된다.

콘로의 등장으로 AMD는 40%의 벽이 깨지며 점유율을 잃기 시작했다. AMD 역시 반격을 위해 기존 메이커를 폐지하고 페넘이라는 이름으로 새로운 브랜드를 론칭했다. 그러나 한번 재정비를 끝낸 인텔을 이기는 것은 쉽지 않았다. 2010년 AMD는 30%의 점유율 위로 올라가지 못한 채 밀리고 있었다. 데스크톱 PC 수준에서도 고성능 라인업은 인텔 코어 시리즈에게 완전히 점령당하고 말았으며, 설상가상으로 TLB 버그라는 하드웨어 결함이 발견되며 성능이 10~20% 가까이 하락했다. ❸ 이로 인해 AMD는 서버 시장에서 사실상 사형선고를 당하고 말았다.

AMD의 서버 브랜드인 옵테론은 서버 시장에서 90% 가까이 인텔에게 점령당하여 존재감을 상실했으며, 양사의 서버 시장점유율 차이는 10배 이상으로 벌어지게 되었다. 그리고 당시 주요한 두 개의 시장을 모두 잃은 AMD는 최후의 한방을 준비하기 시작한다.

AMD가 본 미래: 실패한 멀티코어 도박

2000년도 초, AMD와 인텔은 모두 더 이상 하나의 코어 성능을 키우는 것은 힘들다는 것을 알아채고 있었다. 이러한 문제를 벗어나기 위해서는 하나의 CPU에 여러 개의 코어를 박는 멀티코어를 만들어야 했고, 그 개수가 계속 늘어나야 한다는 것도 알고 있었다. 문제는 프로그래머들이었다.

멀티코어 프로그래밍은 기존의 방식과는 다른 매우 어려운 프로그래밍 방식이었다. 앞의 예에서 한 사람이 커피를 끓이며 동시에 문서를 처리하는 경우를 보았는데, 여기서 사람이 한 명 늘어나면 어떻게 될지 생각해볼 수 있다. 작업은 커피 끓이기, A 문서 만들기, A 문서 결과에 따라 문서 B나

표 1-6 두 사람이 일을 쪼개서 하는 경우: 팀장에게는 반드시 문서를 제공한 다음 커피를 제공해야 한다.

지시	지시의 내용	소요 시간
1	회계문서 A를 작성하라.	10분
2	커피를 끓여 가져와라.	15분
3	A의 결과가 좋으면 B, 나쁘면 C 작성	10분

서무 1	지시의 내용	서무 2	지시의 내용
0분	티포트에 물을 따른다.	0분	A 문서 작성을 시작한다.
10분	-	10분	A 회계문서 작성 결과 제출
15분	문서 A 작성이 끝났는지 물어본다.	15분	-
		45분	A 문서를 보고하였음을 전달한다.
75분	커피를 제공한다.		-

C를 만드는 것으로 구성되어 있다. 이 작업을 <표 1-6>과 같이 쪼갤 수 있다.

문제는 문서 하나 만드는 데는 15분이면 충분한데, 사람 1과 2가 통신하는 시간이 1시간 넘게 걸린다는 것이다. 따라서 이러한 수행 코드는 멀티코어를 통해 수행하면 예상과는 달리 성능이 나빠지게 된다. CPU 코어는 1초에 10억 개가 넘는 연산을 수행할 수 있지만, 두 코어가 정보를 공유하는 데 걸리는 시간은 짧더라도 명령어를 100개 이상(공유해야 할 정보가 CPU 공유 캐시에 있는 경우) 처리할 수 있다. 또 운이 없는 경우(공유해야 할 정보가 D램에 있는 경우) 1만 개 이상의 명령어를 처리할 수도 있다. 즉 멀티코어 시대에 일을 잘해내기 위해서는 애초에 두 사람이 하루 단위로 연락을 주고받으며 상호작용할 수 있는 단위로 작업을 구성해야 한다. 과거 CPU를 기준으로 설계된 프로그램은 멀티코어 시대로 넘어가게 되면 성능 향상을 담보할 수 없는 것이다.

한 사업가가 두 개의 공장을 지어 제품을 만들고 싶은데, 한 시간 거리에 떨어져 있는 공장이 서로 수십 번씩 중간 단계 제품을 주고받아야 할 때 과연 공장의 생산성은 얼마나 낮아질지 생각하면 쉽게 알 수 있다. 실제로 CPU 내의 코어들은 통신이 매우 힘들다. <그림 1-55>의 예에서도 볼 수 있듯, 두 공장 사이의 거리가 먼데 각 물건 사이의 상관관계가 있게 되면 제조를 관리하기 힘들어진다. CPU는 제조공장과는 달리 재고를 쌓아놓을 수 없다. 사용자 프로그램이 어디로 분기할지, 변수 값이 무엇이 될지 사전에 알 수 없기 때문이다.

만약 이러한 문제를 심하게 겪게 되어 CPU 코어 개수는 늘어나지만 CPU당 성능이 늘어나지 않으면, 기존 프로그램들에게 제공되던 공짜 점심은 사

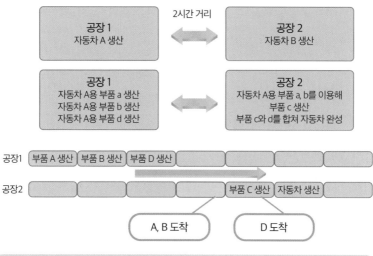

라지는 것이다. 그리고 프로그래밍 시장은 그렇게 변할 것이 확실하였다. 앞에서는 커피와 문서 작성이라는 예를 사용했지만, 현실의 CPU에서는 작업물의 순서가 최종 레벨에서 꼬이는 것은 심각한 참사를 불러오게 된다. A=C+3을 수행한 뒤, B=A+4라는 코드의 수행 순서가 바뀌게 되면 최종적으로 B 값이 3이나 차이 나게 된다. 이런 값이 사용자의 주식 잔고거나, 비밀번호 등 민감한 값이라면 대참사가 발생하게 된다.

이는 지금도 CPU에서는 매우 어려운 일이어서 프로그래머들은 여러 가지 자조적인 이야기를 하곤 한다. '4코어 사용 프로그램'을 열어보면 4개의 코어가 1~100% 등 다양한 사용률을 가지고 동작하지, 모든 코어가 100% 가동률을 보이는 일은 거의 없다. 다른 코어와 협업하기 위해 작업물을 기다리는 동안 아무 일도 못하는 순간이 생기기 때문이다. 여러 명이 수행하는 조별 과제를 분담할 때도 각 구성원이 최대한 독립적으로 일하는 단위를 찾아야 하는데, 이는 쉽지 않은 일이다.

AMD는 이러한 프로그래밍 방법론 변화에 주목하고, 마지막 승부수를 던지기로 했다. AMD가 사용하고 있던 아키텍처인 K10은 이미 수명을 다해가고 있었고, 대형 CPU의 설계에서 인텔을 노하우 측면에서 이기는 것이 쉽지 않았던 것이다. AMD는 지속적으로 커져가는 CPU 코어의 크기를 줄이는 대신, CPU 코어의 개수를 늘리는 결정을 내렸다.

이렇게 하면 CPU의 비순차 실행장치의 크기도 줄어들 뿐만 아니라, 연결되어야 하는 회로의 개수가 줄어들어 설계의 어려움이 감소했다. 비순차 실행장치의 성능은 크기에 정비례하지 않는 특징이 있었으므로, 이로 인한 코어당 성능 감소는 낮을 것이라고 생각한 것이다. 뿐만 아니라 프로그래밍 시장은 점점 많은 코어를 활용하는 방향으로 가고 있었으므로, 코어당 성능 하락이 프로그래머들에 의해 메꿔질 것이라고 생각한 것이다. 무엇보다도 서버 시장의 경우 원래부터 코어당 성능보다는 코어 개수가 중요했기 때문에, 신형 아키텍처를 도입하면 서버 시장에서 다시 교두보를 확보할 수 있을 것이라고 예측한 것이다. 이후 다시 PC 시장으로 진입하면 되는 것이다.

AMD는 기존의 거대했던 코어를 작은 코어 2개로 쪼갠 뒤, 일부 하드웨어를 공유하는 이른바 '모듈' 개념을 도입했다. 각 모듈은 2개의 코어를 가지고 있는 형태였으며, 윈도우 등의 운영체제에서는 별개의 작업 단위인 스레드로 보이게 된다. AMD는 이러한 방식의 구현을 CMT[Cluster Multithreading]라 불렀다. 사람으로 따지면 한 명의 사람을 쓰는 대신 약간 능력이 부족한 두 사람을 고용하고 일부 사무집기는 공유해서 사용하는 방식이었다. 프로그래밍 방법론의 발전이 능력이 부족한 두 사람이 처리할 수 있는 방식으로

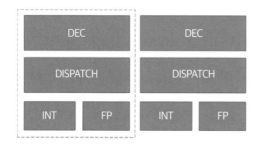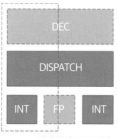

회색 영역: 공유 자원

그림 1-56 인텔식 CPU의 듀얼코어(좌측)와 AMD 불도저식 듀얼코어(우측)의 차이: AMD는 각 코어들에게 공유자원을 줌으로써 칩 크기를 줄였다.

업무를 쪼개줄 것으로 본 것이다. AMD는 컴퓨팅의 미래를 걸고, 자기 자신의 운명도 걸린 신형 마이크로아키텍처 개발을 시작하였다. 이는 불도저 Bulldozer라고 불렀다.*

인텔 역시 프로그래밍 방법론이 멀티코어로 가고 있는 것은 알고 있었지만, 다른 측면에 주목하였다. 암달의 법칙Amdahl's law에 따르면, 프로그래밍 성능은 단일코어 성능과 멀티코어 성능 중 상대적으로 나쁜 부분이 결정하지, 단순히 한쪽이 우수하다고 해서 무한히 좋아질 수는 없다는 것이다. 분명 프로그램 어딘가에는 여러 CPU 코어가 나눠서 할 수 없는 수준의 작업 단위가 나올 수밖에 없기 때문이다. 따라서 인텔은 코어 개수 증가를 어느 정도 억제하는 대신, 지속적으로 코어당 성능을 높이는 마이크로아키텍처를 추구하고, 한 개의 고성능 코어가 때로는 다른 별개의 작업을 처리할 수

---

* 실제 AMD의 의도는 작은 코어 2개를 만드는 것만이 아니었다. 실제로는 CPU 면적의 상당량을 차지하지만 사용률은 상대적으로 낮았던 부동 소수점 연산기를 2개의 코어가 공유해서 유연하게 쓰려던 것이었지만, 실패했다고 추정된다.
** IBM은 무려 1968년에 연구했다.

있는 가상의 CPU를 보여주기로 한다. 이러한 방식은 SMT**라 불렸으며, 인텔은 이를 하이퍼스레딩^{Hyperthreading}이라는 이름으로 불렀다.

두 회사의 CPU 설계 방향이 크게 달라지는 순간이었으며, 수많은 컴퓨터 전문가들이 이 전투의 결과를 기다렸다.

2011년 최초의 불도저 마이크로아키텍처 CPU인 4모듈, 8코어 잠베지가 데스크톱 시장에 출시된다. 하지만 결과는 실망 그 이상이었다. AMD의 불도저 아키텍처는 인텔 CPU를 이기지 못하는 수준이 아니라, AMD 자신의 전 세대 K10 마이크로아키텍처조차 이기지 못했다. 전체 코어 성능을 합해도 바로 전 세대 자신의 CPU와 같았으며, 개별 코어의 성능은 10% 가까운 하락이 일어난 것이다. 이는 AMD 신형 CPU 구매자는 기존에 구매해둔 프로그램(멀티코어를 고려하지 않았던 과거의 프로그램들)의 성능이 하락할 수 있음을 의미하는 것이었다. 이는 치명적인 문제점이었다.

고객들이 새 컴퓨터 구입할 때 성능 향상은 언제나 주요한 구매 포인트였다. AMD 역시 개별 코어의 성능이 중요한 것은 알고 있었고, 분명 코어 면적당 효율을 끌어올리는 데 성공하였다. 잠베지의 면적은 346mm^{2}로, 전 세대 6코어 프로세서인 투반 315mm^{2}보다 약간 큰 정도로 2개 더 많은 코어를 탑재하였다. 코어당 면적은 43.25mm^{2}로, 52.5mm^{2}인 투반에 비해 21% 작았음에도 10% 내외의 성능 저하만으로 선방했다. 문제는 이것은 시장이 원한 결과가 아니란 것이었다.

신형 CPU에는 코어당 성능 저하가 있어서는 안 되었다. 시장 지배자가 아닌 기업이 "이제 빨리 다들 멀티코어 프로그래밍으로 오라"고 한다고 해서 사람들이 올 리가 없었다. 프로그래밍 회사들도 멀티코어를 이용하면 성능이 향상된다는 것을 알고 있었다. 문제는 이것은 매우 어려운 일이었으며,

영세한 회사들은 단시간에 해낼 수 없는 일이었다. 프로그램은 매해 존재하는 코드를 재활용하면서 새로운 기능을 추가하는 방식으로 개발하지, 바닥부터 다시 개발하는 경우는 많지 않았다. 그렇게 개발할 경우 경쟁 프로그래밍 회사들에게 밀릴 수 있었다. 물론 소프트웨어가 성숙하길 기다리면 된다고 생각할 수도 있다. 하지만 그때가 되면 신형 소프트웨어는 과거 CPU의 모든 포텐셜을 끌어내더라도 제 성능을 못 낼 가능성이 있는 것이다.

인텔의 행보는 정확히 반대였다. 인텔은 차기 마이크로아키텍처인 4개 코어로 구성된 샌디브리지를 발표했으며, 샌디브리지는 인텔의 전 세대 CPU 대비 단일코어 성능이 30% 가까이 높아져 있었다. 샌디브리지는 전 세대 인텔 CPU에 비해 메모리 크기가 컸으며, 작동 속도도 빨랐다. 뿐만 아니라 30% 가까이 거대해진 비순차 수행장치를 부착하였다. 기타 하드웨어들도 추가되어 거의 모든 부분에서 압도적인 성능 향상이 나타났다. 이미 전 세대 대결에서 인텔과 AMD의 단일코어 성능 차이는 20% 가까이 벌어져 있었는데, AMD는 되레 단일코어 성능이 뒷걸음질 치고 만 것이다.

결국 잠베지와 샌디브리지는 단일코어 성능이 2배 가까이 벌어졌다. 이는 구형 프로그램을 수행할 경우 성능 차이가 2배 가까이 벌어질 수 있다는 의미였으며, 순식간에 사용자들은 실망하게 되었다. 인텔 샌디브리지를 구매한 사람은 공짜 점심을 맛볼 수 있었지만, 잠베지를 구입한 사람은 그렇지 않았다. 또 소프트웨어 개발자들이 새로운 멀티코어에 맞는 새로운 프로그램을 발매할 때까지 기다려야만 했다. 늘 그래왔듯 샌디브리지를 구매한 사람은 프로그램을 가리지 않고 이익을 누릴 수 있었다.

더 안타까운 점은 AMD가 추구했던 서버 시장에서도 마찬가지 결과가 나오고 말았다는 것이다. 서버 시장은 초기부터 훨씬 더 멀티코어에 특화되어 있었다. 일반 데스크톱에서 이루어지는 작업들은 각 작업 단위의 의존성이 컸다. 대개의 경우 중앙에서 모든 결괏값을 취합하는 코어가 하나 있고, 주변의 코어들이 변두리 작업을 하면서 취합하는 코어에게 결과물을 공유해주는 방식이다. 예를 들면 움직이는 특정 물체를 그려야 한다면, 한 코어는 팔, 다른 코어는 다리 등을 그리고 특정 시점에 결과물을 취합해서 보여줘야 한다. 하지만 매순간 팔다리를 그리는 데 시간이 얼마나 걸릴지는 알 수가 없다. 다리를 그리는 CPU는 다른 CPU가 그 시점의 팔을 다 그릴 때까지는 일을 계속할 수 없는 것이다.

하지만 서버 시장의 경우 그러한 의존성이 매우 작았다. 인터넷 쇼핑 서버는 각 손님들의 주문을 단위로 움직이는데, 구매나 페이지 클릭 요청이 한

표 1-7 인텔과 AMD의 가상 시나리오

지시	서버 업무
1	요청 1개 처리
2	요청 4개 처리
3	요청 20개 처리
4	요청 3개 처리
5	요청 10개 처리

작업	인텔 처리 시간	작업	AMD 처리 시간
1	1초	1	1.5초
2	1초	2	1.5초
3	2초	3	1.5초
4	1초	4	1.5초
5	1초	5	1.5초
Total	6초	Total	7.5초

건 발생할 때마다 한 개의 코어를 각 고객에게 할당하는 방식으로 움직인다. 이 경우, 고객이 수천 명이 몰려 있다고 해도 업무를 나누는 것에 어려움이 없다. 각 고객의 구매 요청은 서로 간에 의존성이 없기 때문이다. 고객 A의 구매가 끝날 때까지 고객 B가 기다려야 하는 일은 없기 때문에, 단일코어 성능이 크게 중요하지 않았다. 이것이 AMD의 판단이었다.

하지만 AMD의 이 예측조차 빗나가게 되었다. 분명 서버는 작업물 간 의존성이 작았지만, 문제는 많은 서버가 언제나 작업물을 가득 채우고 있지는 않다는 것이다. 인터넷 쇼핑몰 예에서도 금방 떠올릴 수 있겠지만, 고객의 숫자는 항상 서버를 터뜨릴 정도로 많지 않았다. 대개의 경우 서버는 평균 고객 사용량을 상회하는 수준의 예비 용량을 가지고 있으며, 특정 시간대에는 사용자가 크게 감소한다. 아주 유명한 소위 '핫 딜'이 떠야 사용자가 폭발할 것이고, 새벽 시간대 등 사람들이 활동하지 않는 시간에는 사용자 숫자가 적을 수밖에 없다. 이런 시간대가 길었기 때문에, 인텔 CPU는 여기서도 강점을 보이게 된다. AMD의 CPU를 이용할 경우 단일 작업 처리에 20초가 걸리고, 인텔 CPU를 사용하면 10초가 걸릴 경우 이론상 AMD CPU가 2배의 코어 개수를 가지고 있으면 성능이 비슷할 것이라고 생각할 수 있다. 하지만 그렇지 않은 것이다. 쌓인 작업의 수가 두 개라면 AMD와 인텔의 작업 속도가 같겠지만, 한 개라면 인텔이 더 빠른 것이다. 인텔 CPU를 사용하면 이런 시기에 가끔 들어오는 소수 작업들을 빠르게 처리하고 서버를 저전력 상태로 돌리는 등의 조치를 취할 수 있었다. 더 정확하게는 AMD로 옮겨갈 이유가 없었다.

〈표 1-7〉의 예는 1초 만에 작업을 처리할 수 있는 10개의 코어를 가진 인텔 CPU와 1.5초 만에 작업을 처리할 수 있는 20개 코어를 가진 AMD CPU

의 가상 비교이다. 적은 작업이 들어오는 시기에 AMD 서버들은 처리 시간
이 늦어져 총 작업 효율이 나빠지게 됨을 알 수 있다.

불도저의 등장 이후로도 AMD의 점유율 추락은 멈추지 못했다. 서버 시
장의 점유율 하락은 계속되었으며, 2012년이 되면 사실상 서버 시장에서
존재감이 상실된다. 그 이후 개발되던 수많은 서버 프로그램은 인텔 CPU에
최적화되고 호환성에 맞춰져 재진입은 점점 어려워지게 된다. AMD는 설
상가상으로 엔비디아에게 그래픽카드 시장에서도 밀려남으로써 큰 경영의
위기를 맞았다. 이로 인해 AMD의 칩 제조를 위탁하던 파트너사 글로벌파
운드리Global Foundries* 역시 경영의 위기에 직면하며 두 회사는 오랜 시간 동

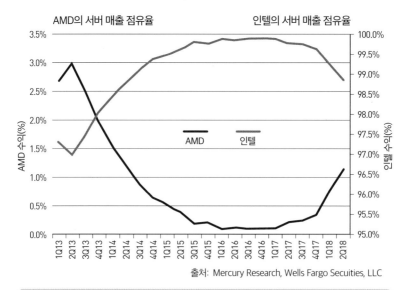

출처: Mercury Research, Wells Fargo Secuities, LLC

그림 1-57 당시 0%를 향해 다가가던 AMD의 서버 시장점유율: 좌축이 AMD의 점유
율이다.⑰

---

* AMD의 제조 부문이 중동계 자본에 매각되어 독립해 탄생한 반도체 위탁 제조 전문 회사

안 암흑기에 들어가게 된다. 이후로도 AMD는 미래 컴퓨팅에 대비한다는 명목하에 ARM과 x86-64를 함께 구동 가능한 마이크로아키텍처를 설계하다 포기하는 등 혼란에서 벗어나지 못한다. AMD의 혼란은 CMT를 포기하고 인텔식의 SMT를 적용하는 젠^{Zen}이 등장하는 시점에서야 끝났다.

인텔은 두 번의 위기를 견뎌내고 정도로 돌아옴으로써 시장의 완전한 승리자가 되었다. 인텔은 지속적으로 사용자들에게 하위 호환성 및 모든 방향에서의 성능 향상을 제공했으며, 이를 통해 시장을 계속 창출했다. 프로그래밍 업체들의 대규모 협력 내지는 혁신을 전제로 하였던 AMD의 전략은 자신의 실수와 인텔의 설계 혁신으로 인해 실패로 돌아갔다. AMD의 시장 예측은 절반 정도만 맞았다. 2019년 AMD가 생각했던 대규모 코어를 통한 대규모 숫자 연산은 엔비디아 CUDA 기반의 GPU(그래픽 처리장치) 및 소형 ARM 기반의 코어, 일부 인텔의 x86 기반 가속 카드들이 차지하였다. 이러한 제품들의 코어 크기는 AMD 불도저보다도 더욱 작고 간소하였다. 인텔의 강력한 단일코어 성능은 모바일 혁명 이후 기세가 붙은 ARM의 서버 시장 도전을 막아내는 강력한 방패로써 작용하였다.

인텔은 마이크로소프트와 더불어 반도체 시장의 독재 기업 중 하나였지만, 매우 자애로운 독재자였다. 인텔은 단기적으로 기술개발비를 절약하는 등의 방식으로 밸류 체인의 부가가치를 혼자 흡수하는 소탐대실하는 행동을 하지 않았으며, 장기적 관점에서 생태계 성장을 늘 염두에 두었다. 또한 당장 눈앞에 보이는 고객인 수많은 컴퓨터 구매자가 아닌, 컴퓨팅을 통해 부가가치를 창출해야 하는 주체들인 프로그래머들을 항상 염두에 두었다. 이들은 숫자로는 일반 구매 고객의 1%도 되지 않았다. 하지만 나머지 99% 구

연도	내용	비고
1968	인텔 설립	D램 및 CPU 제조업 진출
1971	인텔 4004 개발 완료	세계 최초의 마이크로프로세서
1978	인텔 8086/8088 개발 완료	최초의 x86 ISA 등장
1981	IBM PC 공급계약 체결	최초의 인텔/마이크로소프트 연합
1983	D램 사업 철수 / CPU 사업에 집중 시작	폐쇄적 개발 형태로 전환
1989	인텔 80486 DX/SX 개발 완료	트랜지스터 수 100만 개 이상
1995	인텔 펜티엄 프로 개발 완료	인텔 최초의 비순차 수행 CPU
1997	인텔 펜티엄 with MMX 등장	전용 가속 명령어 등장
2000	인텔 펜티엄 3 개발 완료	수행 속도 1GHz 돌파
2001	IA-64 개발 시도	하위 호환 없는 신 ISA 도입 시도
2003	AMD로부터 최초의 x86-64 CPU 등장	신 ISA의 시장 진출
2004	인텔 최초의 x86-64 CPU 등장	
2005	인텔, AMD 듀얼코어 CPU 개발 완료	데스크톱 멀티코어화 시작
2006	인텔 콘로 마이크로아키텍쳐 개발 완료	인텔의 주도권 회복
2011	AMD 개발 방향 전환, 불도저 마이크로아키텍쳐 개발 완료	AMD 서버 시장 손실

매자들의 만족도를 결정하는 데 매우 중요한 사람들이었다.

이 사실을 잘 깨달았던 인텔은 IBM PC의 혁명을 통해 표준을 차지한 이후로도 장기적 상생 모델을 유지하기 위해 표준을 이끌어가던 또 다른 업체인 마이크로소프트와 언제나 협업했다. 또 강력한 프로그래머용 개발 도구들을 스스로 만들어내고, 매뉴얼을 만들어 주기적으로 배포하는 등 협업을 멈추지 않았다. 인텔은 고객들이 원하는 가치를 정말 잘 알고 있었으며, 그 가치가 프로그래머들로부터 늘어나고 있다는 것임을 매우 잘 이해하고 있었다.

3장

팹리스와 파운드리: 거대한 IDM 틈의 생존자

팹리스와 파운드리는 지난 20세기의 승자들이라고 부르기에는 실적과 주목도가 상대적으로 낮은 편이다. 이들은 압도적 경쟁력을 통하여 경쟁자들을 누르고 정점에 오르거나, 생태계를 구성하여 새로운 가치를 창출해내지는 않았다. 하지만 이 회사들이 인텔과 비교할 때 가지고 있는 독특한 특성은 21세기의 반도체 시장 동향을 이해하는 데 매우 중요하다. 이 장에서는 다양한 사업 모델을 알아보도록 하자.

종합 반도체 회사 IDM의 딜레마

삼성전자와 인텔은 종합 반도체 회사Integrated Deviced Manufacturer: IDM라 불

리는 사업 형태를 영위하는 기업들이다. IDM은 한 개 회사가 반도체의 설계 및 생산을 전부 담당하는 사업 방식을 뜻한다.

반도체 완제품을 만들기 위해서는 일단 설계라는 과정을 거쳐야 한다. 설계는 신형 반도체를 만들기 위해 수많은 트랜지스터를 조합하여 각종 기능 블록*을 정의하고, 해당 기능 블록들을 트랜지스터와 트랜지스터를 연결하는 금속의 형태로 구현한 뒤, 그 사이를 연결하는 일련의 과정을 의미한다. 이 과정은 팹을 요구하지 않으며, 오로지 컴퓨터 시뮬레이션**만으로도 진행이 가능하다. 필요하다면 개발 일정을 앞당기기 위해 FPGA***와 같은 설계 실험 전용 칩을 구매하여 사용하기도 한다. 이 과정은 공장이 없는 순수한 두뇌 노동으로 이루어지게 되며, 창의력과 아이디어가 중요한 역할을 한다.

이러한 설계 과정이 끝나고 나면, 설계가 완료된 코드를 이용해 마스크를 만들어낸다. 마스크 제조가 완료되면, 해당 마스크들을 노광기에 집어넣은 뒤 웨이퍼 위에 회로를 그려나가야 한다. 제조 역시 첫 마스크가 들어온 뒤 1~6개월 가까운 기나긴 시간이 필요하다. 고성능 로직은 마스크가 20장 이상 필요한 경우도 있으며, 각 마스크와 마스크 처리 사이에서는 또 다른 부가적인 많은 일을 해주어야 한다. 수개월간의 웨이퍼 처리 기간 동안 문제가 생길 경우 수율이 크게 하락하기 때문에 이를 통제하는 것 역시 매우 어려운 일이다.

삼성전자와 인텔 같은 회사들은 일반적인 제조업 기업들에서는 볼 수 없

---

* 인텔의 예에서는 비순차 수행기, 연산장치, 캐시 메모리 등이 이에 속한다.
** 이러한 일을 하는 프로그램을 EDA라 부른다.
*** 일종의 설계 검증용 칩으로, 이 칩에 대한 설명은 다음 장에서 다루기로 한다.

는 매우 독특한 환경에 놓여 있다. 삼성전자의 경우는 전 세계적으로 사실상 동질한 제품을 가격만으로 경쟁해야 하는 위치에 있었다. 자신의 경쟁자들을 압살하기 위해서는 압도적 원가 경쟁력을 지녀야 할 필요가 있었으며, 이를 위해 언제나 고가의 첨단 노광기를 도입하고, 규모의 경제를 만들어내기 위해 더 큰 공장을 지어야만 했다. 그리고 공장의 효율을 더욱 짜내기 위해서 조금이라도 칩의 크기를 줄이는 설계, 자신의 공장 및 장비 효율에 더욱 적합한 회로 설계까지도 생각해내야만 했다. 그야말로 원가 경쟁의 극을 달리는 것이다.

인텔은 설계를 폐쇄적으로 운영하기 때문에 자기 자신만이 x86 기반의 CPU를 만들 수 있다. 게다가 CPU의 내구성은 10년 가깝기 때문에, 기존 CPU가 고장나기만 기다리며 영원히 동일한 물건을 팔면서 버틸 수가 없다. 인텔 자신의 신형 CPU의 성능이 형편 없으면 (과거) 자신의 제품에 발목이 잡히게 되어 매출이 줄어들게 된다. 장기적으로는 x86 ISA의 지배력을 상실할 위험도 생길 수 있었다. 이를 막기 위해서는 독과점 기업임에도 끊임없이 성능을 향상시키고 전력 소모를 줄여야 한다.

이러한 시장의 특성 때문에 이 두 회사는 IDM으로서의 사업 모델을 지속적으로 가져갈 수밖에 없었다. 분명 세계 최고의 경쟁력을 갖춰 시장을 지배할 능력이 있었음에도 더욱 많은 투자를 해야하는 딜레마가 있는 것이다.

게다가 수요자 측면에서도 이 두 회사가 있는 곳은 시장의 크기가 크고 미세화 및 성능 향상의 이득이 그대로 드러나는 분야다. 메모리와 CPU의 주 시장은 뭐니뭐니 해도 컴퓨터이며, 컴퓨터의 가치는 대부분 연산 능력에서 나오기 때문이다. 고객들은 고성능 컴퓨터에 돈다발을 들고 올 용의가 넘치며, 고성능 컴퓨터는 신형 부품이 필수적이다. 이러한 수요자들의 많은 요구로 빨리 차기 공정으로 넘어가서 신형 반도체를 만들지 않을 이유가 없는 것이다. 물론 이렇게 공급된 반도체들이 최종적으로 프로그래머들에게 넘어가 예전 컴퓨터로는 해볼 수 없었던 일을 함으로써 더욱 큰 부가가치를 만들게 된다.

덜 중요한 반도체들의 사정

모든 반도체가 완제품 수준에서의 경쟁력에 막대한 영향을 끼치는 것은 아니다. 잘 살펴보면 모니터, TV, 모뎀, 공유기, 자판기 등 우리가 접할 수 있는 많은 제품이 CPU에 준하는 소형 로직인 마이크컨트롤러를 탑재하고 있다. 이들은 거대한 CPU와 비슷한 구조를 가지고 있으나, 고성능 연산을 포기하고 대신 더 작은 연산장치나 간소화된 메모리 시스템을 가지고 있다. 대신 크기는 매우 작아서, 일반적인 CPU의 1% 정도밖에 되지 않는 면적을 가지는 경우도 있다. 심지어 컴퓨터 내의 부품들인 SSD, HDD 등조차도 그

| 브로드컴 | 마벨 | TI |

그림 1-59　모뎀, SSD, OMAP 개발보드에 들어 있는 조그마한 컨트롤러

내부에 조그만 로직과 메모리 시스템을 탑재하고 있다. 그야말로 컴퓨터 속의 컴퓨터인 셈이다.

이런 작은 반도체 부품들 역시 첨단 부품이기는 하지만, 완제품 전체의 구성 요소 측면으로 봤을 때 비중은 상대적으로 작은 편이다. 이러한 장치들에 들어가는 마이크로컨트롤러는 사용자가 '자판의 A 버튼을 누를 경우 어떠한 일을 할 것인가' 수준의 간단한 로직 제어를 목적으로 하기 때문에 높은 성능을 필요로 하지 않는다. 서버의 처리 능력이나 스마트폰의 안면인식 속도가 2배로 늘어나는 것은 서버 업체들과 스마트폰 사용자들에게는 혁명에 가까운 변화이다. 하지만 자판기의 반응 속도가 0.2초에서 0.1초로 바뀌는 것은 자판기 사용자들은 체감하지 못한다. 서버와 스마트폰 제조사들에게 반도체의 성능은 비즈니스를 결정할 수 있는 요소이지만, 자판기에서 이 정도의 성능 차이는 비즈니스에 큰 영향을 끼치지 않는다. 자판기가 점유되는 시간의 대부분은 고객이 무엇을 뽑을지 고민하는 시간이지, 로직의 동작 속도가 아니다. 자판기를 찾는 고객의 숫자도 여전히 비슷할 것이다.

성능 요구치가 낮으니 단가도 낮으며, 단가가 낮기 때문에 원가에 미치는

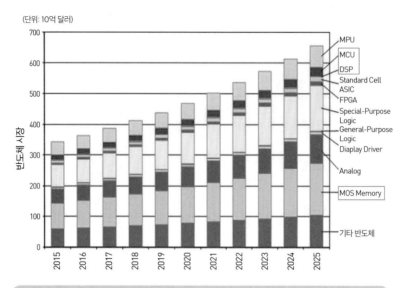

(단위: 10억 달러)

반도체 시장

700
600
500
400
300
200
100
0

2015 2016 2017 2018 2019 2020 2021 2022 2023 2024 2025

MPU
MCU
DSP
Standard Cell
ASIC
FPGA
Special-Purpose Logic
General-Purpose Logic
Diaplay Driver
Analog
MOS Memory
기타 반도체

그림 1-60 마이크로컨트롤러 시장(MCU, DSP)과 메모리 시장(MOS Memory) 비교 ⑱

영향도 크지 않다. 이러한 반도체들은 그저 싸고, 내구성이 뛰어나며 전력 소모만 적으면 된다. 당연히 구매자가 공급선을 다른 곳으로 전환한다고 해서 완제품 전체의 질에 큰 영향이 가지는 않는다. 다만 새로운 하드웨어에 맞춰 소프트웨어를 튜닝하거나 재구현하는 것이 번거로울 뿐이다. 당연하지만 이러한 부품들의 시장*은 메모리 반도체 시장이나 CPU 시장과 비교해 보면 초라한 수준이다. 〈그림 1-60〉을 보면 이러한 반도체들의 시장은 매우 작고 파편화되어 있다. 이들의 시장 크기는 단일 규모로 가장 거대한 메모리 시장의 20% 정도밖에 되지 않는다.

〈표 1-8〉에서 볼 수 있듯 이러한 제품들은 고객들이 지불하는 돈도 상대

---

* MCU: Microcontroller Unit의 약어로, 칩 하나 안에 메모리와 CPU 등이 전부 합쳐진 형태
DSP: Digital Signal Processor로 MCU보다는 상대적으로 낮은 처리 능력을 가진 로직

표 1-8   2018년 말에 추정된 세계 톱 반도체 회사들의 매출액: 팹리스 1위인 브로드컴은 전체 순위에서 6위밖에 되지 않는다. 🌏

(100만 달러, 파운드리 포함)

2018년 말 순위	2017년 순위	회사	본사	2017년 총 반도체 매출	2018년 말 반도체 매출	2017~2018년 변화율(%)
1	1	삼성	대한민국	65,882	83,258	26%
2	2	인텔	미국	61,720	70,154	14%
3	3	SK하이닉스	대한민국	26,722	37,731	41%
4	4	TSMC(1)	대만	32,163	34,209	6%
5	5	마이크론	미국	23,920	31,806	33%
6	6	브로드컴 Ltd.(2)	미국	17,795	18,455	4%
7	7	퀄컴(2)	미국	17,029	16,481	-3%
8	9	도시바/도시바 메모리	일본	13,333	15,407	16%
9	8	TI	미국	13,910	14,692	8%
10	10	엔비디아(2)	미국	9,402	12,896	37%
11	12	ST	유럽	8,313	9,639	16%
12	15	WD/샌디스크	미국	7,840	9,480	21%
13	11	NXP	유럽	9,256	9,394	1%
14	13	인피니온	유럽	8,126	9,246	14%
15	14	소니	일본	7,891	8,042	2%
합계				323,302	381,160	18%

(1) 파운드리 (2) 팹리스
출처: Company reports, IC Insights' Strategic Reviews database

적으로 적을 뿐만 아니라, 추가 성능에 대해 더 많은 돈을 지불할 여지도 낮다. 때문에 사업을 영위하고 있는 회사들이 설계와 제조 라인을 완벽히 갖춘 뒤 수직 계열화 및 완벽한 통합을 통하여 극한의 원가와 성능을 짜내려고 할 이유가 별로 없다. 매우 작은 시장에서 비즈니스를 하고 있는데, 시장 완제품의 흐름이 크게 변하거나 고객사의 전략 변화로 인해 수요자가 갑자기 사라질 경우 공장은 그대로 거대한 부담이 되는 것이다. 작은 시장에서 비즈니스를 하던 회사가 기술개발에 성공하여 원가를 반으로 낮추었는데, 가동률이 100%에서 50%로 반 토막이 난다면 투자는 의미가 없다. 재무적으로 무거운 짐이 하나 추가될 뿐이다.

반도체 시장 초창기에는 많은 회사가 자신의 팹(150mm, 200mm 등의 소형 웨이퍼를 사용)을 소유하고 있었다. 반도체 시장 극초기에는 최소한의 생산 설비를 갖추기 위한 자본 투입량이 그다지 많지 않았다. 반도체 제조에 필요한 마스크는 한 자릿수 초반 정도밖에 되지 않았으며, 광원의 세기도 상대적으로 강해서 마스크 한 장 처리하는 데 걸리는 시간도 매우 짧았다.

또한 상대적으로 트랜지스터의 크기도 크고 개수는 적었기 때문에 특성 관리도 어렵지 않았다. 동일한 크기를 가진 오차라 하더라도, 150㎛에서의 오차와 1㎛에서의 오차는 약 150배 가까운 효과 차이가 날 수밖에 없다.

설계된 로직을 검증하는 것 역시 지금보다 간단했다. 1980년도 웨이퍼 한 장에 들어가는 트랜지스터 개수를 전부 합쳐도 2021년 현재의 로직 반도체 칩 하나에 들어가는 트랜지스터 개수보다도 적다. 로직 내부의 기능 블럭의 개수와 복잡도 모두 압도적으로 차이가 난다.

즉 당시에는 설치해야 할 설비가 적으니 비용도 적었고, 가동률에 목을 매야 할 이유도 크지 않았다. 대부분의 반도체 회사들은 노광기 등의 장비를 하나 둘쯤 들여다 놓고, 작은 웨이퍼에 원하는 칩을 이리저리 만들어볼 수 있었다. 그렇게 하더라도 투자 금액이 크지 않았으며, 미세공정 경쟁이란 개념은 없는 반면, 반도체 자체의 부가가치는 매우 높았다.

기회를 잡은 팹리스와 파운드리

시간이 흐르고 차츰 차기 미세공정으로 넘어가는 것이 힘들어지자, 시장이 신규 투자에 비례해 커지지 않는 사업을 영위하던 회사들은 여러 가지 문제를 겪기 시작했다. 초창기에는 여러 다양한 아이디어와 노하우가 넘치고 있었지만, 서서히 시장이 성숙해감에 따라 원가 경쟁력이 중요한 화두로 떠오르기 시작했다. 그렇게 되자 자신만의 제조 노하우를 만들어가던 회사들 중 일부는 막다른 길에 다다르게 되었다. 더 이상 자사의 기술 기반을 통해 미세한 공정으로 나아갈 수 없게 된 것이다. 물론 타사의 기술을 배워오거나 처음부터 다시 개발하는 선택도 있기는 하지만, 시장이 그때까지 기다려줄지는 알 수 없는 일이다. 설령 타사 기술을 이용하거나 참고하여 성공하더라도, 이미 다른 업체에게 시장을 빼앗겼다면 후회해봤자 소용 없는 일이다. 고객들 역시 경쟁에 쫓기는 입장이기 때문에 얼마 이상은 제조사를 배려해줄 수도 없다.

회사들은 자신이 판매하는 물건의 시장 한계를 보게 되었다. 더 이상 자신들의 파는 물건의 시장이 커지지 않게 되거나, 자판기의 예처럼 고객들이 각종 번거로움 등의 이유로 인해 더 진보된 물건을 요구하지 않게 된 것이

표 1-9 IDM 인텔만이 버틸 수 있었던 막강한 자본 투자: 거대 IDM의 자본지출액은 세계 6위 팹리스의 연 매출과 맞먹는다.

연도	CAPEX (10억 달러)	미세공정
2005	5.8	65nm
2012	12.5	22nm
2018	15.0	10nm

다. 이렇게 되면 회사는 생존할 수 있지만, 더 이상 공장을 키워나가는 것은 불가능하다. 현상 유지를 하며 현금을 수확해야 한다.

이렇게 되자 회사들은 서서히 자신의 공장을 포기하고^{Fab-out} 오로지 핵심 설계 엔지니어와 자신들이 과거에 설계해둔 반도체 설계도^{IP*}만을 유지하고 기존의 제조설비는 매각하는 흐름이 나타나게 된다. 이러한 회사들을 공장^{Fab}이 없다는 의미에서 팹리스^{Fabless}, 혹은 디자인 하우스^{Design House}라고 부른다. 이러한 흐름은 서서히 진행되었으며, 처음에는 100~150mm급의 조그마한 웨이퍼를 사용하는 각종 로직 회사들에서 시작되었다. 이후에는 OMAP 등의 유명한 반도체를 제조하던 세계 10대 반도체 기업 중 하나이자 툴 제조사인 텍사스 인스트루먼트^{Texas Instrument}까지 번져갈 정도로 커지게 된다. 물론 텍사스 인스트루먼트의 경우 정확하게는 2007년 이후 신형 미세 공정으로의 전환을 포기했지만, 2006년 한때 세계 3위의 매출액을 누리던 반도체 회사조차 공정 포기를 고민해야 할 정도로 공정 전환의 어려움이 컸던 것을 짐작할 수 있다. ◉ 이러한 변화의 과정에서 아예 매각되거나, 흡수 합병되는 회사도 상당수 있었다.

그나마 소형 로직 및 마이크로컨트롤러 제조사들은 운이 좋은 경우라고 할 수 있다. 이들의 경쟁력은 설계 노하우 및 인력이었고, 용도가 제한적이거나 매우 특수했기 때문에 매각이나 인수가 상대적으로 수월했다. 용도가 특화되어 있기 때문에 인수자가 당장 사업을 완전히 중단시킬 수도 없고, 그래야 할 이유도 없었다. 장기적인 인수 기업과의 시너지도 어느 정도 노려

---

* Intellectual Property : 지적재산권을 의미하며, 반도체 업체들에게는 반도체 칩 전체, 혹은 칩의 핵심 기능을 수행하는 설계의 일부분을 의미한다.

볼 수 있었다. 하지만 메모리 업체들의 경우는 전환이 쉽지 않았다. 사실상 전 세계 메모리 업체들이 단일한 제품을 다른 원가로 만드는 경쟁이었으므로, 부도난 회사의 경쟁력 없는 노하우를 원하는 인수자는 거의 없었다. 인수될 때까지 무한하게 가격을 낮출 수밖에 없었다. 2011년 일본 메모리 업체 엘피다는 무려 10조 원의 부채를 남긴 채 파산했다. 그야말로 거대한 자본 투자에 짓눌려버린 것이다.

당연하지만 반도체는 설계도만으로는 아무것도 할 수 없다. 반도체 실물을 무슨 수를 써서라도 확보해야만 한다. 이를 위해 이미 만들어진 설계도를 바탕으로 위탁 제조를 전문으로 하는 회사들 역시 점점 규모를 불려나가게 되는데, 이를 파운드리Foundry*라 부른다.

이러한 현상의 대두는 설계 전문 회사와 파운드리 모두에게 윈-윈이었다. 첨단 공정의 이익은 지속적으로 누리고 싶으나, 자사 설비만으로는 가동률을 높일 수 없던 수많은 반도체 회사가 설계와 제조로 분업화를 이루게 된 것이다. 두 식당이 따로 자재 조달과 요리를 하는 모델에서, 두 식당이 약속하여 한 명은 자재만 조달하고, 다른 한 명은 주방에서 요리만 하는 방식으로 변화한 것이다. 이러한 분업화 덕분에 팹리스들은 무거운 자본 투자의 짐을 줄여 경영상의 부담을 줄이는 한편, 빠르게 변화하는 IT 산업에 맞춰 빠르게 체질을 전환할 수 있었다. 공장을 가지고 있다면 현재 공장에 할당된 물량이나 현 공정에 맞는 제품개발 진척도 등을 고려하는 어려움이 있었으나, 그런 문제가 크게 줄어들게 되었다. 텍사스 인스트루먼트 역시 3만

---

* 파운드리라는 사업 자체는 1980년대에도 존재했다. 하지만 존재감이 부각되기 시작한 것은 미세공정의 난이도가 본격적으로 높아진 2000년대의 일이다.

표 1-10 팹리스와 파운드리는 분업을 통해 둘 다 이익을 누린다.

팹리스의 요구사항	파운드리의 요구사항
• 개별 기업이 원하는 판매량 : 월 10만 개 • 개별 기업이 원하는 기술력 : 첨단 공정	• 최소 제조량 : 월 5,000만 개 　　　　　(웨이퍼 10만 장/월) • 손익분기점 : 월 500만 개 　　　　　(웨이퍼 5만 장/월)
팹리스의 이득	**파운드리의 이득**
• 상대적으로 소량 주문에도 첨단기술 사용 가능 • 무거운 자본 투자 부담 감소 • 공정연구 실패시의 전사적 비즈니스 리스크 경감	• 다수 고객 확보를 통한 규모의 경제 성립 • 안정적 생존기반 확보 • 공정의 최적화 용이

4,000명에 달하던 인력이 2020년 기준 3만 명 수준으로 유지되고 있으며, 순이익은 지속적으로 증가하고 있다. 물론 반도체 회사로서의 매출액 순위는 약간 내려갔다.

파운드리의 경우는 과거 제조와 설계 모두를 하던 회사들보다도 높은 제조 수익률을 확보할 수 있게 되었다. 위탁 제조를 요청한 회사 개개의 경우 사업에 부침이 있을 수 있으나, 다양한 소형 반도체들이 생겨남으로써 전체적인 소형 로직 수요는 꾸준히 상승했다. 그뿐만 아니라 제조만을 전문으로 하기 때문에 자신의 기술 수준에서 수율을 상승시킴으로써 언제나 주어진 공정하에서 최상에 가까운 제조 수익성을 확보할 수 있었다.

더욱 중요한 것은 과거의 공장을 지속적으로 사용할 수 있게 된다는 것이다. 원래 분업화되기 전 경쟁이 치열한 시장에서는 칩 경쟁력 확보를 위해서라도 차기 공정으로 넘어가야 했고, 이는 과거의 공장 설비를 처분해야 함을 의미했다. 하지만 파운드리에는 항상 다양한 이해관계를 가진 고객이 찾아오기 때문에, 이러한 문제에서 상대적으로 자유로웠다. 가장 높은 성능을 원하는 로직 및 컴퓨팅 관련 고객들에게는 첨단 공정을 적시에 빠르게 제공하여 시장 경쟁력을 확보해줄 수 있었다.

또한 반도체가 상대적으로 덜 중요한 마이크로컨트롤러 고객들의 경우는 이미 안정화된 전 세대 공정을 제공함으로써 설계의 부담을 줄여주면서도 이미 확보된 압도적 수율을 통해 싸게 칩을 제조해줄 수 있었다. 어차피 위두 고객은 경쟁관계가 아니기 때문에 서로 원하는 칩을 얻고 파운드리는 설비투자를 아낄 수 있다. 모두에게 이익이 되는 사업 모델인 것이다.

이러한 분업화 덕분에 자신만의 반도체를 만들어보고 싶은 수많은 회사가 공장에 대한 부담 없이 설계 IP와 자사 칩을 만들 수 있게 되었고, 이는 반도체 시장에 매우 큰 자유도와 유연성을 가져다주게 되었다. 크기가 어느 정도 되는 회사들은 자신들이 원하는 반도체를 찾아다니기보다는 직접 설계할 수 있게 되었기 때문이다. 인텔 등 거대 IDM이 제공하는 기능을 갖춘 칩이 필요 없다면, 자신들이 직접 필요한 기능만을 갖춘 작은 칩을 설계할 수 있게 된 것이다. 대개의 경우 범용 칩은 사용자 요구에 100% 부합하지 않지만, 원한다면 자신이 설계해볼 수 있게 된 것이다. 모든 칩을 바닥부터 자신들이 설계해서 파운드리에 위탁 제조를 맡긴 뒤 칩을 판매하거나 직접 사용해도 된다. 그리고 필요하다면 타사 칩 설계의 일부를 소정의 사용료를 내고 구매하여 내가 만든 칩에 합성하여 사용할 수도 있다. 시장은 매우 유연해졌고, 온갖 새로운 아이디어의 칩이 나올 수 있었다.

이 일이 가능했던 건 영국에서 생겨난 ARM이라는 독특한 팹리스 기업의 도움이 매우 컸다. ARM은 완제품만을 판매하는 인텔과는 전혀 반대의 비즈니스를 추구했다. 이들은 칩 설계의 일부만(심지어 칩 설계 없이 ISA만을 판매하기도 한다.)을 매우 낮은 가격에 판매했으며, 그 설계도로 무엇을 할 것인지는 전적으로 고객에게 맡겼다. 고객이 반도체를 설계하다 자신들의 기술이 부족하면, ARM으로부터 설계도의 일부만 사서 붙일 수 있는 구조였다.

심지어 이들은 다른 팹리스들과는 달리 칩 비즈니스를 직접 하는 일이 없었다. 대부분의 팹리스는 제조는 파운드리에 위탁하지만, 최종적인 칩 비즈니스는 자신의 회사 이름을 걸고 직접 하였다. 이는 편의점들이 외부 식품 공장에 음식 제조를 위탁하지만, 편의점 이름을 붙여서 판매하는 것과 비슷하다. A라는 팹리스 회사가 다른 회사의 IP만을 구입하여 파운드리에 위탁 제조를 맡긴 다음 A 회사의 이름을 붙여 칩을 판매하는 것이다.

하지만 ARM은 그런 비즈니스를 하지 않는다. ARM은 모두를 위한 도서관이자, 팹리스의 팹리스와 같은 존재였다. 뿐만 아니라 이들은 반도체 제조 초반에 필요한 각종 소프트웨어 툴 회사들부터 파운드리까지 수많은 파

그림 1-61 환경, 개발, 소프트웨어 등을 아우르는 ARM의 수많은 파트너사[56]

트너를 거느리고 있어서 거래를 시작하면 ARM 기반으로 설계하는 것도 매우 쉬웠다.

대만계 파운드리 전문 회사인 TSMC^{Taiwan Semiconductor Manufacturing Company} 역시 그러한 생태계를 만드는 데 일조하였다. TSMC는 순수 파운드리*를 영위하는 회사 중 최대 규모로, 슈퍼 을(乙)의 대명사로 통한다. 이들은 일본 르네사스 등의 회사들과 반도체 파운드리 산업에 함께 뛰어들었는데, 일본 업체들보다는 한국 업체에 가까운 방식으로 사업을 영위하였다. 이들은 높은 수율과 낮은 가격을 통해 서서히 시장을 석권하였다. 그리고 성능이 중요하지 않은 업종의 특성을 이용하여 오래된 공장까지 지속적으로 운영하며 여러 공장에서 나오는 작은 이익을 오랫동안 추구하는 비즈니스 모델을 추구하였다. TSMC는 현재 고성능 로직 시장에서는 사용하는 것을 상상할 수도 없는 100nm가 넘는 공정을 지금까지도 유지하고 있다. 또한 이러한 방식으로 더 이상 새로운 설계를 통해 앞으로 나아가고 싶지 않은 업체들에게는 안정성(시장이 작은 제품의 경우 새로운 설계를 하는 것조차 부담일 수 있다.)을, 새로운 설계와 미세공정 전환을 통해 새로운 시장을 개척하려는 팹리스 고객들에게는 새로운 미세공정의 도입을 보장하여 개발의 안정성을 높이는 역할을 하고 있다.

물론 첨단이라 하더라도, 고성능 로직 프로세서에는 크게 미치지 못하는 수준이었다. 실제로 파운드리 고객 중 첨단 공정을 사용하는 회사들은 AMD, 엔비디아 등 컴퓨팅에 가까운 회사들이었고, 이런 회사들이 사용하

---

* Pure·play Foundry: 삼성전자와 같은 회사들은 스스로 사용할 반도체를 자사가 설계하기도 하고, 외부 고객의 설계를 받아서 대신 제조해주기도 한다. 하지만 TSMC 같은 회사는 설계 팀 자체가 존재하지 않는다.

는 미세공정의 수준 역시 인텔보다 2~3년가량 뒤처친 경우가 많았다. 당시 거대 팹리스라고 하더라도 그들이 목표로 하고 있는 GPU 등의 시장은 인텔이 차지하고 있는 시장보다 매우 작았다. 때문에 파운드리 역시 시장 크기의 한계로 인텔에 가까운 극한의 미세공정을 추구할 수 없었다. 파운드리 고객들 역시 그에 맞는 고성능의 설계를 할 준비가 되어 있지 않았다.

이런 업체들이 제조하는 반도체는 시장이 매우 작거나 완제품의 핵심 부품이 아닌 경우가 많았다. 하지만 반쯤 강제된 분업화 덕분에 반도체 설계의 자율성은 매우 커지게 되었고, 이는 21세기에 일어나는 큰 변화의 흐름을 타고 거대한 태풍으로 성장하였다. 비록 이들의 행보는 20세기까지는 승자라고 부르기에는 미약했지만, 2010년 이후 세상을 바꾸고 기존 승자들에게 놀라움을 선사할 큰 도약을 위한 준비를 끝마친 것이다.

PART

2

4차 산업혁명 시대,
새로운 승자의 법칙들

4장

영원한 것은 없다: 승자 기업들의 도전과 과제

지난 20세기 반도체 시장은 비교적 간단하지만 살벌한 규칙에 지배되었다. 데너드 스케일링은 메모리 시장에서 1위에게는 범접할 수 없는 우위를 가져다주었다. 그리고 CPU 시장에서는 노력하지 않아도 모든 것이 개선되는 공짜 점심을 내주며 지난 30년간 IT 산업의 발전을 이끌어왔다.

하지만 21세기 들어 반도체의 스케일링은 한계에 다다르기 시작했고, 실리콘 밸리에서 혁명가들이 등장하며 일대 변혁의 시대를 맞이하게 되었다. 예상치 못한 곳에서 새로운 도전자들이 나타나 시장을 뒤흔들었고, 기존 승자들은 자리를 빼앗기지 않기 위해 변화해야만 했다.

공짜 점심이 사라지다 : 설계 제조의 난이도 증가

21세기에 접어들면서 반도체 제조 시장에는 서서히 위기의 전조가 보이기 시작했다. 반도체 집적에 무한에 가까운 자유를 가져다주던 데너드 스케일링이 서서히 흔들리기 시작한 것이다. 불화 아르곤 레이저의 후계자로 거론되던 EUV의 도입은 5년이 넘게 밀려났으며, 회로가 수십 nm 단위로 미세화함에 따라 차츰 양자역학적 효과가 크게 나타났다. 셀과 배선 사이에서는 기생 회로들의 효과가 커지며 미세 누설전류의 양이 증가하기 시작했다. 이는 전성비(전력 대 성능비) 개선의 감소로 이어져 점점 반도체의 열밀도가 올라가게 되었다.

이제 반도체 회사들은 집적도를 올릴 때마다 동일 면적에서 일어나는 발열이 커지는 것을 감내해야 했다. 분명 트랜지스터당 사용하는 전력이 감소하는 것은 사실이지만, 과거와는 달리 같은 면적의 반도체임에도 더 큰 열을 발생시키는 것이다. 이는 반도체의 특성 관리와 쿨링, 전력 공급에 큰 어려움을 불러왔다. 칩 전체를 완전히 가동하는 것은 점점 더 힘들어졌으며, 고성능의 작업을 하고 있을 때 필요 없는 회로들을 꺼야 될 수도 있었다.

벗어날 수 없는 물리 법칙: 노광장비의 문제

반도체 제조의 핵심 장비인 노광장치의 발전이 느려지기 시작하였다. 노광장치의 핵심은 빛의 파장을 최대한 줄여 해상도를 높이는 것이었다. 기존 노광장치는 거대한 볼록거울을 통해 낮은 파장의 빛을 모으는 방식이었다. 문제는 빛의 파장이 짧아질수록 흡수율이 올라간다는 것이었다(〈그림 2-1〉참조. 빛은 파장이 짧을수록 에너지가 높으며, 에너지가 높을수록 입자에 가깝게 행동한

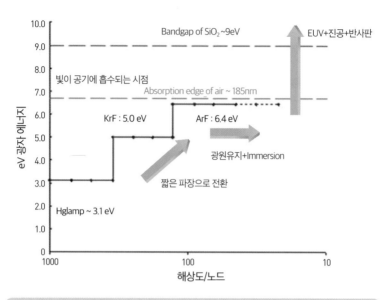

그림 2-1 노광기의 발전사: 193nm에서 10nm까지 오랜 시간 광원의 변화가 없다. 👆

다). 이는 광원에서 발생시킨 빛이 온전히 웨이퍼에 전달되기 힘들다는 것을 의미했다. 불화아르곤ArF만을 이용한 레이저로는 20나노 근처의 노광을 해결할 수 없었다. 이러한 문제를 해결하기 위해 광원의 파장을 유지한 채 렌즈 아래쪽에 굴절률이 높은 액체를 추가로 배치하여 광원의 파장을 줄이는 액침Immersion을 사용했다.

이렇게 얼마 동안은 노광기를 발전시킬 수 있었지만, 이후에는 극자외선 영역으로 나아가야만 했다. 문제는 극자외선의 경우 볼록렌즈를 쓸 수 없을 정도로 흡수율이 높았다는 것이다. 파장이 짧기 때문에 인간이 마주치는 모든 물질이 극자외선을 흡수할 수 있다. 당연히 EUV 기기 내부는 완벽에 가까운 진공을 만들어야 하며, 빛을 모으기 위해서는 볼록렌즈가 아닌 독특하게 설계된 다중 반사판을 사용해야 한다. 여러 개의 거울에 극자외선을 연속으로 쏘임으로써 빛을 모은다는 것인데, 이 경우 에너지 손실이 엄청났다. 양산 수준의 처리량을 만드는 것은 매우 힘들었으며, 당연히 가격도 천정부지로 치솟을 수밖에 없었다. 이로 인해 EUV의 개발 완료 시점은 2012년에서 시작해서 2018년까지 늦춰지게 되었다.

이 기간 동안에도 반도체 회사들은 원가를 하락시켜야만 했다. 이를 위해 반도체 회사들은 멀티 패터닝 기법을 사용했다. 한 개 패턴을 생성할 때 마스크를 하나 쓰는 대신 여러 개의 마스크를 사용함으로써 가느다란 배선을 만들 수 있었다. 문제는 필요한 마스크의 숫자가 엄청날 뿐만 아니라, 배선의 형태가 실제 짧은 파장의 빛을 이용하는 것과 비교했을 때 정확도가 그다지 뛰어나지 않았다는 것이다. 이는 반도체의 수율 저하와 신뢰성 하락으로 나타나게 되었다.

〈그림 2-2〉는 동일한 수준의 레이어를 EUV 없이 미세화할 때 필요로 하는 마스크의 매수를 보여주는 것이다. EUV가 도입되지 않으면 회사들은 점

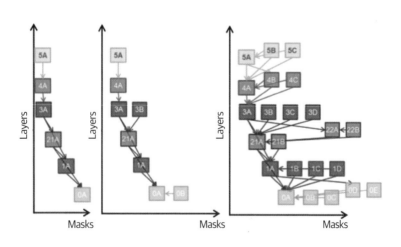

그림 2-2 EUV 없이 다중 패터닝으로 진행할 경우 필요한 마스크와 공정 수[6]

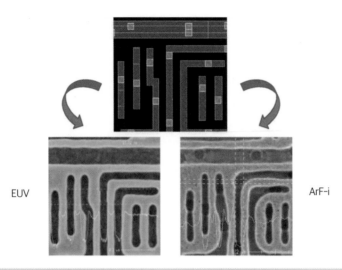

EUV

ArF-i

그림 2-3 삼성전자가 공개한 EUV(좌)와 기존 노광기(우)로 그린 회로 사진 ⓔ

점 더 엄청난 복잡함에 직면하게 됨을 알 수 있다. 이는 곧 반도체의 품질 저하로 이어질 가능성이 높다. 〈그림 2-3〉을 보면 동일한 선폭이더라도 EUV로 구현한 회로가 훨씬 깔끔하다. 전반적으로 성능이 균일할 뿐만 아니라, 특성 컨트롤에도 용이하고 성능도 뛰어날 것임을 짐작할 수 있다.

하지만 EUV에도 문제가 있는데, 출력이 매우 낮다는 것이다. 2,000억 원이 넘는 부담스러운 가격에, 출력이 낮기 때문에 도입 규모도 매우 커야 하니 무시무시한 자본 투자의 압박에 시달리게 된다. 그리고 가동률이 낮을 경우 큰 피해를 입게 될 가능성이 있다. 도입하지 않으면 성능과 품질에 문제를 겪을 것이 거의 확실하고, 과도하게 도입할 경우 자본 투자에 짓눌릴 위험이 있는 것이다.

이러한 문제들을 해결하기 위해서 삼성전자는 첫 EUV 칩을 핵심 고객들에게만 오픈하여 높은 부가가치를 추구했다. 또 한편으로 칩 전체에 EUV를 사용하는 것이 아닌 고해상도가 필요한 핵심 회로에만 EUV를 사용하도록 하는 공정 최적화를 단행하여 EUV로 인한 웨이퍼 처리량 하락을 상쇄하고자 했다. 이렇게 함으로써 자본 투자의 부담도 줄일 뿐만 아니라, EUV를 통해 얻을 수 있는 최대한의 이익을 얻어내는 것이다.

인텔은 칩 간의 2차원 연결을 지원하는 EMIB 기술 및 3차원 연결을 하는 포베로스 계획을 발표했다. 기존 단일 미세공정으로 칩 전체를 처리하던 제조 방식에서 어느 정도는 벗어나, 미세공정의 영향을 덜 받는 IO 등을 구세대 공정으로 제조한 뒤, 고성능 인터커넥트인 EMIB를 통해 칩 사이를 연결하는 칩렛chiplet 방식을 함께 도입하겠다고 발표한 것이다. 〈그림 2-4〉를 보면 인텔은 CPU와 그래픽 등 성능이 중요한 부분에는 고성능의 10나노 공정을 사용하고, 입출력단이나 메모리 컨트롤러 등에는 좀 더 구세대 공정을 사용하는 방식을 사용하고 있다. 이렇게 연결된 작은 칩들 위로 또 다른 칩

그림 2-4   인텔의 주요한 전략 중 하나는 단일(Monolithic) 칩에서 여러 공정에서 개발된 소형 칩(chiplet, 칩렛)들을 2차원으로 결합한 뒤 그 위로 다시 다른 기능들을 쌓아 올리는 것이다.[49]

들을 쌓아 올림으로써 패키지의 면적을 아끼는 한편, 고밀도를 달성하고 단일 패키지 내에 많은 기능을 통합하는 효과를 얻을 수 있다.

이를 통해 대형 단일 칩 제조로 인한 수율 저하를 이겨내는 한편, 기존이라면 가동률이 떨어질 구세대 공정의 재사용성을 높이고, 단일 칩이 가지고 있는 고속의 통신 능력도 유지할 수 있다. 실제로도 칩의 특정 부분은 영향을 크게 받아 크게 미세화되지만, IO와 같은 부분은 잘 미세화되지 않는다.

이러한 노광기 문제는 시장에 큰 변화를 가져오게 되었다. 노광장비와 함께하는 각종 장비들의 가격도 기하급수적으로 올라감에 따라 신형 반도체 공장에 들어가야 하는 압도적 자본 투자는 더 이상 반도체 제조를 목적으로 하는 플레이어의 진입을 허락하지 않게 되었다. 덕분에 IDM과 파운드리 분야 시장의 신규 플레이어는 사실상 사라졌으나, 기존 플레이어들 간의 차이가 지금과는 다른 수준으로 벌어지기 시작했다. 이를 버틸 수 있는 회사는 서서히 첨단기술을 향해 글로벌 최고 레벨의 수요자들과 함께 첨단기술의 앞으로 나아간다. 그리고 신규 투자를 버티지 못하게 된 회사는 자신의 자리에 남아서 기존 공정을 효율화해가며 작은 고객들과 함께 일해야 하는 것이다.

물리적 한계를 극복하라: 설계의 고민

설계 분야에서도 어려움이 나타나기 시작했다. 집적할 수 있는 트랜지스터가 많아졌다는 것이 곧 그걸로 무언가 유용한 일을 할 수 있다는 것은 아니었다. 공짜 점심의 한 축을 담당하던 CPU의 비순차 수행 엔진은 무한히 키운다고 해서 효율이 선형으로 증가하지는 않았다. 평균 손님이 8명인 식당에서 요리사를 1명에서 2명으로 늘리는 것은 효과가 크지만, 2명에서 16

그림 2-5 새로 얻은 트랜지스터의 용도를 찾는 것도 쉬운 일은 아니다. 마냥 원가만 절약하기엔 팹 가동률과 신규 공정 연구개발비 문제가 생긴다.

명으로 늘린다면 아주 가끔 기념일 등으로 바쁜 날 한꺼번에 16명의 손님이 몰릴 때만 효과를 발휘할 것이다.

이러한 어려움은 특히 로직 시장에서 심각했으며, 인텔은 이를 해결하기 위해 처음에는 한 개의 CPU가 두 개의 전혀 무관한 프로세스를 처리하는 기술인 SMT를 도입했다. 이후에는 한 개 CPU에 두 개의 코어를 내장한 듀얼코어 CPU를 만들기 시작했으며, 코어의 개수를 계속 늘려갔다. 코어의 개수가 프로그래머들이 사용할 수 없을 만큼 많아지게 되자, 이젠 CPU에 인텔 자사의 내장 VGA를 추가하여 제조하게 되었다. 이를 통해 더욱 공장 가동률을 높이고, 팹리스들의 시장 일부를 차지할 수 있었다.

이 상황에서 설계는 공정의 한계도 상당 부분 떠안아야 했다. 그 예 중 하나가 S램이다. 미세화는 칩 내부 S램의 신뢰성을 급격히 떨어뜨렸으며, 우주 방사선이나 전압의 순간적인 변화, 온도로 인한 특성 변화 같은 외부 충격으로 값이 뒤집히는 치명적인 문제들을 만들었다. 미세공정이 진행됨에 따라 셀의 크기는 줄어들었고, 한 개의 비트를 표현하기 위해 필요한 전자의 개수도 자연스럽게 줄어들었다. 전자가 50개 이상이면 1이고, 그 아래라면 0으로 표시하던 셀이, 전자 10개를 기준 값으로 바꾼 것이다. 만약 외부 충격으로 전자 하나가 추가될 경우 전자에서는 2% 오차밖에 되지 않지만, 후자는 무려 10% 오차로 나타나게 되는 것이다. 당연히 후자에 더 많은 문제가 생

0	1	1	0	0	0
1	0	0	0	1	1
1	1	0	0	1	1
1	1	0	0	0	1
0	0	1	1	1	0

기본 S램 회로   오류정정기

그림 2-6　기존 S램의 0과 1 값들이 의도치 않게 바뀔 수 있기 때문에 CPU와 맞먹는 초고속의 오류정정 부호를 추가해야 한다.

길 수밖에 없었다.

S램뿐만 아니라, 한국 메모리 업체들의 주력 상품인 D램 역시 회로 미세화에 의해 로해머^{Rowhammer}라는 결함을 겪게 된다. 특정 위치에 접근할 때, 전류의 변화로 인해 인접한 데이터가 변조되는 문제다. 이 효과는 과거에도 있었지만, 회로가 미세화됨에 따라서 한 비트를 저장하는 데 사용하는 저장소의 크기가 줄어들자 실제로 해커가 사용해볼 수 있을 정도로 효과가 크게 나타난 것이다. 과거에는 수십조 번은 접근해야 일어날 수 있는 데이터 변조가 불과 수십억 번 정도의 접근에도 변할 수 있게 된 것이다. 이를 해결하는 데에도 설계 변화가 필요했으며, 추가 트랜지스터가 소모되었다.

이러한 문제들은 자연 자체가 원인이고, 미세화를 진행함에 따라 사용되는 전하의 양이 줄어들면서 일어나는 문제여서 공정에서 스스로 해결할 수 없었다. 로직 제조사들은 칩의 일부 지역에 에러 정정 코드를 삽입함으로써, 사용자의 요청 없이 자연적으로 변화한 값들을 찾아내고, 스스로 정정할 수 있도록 해야 했다. 당연히 이는 추가적인 회로 구현이라는 부담으로 다가왔다. 당연하지만 웨이퍼 역시 조금 더 사용해야 했다. 인텔은 샌디브리지 프로세서의 캐시 메모리에 ECC 보호*를 적용했으며,❹ 덕분에 저전력 상태에서 좀 더 전압을 낮출 수 있는 부수적인 효과를 얻었다. D램은 미세 공정을 진행하면서도 한 비트당 저장되는 전하의 양을 유지해야 했다. 셀의 크기는 작아지고 있으나, 답은 위로 쌓는 것밖에 없었기 때문에 수십억 개의 높은 탑을 쌓는 것 역시 부담이 되었다. 물론 다행스럽게도 D램은 로직에 비해서 설계가 간단한 편이어서 그럭저럭 용량 증대는 지속적으로 이루어질 수 있었다.

또한 회로의 동작 속도(클럭)가 빨라짐에 따라, 단일한 회로 안에서 신호가 제대로 전달되지 않는 문제들이 점점 더 커지기 시작했다. 회로의 스위칭이 전달될 수 있는 속도는 전류의 전환 속도에 좌우되었고, 이는 실리콘(규소)이라는 물질과 관련되어 있다. 그런데 클럭이 올라감에 따라서 그 한계가 현실로 다가온 것이다. 회로가 얼마 이상 커질 경우, 같은 상태를 가지고 있어야 할 단일 기능 블록이 다른 상태를 가지게 될 위험이 있었다. CPU 내부의 연산기가 연산해야 할 값이 들어오기도 전에 값을 계산해서 사용자에게 넘겨주면 치명적인 문제가 발생하게 된다. 이를 해결하기 위해서는 회로를 파이프라인이라는 더욱 작은 단위로 쪼개야 했다. CPU가 '디코딩-연산-커밋'의 순서로 구성되어 있었다면, 이를 '디코딩 1-디코딩 2-연산 1'과 같이 절차를 더 길게 만드는 것이다. 디코딩 부분이 쪼개졌으니 하드웨어의 크기는 줄어들 것이다. 물론 이는 성능 하락을 야기한다.

CPU 제조사들은 이로 인한 성능 하락을 막기 위해 캐시를 늘리고, 분기

---

* Error Correction Code의 줄임말로 오염된 데이터를 복구할 때 사용하기 위한 추가 정보를 의미한다.

예측기를 추가하는 방식으로 성능을 높이는 노력을 해야 했다. 하지만 이렇게 하드웨어를 추가하는 방식은 회로 배선의 연결을 점점 어려워지게 했으며, 당연히 비순차 수행의 구현은 더욱 힘들어졌다. 연결 관계가 복잡해지고 상호작용하는 기능 블록의 수가 늘어나기 시작하자 칩 전체의 문제를 파악하는 것도 힘들어졌다. 제품 출시 기한을 맞추는 것 역시 힘들어지게 되었다. 멜트다운, 스펙터 등 하드웨어 수준의 보안 결함은 언젠가는 터질 수밖에 없는 일이었다. 게다가 공정이 미세화되면서 특성이 나빠짐으로써 원하는 설계를 쓰지 못하는 상황이 생겨나기도 하였다.

이러한 문제들 역시 시장에 큰 변화를 가져오게 되었다. 배치해야 할 트랜지스터가 늘어난다는 것은 회로의 설계 인력 숫자뿐만 아니라, 검증 인력과 개발 기간의 증가로 돌아오게 되었다. 설상가상으로 파운드리의 제조 역시 복잡해짐에 따라, 최초의 실물 칩을 받는 데 걸리는 시간도 길어지게 되었다. 이는 개발 중 일어나는 실수의 대가가 매우 커짐을 의미하며, 소규모 회사들은 한두 번의 실수로 회사가 존폐의 위기에 놓이게 된 것이다.

이러한 요소들은 반도체 회사들에게 전반적인 개발비용 상승으로 다가오게 된다. 그리고 신형 고성능 칩을 판매해 수익을 얻기 위해서는 기존보

그림 2-7 멜트다운과 스펙터는 약간의 수정만으로는 고칠 수 없는 버그였다.

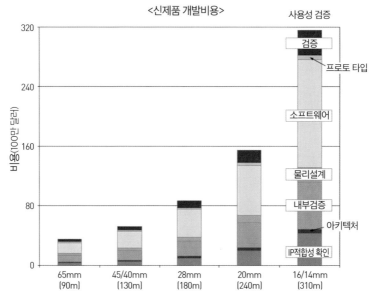

<신제품 개발비용>

사용성 검증

검증

프로토 타입

소프트웨어

물리설계

내부검증

아키텍처

IP적합성 확인

비용(100만 달러)

320

240

160

80

0

65mm
(90m)

45/40mm
(130m)

28mm
(180m)

20mm
(240m)

16/14mm
(310m)

- IP 적합성 확인: 칩 설계 회사가 내부적으로 자신들 및 외부의 IP를 (재)사용 가능한지를 확인하는 절차
- 내부검증: 내부 개발 단계마다 진행되는 테스트
- 검증: 최종적으로 만들어진 칩이 사용자 요구사항에 맞는지 확인하는 절차

그림 2-8 트랜지스터 개수가 늘어남에 따라 기하급수적으로 늘어나는 설계비용

다 많은 양을 팔아야만 한다는 것을 의미한다. 칩의 수익률은 높을 수 있으나, 이미 투입된 매몰비용이 매우 크기 때문이다. 이로 인해 팹리스들 역시 큰 회사와 작은 회사의 차이가 크게 벌어지게 된다. 이미 큰 고객을 가지고 있는 회사들은 지난해에 팔았던 칩의 후속 모델을 개선하여 판매하면 된다. 하지만 새로 진입하려는 회사는 첨단 공정과 거대한 칩 설계에서 발생할 수 있는 온갖 문제를 해결해야 한다. 팹리스들 역시 첨단기술을 적극적으로 도입하며 앞으로 나아가는 소수의 거대한 회사와 과거에 하던 일만을 계속 하거나, 칩 일부분의 아이디어만을 판매하는 회사들로 나뉘게 되는 것이다.

느려지는 하드웨어 혁신: 소프트웨어 회사들의 대응

한편, 하드웨어 구현이 어려워지게 되자 소프트웨어 회사들은 프로그램을 만들어놓고 세상이 발전하기만을 기다리고 있을 수 없게 되었다. 소프트웨어의 디자인은 시대상을 반영해야 했다. 일단 개발자들은 단일코어의 성능이 더 이상 빠르게 늘어날 수 없음을 받아들여야 했다. 따라서 다중코어에 맞는 프로그래밍을 새롭게 해야 했으며, 회사들은 수많은 다중코어 버그와 최적화 문제와 싸워야 했다. 이는 영세한 소프트웨어 회사들에게는 큰 부담이 되었다. 이제 완성된 프로그램을 만들 때는 최종 성능 수치를 추정하는 것이 더욱 중요해졌다. 지금까지와는 달리 만들어놓으면 언젠가 쓸 수 있게 되는 시대는 지나갔으며, 운이 없는 경우 영영 빛을 보지 못하게 될 수 있었다.

순망치한이라는 말처럼, CPU의 성능 상승이 더뎌지면 자신들에게도 타격이 올 것이 불 보듯 뻔한 상황이 되자 프로그래밍 회사들은 다른 방법을 선제적으로 강구하기 시작했다. 필요하다면 CPU를 벗어나 좀 더 특별한 목적만을 위해 설계된 가속기를 도입해야 했다. 시장에는 물리 연산 전용 카드가 등장했다. 대규모 단순 수치 계산을 위해 VGA를 사용하려는 회사가 늘어나기 시작했으며, 그 상황을 본 엔비디아가 CUDA라고 불리는 VGA 기반 프로그래밍 라이브러리를 제공하기 시작했다. 이로 인해 수많은 프로그래머가 VGA에 익숙해지기 시작했고, 또다른 생태계가 자라날 조짐이 생겨났다.

극단적으로 규모가 큰 소프트웨어 회사들은 자신들이 쓸 하드웨어를 스스로 설계하려는 욕심을 가지게 되었다. 예를 들어 AI와 빅데이터 혁명을 주도하던 구글은 알파고^{AlphaGo}라는 바둑 전용 AI와 이에 필요한 연산을 가속할 카드인 TPU를 직접 설계해 사용했다. 구글에 따르면 TPU는 알파고를 위한 연산에 한정할 경우 전성비가 동시대의 CPU나 GPU의 30~80배에 이를 정도였다. 물론 다른 작업에는 거의 깡통에 가까웠지만, 구글에게는 중요한 일은 아니었다. 용도는 정확했고, AI가 가져다줄 부가가치는 설계 비용보다 훨씬 클 것이었다.

이러한 제조와 설계의 어려움은 세계 최대 IDM이었던 인텔의 입지를 위협하는 요인이 되었다. 수많은 사용자가 인텔을 떠나지 못하던 이유였던 공짜 점심의 두 축 모두가 흔들리게 되자, 치열한 시장 경쟁에 처해 있던 소프

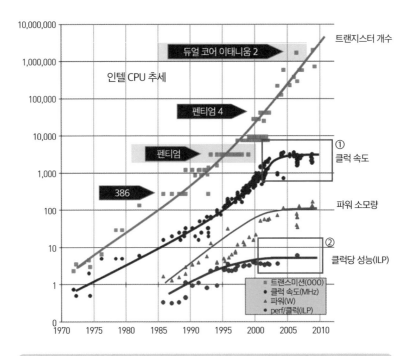

그림 2-9 CPU 클럭 상승률 저하(①)와 클럭당 처리 능력 상승률(②) 저하가 뚜렷히 보인다.[49]

트웨어 회사들이 CPU를 떠나 다른 길을 모색하게 되었기 때문이다.

한때는 반도체 시장의 주변부로 인식되던 VGA는 대규모 연산에서 전성비를 가져다줄 수 있는 대안으로 인식되었으며, 엔비디아를 단순한 게임용 VGA 칩 제조 업체에서 강력한 컴퓨팅 기업으로 한걸음 도약할 수 있게 해주었다. 구글과 같은 거대 소프트웨어 회사는 자신들에게 꼭 맞는 칩을 설계하게 되었으며, 이 칩의 위력은 알파고를 통하여 전 세계에 알려지게 되었다. 즉 반도체 시장에서 설계의 중요성이 커지게 되었고, 팹리스의 영향력이 커지게 된 것이다.

반면 메모리 회사들은 상대적으로 작은 위협을 받았다. 필요한 투자 금액의 증대가 경쟁자의 진입을 방해하는 요인으로 작용했을 뿐만 아니라, 프로그래밍 회사들이 딱히 메모리를 벗어날 방법이 없었기 때문이다. 할 수 있는 일은 D램을 줄이고 보조기억장치를 늘리는 것뿐이었다. 그런데 고성능 작업을 위해서는 HDD를 쓸 수 없으니 SSD를 써야만 하는데, 이 역시 메모리 회사들이 주도하고 있는 사업 분야였다.

휴대기기의 상식이 뒤바뀌다 : 모바일 혁명

전 세계 휴대폰 시장을 노키아가 주름잡고 있던 2007년, 미국의 애플에서 지금까지 보지 못한 형태의 새로운 스마트폰이 나타났다. 바로 아이폰이었다. 아이폰은 지금까지의 휴대폰 상식을 완전히 무시하는 비주얼로 나타났다. 일반적인 휴대폰은 입력장치인 키패드와 일종의 출력장치였던 조그마한 액정으로 조합되어 있었지만, 아이폰은 이 두 가지를 정전식 터치스크린을 이용하여 통합했다. 이를 통해 기존 휴대폰에서는 경험할 수 없는 수준의 유저 경험을 만들어냈다. 사용자들이 10여 개의 버튼으로 해야 했던 복잡한 인풋은 단순한 터치로 대체되었고, 화면이 차지하는 비중이 압도적으로 커졌다. 그 덕분에 과거 데스크톱 PC나 노트북에서나 할 수 있었던 웹브라우징 등의 기능을 지원할 수 있게 된 것이다.

아이폰의 완성도는 하드웨어부터 OS에 이르기까지 완벽함 그 자체였다. 당시 여러 회사가 만들고 있던 다목적 휴대폰인 PDA를 말 그대로 미적·기능적으로 오징어로 만들어버렸고, 제조사들은 큰 혼란에 빠지게 된다.

실리콘 밸리의 한 회사가 만들어낸 혁명은 전 세계 혁신가들에게 자극제가 되기에 충분했다. 그동안 상대적으로 과소평가되었던 휴대성의 강점이 드러나기 시작하였고, 휴대용 기기가 할 수 있는 일이 시장에서 말 그대로 재정의되었다. 자리를 잡고 노트북으로 해야 했던 웹서핑은 스마트폰이 대체하게 되었다. 집 안에서 간단한 영상 등을 감상할 때는 태블릿을 대신할 수 있었다. 기존 시장에 있던 노트북은 이 변화에 대응하기 위해서 울트라북, 게이밍 노트북 등 휴대성이나 생산성을 중심으로 차별화를 해야 했다.

휴대성을 잡아라: 저전력, 휴대성, 반응성

당연하지만 이러한 시장 변화는 디바이스에 들어갈 부품을 제조하는 회사들에게 영향을 주었다. 그중 가장 강한 요구 사항은 디바이스의 배터리 수명이었다. 사람들이 스마트폰을 열어보는 시간은 과거 피처폰 시절보다 훨씬 길어졌다. 과거에는 대부분 폰이 가동되는 시간은 '통화 시간+문자를 보내는 잠깐의 시간'에 불과했다면, 이제 통화는 부차적이고 웹서핑, 동영상 감상을 즐기는 시간이 크게 늘어난 것이다. 이러한 요구를 만족하기 위해서는 전력 절감 기능이 강력한 부품들을 배치하는 한편, 더 큰 배터리를 배치하기 위해 작은 부품을 이용해 더 많은 공간을 확보해야 했다.

과거 30년간 저장소를 주름잡고 있던 시게이트와 WD 같은 하드디스크 회사들은 아이팟에게 겪었던 수모를 다시 더욱 심하게 겪게 되었다. 압도적 용량당 가격비에도 불구하고, 스마트폰 시장은 하드디스크의 진입조차 허락하지 않았다. 디바이스의 특성상 크기가 작아지면 성능이 나빠질 수밖에 없었고, 최소한 하나의 액츄에이터와 모터를 설치해야 하는 특성상 용량에 비례하여 원가를 바꿀 수 없었던 것이다.

크기 요구 또한 맞출 수 없었다. HDD 회사들이 만든 최소의 HDD는 0.85인치(약 2.15cm) 정도의 크기였으나, 이는 여전히 스마트폰에 들어가기에는 너무나 컸다. 위에서도 살펴 보았듯, HDD는 이미 동일한 이유로 아이팟에서 낸드에게 자리를 내줄 수밖에 없었다. 분명 용량당 가격은 압도적으로 저렴했지만, 모바일 시대에는 물리적 공간 자체의 가치가 너무나도 컸다. 하드디스크 회사들은 2010년 6억 4,000만 대의 출하량을 정점으로, 지속적으로 내리막을 겪게 되었다. 이는 시장 1위 기업도 피해갈 수 없었다. <그림 2-10>에서 볼 수 있듯 웨스턴디지털은 2014~2015년 사이에 분기 출하량이 무려 1,600만 대 가까이 감소하게 된다.

반면 메모리 회사들은 하드디스크 대비 용량당 가격이 10배 가까이 높음에도 불구하고 승승장구했다. 스마트폰 시대가 시작되던 시점 플래시 메모리는 이들이 요구하는 거의 모든 요구사항을 맞출 수 있었다. 기계 부품이 없는 특성상 물리적 사이즈를 줄이는 것도 매우 쉬웠으며, 필요하다면 소비전력을 거의 0으로 만든 채 대기하는 것도 가능했다. 하드디스크는 저전력으로 돌입하기 위해서는 모터 등의 전원을 차단해야 했다. 그런데 이렇게

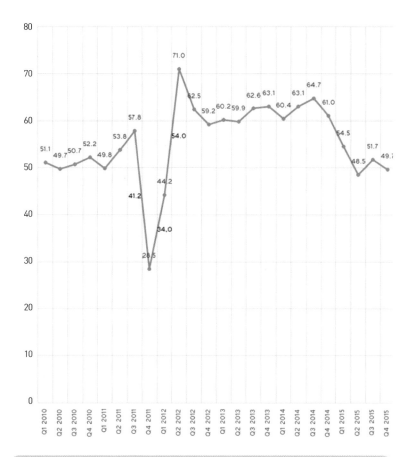

그림 2-10 2012년 정점을 찍고 하락하는 웨스턴디지털의 분기당 HDD 판매량[44]

될 경우 갑자기 화면을 열고 무언가 하는 등 사용자의 갑작스런 입력에 대한 반응성이 크게 나빠질 수밖에 없었다. 그렇다고 계속 회전 상태로 두면 전력 소모도 높아지고 수명에도 좋지 않았다. 반면 플래시 기반의 저장소들은 그런 문제가 없었다.

분당 7,200회 회전 : 선속도 100

분당 회전 수가 유지되더라도 선속도는 줄어든다.
기계 부품의 크기는 잘 줄어들지 않는다.

그림 2-11   하드디스크의 문제점: 크기가 줄어들면 회전 속도 감소로 성능이 감소할
뿐 아니라, 크기를 줄이기 힘든 부품이 많이 있다.

성능 측면에서는 100배 이상 월등한 반응 속도*를 바탕으로 하여 HDD보다 더욱 뛰어난 사용자 체감을 제공해주었다. 사용자들은 휴대용 기기를 이용하여 잠시 메시지를 확인하고 바로 화면을 끄는 등 사용을 짧게 끊어서 하는 경향이 높았으며, 이러한 사용 방식에서는 반응 속도가 매우 중요했다. 이렇게 반응 속도가 빠르다 보니, 디바이스가 작은 작업을 처리하는 속도가 좋아져 전력 효율도 자연스럽게 개선되었다. 과거 노트북을 사용해본 사람들이라면 노트북을 열고 절전모드로 전환되어 있던 윈도우가 다시 켜지기까지 얼마나 오래 걸렸는지 기억할 것이다.

스마트폰은 디바이스 자체의 크기는 작았지만, 사용자들이 디바이스에 지불하려는 금액은 거의 대기업 데스크톱 PC나 노트북에 준할 정도로 높았다. 배터리 수명 및 반응 속도가 사용자들에게 주는 체감이 매우 컸기 때문에 저전력 특성을 만족시키는 제품에는 부가가치가 넘쳤다. 그리고 메모리

---

* 쓰기, 읽기 속도가 아닌, 사용자가 요청했을 때 첫 반응이 오는 시간을 말한다.

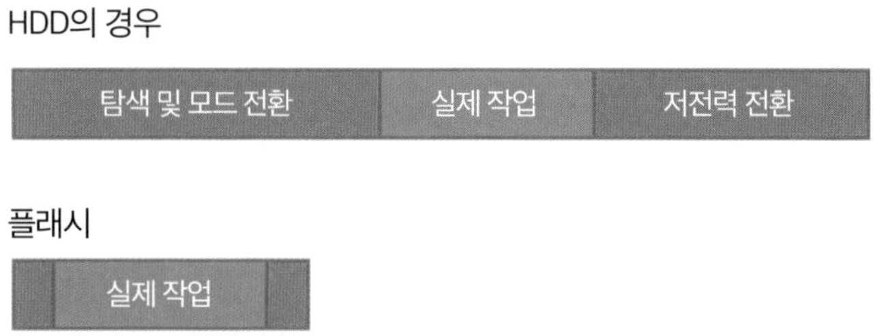

HDD의 경우

탐색 및 모드 전환	실제 작업	저전력 전환

플래시

실제 작업

그림 2-12 작은 작업 수행 시 반응 속도의 효과

회사들은 플래시 메모리를 파는 것뿐만 아니라, 기존 D램에 개발팀을 추가하여 좀 더 전력 소모를 줄인 모바일 D램을 설계해 팔 수 있었다. 이런 제품들은 소매시장에 나가지 않았으며, 오로지 대형 고객과 일대일로 거래하여 맞춤형으로 판매되었다. 물량과 부가가치는 그 정도로 엄청났다.

팹리스 회사들에게도 혜택이 돌아갔다. 5장에서 인텔과 ARM을 자세히 설명하겠지만, 모바일 시장 최초의 AP는 인텔의 x86이 아닌 ARM을 기반으로 한 것이었다. 아이폰이 크게 성공하자, 아이폰을 중심으로 스마트폰 소프트웨어 생태계가 발달하기 시작하면서 후발주자들 역시 ARM 기반의 AP를 찾아 사용하게 되었다.

이후 스마트폰 시장이 확장됨에 따라 각 폰 제조사들은 자신에게 맞는 AP를 찾아나섰고, ARM의 유연한 설계와 비즈니스 모델 덕분에 온갖 회사에서 각자의 개성을 뽐내는 AP들이 등장했다. 퀄컴, 브로드컴, 삼성전자 LSI 사업부 등 과거에는 개인들에게 잘 보이지 않던 회사들이 마이크로컨트롤러를 설계하는 회사에서 연산용 칩을 제조하는 회사로 급부상했다. 이들은 처음에는 저전력과 상대적으로 칩의 크기가 작다는 특성을 중심으로 스마트폰 시장에 진출했다. 하지만 차츰 스마트폰이 요구하는 성능이 게임,

안면인식, 고화질 영상 촬영 등으로 인해 높아지면서 칩의 아키텍처를 확장했고, 이윽고 자동차 같은 고성능 연산이 필요한 분야에도 진출하게 되었다. 이로써 한때는 소형 로직 제어에나 사용되던 ARM*은 어느새 인텔의 최신형 CPU에 맞먹는 육중한 연산장치를 갖춘 반도체로 재탄생하게 되었다.

삼성전자가 공개한 엑시노스 9와 애플의 A11은 이미 모바일 회사들의 CPU 설계가 상당한 수준에 올라와 있음을 보여주고 있다. 비록 두 CPU는 각각 ARM, x86-64로 처리해야 하는 언어 자체가 달라 일대일로 복잡도를 비교하는 것은 쉽지 않다. 그러나 비순차 처리기의 핵심 부분 중 하나인 ROB^{Reorder Buffer}(명령어를 분석하여 순서를 바꾸어주는 핵심 부품)의 크기가 이미 인텔에 맞먹게 거대해졌음을 알 수 있다. 당연히 다른 비순차 수행 하드웨어들도 그에 맞먹게 거대하고 복잡해졌음을 짐작할 수 있다. 〈표 2-1〉을 보면 이미 삼성전자의 엑시노스 M3은 인텔의 스카이레이크와 비슷한 정도의 복잡한 설계를 가졌음을 알 수 있다.

뿐만 아니라 이런 대형 제조사들은 부품부터 완제품 사이의 막강한 수직 계열화를 적극적으로 활용할 수 있어 표준에 맞지 않는 하드웨어도 얼마든

표 2-1   삼성 엑시노스와 인텔 스카이레이크의 주요 특성

	엑시노스 M3 (2018)	스카이레이크 (2015)
디코더 폭	6	5
캐쉬 메모리	128KB + 512KB + 1MB	64KB + 256KB + 2MB
ROB	228 Entry	224 Entry
연산포트	9(정수) + 3 (부동 소수점)	9(통합)

---

* 정확하게는 고성능 라인업인 Cortex A계열과 그와 유사한 설계들

지 추가하여 자기 목적에 맞춰 사용할 수 있었다.

스마트폰이 PC와 비교하여 열위에 있는 부분 중 하나는 입력장치다. 일반 PC에서는 아이디와 비밀번호를 빠르게 입력해 개인 인증을 하는 것이 상대적으로 쉽지만, 입력장치가 터치스크린으로 제한되어 있는 스마트폰의 경우는 매우 힘들다. 그런 입력장치 한계를 이겨내기 위해 스마트폰 제조사들은 홍채, 지문 등의 생체 인식 수단뿐만 아니라 AI 비서 기반의 영상 인식 및 음성 인식을 도입하였다.

이러한 인증 수단에서 중요한 것은 반응 속도와 정확도인데, 스마트폰 회사들은 이를 전용 칩을 통해 해결했다. 애플과 삼성 등 수많은 스마트폰 회사가 NPU라 부르는 AI 연산 가속 칩을 탑재함으로써 전력을 아끼면서도 사진 인식률을 끌어올리는 데 성공했다. 이러한 칩들의 사용 방법은 외부에 공개되지 않으며, 완제품 스마트폰 제조사가 내부적으로 사용하는 경우가 많다. CPU나 플랫폼만을 판매하고, 완제품과 그 위의 소프트웨어에 대한 영향력이 없는 인텔로서는 해보기 힘든 시도들이 빠르게 이루어지고 있는 것이다.

한편, 중국 회사들은 이 흐름을 타고 완제품의 밸류 체인 일부를 내재화하는 데 성공했다. 화웨이 스마트폰 AP의 설계를 담당하는 하이실리콘이 이에 해당한다. 그리고 이들의 칩을 위탁 생산하는 TSMC, UMC, 삼성전자 파운드리 사업부* 역시 21세기 반도체 시장의 다크호스로 부상하였다.

넘치는 수요를 바탕으로 막대한 자본 투자가 가능해졌으며, 덤으로 생소

---

* 구 시스템 LSI 사업부에서 분리

했던 기업들이 일반인에게도 널리 알려지기 시작했다. 앞장에서 보았듯 과거 파운드리들의 미세공정 수준은 언제나 인텔에게 2~3단계 밀리는 것이 보통이었다. 하지만 수요가 폭증하고 저전력 고성능 AP의 수요가 늘어나기 시작하자 파운드리들이 미세공정 최강자였던 인텔을 따라잡기 시작했다. 규모의 경제가 더 커졌을 뿐만 아니라 완제품에서 저전력과 고성능이 차지하는 부가가치가 커졌기 때문에 칩 하나당 지불하려는 액수가 늘어났다. 과거 저전력 고밀도에 특화되어 있던 파운드리의 제조 공정도 고성능 공정을 고객들에게 따로 제공할 수 있을 정도로 성장하게 되었다.

소프트웨어 변화가 일으키는 나비효과

하드웨어의 변화는 콘텐츠와 소프트웨어 측면에도 큰 변화를 일으켰다. 모바일 기기 붐으로 개인과 개인 간의 연결성이 증대되었고, 사실상 모두가 카메라를 가지고 다니는 시대가 되었다. 이로 인해 과거 사람들이 자신의 집 책상 위에서 PC를 사용할 때와는 달리 개인의 이동, 결제, 생활패턴 등 공유할 수 있는 정보의 양이 지금까지와는 비교가 되지 않을 정도로 폭증하기 시작했다. 뿐만 아니라 모바일 혁명으로 인해 사람들은 걸어다니거나 세계 여행 중일 때 언제라도 자신의 사진이나 동영상을 업로드하고 원하는 사람들과 공유할 수 있었다. 게다가 매해 스마트폰 카메라의 성능은 지속적으로 개선되었다. 이 덕분에 데이터 저장 수요는 지금까지 보지 못했던 수준으로 폭증하기 시작했다.

유튜브 등 동영상 스트리밍의 성능과 화질이 개선되고, 모바일 인터넷의 전송 속도가 증가하며 각종 촬영 장비의 가격이 낮아졌다. 그러자 사용자의 높은 접근성에 주목한 수많은 사람이 개인 방송을 시작했다. 이러한 방송들은 접근성이 높았을 뿐만 아니라, 수요자와 공급자 사이의 상호작용도 실시간이었기 때문에 큰 호응을 얻었다. 그리고 어느새 기존 언론사들의 지위를 위협하는 수준으로 성장하게 되었다. TV 스타들이 유튜브로 옮겨가기도 했고, 반대로 인터넷 스타가 TV에 출연하기도 했다. 사람들은 언제나 시간이 나면 스마트폰을 열어 자신이 원하는 동영상을 시청하고, 실시간으로 답글을 달거나 채팅할 수 있게 되었다.

구글에게 인수되었던 유튜브는 이런 흐름을 타고 마이크로소프트의 Bing이나 Yahoo!를 능가하는 사용자 검색 숫자를 차지하게 되었다. 수많은 사람이 자신을 표현하기 위해 스트리밍을 기꺼이 이용했고, 많은 사람이 높은 접근성을 통해 이를 찾았다. 유튜브와 안드로이드 스마트폰의 사실상 표준으로 자리 잡은 구글과의 시너지는 뛰어났다. 유튜브는 한 달에 15억 명이 사용하며, 월 감상 시간은 10억 분이 넘어가는 거대한 웹사이트로 변화했다. 말 그대로 당신만을 위한 텔레비전(Tube는 텔레비전이란 의미가 있다)이 된 것이다.

또한 '휴대 가능한 카메라+인터넷 연결'이 합쳐지면서 많은 사람이 SNS에 자신의 일상을 올리고 친구들과 공유하고 서로의 반응과 감상을 교환하게 되었다. 과거에는 PC를 찾아서 로그인한 뒤 자신의 위치를 직접 입력해야 했다. 하지만 이제는 스마트폰 카메라로 촬영을 한 뒤, GPS를 통해 자신의 위치를 검색하면 자동으로 자신이 어디에서 무엇을 하고 있는지 SNS에 올릴 수 있게 되었다.

이런 식으로 생성된 수많은 개인 자료는 매우 독특한 접근 패턴을 가지고 있다. 일반적으로 동영상이나 사진은 단 한 번 업로드되면, 그 이후로는 수많은 사람이 클릭하여 관람한다. 즉 저장소에 단 한 번 쓰기를 하고 나면 그

표 2-2   아마존 Alexa를 통해 알아본 세계 웹사이트 순위

사이트	매일 사이트 접속 시간	방문자당 일일 페이지뷰
Google.com	17분 35초	18.34회
Youtube.com	19분 38초	10.52회
Facebook.com	18분 29초	8.75회

2021년 9월 29일 기준(alexa.com/siteinfo)

이후로는 지속적으로 읽기만 발생하게 되는 것이다. 과거의 서버들은 읽기
와 쓰기 성능 모두가 중요했다. 하지만 이제는 읽기 성능, 그 중에서도 순차
읽기 성능만이 중요한 데이터의 비중이 커지게 된 것이다.

페이스북과 구글 같은 업체들은 이러한 데이터를 따로 분류하고 처리할
경우 사용자 경험을 유지하면서도 비용을 절약할 수 있음을 알게 되었다.
보통 이러한 동영상이나 개인 사진은 업로드 초기에 가장 많은 시간당 조회
수가 기록되고, 이후 어느 정도 시간이 지나면 사용자의 관심이 떨어지게 된
다. 따라서 업로드 초기에는 고성능 저장소에 두었다가, 어느 정도 시간이
지나거나 시간당 클릭이 감소하면 저성능의 보관소로 옮기는 식으로 대응
하면 고성능 저장소만을 사용할 때에 비해 비용을 아낄 수 있다.

이러한 저장소의 수요가 생겨나게 되자 메모리 회사들과 팹리스 컨트롤
러 회사들은 그에 맞는 제품을 개발하여 납품하기 시작했다. 일단 가장 빠
른 저장소는 D램이기 때문에 이를 보관해야 하는 서버 D램이 필요했으며,
그 뒤에 있는 D램보다는 느리지만 여전히 성능이 뛰어난 TLC 기반의 SSD
역시 수요가 크게 늘어났다. 특히 이런 서버를 위해서 특별히 읽기 속도에
특화된 RI[Read intensive] 제품을 판매했다.

여기서 더 나아가 아예 극단적인 수준의 데이터도 처리하고자 하였다. 이

른바 WORM^{Write Once Read Many} 데이터라고 불리는 접근 패턴인데, 한번 쓴 뒤에는 다시는 그 영역에 쓰기가 발생하지 않는 방식이다. 사람들이 SNS에 사진을 올리고 나면, 그 사진의 내용을 다음 날 갑자기 수정하거나 삭제하는 일은 사실상 없기 때문이다.

그림 2-13 읽기 동작에 최적화된 삼성의 PM1725A

이러한 제품에 대응하기 위해 메모리 제조사들은 한 개의 방에 4개의 데이터를 동시에 저장할 수 있는 QLC 기술도 개발하여 제품을 만들어내기 시작했다. QLC는 쓰기 속도가 매우 느리고, 최대 다시 쓰기 횟수가 150회 수준으로 매우 낮아서 수명이 짧을 뿐만 아니라 읽기 반응 속도도 TLC에 비해 좋지는 않다. 하지만 이러한 작업에서 제일 중요한 순차 읽기 속도는 TLC와 비견될 만큼 빠르기 때문에 문제가 되지 않는다. 물론 여전히 하드디스크보다 용량당 가격이 비싸긴 하지만, SSD는 서버당 꽂을 수 있는 개수가 하드디스크보다 더욱 많고 성능도 빠르기 때문에 서버 구매 비용이나 전력 사용량 감소의 효과도 있을 것이다.

또한 이렇게 발매된 QLC는 데스크톱이나 노트북 같은 시장으로도 진출할 수 있으며(혹은 그 반대 방향으로), 이러한 영역에서 하드디스크의 시장을 잠식해갈 수 있다. 어차피 대부분의 사용자에게 있어 하드디스크 용량이 4테라바이트에서 8테라바이트로 2배 늘어나는 것은 큰 효용이 없는 반면, 1분에 가깝던 부팅 시간이 10초로 줄어드는 것은 체감이 크기 때문이다.

2007년 애플에서 발매한 신형 휴대폰(아이폰)은 반도체 시장에 누구도 예상하지 못한 대지진을 일으켰다. 전통적인 반도체 시장의 강자이자 사실상의 표준이자 독점 업체였던 인텔이 이로 인해 크게 흔들렸다. 저전력 및 휴대성에 대한 사용자 요구가 과거 인텔이 이끌던 반도체 시장의 진화 속도로는 감당할 수 없을 정도로 큰 시장 변화를 일으켰다. 그리고 이로 인해 인텔 CPU를 떠나 각종 부품을 커스텀하여 사용하는 거대 스마트폰 회사들이 등장하게 되었다. 대신 인텔은 고부가가치 서버 시장의 성장에서 나오는 순이익을 거의 그대로 향유할 수 있었다. 인텔의 서버 시장 순이익은 회사 전체 순이익의 30%를 넘게 되었다.

이러한 변화로 인해 고성능 반도체 시장 뒤에 머물러 있던 팹리스와 파운드리들이 대거 정면에 등장하게 되었다. 이 회사들은 양적·질적으로도 크게 성장했으며, 차기 컴퓨팅을 논하는 자리에서 이제 인텔과 비슷한 위치에 자리하여 발언할 수 있게 되었다. 스마트폰 등의 완제품을 만드는 회사 입장에서 봤을 때 제품 성능의 상당 부분은 AP에서 나오는데, AP의 특성은 팹리스들이 제공할 수 있는 최고의 설계와 파운드리들의 미세공정 이 두 가지가 정하기 때문이다.

메모리 회사들은 모바일이라는 새로운 고부가가치 D램 시장을 얻었을 뿐만 아니라, 아이팟에서 시작되었던 휴대용 저장장치로서의 낸드의 수요를 지속할 수 있게 되었다. 그리고 이에 맞춰 변화한 서버 시장에도 추가 제품을 팔 수 있게 되었다.

하지만 모바일 혁명이 가져온 중요한 변화는 단순한 디바이스의 수요 증가가 아니었다. 모바일 혁명은 사람들이 가진 휴대용 디바이스 개념을 재정의하였으며, 수많은 혁신가가 자극을 받아 수많은 휴대용 디바이스 앱을 개발하게 되었다. 이로 인해 프로그래밍 생태계가 완전히 뒤바뀌게 되었고,

만들고자 하는 기능들은 현재 사용자 디바이스에서 사용자의 실시간 정보를 받아오는 수준으로 발전하게 된다. 이러한 개발자가 많아지는 걸 알아챈 수많은 혁신가는 다시 새로운 비즈니스를 떠올리게 되며 이것이 또 다른 거대한 혁명을 불러오게 되었다.

데이터 날아오르다 : 인공지능, 가상화

고전적 컴퓨팅의 한계가 오다: 알파고

애플이 첫 아이폰을 소개한 9년 뒤, 대한민국 서울에서 프로그래밍 역사에 기념비적인 하나의 사건이 일어난다. 그동안 컴퓨터에게는 불모지라고 알려져 있던 바둑의 세계에서 컴퓨터가 정상급의 인간 바둑기사를 상대로 압승을 거둔 것이다. 구글의 알파고는 기존 CPU 기반으로 처리되던 바둑 AI 알고리즘과는 전혀 다른 방식으로 작성되었다. 또한 과거 프로그래밍으로는 전 세계의 CPU 전체를 모아도 절대로 해낼 수 없을 정도로 어려운 일을 기계학습을 이용하여 해낸 것이다.

일반인들에게는 인공지능[AI]이 국내 최정상급 바둑기사를 이겼다는 충격을 가져다주었지만, 업계에서는 이 사건을 통해 영상과 음성 등 수많은 노이즈 섞인 신호를 처리할 새로운 기술이 대학과 연구실을 벗어나 일상생활에 다가올 정도로 성숙했음을 인지했다. 지금까지 컴퓨터 기반의 정보 처리는 사람의 얼굴 등을 구분하는 것에 큰 한계가 있었다. 안면 인식을 예로 들면, 사람이 바라보는 방향이 바뀌거나 얼굴에 무언가 묻어 있으면 구분이 어려웠다. 하지만 기계학습을 이용하면 이를 처리할 수 있게 되었다. 기술은 이미 정상급의 바둑기사를 이길 수 있을 정도로 성숙해, 상용화도 매우 가까이 와 있는 상황이었다.

기계학습은 기존의 프로그램들과는 매우 다른 메모리 접근 방식을 가지고 있다. 기존의 프로그램들은 프로그래머가 사전에 특정 상황을 판단하는 알고리즘을 짠 후, 그 알고리즘을 순서대로 시행하며 조건에 맞는지 아닌지 확인하는 방식으로 구성된다. 반면 기계학습은 특정 목적에 맞는 신경망을 사전에 훈련시킨 뒤, 결과를 얻어내야 할 때는 이미 훈련된 신경망에 구분하려는 내용을 넣음으로써 확인하는 방식이다.

〈그림 2-14〉는 일반적인 프로그래밍과 기계학습의 차이점을 보여준다. 좌, 우 모두 들어온 인풋이 고양이인지 아닌지를 구분하는 프로그램이다. 왼쪽의 일반 프로그래밍에서 프로그래머가 하는 일은 '귀가 있는가?' 등의 분기를 지정해주는 것이다. 왼쪽의 조건만 명확히 지정된다면 100% 확률로 답을 맞출 수 있다.

이는 깔끔하고 쉬워 보이지만, 현실에서는 몇 가지 한계점을 가지고 있다. 한 가지는 프로그래머가 모든 조건을 찾아낼 수 없는 한계다. 귀, 꼬리, 수염, 다리 개수가 고양이를 구분하기 위한 모든 조건임을 장담할 수 있을까? 아마 호랑이일지도 모른다. 또한 귀, 꼬리, 수염, 다리 부분을 100% 확률로 정확히 구분할 수 있을까? 위 알고리즘의 전제는 카메라로 얻은 비트맵 이미지의 귀나 꼬리 등의 존재를 완벽히 구분할 수 있다는 가정이 포함되어 있다. 하지만 실제로는 정말로 어려운 문제다. 고양이는 여러 각도에서 찍힐 수 있으며, 사진에는 온갖 이물질이나 노이즈가 끼어 있을 수 있다.

반면 기계학습은 일반적인 프로그래밍에서 사용하는 조건문이 없다. 프로그래머는 인공 뉴런을 만든 뒤, 자신이 데이터를 투입할 곳과 결괏값(이 경

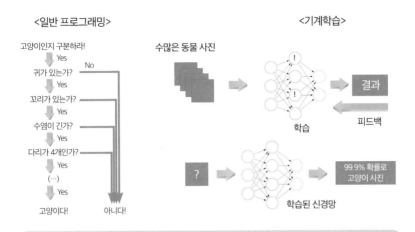

<일반 프로그래밍>

고양이인지 구분하라!

⬇ Yes

귀가 있는가? ─── No

⬇ Yes

꼬리가 있는가?

⬇ Yes

수염이 긴가?

⬇ Yes

다리가 4개인가?

⬇ Yes

(…)

⬇ Yes

고양이다!　　아니다!

<기계학습>

수많은 동물 사진

학습

결과

피드백

?

학습된 신경망

99.9% 확률로 고양이 사진

그림 2-14   일반 프로그래밍과 기계학습의 프로그래밍 차이점

우에는 고양이 확률)이 나올 곳을 지정해주면 된다. 이후에는 인공 뉴런에 '고양이'인 것이 확실한 데이터만을 투입하거나, 여러 데이터를 넣어주고 그게 고양이인지 아닌지를 피드백해주면 된다. 이 일을 반복할 경우, 인공 신경망 내의 여러 뉴런이 진화하며 고양이에 가까운 이미지가 들어오면 고양이일 확률이 높게 나오게 된다. 이렇게 학습이 끝난 뉴런을 사용하는 것이 기계학습이다.

더욱 중요한 것은 전통적인 방식의 프로그래밍 방법론으로는 가지 수가 매우 많은 연산 사이에서 중요한 부분만을 효율적으로 삭제하는 알고리즘을 만드는 것이 매우 힘들다는 것이다. 예를 들면, 바둑의 경우 총 1×10^{1023} 가지 게임의 수가 있다. 이는 전 우주의 원자(10^{82}개)를 모아 컴퓨터를 만든다고 해도 수행이 불가능한 정도의 레벨이다. 연산의 양도 양이지만, 도저히 알고리즘 개발자가 분기문을 적을 수 없는 레벨의 복잡도를 갖고 있다.

내가 게임을 시작하고 나서 A라는 좌표에 돌을 두었을 때, 상대방이 둘 수 있는 자리의 경우의 수는 399가지나 된다. 이미 첫 단계에서 무려 399가지의 분기문을 적어야 하며, 그다음 수를 주고받고 나면 397가지 분기가 생겨난다. 앞에서 만든 399가지 경우의 수가 전부 397가지의 경우를 가져야 하므로, 단 두 수를 연산할 때도 399×397=158,403개의 분기가 생겨나는 것이다. 현실에서 대칭성이나 회전 등을 통해 동일한 수를 제거한다고 해도, 여전히 가지 수는 엄청나게 많다.

일단 이 엄청난 코드를 직접 작성하고 나서도 문제가 생긴다. 이렇게 작성된 분기 중에서 가능성이 낮은 분기를 프로그래머가 일일이 줄여야 할 뿐 아니라, 이후 정보가 업데이트되면 최적화한 코드를 지속적으로 업데이트해야 한다.

하지만 머신 러닝은 이러한 문제들 역시 해결해줄 수 있다. 프로그래머가 일일이 가능성이 적은 분기(떡수)를 없애는 대신, 신경망 학습을 통해 이와 같은 작업을 자동화하는 효과가 있는 것이다. 애초에 인간이 손으로 짜는 것이 사실상 불가능한 레벨의 코드를 확률 기반으로 움직이도록 만드는 것이다.

기존의 프로그래밍된 코드는 잘 짠다면 100%의 정확도를 자랑하지만, 코드 작성 자체가 매우 힘들 경우가 있다. 기계학습의 경우는 반대로 100%를 보장하지는 않지만, 어느 정도 오차를 허용하는 대가로 기존에 코드를 짜는 게 불가능했던 부분을 보완한다. 인간 수준의 정확도만 확보되면 되는 것이다. 머신 러닝과 관련된 알고리즘의 상당 부분이 음성 및 안면 인식인 이유가 여기에 있다. 실제 안면 인식의 어려움 중 하나는 사람이 쳐다보는 각도, 주변에 있는 각종 군더더기(옷, 먼지, 노이즈, 채광 등)인데, 이런 것을 일일이 처리하는 코드를 짜는 것은 매우 힘들다. 하지만 기계학습은 이를 연산력으

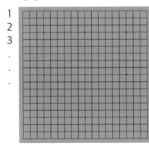

A, B, C···

무차별 대입(Brute force) 알고리즘

1. 상대가 A1에 두었다(떡수).
2. (알고리즘) 내가 A2에 둘 경우 상대의 가능한 동작(A3, A4, A5 ···)
    1. 상대가 이 중 A3에 둘 경우 내가 할 수 있는 동작
        1. A4, A5, A6 ···
    2. B1, B2, B3, ··· B20에 두었을 경우
        1. (···)
    3. C1, C2, C3, ··· C20에 두었을 경우
    4. (···)

그림 2-15   도저히 인간의 손으로 짤 수 없는 레벨의 바둑 알고리즘

로 '찍어 누를' 수 있는 것이다.

신경망 학습을 사용한다는 차이 때문에 기계학습은 기존 프로그램들과는 필요로 하는 연산장치들이 많이 다르다. 신경망 학습 과정은 기존 프로그램들과는 비교할 수 없을 정도로 메모리에 많은 부담이 많이 가해진다. 기계학습은 시간당 학습량을 최대한 늘려야 하는 물량 공세 방식이기 때문이다.

특정 자료를 통해 신경망을 학습시키기 위해서는 수없이 많은 샘플을 인공 신경망에 학습시키고, 그 결과를 피드백해야 한다. 고양이를 구분하는 AI를 만들기 위해서는 고양이 사진과 고양이가 아닌 사진을 수없이 투입해야 하는데, 이는 전부 메모리에 접근해야만 가능하다. 절차적 프로그램에서는 프로그래머가 직접 작성해야 할 알고리즘의 상당 부분이 이제는 막대한 양의 데이터를 부어 넣는 것으로 대체된 것이다.

이러한 학습이 필요로 하는 최대 속도는 HDD나 SSD 수준의 접근 속도로 해결할 수 있는 문제가 아니다. 뿐만 아니라 CPU 근처에 있는 고속, 저용량의 S램으로 해결할 수 있는 수준이 아니다. 저장해야 하는 학습 세트의 숫자도 클 뿐만 아니라, 대부분 사진이나 음성 데이터 양이 방대하기 때문에 용량이 크면서도 전송 속도가 빠른 메모리가 필요하다. HDD나 SSD는 빠르긴 하지만 이러한 요구사항을 맞출 수 있는 속도와 반응 속도가 나오지 않는다. CPU가 사용하는 S램은 반응 속도는 빠르지만 사진 수십 장 정도밖에 저장할 수 없다.

알파고가 바꾼 세상: CPU에서 GPU와 메모리로

메모리 회사들이 연구 개발하던 고용량, 고대역폭의 HBM은 이에 딱 맞는 솔루션이었다. 학습 능력은 초당 얼마나 많은 자료를 학습시킬 수 있느냐가 중요한데, 그러기 위해서는 강력한 메모리 성능이 필수적이다. 큰 양동이에 물을 빨리 담기 위해서는 일단 굵은 수도관이 필요한 것과 마찬가지다. 수많은 회사가 HBM을 구입해 사용하려 했으며, HBM이 준비되지 않았다면 그래픽용 메모리인 GDDR 역시 고려 대상이 되었다. 하이엔드 VGA 역시 AI 가속을 염두에 두었기 때문에 HBM을 구매하려고 했다. 메모리 회사들은 고부가가치 메모리의 수요가 늘어나는 큰 수혜를 입었다. 그리고 자율주행 등 실시간으로 처리해야 할 데이터량이 늘어나면 그 수요는 더 커질 것이다.

한편 이로 인해 대규모 단순 병렬 연산에 대한 거대한 수요가 생겨나게 되었다. 메모리는 각종 학습 자료를 빠르게 공급하는 고속도로와 대형 트럭과 같은 역할이었고, 이렇게 들어온 대규모 데이터를 빠르게 처리하는 부분 역시 수요가 높아지게 된다. 데이터가 들어오는 속도가 빠르더라도, 처리 속도가 느리다면 큰 의미가 없기 때문이다. 이로 인해 팹리스 중 하나인 엔비디아 같은 GPU 제조사들에게도 큰 기회가 열렸다.

GPU는 모니터에 화면을 표시하는 것을 주 목적으로 했기 때문에 CPU보

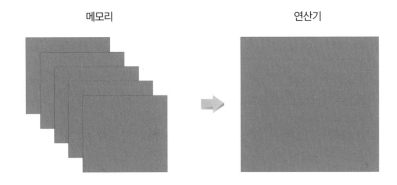

메모리　　　　　　　　　　연산기

그림 2-16　기계학습을 위해서는 메모리 속의 수많은 데이터가 연산기에 공급되어야
한다.

다 그다지 똑똑한 물건은 아니었으며, 반도체 시장에서 크게 주목을 받지도
못했다. 지난 세월 동안 프로그래밍 성능의 핵심은 알고리즘을 잘 구성하는
것이었고, 알고리즘 성능의 상당 부분은 분기를 잘 처리하는 것이었기 때문
이다. GPU는 이런 작업에 취약했기 때문에, 컴퓨팅에서 주요한 자리를 차
지하기가 어려웠다.

　분기문이란 만약 특정 값이 A보다 크다면 a 코드를 실행하고, 아니라면 b
코드를 실행하라는 식의 프로그램 코드를 의미한다. 이는 프로그램에서 매
우 중요한 부분이다. 프로그램의 핵심은 외부 조건을 입력받으면 이를 분석
한 후 원하는 행동을 하여 사용자가 원하는 결과를 내는 것이기 때문이다.
사용자가 웹브라우저를 실행하여 인터넷 서핑을 하고 있다고 해보자. 만약
사용자가 화면에서 오른쪽을 클릭했다면, 옵션 메뉴를 띄워줘야 한다. 반대
로 사용자가 왼쪽을 클릭했다면, 커서 아래에 클릭 가능한 페이지가 있으면
다음 페이지로 이동시킨다. 그리고 아무것도 없다면 아무 일도 하지 않아야
한다. 컴퓨터 프로그램의 행동들은 이처럼 '만약 ○○○이라면 ×××해야 한

다'의 형태로 쓸 수 있다.

프로그래밍에서 인텔 등이 만드는 CPU를 오토바이 택배라고 한다면, GPU는 거대한 덤프트럭과 비슷하다. 부피는 작지만 빠르게 전달해야 하는 우편물이 있고, 자재를 대량으로 옮겨야 할 때도 있다. 우리는 각각의 운송에 적합한 물류 수단을 써 상황에 대처한다. 이와 마찬가지로 프로그래밍도 CPU나 GPU 한 종류만 써서는 높은 성능을 달성할 수 없다. CPU는 수많은 조건을 따져야 하는 복잡한 작업을 재빠르게 처리하여 GPU가 대규모 연산 능력을 써야 하는 지점을 지정해준다. 그 이후에는 GPU가 나서서 대규모 데이터 작업을 하는 것이다. CPU는 이를 위해 각종 복잡한 조건을 빠르게 계산하는 보조 하드웨어들을 가지고 있다.

현대 슈퍼스칼라 CPU는 상당한 웨이퍼 면적을 분기 예측기 등 조건문 실행 시 성능을 크게 향상시킬 수 있는 하드웨어에 할당하고 있으며, D램으로부터 받아와 수행했던 수많은 분기문을 CPU 가까이에 저장해두기 위해서 대형의 명령어 캐시$^{\text{I-cache}}$ 메모리 역시 내장하고 있다.* 하지만 그로 인해 상대적으로 코어의 크기는 커지게 되며, 결국 물량으로 밀어붙이는 일에는 불리해지게 된 것이다. 물론 CPU도 지속적으로 정수 연산장치를 늘리는 등의 확장을 하고 있지만, 이는 GPU가 가진 막강한 정수 연산기 개수에 비하면 조족지혈에 불과하다. 인텔의 스카이레이크 4코어 CPU와 엔비디아의 지포스^{Geforce} 1070의 정수 연산 능력 차이는 40배에 달한다. 대신 GPU는 더하고, 곱하고, 나누고, 평균내고, 복사하는 수준의 단순한 연산밖에는 하지 못

---

* 명령어 캐시는 분기만을 위해 존재하는 것은 아니다. 하지만 분기문은 캐시 요구량을 늘릴 뿐만 아니라, multi-way associativity(다방향 연관성)를 지원하기 위한 추가 부담을 지운다.

한다. 최근에는 기능이 약간 늘어나긴 했지만, 여전히 CPU를 따라가기는 힘들며 따라가야 할 이유도 없다.

GPU는 화면에 데이터를 표시하는 것을 목적으로 개발되었기 때문에 '숫자 10만 개 행렬을 전부 2배 곱한 뒤 4로 나눠라' 같은 단순한 연산에 강하다. 그림을 화면에 표시하기 위해서는 각 픽셀들이 가질 색깔만 정하면 되고, 이는 단순한 숫자의 곱과 합 등의 연산으로 해결할 수 있다. 모니터의 각 픽셀은 서로 간의 행동에 영향을 미치지 않기 때문에, 여러 개의 픽셀을 한 번에 계산해도 된다. 화면에 1,000만 개의 픽셀이 있다면 한 번에 1,000개씩 1만 회를 해도 되는 것이다. 곱하고 더하는 숫자가 도중에 바뀌는 경우는 많지 않다. GPU 입장에서 사물의 위치 등은 이미 그런 작업에 특화되어 있는 CPU가 정해준 대로 따르면 되기 때문이다.

아이러니하게도 현대 AI는 소수의 유능한 코어를 통해서가 아닌, 다수의 무식한 연산을 통해 작동하는 형태로 발전했다. 기계학습은 인공 신경망을 프로그래머가 원하는 방향으로 진화시키는데, 여기에는 분기 연산보다는 단순한 숫자열의 곱과 합 등의 연산이 더욱 중요한 역할을 했다.

무식한 연산에 특화되어 있는 GPU는 이러한 일을 매우 잘 처리했기 때문에, 기계학습이 세상으로 나오자 큰 인기를 끌게 되었다. 엔비디아는 상당히 오래 전부터 이러한 단순한 병렬 연산이 슈퍼컴퓨터, AI, 물리 시뮬레이션 등 어떤 분야가 되었건 중요해지는 순간이 올 것임을 알고 있었다. 그래서 그래픽 카드 제조 회사에서 컴퓨팅 생태계를 이끌어가는 플레이어가 될 준비를 하고 있었다. 이를 위해서는 그래픽 작업뿐만 아니라 다양한 작업을 하는 프로그래머들을 자사의 하드웨어에 끌어들일 필요가 있었다. 프로그래머들이 오랫동안 살아갈 수 있는 생태계를 마련해야 했던 것이다.

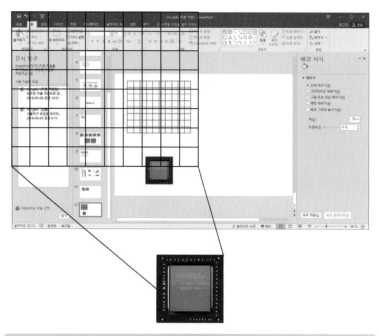

그림 2-17　화면 속의 픽셀들은 서로 상호작용하지 않기 때문에 한 번에 처리가
가능하다.

　이를 위해 엔비디아는 CUDA 등을 공개하며 개발자들을 지속적으로 끌
어들였다. CUDA는 마치 개발자들에게 자신이 CPU 위에서 C언어 등에서
개발하는 듯한 익숙한 느낌으로 GPU 기반의 프로그래밍을 할 수 있게 해
주었다. <그림2-18>에서 알 수 있듯이, CUDA를 사용하는 문법은 C언어
와 매우 비슷하다. 이를 통해 CUDA는 어느 정도는 IBM 호환 PC와 비슷한
위치를 갖게 되었다. CUDA는 프로그래머들이 '자신이 어떤 칩을 사용하는
지' 신경 쓰지 않아도 되는 큰 장점을 부여해주었다. 프로그래머 입장에서
는 엔비디아가 제조한 VGA만 사용하면 된다. 그 아래에 복잡한 호환성 작
업은 엔비디아가 상당 부분 해결해 줄 것이기 때문이다. 일단 CUDA 기반

으로 프로그램을 짜면, 이후에는 GPU를 교체하더라도 추가 작업을 할 필요는 없었다. 인텔과 x86이 자리를 잡는 과정과 비슷한 일이 또다시 생겨난 것이다. 프로그래머들은 자신이 짠 코드가 어느 날 잿더미가 될 걱정을 덜게 되었다. 또한 업계가 커지면서 참조하거나 가져와서 사용할 수 있는 타인의 코드도 늘어나고, 이직 등이 쉬워지게 되었다. 인텔 CPU 기반의 프로그래머들이 그랬듯이, CUDA 개발자들도 비슷한 길을 갈 가능성이 열린 것이다.

한편, 이러한 단순한 대량 수치 연산 능력은 안면 인식이나 지문 인식 등에 사용하기 위해서 스마트폰 AP에도 필요했다. 삼성전자, 애플 등 대형 업체들은 NPU라 부르는 AI 연산 전용 하드웨어를 설계한 뒤 스마트폰 안에 내장했다. 스마트폰은 PC와는 매우 다른 물리적 공간 제약과 사용 가능한

```
int main(void) {
    int *in, *out;          // host copies of a, b, c
    int *d_in, *d_out;      // device copies of a, b, c
    int size = (N + 2*RADIUS) * sizeof(int);

    // Alloc space for host copies and setup values
    in  = (int *)malloc(size); fill_ints(in, N + 2*RADIUS);
    out = (int *)malloc(size); fill_ints(out, N + 2*RADIUS);

    // Alloc space for device copies
    cudaMalloc((void **)&d_in, size);
    cudaMalloc((void **)&d_out, size);

    // Copy to device
    cudaMemcpy(d_in, in, size, cudaMemcpyHostToDevice);
    cudaMemcpy(d_out, out, size, cudaMemcpyHostToDevice);

    // Launch stencil_1d() kernel on GPU
    stencil_1d<<<N/BLOCK_SIZE,BLOCK_SIZE>>>(d_in + RADIUS, d_out + RADIUS);

    // Copy result back to host
    cudaMemcpy(out, d_out, size, cudaMemcpyDeviceToHost);

    // Cleanup
    free(in); free(out);
    cudaFree(d_in); cudaFree(d_out);
    return 0;
}
```

그림 2-18 CUDA 코드 예시 ⑮

최대의 전력량을 가지고 있었다. 뿐만 아니라, 소프트웨어 환경도 많이 달랐기 때문에 이러한 칩의 설계는 PC를 목표로 대형 기판에 100W 이상의 거대한 칩을 설계하던 엔비디아 대신 삼성, 애플 등 대형 스마트폰 제조사와 퀄컴 같은 팹리스들이 선수를 가져가게 되었다.

결정적 순간의 가치는 얼마인가: FPGA

AI 기반 업무의 대두는 FPGA라고 부르는, 일반 사용자들은 접할 기회가 별로 없던 칩에게도 예상치 못한 기회를 가져다주었다. FPGA는 Field Programmable Gate Array의 약자로, 재프로그램이 가능한 독특한 목적의 칩을 뜻한다. 반도체는 원래 프로그램이 돌아가도록 하는 것 아닌가? 재프로그램이 된다니, 원래 되어야 하는 것이 아닌가? 이런 의문이 생길 수 있다. 여기서 말하는 프로그램은 사실 칩의 설계를 의미한다.

원래 이 칩의 목적은 웨이퍼로 실물 칩을 만들기 전에 칩의 설계를 검증하는 것이었다. 칩을 설계하는 일은 생각보다 고민할 것이 많은 어려운 일이다. 만에 하나라도 설계 수준에서 실수가 일어나게 되면, 제조 공정 자체를 엎어버려야 하기 때문에 실수의 대가가 매우 크다. 심할 경우 설계적 해결법을 알고 있음에도 제조사가 문제 해결을 포기하는 경우도 많다. 설계 수준에서 하드웨어 한두 가지의 크기가 바뀔 경우 금속 배선의 형태가 바뀌고, 각 블록의 크기가 변하는 등 칩의 형태가 크게 변해 칩의 특성과 수율을 처음부터 맞춰야 하는 위험이 생겨날 수 있는 것이다. 우리는 이미 인텔이 멜트다운과 스펙터 결함 수정을 거부한 것을 알고 있다.

설계 역시 인간이 하는 일이기 때문에 이러한 결함을 전부 막는 것은 불가능하다. 하지만 최소한 칩 자체의 양산이 멈추거나, 시장에 엄청난 돈을 물어줘야 하는 결함만은 막을 필요가 있다. 이를 위해 수많은 방법론이 발달했다.

가장 먼저 생각할 수 있는 방법은 컴퓨터 시뮬레이션이며, 실제로도 가장 자주 사용된다. 회로 설계를 컴퓨터 위에서 구현함으로써 하드웨어 블록 간의 연결 상태를 확인하고, 혹시 존재할지 모를 버그를 사전에 제거한다. 컴퓨터에서 한두 줄만 바꾸고 실행 버튼을 누르면 바꾼 회로로 인한 성능 증감을 알 수 있다. 뿐만 아니라 깜빡하고 추가하지 않은 기능들을 바로 알 수 있다. 실수의 대가도 작을뿐더러 매우 편리하다.

하지만 시뮬레이션에는 큰 한계점이 존재한다. 칩의 시뮬레이션이 매우 느리다는 것이다. 트랜지스터 단위를 기준으로 동작하는 시뮬레이터를 이용할 경우, 시뮬레이션의 성능은 일반적으로 작은 칩이라고 해도 현실 세계

그림 2-19 자이링스(Xilinx)의 스파르탄(Spartan) FPGA 45

의 수백만~수만분의 1 정도밖에 되지 않는다. 단 1초간의 칩 동작을 재현하기 위해서는 현실 시간으로 수일이 걸리는 것이다. 하지만 일반적으로 현실의 칩이 전원 인가 후 부팅의 동작 상태까지 가기 위해서는 수초~수분의 시간이 필요하다. 일반적 시뮬레이션으로는 부팅 상황조차도 확인하지 못할 수 있다.

더 큰 문제는 칩의 동작은 대개 위에서 동작하는 소프트웨어와 큰 연관성이 있다는 것이다. 이미 충분히 느린 시뮬레이션에, 해당 칩에서 동작할 큰 소프트웨어까지 탑재하여 시뮬레이션하기 시작하면 사실상 아무것도 확인할 수 없는 수준이 되어버린다. 칩이 동작 상태로 전환된 뒤에는 운영체제의 소프트웨어가 저장소에서 옮겨지는 등 더욱 복잡한 양상이 펼쳐진다. 이는 최종적으로 가동 준비된 칩 위에서 다시 소프트웨어도 준비되어야 하기 때문이다. 음식점에 요리사가 출근했다고 해서 바로 손님을 받을 수는 없는 상황과 같다.

이러한 문제는 특히나 팹리스들에게 큰 부담으로 다가왔다. 대부분의 경우 팹리스는 칩만 설계해서 팔면 끝이 아니라, 해당 칩에서 사용 가능한 작은 소프트웨어(펌웨어)의 기본 판 정도는 내놓아야 하기 때문이다. 사용자 입장에서는 처음 보는 칩을 산 것이며, 칩 판매자가 제공한 수백 페이지짜리 매뉴얼만 봐서는 부팅시키는 것도 어려운 경우가 많다. 이러한 이유 때문에 팹리스들은 칩을 설계하고 제조할 때, 사용자 편의성을 늘리고 칩의 안정성도 확인할 겸 자체적으로 작동 가능한 펌웨어를 만든다. 당연히 설계팀뿐만 아니라, 해당 칩에서 작동시킬 소프트웨어 개발팀도 회사 내에 있어야 한다. 하지만 이 소프트웨어 개발팀 입장에서 시뮬레이션은 계륵이다. 너무나 느리기 때문에 그 위에서는 소프트웨어를 개발하는 것이 사실상 불가능하다. 그렇다고 이를 위해 칩 견본을 만드는 것은 매우 부담스럽다. 비용도 수십억 원 수준으로 매우 높을 뿐만 아니라 설계 수정판 실물을 얻기까지 수개월이 걸리기 때문이다. 칩의 설계 제안은 최종 확정 때까지 지속적으로 변화할 것이고, 설계팀이 하나하나 무언가 수정할 때마다 새로운 웨이퍼를 요구할 수는 없다.

FPGA는 이러한 문제를 해결할 수 있는 칩이다. FPGA는 트랜지스터와 트랜지스터 간의 연결 관계를 시뮬레이션하는 일종의 설계 시뮬레이션 칩으로 사용될 수 있다. 즉 PC 위에서 돌아가야 할 시뮬레이션이 하나의 칩 위에서 온전히 구현된다고 생각하면 된다. PC에서 돌아가야 하면 프로그램의 형태로 존재할 것이지만, FPGA에서는 마치 실제 웨이퍼에서 로직이 동작하듯이 돌아간다.

분명 개별 소자의 작동 속도는 CPU가 FPGA보다 훨씬 빠르다. 하지만 컴퓨터 프로그램은 트랜지스터를 직접 시뮬레이션할 수 없다. 때문에 특정 구간에서 특정 시간 동안 동시에 일어난 일을 내부적으로 순차적으로 처리한 뒤, 사용자에게는 한 번에 보여주는 방식이 될 수밖에 없다. 하지만 FPGA는 칩의 설계를 프로그램해서 넣어준 뒤, 입출력 핀을 꽂으면 실제로 그 칩이 존재하는 것처럼 동작한다. 따라서 컴퓨터 시뮬레이션보다 성능이 매우 빨라서* 신규 칩 위에서 동작시킬 소프트웨어를 구동해볼 수 있다. 뿐만 아니라 재프로그래밍이 가능하기 때문에, 만약 칩의 여러 대안 설계를 가지고 실제 성능을 확인해보고 싶다면 칩 설계 코드를 약간 바꾼 뒤 FPGA에 입력하면 된다. 이를 통해 설계의 어려움이나 치명적 실수를 줄이고, 필요한 전

---

* 그렇다고는 해도 실제 칩 성능의 몇 % 수준에 불과하다.

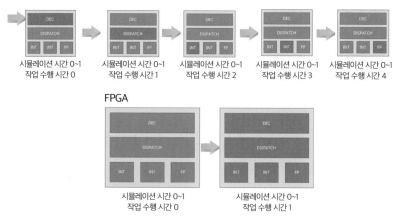

일반 시뮬레이션

시뮬레이션 시간 0~1
작업 수행 시간 0

시뮬레이션 시간 0~1
작업 수행 시간 1

시뮬레이션 시간 0~1
작업 수행 시간 2

시뮬레이션 시간 0~1
작업 수행 시간 3

시뮬레이션 시간 0~1
작업 수행 시간 4

FPGA

시뮬레이션 시간 0~1
작업 수행 시간 0

시뮬레이션 시간 0~1
작업 수행 시간 1

그림 2-20 일반 시뮬레이션과 FPGA의 칩 시뮬레이션 방식 차이

용 하드웨어 블록을 사전에 빨리 확인하는 등 펌웨어 개발의 속도도 높일 수 있다. 당연하지만 가격대는 일반적인 CPU들보다 훨씬 비싸다.

〈그림 2-20〉은 FPGA가 어떤 식으로 칩의 시뮬레이션을 돕는지 보여준다. 일반 시뮬레이션의 경우, 0~1초 간격에 해당하는 시뮬레이션을 하기 위해서는 각 하드웨어를 순서대로 수행해야만 한다. 현실에서는 5개의 하드웨어가 동시에 움직이고 있지만, PC 시뮬레이션은 순차적으로 수행한 다음 해당 값을 전부 모아서 수행한다. 반면 FPGA의 경우 실존하는 칩이기 때문에, 모든 하드웨어가 실제로 동시에 작동할 수 있다. 실제로 이 칩은 설계가 확정되지 않은 시점에 많은 개발자가 사용한다.

하지만 시대가 변하면서 몇몇 인물이 이 칩의 새로운 가능성을 발견하게 되었다. FPGA는 원래는 제품 개발 과정에서 '거쳐가는' 형태의 물건이었다. 결국 FPGA는 실제 칩을 만들어보지 않고도 칩이 있는 것처럼 다양한 일을 해볼 수 있게 하는 일종의 시뮬레이터에 가깝다. 때문에 팹리스의 칩 설계가 확정되고, 파운드리와의 계약이 체결되어 완제품 반도체가 수백만 개씩 제조되기 시작하면 개발검증 툴로써는 그 목적을 다하는 것이다. 하지만 이러한 흐름을 깨고, FPGA를 컴퓨팅 최전선에 사용하려는 사람들이 나타난 것이다. 범용 CPU의 성장 한계와 AI 기술의 대두가 만들어낸 또 하나의 기회였다.

그러한 예 중 가장 주목받는 부분이 AI 연산 분야이다. 그러나 앞에서 살펴보았지만 AI 연산은 기존 CPU가 할 수는 있으나 효율성 좋게 해낼 수 있는 분야는 아니며, AI 연산만을 위한 전용 칩이 가장 그 일을 잘해낼 수 있다. 만약 특정 회사가 자신들의 AI 알고리즘이 원하는 연산의 종류를 매우 정확하게 알고 있다면, 칩에서 모든 군더더기를 걷어내고 오로지 자신이 원하는 연산기만을 배치하여 효율을 높일 수 있다.

가상화폐 붐이 일고 있던 2017년, 실제로 중국계 채굴 업체인 비트메인 BitMain은 채굴 전용 칩인 앤트마이너Antminer를 설계하여 1,600W의 전력을 이용하여 14TH/s을 달성했다. 엔비디아의 GPU를 8개 연결한 채굴기들은 비슷한 전력을 이용하여 1GH/s밖에 달성하지 못했다. 무려 1만 배가 넘는 성능 차이다. 이 전투에서 CPU는 명함도 내밀지 못할 수준의 성능을 보여준다. 이렇게 보면 무조건 전용 ASICApplication Specific Integrated circuit(특정 사용

> "금요일 이더리움 재단의 멤버들은 채굴용 하드웨어나 전용 칩의 사용을 막는 새로운 알고리즘 구현에 마지못해 찬성했다. 이로 인해 제안되었던 새 코드의 테스팅이 미루어졌다."

이더리움에서 마이닝 전용 반도체의 사용을 막는 결정이 일어난 일이 있다. 필요한 암호 알고리즘을 바꾸면 해당 알고리즘에 특화된 칩은 사용이 불가능해진다. ㉗

목적만을 위해 만들어진 반도체)를 만드는 것이 이익이 된다고 볼 수도 있다.

하지만 팹리스들이 겪는 문제는 시장 연산의 대세가 크게 변화할 수 있다는 데 있다. 만약 누군가 엄청난 신규 알고리즘을 개발했는데, 시장의 흐름이 크게 변하여 내 회사가 만든 전용 가속 칩이 해낼 수 없는 대규모 연산이 포함되어 있다면 어떻게 할 것인가? 칩 제조사는 큰 문제에 직면하게 될 것이고, 칩 구매자는 멀리 떠나가는 경쟁자를 쳐다보며 한숨을 쉴 수밖에 없다. 한번 선택을 실수한 대가는 매우 클 뿐만 아니라, 비즈니스 시작 자체가 힘들어질 수 있다. 앞 페이지의 기사에서 이러한 예를 알 수 있다. 가상화폐 채굴의 경우에도 특정 가상 화폐가 암호화 알고리즘을 변화시키자, 전체 해쉬의 상당량이 사라진 일이 있다. 이미 실리콘에 찍혀 나온 칩은 변화한 알고리즘에 맞출 수 없기 때문이었다.

하지만 FPGA를 도입하게 되면 〈그림 2-21〉과 같은 문제를 상당히 해결할 수 있다. 이 예는 프로그램이 메모리 사용량을 최적화하도록 바뀐 가상의 예이다. 각 연산기는 변수의 크기가 16비트이건 32비트이건 하나만 처리할 수 있다. 그러나 32비트 작업에 최적화되어 있던 칩에 16비트 연산을 보내면, 연산의 개수는 늘어나고 연산장치는 부족해지게 되는 것이다.

FPGA를 사용하면 이런 상황들을 방지하는 것이 가능해진다. 칩을 바꾸지 않아도 마치 다른 칩을 끼워넣은 듯한 방식으로 변화를 줄 수 있다. 가속기를 바꿔치듯 사용할 수 있는 것이다. 만약 지금 AI 시장의 대세가 A라는 방식의 연산을 주로 필요로 한다면, A라는 연산을 잘하는 로직을 FPGA에 짜서 넣어 사용하면 되는 것이다. 그러다 도중에 B라는 연산이 대세가 될 것 같다면, 간단하게 FPGA에 프로그램을 바꿔넣을 수 있다. 원한다면 32비트 연산장치들을 재프로그래밍하여 더 많은 16비트 연산장치로 바꿀 수 있다.

뿐만 아니라, 이미 대규모 연산용으로 최적화되어 실리콘 수준으로 양산되어 나온 GPU와는 달리, FPGA는 특정한 연산 경로만을 언제라도 강력하게 최적화할 수 있다. GPU는 이미 웨이퍼에 물리적으로 새겨져 있기 때문에 제조할 때 최대 연산 개수와 정밀도, 반응 속도가 고정된다. 이를 정하기 위해서 GPU 제조사는 시장을 조사하여 처리할 수 있는 최대 그래픽 작업, 암호화 작업, AI 연산 등을 추정한 뒤 이에 맞춰 칩을 설계해서 발매한다. 당연하지만 이러한 칩이 고객에게 100% 딱 맞는다는 보장은 없다. 어느 정도는 하드웨어에 맞춰가야 한다.

하지만 FPGA는 고객사가 자신들의 성능에 맞는 특정 부분만을 최적화할 수 있다. 이를 통해 범용 칩들이 겪는 문제 중 하나인 대규모 연산에 대

전용 칩의 연산 능력 - 32비트 정수 연산 동시 24개 - 32비트 부동 소수점 12개	전용 칩의 연산 능력 - 32비트 정수 연산 동시 24개 - 32비트 부동 소수점 12개
처리하던 업무(960비트) - 32비트 정수 연산 20개 - 32비트 부동 소수점 연산 10개	바뀐 업무(720비트) - 16비트 정수 연산 30개 - 16비트 부동 소수점 연산 15개
정수 연산 4개 남음 부동 소수점 2개 남음	정수 연산 6개 부족 부동 소수점 3개 부족

그림 2-21 최적화를 위해 위해 총 데이터의 양을 960비트에서 720비트로 줄였으나, 연산기 크기가 32비트로 구성되어 있으니 정작 성능은 하락해버린다.

한 최적화와 소규모 연산에 대한 빠른 반응성 사이에서 원하는 정도를 구매자가 원하는 형태로 선택할 수 있다. 예를 들면 GPU가 10개의 추론^{inference*}을 동시에 개당 2초에 끝낼 수 있다고 하면 FPGA는 단 한두 개의 추론만을 1초에 끝낼 수 있는 방식으로 최적화가 가능하다. 이 경우 계산해보면 <표 2-3>과 같은 결과가 나온다.

이 예에서 분명 최대 처리량은 GPU가 5배나 훨씬 우월하다. FPGA는 데이터가 1~2개 사이일 때만 우위가 있을 뿐이다. 그냥 봐서는 GPU가 압도적으로 유리해 보인다.

하지만 최대 처리량 5배는 언제나 5배의 가치를 가진다고 할 수 있을까? 핵심은 1초 차이가 어떤 가치를 가지고 있느냐는 것이다. 예를 들면 편의점 POS기의 결제 시간이 1초 차이 나는 것은 큰 문제가 아니다. 하지만 증권거

표 2-3   GPU와 FPGA의 가상 시나리오

작업	GPU 소요 시간	FPGA 소요 시간
데이터 로딩(D램)	1	1
자료당 추론 시간	2	1
최대 동시 처리량	10	2
결론(CPU)	1	1

자료의 수	GPU 소요 시간	FPGA 소요 시간
1	4	3
2	4	3
3	4	4
4	4	4

---

* 학습된 내용을 바탕으로 원본 대상을 추정해보는 일, 반드시 학습된 망이 필요하다.

래소 서버에서 1나노초(0.000000001초)의 차이는 수천억 원이 달린 문제일 수 있다.

만약 결정적인 데이터가 자율주행차의 충돌과 회피를 결정짓는 데이터라면 어떡할 것인가? GPU의 나머지 9개 연산장치가 정작 결정적 순간에는 아무 도움을 주지 못할 수 있는 것이다. 극단적으로, 스마트폰 카메라용 OCR이 글자 하나를 잘못 인식하는 건 사용자가 다시 클릭하거나 소프트웨어가 분석 시간을 2배 정도 늘리면 해결 가능한 매우 '값싼' 실수이다. 반면, 고속 주행 중 갑자기 튀어나온 물체를 빠르게 분석하지 못하는 것은 매우 비싼 대가를 치러야 할 수도 있다. AMD가 멀티코어를 섣불리 늘리기 시작했을 때, 이와 비슷한 사태가 발생한 바 있다.

이러한 예뿐만 아니라, 특정 사용자 패턴하에서는 FPGA가 반응 속도뿐만 아니라, 전체 처리량도 압도할 수 있다. 연산 패턴이 지금까지 GPU에게 잘 알려지지 않았던 패턴이라면 이미 완성되어 있는 칩인 GPU는 제대로 처리할 수 없다. 하지만 FPGA는 로직을 재입력하는 것만으로 높은 효율을 발휘할 수 있다. GPU 회사가 이에 반응하기 위해서는 시장에서 새로운 사용자 사용법이 생겨났음을 감지한 다음, 이것이 앞으로 세계적으로 중요해질 것이라는 확신까지 필요하다. 자칫 섣불리 행동했다가는 이미 존재하는 다른 응용프로그램에서의 성능이나, 원가 경쟁력을 잃을 수도 있다. 연산장치를 추가한다는 것은 결국 웨이퍼를 더 사용하겠다는 뜻이기 때문이다.

실제로 FPGA는 과거에도 실리콘으로 만들기는 약간 부족한 정도의 물량이 필요한 자동화 관련 반도체 시장이나, 안정성과 반응성이 매우 중요하면서도 때때로 로직을 수정해야 하는 공정에서 반도체 대용으로 사용되었다. 지금까지는 이러한 시장에 머물러 있던 FPGA가 드디어 반도체 시장의 중심으로 떠오를 기회를 잡게 된 것이다. 이 역시 컴퓨팅 발전이 느려지고 AI 라는 새로운 사용법이 등장하지 않았다면 있을 수 없는 일이었다.

민주적 앱 시장 뒤의 독재자들: 가상화, 클라우드

AI 혁명이 불어닥치고 있던 시점, 다른 한 분야에서는 가상화라고 불리는 또 하나의 거대한 물결이 밀어닥치기 시작했다. 가상화는 마치 컴퓨터 안에 다른 컴퓨터가 있는 것과 같은 형태를 구현하기 위해 만들어진 기술이다. 예를 들면 사용자의 주 운영체제가 윈도우 10인데, 때때로 리눅스와 같이 독특한 운영체제를 사용해야 하는 경우가 있다. 이때 리눅스 컴퓨터를 자주 사용하지 않는 사용자라면 리눅스 전용 컴퓨터를 새로 구입하는 것은 돈 낭비이다. 그렇다고 해서 윈도우를 없애버리고 리눅스를 깔게 되면 주객이 전도되는 상황이 생기게 된다. 여전히 나의 주 운영체제는 윈도우이기 때문이

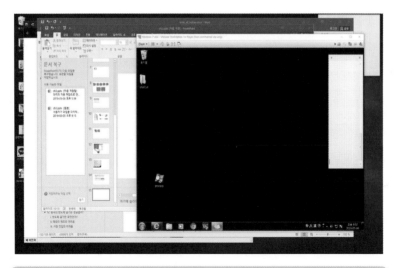

그림 2-22 컴퓨터 속에 또 하나의 컴퓨터가 있는 VMWare

다. 가상화는 이러한 것을 지원하기 위한 것이다.

하지만 사람들은 완전히 다른 아이디어들을 떠올리게 되었다. 가상화를 사용하면 한 대의 컴퓨터가 가진 최대 역량을 속일 수 있다. CPU 코어가 4개뿐인 컴퓨터를 이용해 CPU 코어가 2개인 컴퓨터 4개(총 8개 코어)가 있는 것처럼 사용할 수 있는 것이다. 그냥 가상 컴퓨터 4개를 만든 뒤 전부 실행해서 띄워 놓으면 된다. 이러한 방식을 통해 윈도우 10을 사용하는 컴퓨터 내에 윈도우 7, 윈도우 XP, 리눅스, 윈도우 8 등 다양한 운영체제를 가진 가상 컴퓨터를 동시에 켜놓는 것도 가능하다. 물론 코어 4개짜리 컴퓨터가 코어 8개인 컴퓨터에 맞먹을 정도로 최대 연산력이 2배로 늘어나지 않는다. 하지만 만약 사용자가 모든 가상 컴퓨터를 동시에 풀로 가동하지만 않는다면 아무 문제도 없다. 이러한 방식의 CPU 할당을 오버커밋^{over-commitment}이라고 부른다.

더욱 흥미로운 것은 이러한 자원 분배를 메모리나 하드디스크, SSD 등에도 적용할 수 있다는 것이다. 더 큰 메모리를 가진 것처럼 보여줄 수 있는 것이다. 나에게 4코어 16기가바이트 메모리+1테라바이트의 SSD를 가진 컴퓨터가 있고, 이를 4개의 가상 머신으로 분리할 경우 1개 코어와 4기가바이트 메모리+256기가바이트의 SSD로 분리할 필요가 없다. 실제로는 2개 코어+8기가바이트 메모리+512기가바이트의 SSD를 가진 컴퓨터 4대로 만들어 사용자들에게 제공해도 상관없었다. 실제로 물리적 머신의 한계를 넘어서서 연산력을 제공할 수는 없지만, 여전히 많은 사람에게 2코어 8기가바이트 머신을 제공하는 것이 가능하다. 이러한 일이 가능한 이유는 모든 사람이 동시에 연산 자원을 최대로 쓰는 경우는 거의 없기 때문이다.

혹자는 그래봤자 '최대 연산력과 용량은 그대로가 아닌가?'라고 생각할 수 있다. 틀린 말은 아니다. 하지만 사용자를 PC를 소유하고 있는 개인이 아닌, 전 세계에 퍼져 있는 연산력을 필요로 하는 기업들을 대상으로 한다면 이야기가 달라진다. 물론 사람이 모니터 앞에 앉아서 문서를 작성하는 등으로 사용하는 방식은 아니다. 전 세계 온갖 IT 회사들의 쇼핑몰이나 은행의 거래를 처리해달라는 요청이나, 개인 앱의 정보를 저장하고 전송하는 역할, 혹은 개인 PC로는 수시간~수일이 소요되는 난이도가 높고 작업물의 가치가 중요한 작업들을 요청하는 경우들이다.

만약 4개의 가상 컴퓨터가 전부 최대의 연산력과 메모리를 사용하고 있다면 분명 문제가 생길 것이다. 하지만 전 세계를 목표로 장사를 할 경우 각 가상 컴퓨터가 최대로 자원을 활용하는 시점은 다를 가능성이 높다. 리눅스 컴퓨터가 무언가 바쁜 일을 할 동안, 윈도우 컴퓨터를 사용하는 개인이 컴퓨터에서 사용하는 프로그램과 컴퓨터를 사용하는 시간대가 다르기 때문이다. 사용자 수가 4명에서 100명으로, 1,000명으로 늘어날수록, 사용자 그룹이 전 세계로 퍼져 있을수록 극단적인 일이 발생할 가능성은 기하급수적으

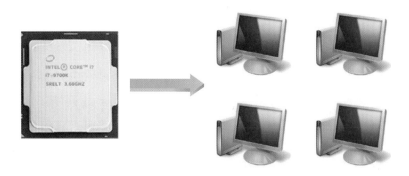

그림 2-23　가상화를 사용하면 한 개의 물리적 CPU를 이용하여 여러 개의 가상 컴퓨터를 만들어낼 수 있다. 물론 모든 가상 컴퓨터가 최고의 성능을 낼 수는 없다.

로 낮아지게 된다. 사용량의 표준편차는 사용자 숫자에 비례하여 늘어나지 않는다. 사용자가 100배 늘어나더라도 극단적인 사건이 일어날 확률은 10배 정도밖에 늘어나지 않는다. 특히 지구는 둥글기 때문에 한 국가가 일하는 시간에는 다른 국가는 수면을 취하고 있다.

즉 연산 자원을 중앙 집중하여 관리하기 시작하면, 전반적인 사용 효율이 올라가게 되는 것이다. 따로 살던 두 사람이 같이 살게 되었을 때 세탁기와 냉장고가 두 대씩 필요하지 않은 것과 비슷하다. 세탁기와 냉장고는 대부분의 경우 쉬고 있거나, 빈 공간을 많이 가지고 있다. 극단적으로 개개인의 가정용 PC는 하루에 10시간 이상 아무 일도 하고 있지 않은 채 전원이 차단되어 있지 않은가? 물리적으로는 불가능하지만 이를 지구 반대편에 있는 사람과 공유하여 사용할 수 있다면, 일인당 컴퓨터 구매에 들어가는 돈은 반으로 줄어들 것이다. 평소에 출퇴근에 자동차를 사용하고, 업무 시간 동안에는 타인에게 자동차를 임대해주는 것과도 비슷하다. 혹은 요즘 유행하는 공유 부업이나 배달전문과도 비슷한 모델이다.

그뿐만이 아니다. 물리적 컴퓨터와 가상의 컴퓨터가 분리되며 마치 컴퓨터를 복사-붙여넣기 하듯 다루는 것이 가능해졌다. 만약 프로그램을 돌리다가 에러가 나면 예전에는 직접 데이터 센터에 방문해서 컴퓨터를 껐다 켠 뒤에 프로그램을 다시 켜야만 했다. 하지만 지금은 재부팅을 하는 대신 특정 안정적이던 시점에 복사해 놓은 컴퓨터의 과거의 순간으로 다시 돌아가거나, 완전히 동일하게 세팅된 가상의 컴퓨터들을 생성할 수 있게 되었다. 게임을 저장하고 불러오는 것과 비슷하다고 할 수 있다.

이러한 장점을 파악한 수많은 회사가 있었지만, 시장에서 가장 적극적으로 움직인 것은 아마존과 마이크로소프트였다. 가장 유명한 두 클라우드 컴퓨팅 서비스인 아마존 AWS^{Amazon Web Service}와 마이크로소프트 애저^{Azure}는 모두 가상화 기술을 근간으로 하여 탄생하였다.

이 두 회사는 중앙 집중된 연산 자원을 보유하고 있으며, 고객이 특정 연산 능력이나 저장소를 요구하면 특정 가격에 특정 시간 동안 이를 대여해주는 독특한 방식의 비즈니스를 만들어냈다. AWS는 오픈 소스 진영과 밀접한 관계를 맺으며 성장했으며, 마이크로소프트의 애저는 마이크로소프트 자체가 오피스 시장의 절대 강자임을 이용하여 인프라 직접 관리에 부담을 느끼는 대기업들을 중심으로 비즈니스를 확장했다. 클라우드 서비스는 그 자체로 실리콘 밸리 혁명의 정점이었을 뿐만 아니라, 모바일 혁명과 실리콘 밸리의 스타트업 혁명을 이끌어가는 보이지 않는 막강한 영향력을 행사했다.

모바일 혁명이 대두되면서 현재 소프트웨어 산업의 상당 부분은 연결성

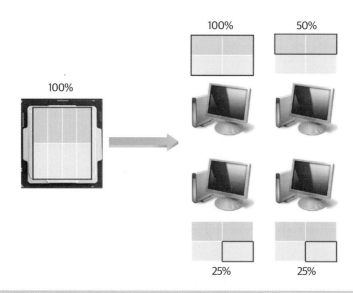

그림 2-24 가상화를 통해 한 대의 물리적 컴퓨터로 1개의 가혹한 업무, 1개의 보통 수준 업무, 2개의 저수준 업무를 수행할 수 있다.

에 초점이 맞춰지게 되었다. 개인이 혼자 가지고 노는 프로그램의 의미는 퇴색되었으며, 게임부터 SNS까지 대개의 경우 타인과 상호작용을 하거나 데이터를 어딘가 보내서 저장해야만 한다. 개인을 위한 맞춤형 설정 값 역시 개인용 컴퓨터나 스마트폰이 아닌 서버 어딘가에 저장된다.

과거에는 이러한 서비스를 하기 위해서 기업이 준비해야 할 일이 매우 많았다. 새로운 건물을 빌려 수많은 서버 하드웨어를 도입하고, 개인정보 등을 보호하기 위한 맞는 보안 솔루션을 도입해야 했다. 뿐만 아니라 서버 관리자나 서버 프로그래머를 고용해야 했다. 자신이 개발한 프로그램과 서버와의 호환을 사소하게는 건물의 방화벽 문제부터 크게는 소프트웨어 버그까지 수많은 문제를 해결해가며 수작업으로 맞춰야 했다. 비즈니스를 끝마친 이후 하드웨어 처분도 문제가 되었다. 수많은 서버를 도입하고 서비스 준비를 마쳤는데, 수요가 생각보다 적다면 어떻게 할 것인가? 구조조정을 하거나 장비를 헐값에 파는 등 어려운 일이 이어질 것이 분명했다. IT 기업은 하드웨어 판매에는 익숙하지 않기 때문이다. 반대로 사업이 생각보다 너무 잘나가는 상황인데, 더 이상 공간이나 서버 기종의 문제로 스케일 업이 제때에 되지 않을 수도 있다. 또한 서비스가 너무 잘나가서 하드웨어를 확충해야 하는데, 물리적 공간으로 인해 확장하지 못할 수도 있다. 이렇게 되면 사용자들은 느려진 반응 속도에 불만을 표하게 되고, 최악의 경우 경쟁업체로 떠나버릴 수도 있다.

클라우드 서비스는 이러한 문제를 해결해줄 수 있었다. 이제 IT 업체들, 특히 스타트업들은 거대한 설비를 들여놓고 어려운 수요 예측을 할 필요가 없어진 것이다. 일단 자신들이 생각하는 서비스를 론칭하고 가상화된 자원을 임대해서 쓰면 그만이었다. 수요가 커졌다면 해당하는 비용을 내고 더 많은 자원을 요청하면 되고, 생각보다 수요가 적다면 덜 빌리면 되는 것이었다. 좀 더 안정성이 있는 연산 자원, 반응 속도가 좋은 연산 자원 등 선택의 폭도 넓었다. 과거라면 자신들 서비스에 맞는 특성이 나오는지 수없이 시험해가며 인프라를 상당 부분 직접 만들었어야 했는데, 이제 그런 걱정이 없어진 것이다.

스타트업에게는 부담스러운 1억 원이 넘는 투자가 필요한 HPC(고성능 컴퓨팅)용 컴퓨터를 시간당 2달러가 되지 않는 가격으로 필요할 때만 임대해서 사용할 수도 있다. 차후 마이크로소프트는 슈퍼컴퓨터 회사인 크레이^{Cray}와 협력하여 슈퍼컴퓨터를 비슷한 방식으로 제공할 계획을 가지고 있다. 조만간 한두 명으로 구성된 스타트업이 슈퍼컴퓨터를 사용할 수 있는 시대가 열리게 되는 것이다.

사업을 시작할 때도 장비에 대한 고민이 줄어들었고, 사업 매각 포기 등을 할 때에도 장비가 사라지니 더욱 편해졌다. 수많은 혁신가를 괴롭히던 귀찮은 변두리 작업들이 사라져버리고, 각 혁신가들은 오로지 자신들의 핵심 소프트웨어에만 몰두할 수 있었다.

만약 서비스가 성공적이어서 장기적으로 창업자 본인이 직접 끌고 가고 싶다면 하드웨어를 도입하고 팀을 확장하여 규모의 경제를 누리며 기업의 규모를 키우고 비용을 절약하면 된다. 그리고 처음부터 대기업에 인수되는 것을 목적으로 사업을 시작해도 상관없다. 오로지 아이디어와 콘셉트만이 중요하기 때문이다.

이러한 가상화는 '모든 것을 인터넷에 올려서 사용하자'라는 클라우드 컴퓨팅의 발전에도 매우 큰 기여를 하였다. 클라우드 컴퓨팅을 위해서는 수많은 사람들이 자신의 PC에서 사용하는 내용을 서버 등의 저장 공간에 저장해야 하는데, 가상화가 가져다 준 오버커밋 기능은 클라우드의 운영 비용을 획기적으로 낮출 수 있도록 돕기 때문이다.

투자자들에도 혜택이 돌아갔다. 과거라면 오로지 사업 계획만을 보고 투자결정을 해야 했는데, 이는 사실 상당히 위험이 따르는 일이었다. 초기 사업에서 설비 투자의 필요성이 줄어들게 됨으로써 실제 사업 성과를 어느 정도 확인한 뒤 투자할 수 있게 되었기 때문이다. 이로써 다시 수많은 창업과 혁신의 씨앗이 뿌려질 수 있는 환경이 갖춰졌고, 과거라면 서버 설치에만 수개월이 걸리던 수많은 연결성 관련 소프트웨어를 단 한두 명이 만들 수 있는 시대가 된 것이다. 이로써 데이터 저장 및 전송을 필요로 하는 수많은 모바일 기반 앱이 개발될 수 있는 환경이 조성되었다. 덤으로 단기간만 연산력을 필요로 하던 수많은 대학 연구실이 혜택을 얻게 되었으며, 수요 최대 시간에 분산처리 문제를 겪고 있던 수많은 인터넷 쇼핑몰과 게임 역시 문제를 덜게 되었다.

가상화는 메모리 회사, 팹리스, 로직 회사 모두에게 큰 기회를 가져다주었다. 저장하고 처리해야 할 정보가 늘어나자 필연적으로 메모리 수요의 폭증이 따라왔다. 앱 생태계가 조성되자 압도적인 휴대성과 편리성을 강점으로 내세운 모바일 디바이스 성장이 나타났다. 이로 인해 고부가가치의 모바일 D램 수요가 급상승했다. 반면, PC의 수요는 위축되었지만, 여전히 사무용^{OEM} 수요는 크게 하락하지 않았다. 그리고 가상화 시대가 열리면서 가장 부가가치가 높던 서버용 RDIMM(고용량 D램 모듈)의 수요가 빠르게 증가했다. 스트리밍이나 대규모 데이터를 저장하기 위한 고성능의 캐시가 필요해졌고, 서버용 SSD의 수요가 폭증하면서 낸드 매출도 늘어났다.

메모리는 '저장한다', '(빨리) 읽어온다' 두 가지를 매우 훌륭히 수행했고, 메모리 회사는 그저 많이 팔면 되었다. 물론 메모리 회사들의 압도적 순이익 상승만큼이나 가상화 호스팅 업체들의 순이익 상승도 엄청났다.

저전력 요구 및 AI를 중심으로 하는 프로그래머들의 연산 요구사항 변화는 메모리 회사, 팹리스, 파운드리에게 큰 도약의 기회를 주었다. 최종 소비자의 관심은 대부분 휴대용 디바이스에 집중되었다. 제조사들은 이젠 쥐어짜듯 발전할 수밖에 없는 배터리 문제, 그리고 물리적 공간 부족으로 인한 입력장치와 사용자 인식 문제를 새로운 알고리즘을 이용해 위기를 헤쳐나가고자 하였다. 이러한 요구사항이 너무나도 컸기 때문에 저전력 기능이 많은 AP를 빠르게 도입하는 한편, 일반 PC에서는 사용되지 않던 입력 처리 및 인식 전용 반도체의 도입도 주저하지 않게 되었다. 이미 이러한 모델에 익숙해져 있던 팹리스들에게 큰 수혜가 돌아갔으며, 팹리스가 크게 성장하자 자연스럽게 파운드리 회사들의 매출도 폭증했다.

또한 전통적인 CPU의 성능 증가가 벽에 부딪치고, AI와 같은 새로운 응용프로그래밍이 등장하면서 GPU와 FPGA 같은 특정 연산 패턴에는 매우 큰 강점을 보이는 칩들이 연산용 반도체 시장의 주도권을 두고 새로운 라이벌로 대두하였다. 새로운 프로그램들은 하드웨어가 따라주지 않는다고 해서 가만히 기다리기에는 가치가 너무나 컸기 때문에 기존 회사들이 CPU에 최적화된 프로그램을 버리고 전용 가속기에 맞는 프로그램을 설계하게 되었다.

메모리 회사들은 '메모리를 원한다면 메모리를 판다'는 원칙에 충실하면 되었다. 시장의 핵심은 '어떤 연산에 최적화된 칩을 만드는가'였지, 메모리와 연산장치의 조합이라는 기본적인 컴퓨팅 모델 자체를 부정하지는 않았다. 심지어 컴퓨팅의 상당 부분이 대규모 병렬 처리로 변하면서 HBM 같은 고부가가치의 고성능 메모리의 신규 수요가 창출되었다.

반면 허를 찔린 전통적인 로직들은 최종 소비자 파이의 상당 부분을 빼앗기며 고배를 마셔야 했다. 영원할 것 같던 인텔의 CPU 지배는 모바일 플랫폼이 대거 등장하면서 과거의 지위를 누릴 수 없게 되었다. 인텔과 함께하던 전통적 PC 제조사들과 대만의 완제품 PC 부품 회사들도 힘든 상황을 견뎌야 했다.

AWS 등 서버 기반의 서비스가 확장되자 인텔은 폭발하는 서버 물량에 웃음을 짓는 한편, 다른 분야에서 고배를 마시고 있었다. 인텔 역시 GPU를 내장하고 있었지만 성능이 부족했을 뿐만 아니라 범용 연산장치로 키우기 위한 개발자 지원이 미흡했다. 인텔의 VGA는 그저 모니터 표시기일 뿐이었다. 웨이퍼 면적의 절반 가까이 차지하는 칩이었음에도 자신의 포텐셜을 발휘하지 못하게 된 것이다.

그럼에도, 인텔은 5년 넘는 기간 동안 수많은 ARM 서버의 도전을 전부 물리치고 여전히 최강자로 군림하며 고부가가치 시장을 독식하고 있다. 여전히 엔터프라이즈 서버 시장에서는 인텔을 대체할 존재는 나타나지 않았으며, 차세대 연산 칩 후보 중 하나인 FPGA 회사 알테라Altera를 인수한 것이 인텔에게 다시 반격의 실마리를 가져다줄 수 있을지 모른다. 어쩌면 FPGA도 가상화하여 전 세계에 임대하는 사업 모델을 만들어볼 수도 있을 것이다. 이렇게 되면 칩 설계 회사들 역시 지금의 앱 개발 회사들처럼 영세한 규모로도 운영할 수 있게 될 것이다.

거대 고객사 등장하다 : 검색엔진과 스마트폰

네트워크 외부성이 예견한 결론: 검색엔진 회사들

회사들의 부도와 합병은 반도체 회사들에서만 일어난 것은 아니었다. 20세기 말 IT 붐이 일어났을 때 전 세계에는 수많은 검색엔진 회사가 나타났다. 유명했던 야후!가 그 정점에 있었으며, 마이크로소프트, 구글, 라이코스 등 수많은 회사가 검색 시장에 등장하게 되었다. 이들은 모두 자기 나름대로의 검색 정확도를 높이기 위한 알고리즘과 검색 랭킹 시스템을 가지고 있었다. 야후는 종합 포털로서의 서비스를 제공할 뿐만 아니라, 인터넷 쇼핑몰과 비슷하게 일종의 분류표를 이용하여 특정 웹사이트들의 목록을 찾아 들어갈 수 있는 방식이었다. 라이코스는 하이퍼링크를 분석하여 각 사이트의 순위를 매기는 독특한 기술을 가지고 있었다. 조금 늦게 등장한 구글은 특정 사이트 내의 하이퍼링크를 분석하여 타 사이트에서 얼마나 많이 참조되었는지를 분석하여 순위를 매겼다. 이를 통해 한 사이트가 다른 사이트들과 얼마나 많은 관계를 맺고 있는지 파악할 수 있었다. 수많은 아이디어를 가진 회사들이 고객들을 끌어들이기 위해 새로운 아이디어를 만들어냈다. 그야말로 IT 산업의 신기원이었다.

하지만 정보검색 시장은 필연적으로 독점에 가까운 형태로 갈 수밖에 없는 구조였다. 검색을 정확히 하기 위해서는 뛰어난 알고리즘만으로는 부족했다. 이 알고리즘을 증명하고 실제로 적용해볼 수 있는 수많은 데이터가 필요했다. 매일매일 웹의 수요는 폭증하고 있었고, 데이터 변화와 사용자의 요구는 엄청나게 증가했기 때문에 당연하게도 사용자들은 검색 정확도가 높고 빠른 곳을 선호하게 되었다. 사용자들이 특정 사이트에 몰리기 시작하면, 검색엔진 회사는 더 커진 데이터를 사용하여 자신의 알고리즘 정확도를 높일 수 있었다. 뿐만 아니라 데이터의 양 자체가 더 많아져 원하는 결과를 제공할 수 있게 될 확률도 더욱 높아졌다. 이러한 작용에는 사용자가 설문이나 이메일, 전화 등을 통하여 직접 검색엔진 회사에 피드백을 줄 필요도 없었다. 그리고 검색엔진의 질이 높아지게 되면, 다시 사용자를 더 끌어들이는 양성 피드백이 반복되는 구조인 것이다. 극단적인 네트워크 외부성 Network externality*를 가지고 있는 시장인 것이다.

이 중 단언코 두드러진 것은 후발주자였던 구글이었다. 이들의 검색엔진은 직관성이 높았고, 검색이라는 본업에 충실했다. 야후! 등의 검색엔진이 사용자를 야후! 자체에 오랫동안 잡아놓는 방향으로 변화를 모색하는 종합 포털로의 길을 가는 동안, 구글은 메인 페이지에 검색창 한 줄만을 띄워놓는 간략한 방식을 고집했다. 사용자들이 구글에 머물며 이것저것 하기보다는, 구글을 통해 빠르고 정확하며 번잡함 없이 접근하기에 좋았다. 아이러니한 것은 이 회사의 창업자들은 본래 검색 알고리즘을 100만 달러에 매각하고 그만두려고 했다는 것이다. 하지만 상대방이 75만 달러 이상은 지불할 수 없다고 하자, 딜을 멈추고 스스로 검색엔진을 만들었다. 그랬던 회사가 지금은 수백조 원의 가치를 가진 회사로 변한 것이다.

구글은 빠르게 검색엔진계의 절대 강자로 군림했으며, 경쟁자들은 시장에서 밀려나 포털 서비스 등으로 전환해야 했다. 사용자의 규모가 폭증하자, 구글은 대규모 서버를 증설하기 시작했다. 미리 검색해둔 정보들을 전

---

* 온라인 게임과 같이 특정 재화나 서비스를 사용할 때의 만족감이 동일 서비스를 사용하는 다른 사용자의 수에 비례하는 경우를 말한다.

세계 곳곳의 데이터센터에 분산 보관해야 했으며, 이를 1초 내로 검색해서 사용자에게 결과를 보여줘야 했다. 이를 위해 스스로 DB와 OS를 구축했다. 구글이 가진 데이터의 양은 정확히 알려져 있지 않지만, 2016년 기준 약 15 엑사바이트로 추정된다.* 이는 1테라바이트 하드디스크 기준 1,500만 개에 해당하는 데이터의 양으로, 높이로 쌓으면 하드디스크를 에베레스트 4배 높이 가까이 올릴 수 있다. 실제로 백업본 및 에러 정정코드 등을 합치면 실제 내부적으로 사용하는 데이터의 양은 훨씬 더 거대할 것이다.

이렇게 규모가 커지게 된 구글은 사실상 자신에게 필요한 모든 것을 알고 있는 존재가 되었다. 사용자의 사용 패턴은 비교적 간단하며, 대부분 어려운 작업은 회사 내에서 스스로 처리한다. 다른 회사들이라면 새로운 아이디어가 있지만 하드웨어가 없다면 기다리거나, 다른 대안을 찾아야 했다. 구글은 내부 수요가 매우 컸기 때문에 이제 스스로 하드웨어도 해볼 만한 사이즈가 되었다. 규모의 경제를 갖추게 된 것이다. 기존에는 자체적으로 개발 팀을 운영하는 비용이 너무 컸지만, 회사의 규모가 커지면서 내부 수요가 커지자 기술 내재화를 시도하게 된 것이다. 그리고 드디어 구글 내부의 수많은 시도를 거쳐 알파고가 모습을 드러내게 되었다.

원래 알파고 1세대는 엔비디아 GPU 위에서 움직이도록 설계되었다. 판후이와의 대전 때 알파고의 하드웨어는 1,202개의 CPU와 176개의 GPU를 엮은 구성이었다. 구글의 알파고 역시 처음에는 다른 GPU 전문 회사의 제품을 사용했던 것이다. 외부 칩을 도입할 경우 이미 시장에 수많은 프로그

---

* 정확한 데이터의 양은 알 수 없지만 이 추정치 역시 구글 검색으로 0.53초 만에 찾아낼 수 있다.

표 2-4　회사 성장에 따라 달라질 수 있는 칩 개발 능력 내재화 정도: 마지막 단계는
현재 글로벌 거인들의 생산 규모를 보았을 때 가능할지 의심스럽다.

1단계	2단계	3단계
엔비디아	TSMC	구글 자체 설계 자체 제조
⬇ 구매	⬆ 파운드리 위탁	
구글	구글 자체 설계	
필요로 하는 내부 수요: 1	필요로 하는 내부 수요: 100	필요로 하는 내부 수요: ?

래머가 존재하고, 이미 잘 알려진 프로그래머용 도구가 갖춰져 있고, 실행을 통해 쌓인 신뢰성까지 이러한 장점을 활용할 수 있었기 때문이다. 칩을 설계하고 제조하며 신뢰성과 성능을 맞추는 일은 일반적으로 쉽지 않은 일이었다. 설계상 결함이 생기게 되면 이후 칩을 다시 제조하는 데 3~6개월이라는 매우 긴 시간이 소비되고, 출시 일정 역시 크게 밀릴 위험도 있었다.

　하지만 이후 이세돌과의 대전 때 알파고는 176개의 GPU를 단 48개의 TPU로 대체했다. 엔비디아의 GPU가 병렬연산에서 CPU를 능가하는 막강한 능력을 가진 건 분명한 사실이었다. 그러나 구글 입장에서는 그것조차도 쓸모없는 군더더기가 너무 많았던 것이다.⁕ 구글은 자신들이 무엇을 원하는지 매우 잘 아는 회사였다. 자신들이 자주 하는 연산이 무엇인지 알고, 그 연산을 기반으로 하는 신형 알고리즘이 매우 널리 유용하게 쓰일 수 있음을 확신하게 되자 과감하게 하드웨어 설계 시장으로 들어섰다. 반도체를 만드는 회사들과 반도체를 사용하는 회사의 경계선이 무너지는 순간이었다. 적어도 AI 분야에서는 구글 엔지니어들은 〈표 2-4〉의 2단계처럼 조금이나마 하드웨어 의존성을 탈피하게 된 것이다. 현재 머신 러닝에서 많이 쓰이는

프로그램인 텐서플로^{Tensorflow}가 원래는 엔비디아의 GPU가 아닌 자체 TPU를 내부에서 사용하기 위한 프레임워크로 만들어졌다는 사실은 이러한 계획이 아주 오래전부터 있어왔음을 시사한다.

이러한 거대한 회사들은 구글만이 아니다. SNS계의 최강자인 페이스북 역시 거대한 서버를 운용하고 있으며, 쇼핑몰에서 IT 종합기업이 된 아마존은 AWS를 통해 순이익의 절반 가까이를 벌어들이고 있다. 이들 모두 사용자가 모이면 모일수록 더욱 강해지는 특성 덕분에 사실상 자연독점에 가까운 지위를 누리게 되었다. 그러한 지위를 잘 안다는 의미였는지, 아마존은 2019년 그래비톤^{Graviton}이라는 ARM 기반의 CPU를 발표하였으며, 마이크로소프트 또한 뒤를 이어 자체 CPU를 발표할 것임을 발표하였다. 그래비톤은 아직 AWS에서만 사용하고 있지만, 이후 얼마나 용도가 늘어날지, 아마존은 무슨 계획을 하고 있는지 알 수 없다.

플랫폼의 지배자들: 스마트폰 제조사들

거대 고객사는 모바일 세계에서도 등장하고 있었다. 스마트폰 시대가 열리기 전 세계 스마트폰 시장은 연 1억 개 남짓한 수준이었으며, 각 스마트폰의 반도체 사용량도 매우 적었다. 사용처가 매우 제한적이었기 때문에 컴퓨팅이나 데이터 저장 요구치가 낮았다. 그래서 내장 메모리는 128~256메가바이트 수준밖에 되지 않았다. 하지만 스마트폰 시대가 개막되면서, 스마트폰 시장은 양적·질적으로 크게 변화하게 된다. 이로 인해 컴퓨팅에 필수적인 메모리와 고성능 AP의 수요도 폭증하게 된다.

스마트폰의 흐름을 읽지 못한 회사들은 빠르게 도태되었다. 피처폰, 특수 목적의 폰, 업무 기능을 겸할 수 있는 PDA를 만들던 모토롤라^{Motorola}와 블

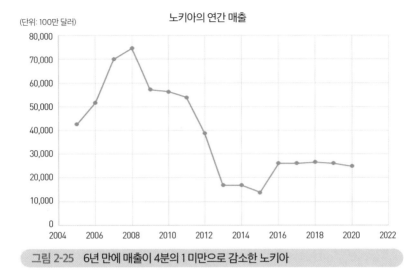

(단위: 100만 달러)

노키아의 연간 매출

그림 2-25 6년 만에 매출이 4분의 1 미만으로 감소한 노키아

랙베리^{Blackberry}는 빠르게 존재감을 상실했다. 심지어 시장의 최강자로 불리던 핀란드의 노키아^{Nokia}조차도 이를 피하지는 못했다. 노키아는 시장을 잃고 애플과 삼성전자에게 왕좌를 넘겨준 뒤, 다른 목적을 가지고 있던 마이크로소프트에게 매각되고 말았다. 이 모든 변화가 4~5년 사이에 급격하게 이루어졌다. 한때 2억 5,000만 대의 휴대폰을 출하하던 노키아는 2011년 매출 1위를 애플에게 빼앗기고, 2012년에는 출하량 1위조차 삼성전자에게 빼앗기고 만다. 이후 노키아는 윈도우폰을 만들겠다는 최악의 선택을 한 후 역사의 뒤안길로 사라졌다.

하지만 스마트폰으로 빠르게 전환해 살아남은 회사들에게도 큰 고민이 남았다. 결합해야 하는 요소 기술이 더욱 많아진 것이다. 더 이상 휴대폰은 '폰'이 아니었다. 기존 폰은 용도가 제한적이었기 때문에 통화할 때가 아니면 저전력 상태로 대기하는 경우가 많았다. 가끔 게임 등을 하는 사람이 있긴 했지만, 게임의 수준이 매우 낮았기 때문에 유저의 수는 매우 적었다. 또한 웹서핑은 사실상 불가능에 가까운 수준이었다. 하지만 스마트폰은 통화 중이 아니어도 사용자들이 웹서핑과 채팅 등을 즐기는 데 사용할 수 있었기 때문에 최대 사용 시간을 늘리는 것이 중요했다.

이를 위해서 제조사들은 배터리 효율을 높여야 했고, 그렇지 않아도 기술 장벽에 부딪쳐 발전이 더뎠던 리튬이온 배터리를 조금이라도 더 탑재하기 위해 공간을 최대한 짜내야 했다. 이를 위해 PCB부터 AP까지 가장 최신의 기술들을 빠르게 도입해야 했다. 기존과 달리 액정이 입력장치를 대체하게 되었으며, 이를 위해 정전식 터치스크린이 필요했고, 내구성과 신뢰성이 큰 문제로 다가오게 되었다. 고성능 카메라나 게임 등으로 인해 폰 내부의 데이터 처리량이 늘어나게 되었다. 그리고 이 모든 것을 매해 다시 조합해 만들어야 했다.

이러한 상황에서 가장 중요한 것은 고신뢰성의 부품을 대량으로 납품받는 것이었다. 각 고객사는 부품 회사들이 어떻게 해주면 '자신의 폰에 가장 좋은지' 알고 있었다. 예를 들면, A 회사의 스마트폰이 카메라 고속촬영을 자신들의 특성화 기능으로 광고하고 싶다면 내부 저장소의 성능이 매우 중요하다. 찍은 사진을 빠르게 저장소에 기록해야 하기 때문이다. 만약 쓰기 성능이 높은 전용 제품을 납품받을 수 있다면 완제품 개발은 더 수월해질 것이다.

하지만 저장소(낸드 기반의 솔루션)를 공급하는 메모리 회사들은 사업의 특성상 기본 생산량이 수백만 개에 달할 경우에만 전용 라인을 새로 설치한다. 당연한 말이지만 소형 업체들의 수만~수십만 개 수준의 요청은 거절당할 수밖에 없다. 설령 주문을 받아주거나, 우연하게도 거대 고객사가 사용하는 것과 똑같은 제품을 납품받을 수 있다고 하더라도 문제가 남는다.

　제품 개발 중 제품 하자로 보이는 문제가 생기더라도 메모리 회사의 지원을 받기는 매우 힘들어지게 된다. 신형 메모리를 장착했을 때 동작하지 않는다고 해서 이것이 반드시 메모리의 문제라고는 할 수 없다. 사용자가 잘못 이해하고 사용하거나, 제품의 전원부 등의 문제가 있어도 작동하지 않을 수 있기 때문이다. 문제가 메모리에서 생겼다는 확신이 있지 않은 이상, 거대 메모리 회사가 중소 제품 회사에 달라붙어서 제품 지원을 해줄 리는 없다. 이 경우 문제가 발생하면 구매한 스마트폰 제조 회사가 알아서 잘 고쳐 써야 하며, 최악의 경우에는 메모리 회사가 결함을 인정하더라도 고쳐주지 않을 가능성도 있다. 발견된 결함 부분이 다른 거대 고객과는 전혀 무관한 경우도 많기 때문이다. 제품 결함을 수정하는 것 자체가 또다른 결함(부작용)의 원인

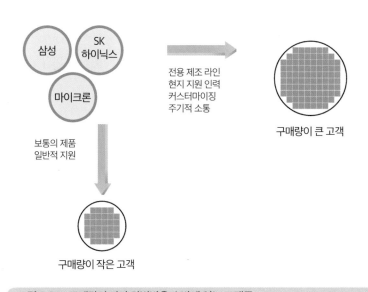

그림 2-26　**구매량이 따라 차별받을 수밖에 없는 고객들**

이 될 수도 있다. 때문에 대규모 제품 납품 계약이 이루어지고 나면 결함의 수정은 최소한으로 이루어지게 된다. 그리고 발견한 결함은 차기 제품에 반영, 수정되어 1년 이상의 시간이 지난 후에야 다시 시장에 나올 것이다.

하지만 구매 개수가 단독으로 수천만 개를 넘는다면 이야기가 달라진다. 애플의 1년 아이폰 판매량은 2억 대에 달한다. 편의를 위해 아이폰 1대가 128기가바이트의 저장 용량을 가지고 있다고 가정할 경우, 폰 1개당 256기가비트 낸드 칩이 4개씩* 들어가게 된다. 총 8억 개의 칩을 판매하는 셈이며 웨이퍼 한 장당 1,000개의 칩을 가정하면 무려 웨이퍼 80만 장에 해당하는 분량이다. 낸드 제조사들의 월당 낸드 웨이퍼 생산량은 20만~50만 장 정도 된다. 회사들의 규모에 따라 조금씩 다를 수 있으나, 어떤 제조사들에게는 연간 총 생산량의 20% 가까이 될 수 있는 분량이며, 이는 충분히 생산라인을 별도로 설치하고 전담 지원팀을 검토해볼 만한 분량이다.

이는 모바일 D램 시장에서도 마찬가지다. 전 세계 수백 개의 컴퓨터 회사와 조립 회사들이 구매하는 일반 PC용 D램과는 달리, 모바일 D램은 소수 고객에게 다량으로 판매하는 방식으로 생산·판매가 이루어지고 있다. 이 분야의 수요가 워낙 거대하고 가치가 크기 때문에, LPDDR4 메모리는 모바일에 먼저 보급되었다. 반면 데스크톱의 DDR4 메모리를 지원하던 인텔 스카이레이크는 DDR3를 겸하여 사용할 수 있도록 설계해야 했다.

IT의 중요한 분야들은 태생적으로 독과점에 가까운 생태계를 향해 움직일 수밖에 없었다. 이용자들과 정보가 모이면 모일수록 더욱 경쟁력이 상승

---

* 1기가바이트는 8기가비트와 동일하다. 256기가비트 4개면 1,024기가비트가 되며, 이는 128기가바이트와 동일하다.

하는 검색엔진 업계에서는 구글이 크게 약진하며 전통적인 반도체 회사들 중 엔비디아의 영역을 일부 침범하게 되었다. 이들은 강력한 자체 수요를 바탕으로 연산 가속기뿐만 아니라, SSD 등 저장장치의 컨트롤러로도 뻗어 나갈 가능성이 얼마든지 존재한다. 다만 가동률과 신뢰성 문제로 생산 공장을 직접 소유하려는 시도까지는 하지 않을 것이다.

모바일 디바이스 등에서 일어난 고객사의 거대화는 메모리 회사들에게 예상치 못한 이익을 가져다주게 되었다. 고객의 요구사항이 복잡해지고 별도의 공정을 만들어야 하는 번거로움이 생겨나긴 했다. 하지만 전체적 특성을 개선할 필요 없이 고객이 원하는 특성만 맞춰도 비즈니스가 성립한다는 장점 역시 있었다. 비즈니스의 기반이 첨단기술에 대한 최종 소비자의 수요였기 때문에 부가가치 또한 매우 높았다. 또한 고객과의 관계가 가까워짐으로써 중국 등의 잠재적인 경쟁자들의 진입이 어려워지는 효과도 생겨나게 되었다. 고객인 거대 스마트폰 제조사들 역시 중소 규모 업체들을 확실히 따돌릴 수 있었으니 서로가 윈-윈인 셈이었다.

5장

챔피언과 도전자: 신흥 강자들의 등장과 변화하는 양상

인텔: 한 번의 실수, 하지만 멈추지 않는 도전

21세기에 들어서도 인텔의 성장세는 전혀 줄어들지 않았다. 인텔의 매출은 2000년 337억 달러에서 2015년 709억 달러까지 2배가 넘게 성장했다. PC 시장이 10년 가까이 둔화하고 있음에도 불구하고 인텔의 웨이퍼 사용량은 꾸준히 늘어나고 있다. ARM과 구글에 의해 인텔-마이크로소프트 조합이 무너질 것이라고 했던 2012년 이후에도 성장세이다. 어찌 보면 인텔도 21세기 정보 혁명의 수혜자이자 승리자 반열에 든 기업인 것이다.

하지만 세부적으로 들어가면 뼈아픈 실패가 눈에 보인다. 가장 큰 실책은 모바일 생태계 싸움을 제대로 시작해보지도 못한 채 패배했다는 것이다.

스마트폰 태동기인 2009년부터 아이폰 4S가 등장하는 2011년까지, 인텔

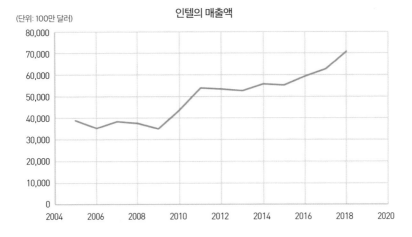

(단위: 100만 달러)

인텔의 매출액

그림 2-27 몰락과는 거리가 멀어 보이는 인텔의 연 매출 변화

의 최저 전력 프로세서들은 여전히 15W에 가까운 최대 전력을 소모하고 있었다. 문제는 최초 아이폰의 배터리 용량은 약 1,400mAh였다는 것이다. 이는 노트북의 10분의 1 정도밖에 안 되는 초라한 양이었다. 애플은 깎아낼 수 있는 모든 것을 깎아내야만 하는 상황이었다. 기존 10인치가 넘던 노트북의 기능 중 상당 부분을 손바닥 만한 사이즈에 합쳐야 했기 때문에, 물리적 공간 확보도 절실했다. 인텔은 이 때 애플을 위해 해 줄 수 있는 것이 없었다.

〈그림 2-28〉은 2013년 출시된 인텔의 4세대 프로세서 하스웰과 같은 시기에 출시된 ARM의 Cortex A15의 크기를 비교한 것이다. 22nm로 생산된 인텔 하스웰 코어의 면적이 14.5mm² 인 반면, 28nm로 생산된 TSMC Cortex A15는 2.7mm² 밖에 되지 않는다. 고성능을 지향한 인텔의 설계와는 달리, 저전력에 특화된 ARM의 설계는 확실히 작았다. 중요한 사실은 하스웰의 성능이 몇 배가 뛰어나건 간에 공간과 배터리의 한계 때문에 스마트

폰에는 탑재하기 힘들었다는 것이
다. 어차피 인터넷 서핑만 하면 되는
당시 스마트폰 입장에서 하스웰은
너무나 컸다.

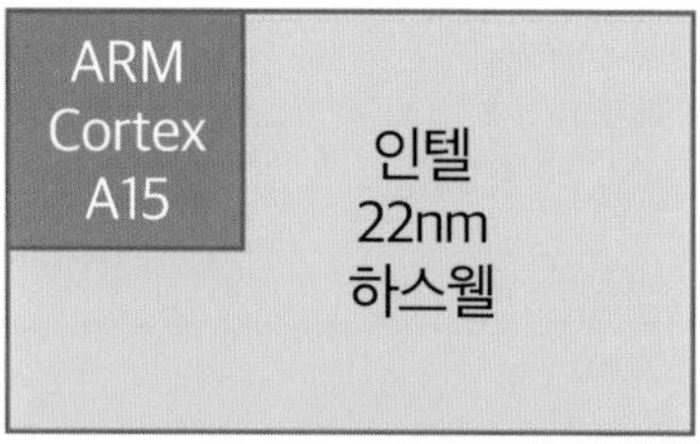

그림 2-28 ARM과 인텔의 동시대
CPU의 크기 차이

또한 인텔은 폐쇄적인 설계 툴과
제조 공정을 가지고 있었다. 칩의 설
계도는 외부로 공개될 일이 없었으며, 칩의 일부만을 튜닝하여 빠르게 내놓
을 프로세스도 갖춰지지 않아서 칩의 특정 부분을 포기하고 잘라내는 방식
으로 저전력 요구를 맞출 수가 없었다. 인텔은 단시간 내에 15W 미만의 전
력을 소모하는 칩을 만들 수 없었다. 과거 영광을 가져다 주었던 수직 통합
이 인텔의 발목을 잡은 것이다.

그때 애플이 발견한 것은 삼성전자의 S5L8900였다. 이 프로세서는 애플
이 요구하는 전력 소모량과 크기를 맞출 수 있는 AP였다. 성능은 인텔에 비
하면 형편없지만, 전력 소모가 적을 뿐만 아니라 칩 사이즈도 작았다. 게다
가 AP에 eD램이 부착되어 있어 별도의 D램을 붙일 필요가 없었기 때문에
물리적 공간도 줄일 수 있었다. 이는 자체적으로 사용하거나 판매하기 위해
반도체 설계 및 파운드리 사업과 칩 패키징까지 하고 있던 삼성전자였기에
가능한 것이었다.

이 칩은 인텔의 x86 대신 ARM의 ISA를 쓰고 있었다. 이전부터 ARM은
낮은 전력을 소모하는 소형 공유기 등을 제어하기 위해 사용했다. 따라서
저전력 AP에 필요 없는 로직을 제거하기 쉬웠던 ARM의 설계 전체 또는 일
부를 적용한 것은 필연적이었다. 이로 인해 최초의 스마트폰이 태동하던 시
절, 처음 그 땅을 밟은 것은 인텔이 아닌 ARM이 되었다. 이후 모바일 생태

계는 ARM을 기반으로 성장하게 된다. 손바닥 위의 인터넷 디바이스가 공고했던 x86 기반의 소프트웨어 생태계를 변화시킬 교두보를 ARM에게 열어준 것이다. 이렇게 인텔은 신대륙에 최초로 발을 디딜 기회를 잃고 말았다.

아이폰은 단순한 터치스크린 스마트폰이 아닌, 세상을 바꿀 혁신 그 자체였다. 2010년 애플의 아이폰을 뒤따라 삼성 갤럭시가 시장에 모습을 드러내며 구글 역시 본격적으로 모바일 시장의 플레이어로 급부상한다. 구글과 애플은 소프트웨어에도 능한 회사들이었기 때문에 모바일 생태계는 걷잡을 수 없는 속도로 발전하게 된다. 이들은 생태계를 잘 이해하고 있었으며, ARM 기반의 소프트웨어 개발을 위한 수많은 프로그램을 무료로 배포하여, 소프트웨어 개발을 위한 환경을 마련했다. 또 한편으로 앱스토어를 구축하여 소프트웨어 사용자와 개발자를 연결하여 수익 모델을 마련했다. 카메라가 달려 있고 인터넷이 되며, GPS까지 지원되는 휴대기기는 기존 노트북 PC와는 비교가 되지 않을 정도로 수많은 사람의 상상력을 자극하였는데, 소프트웨어 유통과 수익배분 시스템이 생겨나자 수많은 벤처기업이 사업에 뛰어들기 시작하였다.

삼성전자는 스마트폰 밸류 체인 회사들에게 파운드리, 메모리, PCB, 터치스크린 등을 공급했다. 자체적으로 세계 최대 판매량을 가진 스마트폰을 제조하여 안드로이드 프로그래머들의 호환성 문제를 해결해주었다. 개발자들은 ARM 기반으로 개발하되, 삼성전자와 애플 두 회사의 폰에 맞춰 일단 개발하면 되었다. 퀄컴, 미디어텍, 브로드컴, 하이실리콘 등이 AP 시장에 진출해 있었지만 모두 ARM 기반이었기 때문에 소프트웨어 호환성 문제는 상대적으로 크지 않았다.

IBM이 호환 PC를 개발했을 때 일어났던 일이 스마트폰 시장에서 똑같이 벌어진 것이다. 공고해 보였던 인텔의 독재는 고작 2년이란 틈 때문에 허망하게 무너지고 말았다. 이후 인텔은 미세공정의 우위, 노키아를 인수한 마이크로소프트와의 동맹관계를 이용하여 '베이트레일+윈도우폰' 조합으로 반격을 준비했다. 그러나 이미 승자와 패자가 공고해진 상황이었다. ARM 진영은 준비를 끝냈고 절친한 동료 마이크로소프트의 장점 중 하나였던 강력한 사무지원 능력은 스마트폰이나 태블릿에서는 큰 의미를 가질 수 없었다. 인텔은 적자를 감수하고 보조금을 써서라도 생태계에 씨앗을 다시 뿌리고자 했으나 큰 효과를 보지 못하였다. 결국 2016년 4월, 인텔은 11%의 인력을 감원하겠다는 결정과 함께 스마트폰 AP 사업부를 해체한다. **㊾**

한번 붙은 불은 꺼질 줄을 몰랐다. 인텔은 미세공정에서의 리더십도 빼앗기고 말았다. 2014년 인텔이 내놓은 로드맵에 따르면 2016년에 이미 인텔 10nm공정이 도입되었어야 한다. 하지만 인텔은 2020년 말에 들어서야 10nm 대량 생산에 성공했고 CPU 경쟁사였던 AMD는 인텔 10nm와 동급에 가까운 TSMC 7nm칩을 인텔보다 빨리 도입했다. 반도체 제조에서 항상 한 걸음 뒤에 있다고 생각했던 TSMC는 이미 인텔 7nm 급에 해당하는 5nm를 대량 생산하기 시작하였다. 원인은 인텔만이 알겠지만, 언론 발표를 통해 본 인텔은 10nm에 지나치게 많은 신기술을 도입하려 했으며 이를 통해 평소의 2배 수준의 밀도 상승이 아닌, 2.8배의 밀도 증대를 노렸음을 알 수 있다. 지나친 모험을 감행하다가 제조 기술에서 리스크 관리에 실패했을 것이다.

그뿐만이 아니다. 인텔이 메모리 시장 재진출을 위해 내세웠던 SCM Storage Class Memory 사업 역시 큰 곤란을 겪고 있다. 3D 크로스포인트3D XPoint,

252

$^{3D\ X포인트}$라고 불리는 이 물건은 본래 D램과 낸드 사이의 연산력 차이를 메꾸기 위해 만들어졌다. 실제로 거대한 데이터베이스 프로그램들은 D램의 밀도 증가가 더뎌서 손해를 봤고, 반응성이 중요한 프로그램들은 낸드의 성능 상승이 더뎌서 손해를 봤기 때문이다. 그중 낸드의 성능 한계로 인해 나타나는 문제점을 보면 〈그림 2-29〉와 같다.

그러나 3D X포인트를 D램에 사용하면 서버당 메모리 밀도를 크게 높일 수 있었다. 3D X포인트 자체의 성능은 D램보다 나쁘지만, 대신 용량이 크므로 하드디스크나 SSD에 덜 다녀와도 된다는 장점이 생긴다. 이는 전체 전력소모를 줄이고, 반응성도 높여줄 수 있는 것이다.

현대의 컴퓨터들이 겪는 문제점을 잘 파악하긴 하였으나, 결국 3D X포인트는 빛을 보지 못하였다. 이는 제조가 어려워 DRAM이나 NAND를 대체할 만큼의 성능과 원가를 확보하지 못하였기 때문일 것이다. 2016년 인텔의 3D X포인트 기반 SSD 시연에서는 일부 성능이 기존 낸드 기반 SSD에 밀리는 모습도 있었다.

```
def main():
    f = open("my_user_database.txt", "r")
    AllLines = f.readlines()  # Read all files to Program     1
    CheckFileIntegrity(AllLines)

    for line in AllLines :
        RunParallelJob(line)    2

    WaitForAllJobDone()
```

그림 2-29 **간단한 가상의 코드: 이 작업은 1에서 파일 전체를 메모리로 로드하며, 그 뒤 2에서 병렬 작업을 수행한다. 1이 끝나기 전에는 2가 시작될 수 없음을 알 수 있다.**

표 2-5 <그림 2-29>의 시나리오를 작업 개수별로 쪼갰을 때의 수행 시간: 숫자가 작을수록 뛰어나다.

작업	SSD	3D X포인트	HDD RAID
파일 반응 시간(1)	67uS	10uS	10,000uS
파일 전송 속도(1)	3,000MB/s	3,000MB/s	3,000MB/s
CPU 작업당 수행 시간(2)	10uS		
최대 병렬 처리 개수(2)	10		
자료 1개의 크기	4kB		

자료 개수별 작업 시간(uS)	SSD	3D X포인트	HDD RAID
1	78.30208	21.30208	10011.3
10	81.02083	24.02083	10014.02
100	207.2083	150.2083	10140.21
1000	1469.083	1412.083	11402.08
10000	14087.83	14030.83	24020.83
100000	140275.3	140218.3	150208.3

기존 이해관계자에게 경계심을 불러일으키는 것도 원인이었을 것이다. 3D X포인트의 파트너였던 마이크론은 DRAM 제조회사이기 때문에, 3D X포인트가 DRAM의 시장을 장악하는 것을 탐탁지 않게 여겼을 것이다. 메모리를 구입하여 서버를 조립하는 DELL, HP 등의 회사는 인텔의 CPU 가격 책정에 불만이 있었을 것이다. 인텔이 3D X포인트를 지원하는 CPU에 매우 높은 가격을 책정했기 때문이다.

결국 2019년 인텔과 마이크론 간의 3D X포인트 협업은 마이크론이 합작사였던 IM^{인텔마이크론사}에 콜옵션*을 행사함으로써 끝나게 되었다. 이후 2021

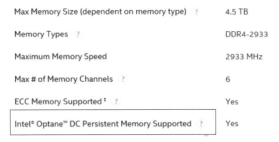

메모리 사양

Max Memory Size (dependent on memory type)　?	4.5 TB
Memory Types　?	DDR4-2933
Maximum Memory Speed	2933 MHz
Max # of Memory Channels　?	6
ECC Memory Supported ?　?	Yes
Intel® Optane™ DC Persistent Memory Supported　?	Yes

그림 2-30　인텔 서버 CPU는 옵테인을 지원하는 것과 아닌 것으로 나뉘어졌다.
이러한 방식은 기존 업체들 모두에게 거부감을 일으킬 가능성이 있다
(출처: Intel).

년, 마이크론은 IM에 속해 있던 리하이^{Lehi} 공장의 매각 공고를 냈고, 이 과정에서 3D X포인트의 사용자는 사실상 인텔뿐이었으며 큰 재고 손실이 있었음이 알려지게 되었다. 이후 2021년 SK하이닉스에게 메모리 사업을 매각하는 순간에도 3D X포인트는 언급되지 않았으며, 2022년에 3D X포인트 사업이 종료되고 말았다. 어쩌면 인텔 아이테니엄과 비슷하게 10년 내내 할부로 갚아야 하는 부채가 되어 버렸을지도 모른다.

이러한 일들로 인해 매해 빠르게 성장하는 매출과는 별개로 인텔의 위상은 과거와 같지 않다. 한때는 컴퓨터로 무언가 해야 하면 모두가 인텔을 쳐다보던 시절이 있었으나 이제 저전력은 ARM, 머신 러닝은 엔비디아를 쳐다보게 된 것이다. 트랜지스터 성능과 밀도의 리더십은 TSMC가 가져가고 말았다. 메모리 업계의 패러다임을 바꾸겠단 시도는 지지부진하다. 인텔은 컴퓨팅의 절대 강자라는 자리에서 내려와 제조 공정은 한 세대 밀리지만, 서

＊　특정 물건을 약속한 가격에 매입할 수 있는 권리. 행사하지 않을 수도 있다.

버와 랩톱 시장에서는 영향력이 강한 수준의 기업으로 위치가 조정되었다.

이런 어려움을 겪고 있지만 인텔이란 회사는 지금도 꾸준히 새로운 것을 연구하여 혁신하고자 노력하고 있다. 이를 위해 인텔이 하고 있는 일 중 하나는 이종 칩간 통합을 통하여 과거 프로그래머들이 느꼈던 공짜 점심을 조금이라도 돌려주는 것이다.

2015년 7월, 인텔은 167억 달러, 거의 1년 치 순이익 전부를 투입해 일반인들에게는 이름도 생소한 FPGA 회사인 알테라^{Altera Corporation}를 인수하는 강수를 두었으며, 2017년에는 AMD에서 그래픽을 총괄하던 라자 코두리^{Raja Koduri}를 영입하고 Xe라는 그래픽 칩의 개발을 시작하였다.

인텔이 이런 일을 하는 이유는 이미 언급되었던 반도체 제조, 설계의 어려움 때문이다. CPU의 성능 향상 만으로는 프로그램의 성능을 높이기 힘들기 때문에 프로그래머들은 다양한 칩들을 이용해서 프로그램의 성능을 끌어올려야만 한다. 문제는 칩들의 사용법은 매우 다양하고 특성도 이해하기 힘들어 CPU만큼 편리하지 않다는 것이다. 파이썬, C언어 등에 익숙한 프로그래머는 FPGA등에 사용되는 베릴로그^{Verilog}를 쓰는데 곤란함을 겪을 것이다.

하지만 이러한 칩들을 통합하는 개발 환경이 생겨나면 이야기가 달라진다. 개발자들이 저런 세세한 일들을 FPGA에 직접 시키는 대신, "FPGA에 무언가 돌려라."라는 간단한 형태의 지시만으로 프로그램을 짤 수 있다면(인텔만의 시너지), 과거보다는 조금 번거롭겠지만 큰 노력 없이도 성능이 자동으로 늘어나는 경험을 다시 해 볼 수 있을 것이다. 인텔은 CPU회사이기 때문에, 〈그림 2-31〉과 같이 CPU와 상호작용을 많이 해야 하는 부품을 함께 패키징함으로써 성능을 크게 끌어올릴 수 있다. 인텔이 포베로스와 같은 칩

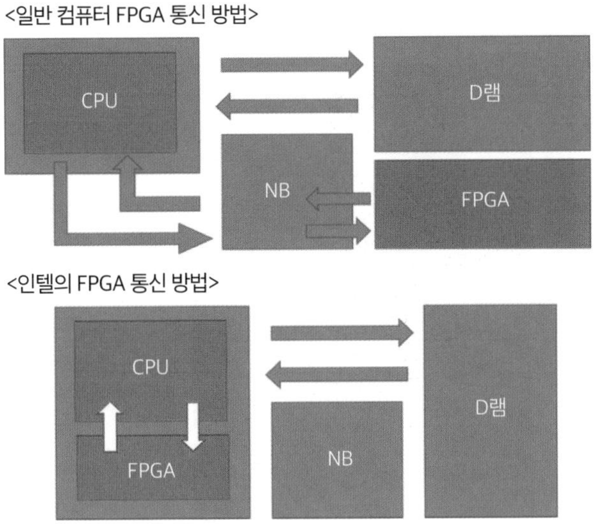

<일반 컴퓨터 FPGA 통신 방법>

CPU

D램

NB

FPGA

<인텔의 FPGA 통신 방법>

CPU

D램

FPGA

NB

그림 2-31 일반적인 컴퓨터의 FPGA 통신 방법과 인텔의 FPGA 통신 방법

간 연결 기술에 열심히 투자한 것 역시 이런 통합을 위한 것이다.

인텔은 칩을 만들 때 온갖 회사들의 기술을 전부 사용하기 시작하였다. 그 예로 라자 코두리가 인텔에 들어와 설계하기 시작한 폰테 베키오Ponte Vecchio칩은 사실상 메모리 회사부터 TSMC, 인텔 자신까지 전 세계 반도체 회사의 모든 기술이 다 들어갔다고 해도 과언이 아닌 수준이다. 신형 공정과 구형 공정을 함께 사용하고 그동안 연구했던 고성능 연결 기술과 저가형 연결 기술이 모두 도입되어 있어 타사에서 제조된 칩도 사용할 수 있다. 그리고 이러한 칩 역시 인텔의 단일 생태계 위에서 FPGA와 함께 돌아갈 수 있을지도 모르는 일이다.

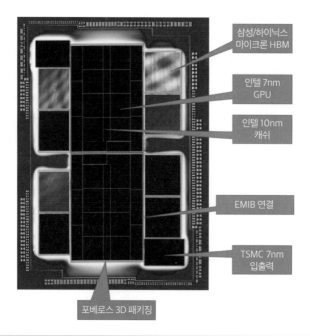

삼성/하이닉스
마이크론 HBM

인텔 7nm
GPU

인텔 10nm
캐쉬

EMIB 연결

TSMC 7nm
입출력

포베로스 3D 패키징

그림 2-32　인텔의 폰테 베키오 GPU에 들어간 기술들

　이러한 하드웨어 수준의 통합을 위에서 소프트웨어로 묶고자 하는 것이 바로 인텔의 OneAPI이다. 인텔은 기존 CPU와 함께 GPU, FPGA와 전혀 다른 형태의 칩들도 함께 묶을 수 있는 소프트웨어 생태계를 꿈꾸고 있다. 단일한 프로그램을 만들어 두고 새로운 하드웨어(그림상 XPU)를 추가하면 최종 소프트웨어의 성능이 쉽게 늘어날 수 있도록 하는 것이다. 각종 가속기는 칩 수준에서 결합하여 상호작용의 효율성을 높이고, 소프트웨어는 다양한 조합으로 제조된 칩 모두에서 수정 없이 쓸 수 있도록 함으로써 개발자들이 호환성 걱정을 하지 않도록 해준다. 사용자들에게는 최종적인 체감만이 중요하지, 그게 CPU 덕분인지 FPGA 덕분인지는 중요하지 않다.

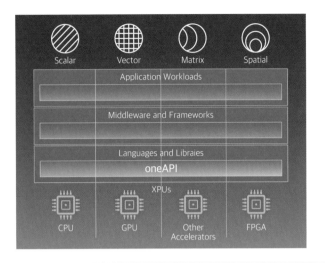

인텔은 IDM인 CPU회사만이 할 수 있는 생태계 개방을 시도하고 있다. 바로 2021년 3월 23일에 발표된 IDM 2.0 사업 모델로 알 수 있다. 인텔은 이미 2013년에 팹 가동률을 높이기 위해 파운드리 사업에 진출을 선언했지만 세심하지 못한 운영과 자사 제품을 만들기도 부족했던 물량 탓에 파운드리 사업을 접어야 했다.

하지만 2021년 재진출은 그 당시와는 많은 부분이 다르다. 가장 중요한 것은 인텔이 x86 칩 설계 IP를 자사 파운드리 고객에게 풀기로 하였다는 것이다. 파운드리가 바로 사용할 수 있는 IP들은 칩 설계 회사의 지적 재산권 문제를 비롯한 복잡한 계약 문제를 해결해줄 수 있는 중요한 수단 중 하나이며, 이를 위해 TSMC는 자사가 직접 제공하는 IP를 상당수 보유하고 있을 정도이다. 그뿐만 아니라 TSMC 9000 등 IP 연합 프로그램을 운영하여 파트너사끼리 공유할 수 있도록 한다.

인텔 파운드리가 x86 IP를 공개할 경우 이런 면에서 상당한 영향력을 보여줄 수 있다. x86은 여전히 세계에서 가장 강력한 영향력을 행사하는 IP로, x86에 접근하여 커스텀 한다면 서버 시장 등의 큰손들은 엄청난 효율의 서버를 만들어 낼 수도 있을 것이다. 실제로 2021년 3월 인텔 행사에서 마이크로소프트 CEO는 인텔 설계를 통해 마이크로소프트 커스텀 칩을 만들 것임

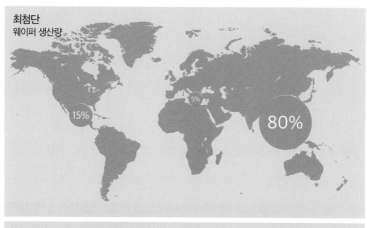

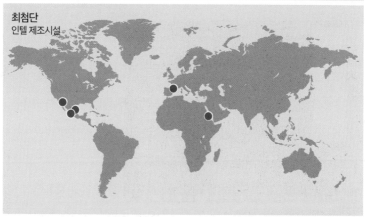

그림 2-34 세계적 웨이퍼 생산기지 비중(위)과 인텔의 제조시설 위치(아래) 인텔의 생산시설이 서방에 집중되어 있음을 강조하고 있다.

을 밝히기도 하였다.

인텔식 개방 흐름은 인텔 영향력의 핵심인 x86의 영향력을 유지하는 데 큰 도움을 줄 것이다. 2020년, 전 세계는 파운드리가 국가 안보까지 영향을 미칠 수 있음을 깨달았다. 따라서 인텔의 개방 흐름은 미국을 비롯한 세계 열강들의 관심을 끌 것이기에 많은 고객을 확보할 수 있을 것이다.

물론 인텔이 이러한 수많은 노력에 대한 보답을 받는다는 보장은 없다. 이러한 통합은 매우 섬세한 작업일 뿐만 아니라, 수많은 이해관계를 가진 다양한 회사들을 만족시켜야 하는 작업이기 때문이다. 다행스러운 것은 첨단 기업으로서의 인텔이 아직은 버틸 수 있는 기술과 재무적 기반을 갖췄다는 것이다.

과거 생태계를 지키기 위해 수없이 분투해왔던 것에 대한 보상인지 트랜지스터 업계의 선두 자리를 빼앗긴 상황에서 되려 소프트웨어 생태계가 ARM의 서버 진출 등으로부터 인텔을 지켜주고 있다. 〈표 2-6〉에서 볼 수 있는 것처럼 인텔의 높은 순이익은 인텔의 든든한 방패 역할을 한다. 첨단 제조 공정을 사용하는 AMD의 순이익률은 정작 인텔보다 낮은 것을 알 수 있다.

인텔의 두 축인 설계와 제조 중 설계 쪽에도 아직은 인재들이 남아 있는 것으로 보인다. 인텔이 올해 발표한 신규 제품인 알더 레이크^{Alder Lake}는 인텔 최초로 ARM의 big.LITTLE에 대응하는 이종 혼합 코어가 포함되어 있다. 여기에 포함된 고효율 코어^{Efficient Core, E 코어}는 인텔의 고성능 코어^{Performance Core, P 코어}와 비교했을 때, 면적당 성능이 2배 가까이 되는 것으로 보인다. 이는 인텔 설계조직이 여전히 ARM과 대적할 만한 저전력, 고효율

표 2-6　　인텔과 AMD의 재무 성과 비교(출처: Intel IR, AMD IR)

2020년	Intel	AMD
매출총이익률(GAAP)	56.8%	44%
영업이익률(GAAP)	29.5%	19%

코어를 설계할 능력을 갖추고 있음을 알려 준다. 사견이지만 인텔의 차기 CPU 전략은 E 코어를 더 중점적으로 보는 것이 좋겠다. 발전 속도, 그에 따른 성능 향상이 놀라울 정도로 빠르기 때문이다. 이는 ARM진영의 저전력 위협에 대한 인텔의 대답이자, 인텔이 구상하는 미래 소프트웨어 생태계 모습의 일부일 것이다.

　TSMC의 첨단 노드 생산량에 영향을 받는 AMD와는 달리, 인텔은 자사의 팹을 가지고 있다. 인텔 팹의 생산량은 200mm 웨이퍼로 환산했을 때 월 80만 장 정도인데, TSMC의 첨단 웨이퍼 생산량이 과거에 200mm 환산 노드당 13만~22만 장 수준이었던 것을 고려하면 이 양이 얼마나 무시무시한 것인지 알 수 있다. 인텔의 생산량 중 절반 정도만 최첨단 노드라고 해도, AMD는 모바일 고객을 중심으로 사업을 진행하는 TSMC에 원하는 만큼 생산량을 위탁할 수 없고, 최첨단 노드는 모바일 고객들이 먼저 선점한다는 것을 생각해 봤을 때 인텔이 가진 물량의 우위는 실로 어마어마한 것임을 알 수 있다.

　인텔은 많은 분야에서 절대적이었던 우위를 잃어버렸다. 하지만 인텔의 저력은 여전하며 인텔급의 거물이 아니면 해낼 수 없는 많은 기술 역량을 외부에서 끌어오는 데 성공하였다. 한참 10나노(7나노로 이름 변경됨) 공정의 실패로 힘든 상황에서도, 각종 칩간 결합 기술과 신형 칩의 개발을 게을리하지 않았고 이제 결과물이 하나씩 돋보일 순간이 왔다. 인텔만의 형태로 새로운 생태계를 만들려는 노력도 계속되고 있다.

인텔의 생태계가 버텨 주는 동안, 스마트폰에 준하는 레벨의 새로운 패러다임 변화가 찾아왔을 때 인텔의 통합과 개방 모델이 완성되어 있을지도 모른다. 혹은, 현재 스마트폰을 괴롭히는 문제들 중 하나인 가속기 사용을 CPU 중심의 가상화를 통해 해낼 수도 있다. 그렇다면 우리는 모두 다시금 왕의 귀환, 인텔 CEO 패트릭 겔싱어$^{Patrick Gelsinger}$가 강조했던 '의심할 여지가 없는' 왕좌의 자리에 앉은 인텔을 모든 분야에서 만나게 될 것이다.

ARM : 모바일 시대 인텔의 빈틈을 파고든 유연성

21세기는 ARM에게 있어 큰 도약의 시기였다. 양적·질적으로 엄청난 성장을 이루었을 뿐만 아니라, 일반인들도 이름 정도는 들어본 기업이 되었다. ARM은 인텔이 독점하던 반도체 시장의 스포트라이트를 공유하는 수준을 넘어서 컴퓨팅 기업들과 대화하며 하드웨어 설계를 하고 때로는 컴퓨팅 회사들에게 가이드라인을 제공할 수 있는 위치에까지 도달했다.

이러한 것이 가능했던 배경에는 ARM 특유의 유연성이 있었다. ARM은 반도체를 파는 플레이어가 아니었다. 일반적인 팹리스처럼 칩을 설계하여 위탁 제조해 파는 것도 아니었으며, 타사의 칩을 받아서 원하는 대로 만들어주는 것도 아니었다. ARM은 오로지 자사 칩, 혹은 칩의 일부나 자사 칩이 수행 가능한 ISA만을 팔았다. 전자에서 후자로 갈수록 가격은 매우 싸졌고,

1코어 라이선스 : ARM이 직접 설계한 코어 라이선스 + ARM ISA 사용 권리

ARM

ARMv8 로 개발된 소프트웨어를 실행할 권리

	사용 예시 :
MOVW r1, 0x2000	삼성 엑시노스 LITTLE 코어
MOVT r1, 0x4000	퀄컴 스냅드래곤 LITTLE 코어
LD r2, [r1]	화웨이 기린 980 코어들
BX r2	

아키텍쳐 라이선스 : ARM ISA 사용 권리(칩 설계는 직접)

삼성

ARMv8 로 개발된 소프트웨어를 실행할 권리

	사용 예시 :
MOVW r1, 0x2000	삼성 엑시노스 M 아키텍쳐
MOVT r1, 0x4000	퀄컴 고성능 Kryo 아키텍쳐
LD r2, [r1]	애플 자체 아키텍쳐
BX r2	

그림 2-35   인텔과는 사뭇 다른 ARM의 비즈니스 모델

대신 구매자가 직접 해야 하는 일이 많았다. ARM은 고객들에게 '라이선스 비용×판매한 칩의 개수'라는 간단한 공식만을 적용했다.

이러한 비즈니스 모델은 과거부터 매우 잘 작동했다. 작은 마이크로컨트롤러를 사용하는 모뎀 등 수많은 디바이스는 ARM 기반의 기본 코어의 디자인을 사용하거나, 특정 연산의 가속이 필요 없다면 해당하는 연산 기능을 떼어버린 커스텀 코어를 만들어 사용했다. 그래서인지 피처폰 시절 연산장치들 역시 대부분 ARM 기반이었다. 물론 그 능력은 매우 제한적이었다.

모바일 시대가 도래하고, 기존 강자인 인텔이 시장이 요구하는 솔루션을 단시간에 내놓을 수 없음이 명확해지자, 애플을 시작으로 ARM의 설계는 불티나게 팔려나가기 시작했다. 수많은 회사가 ARM이 만든 코어 디자인을 구입하여 자신만의 주변회로를 설계하여 CPU를 만들었다. 삼성전자와 퀄컴 등의 거대 기업은 ISA만을 구입하고, 코어를 스스로 설계했다. 비록

지불하는 로열티는 적었지만 워낙 유명한 AP들이었고, 베스트셀러 디바이스에 공급되었기 때문에 ARM ISA의 영향력을 지속적으로 확대시키는 고객들이었다. 2010년부터 2015년까지 인텔의 매출은 56.35%가 증가했지만, ARM은 무려 160%나 증가했다. 이 분야에서 ARM과 경쟁할 수 있는 회사는 존재하지 않았다. 모바일 생태계 최하단에서 ARM은 산소와도 같은 존재였다. ARM에게는 피처폰 시절부터 사용해왔던 말리^{Mali}라는 그래픽 솔루션도 있었기 때문에 시너지는 더욱 강했다. ARM과 계약하면 일단 AP를 만들어볼 수는 있었다.

시장이 차츰 원숙기에 접어듦에 따라, 시장의 요구사항은 더욱 복잡해지기 시작했다. 초기 스마트폰은 그저 PC와 유사하게 웹서핑이 가능하다는 것만으로도 엄청난 센세이션을 불러일으켰지만, 이후 고객들은 더 많은 기능을 요구하기 시작했다. 더 빠른 성능, 더욱 사양이 높은 게임들이 발매되었다. 더 큰 액정에 대한 요구가 커졌지만, 동시에 최대 작동 시간도 늘려야 했다. 시장 초기에는 공짜 점심을 통해 이를 해결할 수 있었다. TSMC나 삼성전자 등의 파운드리가 차기 공정으로 넘어가기만 하면, 상당 부분 이 문제가 해결되었다. 하지만 결국 인텔과 비슷한 한계를 만나게 되었다. 다행히 ARM은 인텔과 비슷한 실수를 하지 않았다.

ARM은 소프트웨어 업체 및 스마트폰 업체들과 밀접하게 일하며 운영체제의 자원 관리 문제를 함께 고민하는 방식을 택하였다. 자신의 고객들과 대화해서 앞으로 일어날 성능 문제들을 파악했고, 이를 해결하기 위해 CPU의 콘셉트와 디자인을 어느 정도 수정할 생각을 했던 것이다. 문제는 이 경우 운영체제 호환성이 크게 망가질 수 있다는 것이었다. 하지만 ARM에게는 구글이라는 강력한 파트너가 있었다.

ARM의 전성비 문제를 해결하기 위한 솔루션이었던 빅리틀이 대표적인 예이다. 빅리틀은 웨이퍼 위에 최고 전성비를 가지는 구간이 다른 두 개의 CPU를 배치하여 가벼운 작업에서는 가벼운 작업에 효율이 좋은 가벼운 코어를 사용하고, 묵직한 작업에는 거대한 슈퍼스칼라 코어를 사용하는 구조였다. 자동차로 따지면 시속 30km에서 최적 효율이 나는 엔진과 시속 110km에서 최적 효율이 나는 엔진 두 개를 따로 실어서 운용하겠다는 발상이었다. 아이디어 자체는 간단하고 훌륭해 보였지만, 실제로는 많은 문제가 예상되었다.

당연하지만 엔진이 두 개인 자동차를 만들기 위해서는 조작 계통 자체가 크게 변해야 한다. 엑셀러레이터 두 개를 달아 운전자가 알아서 선택하게 할까,* 엑셀러레이터를 하나만 달아서 속도 70km를 기준으로 전자제어를 통해 연결된 엔진을 자동으로 꺼줄까. 그렇다면 자동차의 속도가 69~71km를 왔다갔다 한다면 어떻게 제어할 것인가(계속 큰 엔진과 작은 엔진을 바꾸면 효율이 나빠짐) 등의 큰 문제들이 생겨날 것이다. ARM이 이 솔루션에서 겪은 문제도 비슷했다. 스마트폰 제조사들은 전부 안드로이드 OS를 사용하고 있었는데, 이 OS는 사실 모든 CPU 코어가 동일한 것이라고 전제하고 개발되었다. 만약 성능이 다른 두 종류의 코어가 섞여서 존재한다면, OS가 이를 구분하지 못해 무거울 것이 예상되는 작업에 저성능 코어를 할당하거나, 그 반대가 될 위험이 있었다.

ARM은 빅리틀 솔루션의 콘셉트를 미리 회사들과 공유했다. ARM이 대

---

* 이러한 방식을 HMP라 부른다.

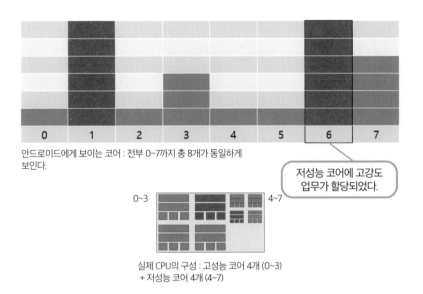

안드로이드에게 보이는 코어 : 전부 0~7까지 총 8개가 동일하게
보이다.

저성능 코어에 고강도
업무가 할당되었다.

0~3   4~7

실제 CPU의 구성 : 고성능 코어 4개 (0~3)
+ 저성능 코어 4개 (4~7)

그림 2-36 안드로이드는 한 CPU 내의 코어 성능 차이를 구분하지 못했기 때문에 비효
율이 생길 수 있다.

중에게 공개한 시점은 2011년 말이었지만, 최초의 양산 스마트폰 칩이 나온
시점은 2013년이다. 이렇게 얻어낸 시간을 통해 관계된 회사들이 준비할 수
있었다. 구글은 운영체제 종류가 다른 CPU도 문제없이 혼용할 수 있도록
하는 OS 업데이트를 준비할 수 있었다. 일부 AP 회사들은 이 솔루션을 응
용하여 자사만의 새로운 3단계 빅리틀을 만들기도 했으며, 퀄컴, 삼성전자
같은 좀 더 큰 회사들은 큰 부분을 자신의 자체 설계로 대체하려는 연구를
할 수 있었다. 또한 업계가 급격한 기술 변화를 받아들이지 못할 것을 우려
하여 3단계로 나누어 구현을 진행했다.

첫 단계의 클러스터 스위칭Cluster switching은 OS가 원할 경우 저성능 코어
와 고성능 코어가 뒤에서 몰래 바뀌어버리는 방식이었다. OS 입장에서는

고성능 코어 최대 성능 : 100, 고효율 코어 최대 성능 : 25

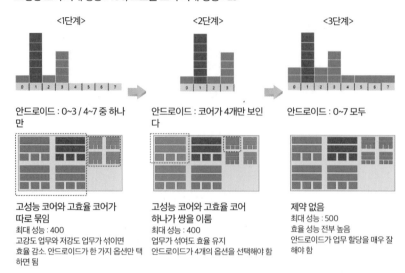

<1단계>

안드로이드 : 0~3 / 4~7 중 하나만

고성능 코어와 고효율 코어가 따로 묶음
최대 성능 : 400
고강도 업무와 저강도 업무가 섞이면 효율 감소 안드로이드가 한 가지 옵션만 택하면 됨

<2단계>

안드로이드 : 코어가 4개만 보인다

고성능 코어와 고효율 코어 하나가 쌍을 이룸
최대 성능 : 400
업무가 섞여도 효율 유지
안드로이드가 4개의 옵션을 선택해야 함

<3단계>

안드로이드 : 0~7 모두

제약 없음
최대 성능 : 500
효율 성능 전부 높음
안드로이드가 업무 할당을 매우 잘 해야 함

그림 2-37 제조사들에게 3가지 선택지가 있는 ARM의 빅리틀 구현 방법

CPU가 단일하게 보이기 때문에 수정할 것이 적어 적용이 빠르다는 장점이 있었다. 그러나 고성능 작업과 저성능 작업이 섞여 있을 경우에는 이도저도 아닌 것이 된다는 단점을 가지고 있었다. 엑셀러레이터가 하나뿐이고, 스위치 하나를 누르면 연결된 엔진이 저성능 4개로, 혹은 고성능 4개로 한 번에 바뀌는 방식인 것이다.

두 번째 단계에서는 고성능 코어와 저성능 코어를 한 쌍으로 묶어, 개별 쌍 안에서 고성능/저성능 코어를 선택할 수 있도록 했다. OS가 해야 할 일은 4배로 늘어났지만, 대신 고성능 작업과 저성능 작업이 섞여 있어도 최적의 효율을 낼 수 있게 된다.

마지막 단계에서는 8개 CPU 모두를 OS에게 직접 통제하도록 했다. OS

가 특정 작업의 경중을 따져 알아서 분배해야 하는 방식이며, OS의 성숙도가 매우 높아야 한다. 하지만 작업이 약할 때는 최고의 전력으로 효율을 얻을 수도 있으며, 고성능이 필요하다면 모든 8개 CPU가 작업에 참여할 수 있는 방식이었다(앞의 다른 두 가지 방식은 언제나 코어 4개가 쉬고 있음을 알 수 있다).

이러한 단계적 접근 덕분에 OS 및 응용프로그램 개발자들은 새로운 시스템에 적응할 기회를 얻을 수 있었다. 뿐만 아니라 안드로이드 OS의 특성상 어떠한 방식의 빅리틀을 선택할지(혹은 아예 사용하지 않을지)는 개별 스마트폰 회사에게 달려 있었기 때문에, ARM의 호환성이 깨지는 사태도 일어나지 않았다.

빅리틀의 성공은 ARM 진영에 또 다른 성공을 가져다주었다. 지금까지 인텔 x86 진영이 해내지 못했던 이종 코어 간의 컴퓨팅 모델을 만들어낸 것이다. 2018년까지도 인텔의 CPU나 윈도우 등의 OS는 전부 동일한 종류의 코어를 탑재한 채로 동작하도록 설계되었다. 하지만 ARM은 그 벽을 일찍 깨고 그 분야에서 인텔 진영을 앞지르게 된 것이다. 이 덕분에 사용자들이 체감하는 성능이 크게 향상되었을 뿐만 아니라 인텔 등의 잠재적 경쟁자가 모바일 시장에 침투하기는 더욱 어려워졌다. ARM은 이제 저전력 AP 회사가 아닌 소프트웨어 회사들의 이야기를 듣기도 하고, 때로는 길을 제시할 수도 있는 컴퓨팅을 선도하는 회사 중 하나로 크게 발돋움한 것이다. 자유로운 코어 설계라는 장점에서 출발했던 ARM은 고객들의 요청을 받아 그에 맞는 라이선스 비용을 받던 기업에서, 기업들에게 미래를 제시할 수 있는 기업이 된 것이다.

반면, 인텔은 훨씬 늦은 2020년에 최초로 레이크필드Lakefield라는 이종 아키텍처 CPU를 소량 내놓았으며, 2021년 말에야 데스크탑용으로 알더 레이크라는 CPU를 내놓음으로써 이종 아키텍쳐 CPU 시대에 합류할 수 있게 될 것이다.

하지만 ARM이 영광을 차지하지 못한 곳도 있었다. 바로 서버 시장이었다. 서버 시장은 전통적으로 최상단에 메인프레임이라고 부르는 미션 크리티컬^{Mission Critical}(결함이 있거나 정지하면 안 되는 하드웨어적 환경의 근간 시스템)한 시스템이 존재하며, 해당 시장은 IBM의 POWER 아키텍처가 강력하게 자리 잡고 있었다. 이들은 인텔의 CPU는 우습게 보일 정도의 거대한 24코어 96스레드의 슈퍼스칼라 프로세서를 최대 16개까지 탑재했다. 무려 1,536개의 압도적인 스레드 개수뿐만 아니라 스레드당 성능도 인텔의 CPU들을 가볍게 압도했다. 증권거래소, ERP 등 막대한 연산력을 통해 실시간으로 의사결정을 내려야 하는 시장에서 이러한 시스템을 도입했으며, 그 폐쇄성이나 안전성 문제로 인해 지금까지도 인텔이 제대로 진입하지 못하는 시장이다. 예를 들어 한국거래소는 거래가 몇 초만 정지되더라도 수많은 옵션이나 현물 거래자들에게 막대한 돈을 물어줘야 한다.

그 아래쪽에는 소모품에 해당하는 서버 시장이 존재한다. 전체 서버 시장의 90%를 차지하며, 지난 15년간 인텔이 독주하고 있는 지역으로 ARM은 이쪽에 도전장을 내보기도 했다. 퀄컴, 캐비엄, 어플라이드마이크로^{AppliedMicro} 등 크고 작은 업체들이 최대 48코어에 해당하는 거대한 칩을 설계해 시장에 내놓았지만 매번 시장의 반응은 싸늘했다. 이들 ARM 서버들은 공통적으로 스루풋(최대 처리 용량)은 뛰어났지만 반응성(개별 코어의 최대 속도)이나 메모리 성능에서 언제나 인텔을 이기지 못했다. 특정한 용도에 한정해서는 인텔보다 뛰어날 수는 있었지만, 겨우 그 정도의 이득으로는 페이스북, MS, 구글 등의 거대 고객사가 옮겨올 리가 없었다.

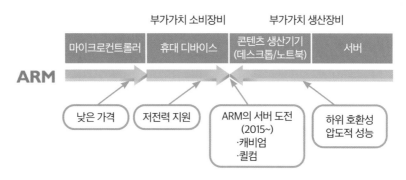

그림 2-38   출하량은 늘었지만, 진정한 컴퓨팅의 지배자가 되지는 못한 ARM

거대 고객사들이 움직인다는 뜻은 그들이 수십 년간 개발해온 x86 위에서 작동하는 소프트웨어 기반을 옮겨야 한다는 뜻이다. 수많은 레이어에 존재하는 수천 종의 소프트웨어를 다시 ARM에서 동작하도록 컴파일해야 하며, 혹시나 있을지 모를(현업자 입장에서는 안 나올 리가 없는) 호환성 문제들을 찾아내야 한다. x86 역시 한계와 버그가 존재하며, 그걸 우회^{workaround}해놓은 수많은 코드가 숨어 있기 때문이다. 무리한 이행으로 자칫 서비스 성능이 감소하거나, 최악의 경우 서비스가 잠시 중단되기라도 하면 수많은 고객사로부터 원성을 듣게 될 것이다.

비슷한 수준의 최고 스루풋, 부족한 반응성 수준으로는 고객들이 위험을 감수할 이유가 없었다. 서버 하드웨어는 쌌고, 소프트웨어 및 관리 비용은 비쌌으며, 시장 역시 ARM이 모바일에 진출했을 때와는 달리 'ARM이 아니면 안 되는 상황'이 아니었다. 인텔의 서버 라인업은 촘촘했다. 다양한 전력 소비량을 가진 서버 CPU가 있었으며, 사용자가 더 많은 램을 원하는지, 아니면 더 많은 CPU를 원하는지 등에 맞춰진 제품도 다양했다. 2021년까지도

ARM의 데이터 센터 진출은 아마존 AWS의 극히 일부 서비스(EC2 A1), 클라우드플레어CloudFlare의 에지 서버edge server 부분에 한정되어 있다.

데스크톱으로 진출하기도 쉽지 않았다. 앱스토어를 중심으로 하는 ARM의 소프트웨어 생태계가 완숙기에 접어들긴 했지만, 이들은 대부분 스마트폰이나 태블릿에 집중되어 있었다. 이러한 제품들은 대부분 사용자Consumer에게 중요하다. 게임, 손전등 앱, 사진찍기 앱, GPS 앱 등 수많은 앱이 존재하지만 이러한 앱들은 일반적으로 돈을 내고 즐거움을 얻는 것이지, 콘텐츠를 만드는 앱들은 아니었다. ARM의 열풍은 손바닥 안에서 인터넷을 할 수 있다는 즐거움에서 시작되었지만, 입력장치는 콘텐츠를 만들기에는 역부족이었다. 스마트폰이 가진 터치스크린, 카메라, 자이로센서 등은 무언가를 창조해내기에는 역부족이었으며, 당연하지만 그 위에서 개발자나 콘텐츠 제작자들이 원하는 앱이 태어나기는 매우 힘들었다.

전문 일러스트레이터는 여러 개의 모니터를 놓고 수많은 레이어를 겹친 뒤 기본 용량이 수백 메가바이트에 해당하는 파일을 실시간으로 편집해야 하는 경우도 있다. 프로그래머들은 수십만 줄의 코드를 작성한 뒤, 한 자리에 모아서 무려 20시간이 넘게 컴파일을 기다려야 하는 경우도 있다. 사무 인력들은 엑셀, 파워포인트 등을 이용해 키보드와 마우스를 쉼 없이 사용하여 발표 자료를 만들어야 한다.

ARM 기반의 데스크톱 PC가 일단 등장한다고 해도, 쓸 만한 콘텐츠 생산 프로그램이 없으니 사용자가 없게 되고, 사용자가 없으니 역시 만들 이유가 없어지게 되는 것이다. 아이러니하게도 스마트폰에서 돌아가는 수많은 ARM 기반 프로그램은 인텔 x86 환경 위에서 크로스 컴파일러를 이용해서 만들어진다. 저전력 환경에서 돌아가는 수많은 프로그램은 아이러니하게도 저전력 환경에서는 개발할 수가 없는 것이다. 스마트폰으로 보는 유튜브의 수많은 동영상과 인터넷의 일러스트도 x86 기반 PC에서 인코딩된 것이다.

이러한 문제는 업무용 노트북 시장에서도 나타난다. 삼성전자나 퀄컴과 같은 회사가 고성능 ARM기반 노트북을 만들려고 해도 ARM에서 지원되는 연산력이 크게 필요한 고생산성 프로그램이 없으니 ARM 고성능 노트북은 수요가 별로 없고, ARM 기반 노트북으로 생산적인 일을 하려고 하면 정작 프로그램이 없는 상황이다. 마치 닭이 먼저인지 달걀이 먼저인지 따지는 것과 같다. ARM 기반의 노트북을 만드는 회사들은 기기 사양이 통일되어 있지 않아서, 소프트웨어를 만든다고 하더라도 각 제조사의 노트북에서 프로그램이 잘 돌아간다는 보장을 할 수 없다. 다양성에 발목이 잡히는 것이다.

이런 상황을 ARM이 스스로 해결할 수도 없다. ARM 디바이스 완제품 사업자가 상당수 정리되고 강제로 통일되어야 가능하기 때문이다. 다양성을 바탕으로 성장한 회사지만, 이제는 다양성을 버리고 통일시켜 덩치를 키워야만 기존 거인과의 싸움을 해 볼 수 있는 것이다.

애플처럼 애초에 생태계가 분리되어 있던 회사라면 호환성 문제에서 조금 더 자유로우니 가능성이 있을 것이다. 실제로 애플은 자사 AP의 성능을 극한으로 끌어올림으로써 인텔 x86 프로그램을 에뮬레이션하여 쓸만한 성능으로 돌리는 데까지 성공하였다. 다만 이 경우에도 애초에 애플 생태계에서 다루지 않던 데이터센터 서버 등의 분야로 진출하는 것은 매우 어려운 상황이다.

2010년 ARM의 질주가 시작되었을 때 수많은 사람이 컴퓨팅의 큰 축을 ARM이 차지하게 될 것이라고 예견했다. 자신이 앞에 나서지 않고 특허와 설계만을 판매하는 사업 모델 덕분에 인텔의 빈틈을 뚫고 저전력 다목적 AP를 설계할 수 있는 기반을 시장에 제공했다. 그로써 모바일 시장에 진입하기에는 약간 기술이 부족했던 회사까지 시장으로 끌어들일 수 있었다. 이렇게 형성된 다양성은 모바일 생태계를 이루고, 나아가서 ARM 자신도 CPU 설계를 통해 컴퓨팅의 일부를 이끌어갈 수 있게 되었다.

하지만 처음의 질주가 무색하게도 모바일 이외의 환경에서는 큰 성공을 거두지 못했다. 서버 시장을 향했던 ARM을 칼날은 인텔의 앞에서 가로막혔으며, 콘텐츠를 생산하는 시장으로 나아가지도 못했다. 모바일 GPU의 경우 성능이나 시장점유율에서 퀄컴이나 파워VR을 이기지 못하는 묘한 상황이 이어지고 있다. 또한 AMD의 GPU 설계인 RDNA 역시 삼성전자와의 협업을 통해 모바일에 진출하려 한다.

ARM은 자칫 사람들이 업무할 때 사용하는 CPU가 아닌, 여가 시간에 가지고 노는 '장난감'용 AP 제조로 끝날지도 모를 위험을 안고 있는 것이다. 게다가 이미 모바일 시장이 성숙해져 스마트폰 출하량 상승률이 감소하고 있으며, 플레이어의 수가 줄어들기 시작했다. 또한 퀄컴과 삼성, 화웨이 같이 AP 대부분을 스스로 설계하는 회사가 시장을 차지하는 비율이 커지기 시작하면 ARM의 실적 역시 흔들릴 위험이 있다. ISA만을 라이선싱하는 방법은 설계 자체를 라이선싱하는 것보다 훨씬 이익이 적다.

이제는 상당히 성숙해진 ARM이 다시금 나아가기 위해서는 모바일에서 그러했듯 새로운 시장을 찾아내야 한다. ARM은 인텔과는 달리 자신의 고객들이 필요로 할 것 같은 기술을 먼저 개발하여 일종의 노하우로 쌓아두고, 필요할 때 고객에게 제공해 고객이 새로운 시장에 진출할 수 있도록 도와야 한다. 예를 들면 모바일 시대 초반에도 그랬듯이 곧 수요가 폭발할 자동차용 반도체에 필요한 저전압, 고온 상황에서의 고신뢰성을 보장할 수 있는 표준 설계를 싸고 쉽게 제공하는 등의 일이 필요하다. 혹은 메이저 하드웨어 제조사나 마이크로소프트 등의 행보를 지켜보다가 기회를 잡아 콘텐츠 생산 시장을 목표로 도전해볼 수도 있을 것이다.

막강한 가능성 덕분에 ARM은 반도체 M&A에 꾸준히 언급되고 있다. 2020년 NVIDIA는 ARM 인수를 시도하였으나 불발되었다. 이후 ARM이 상장을 시도하자 삼성, 애플, 인텔 등이 투자 참여 의사를 타진하기도 하였다. 투자 참여 의사를 밝힌 회사들의 다양한 업태를 볼 때 ARM의 전체 전자 제품에 미치는 영향력과 가능성이 얼마나 큰지 알 수 있을 것이다.

엔비디아 : 변두리에서 컴퓨팅의 중심으로 진출한 다크호스

2000년도에 NVIDIA는 그래픽 업체로 잘 알려져 있었다. 그래픽 표시 자체도 나름의 기술력을 요구하는 일이었지만, 당시 프로그램의 성능 대부분은 CPU와 그 위에서 돌아가는 소프트웨어에 의해서 결정되었다. 그래픽 카드의 역할은 영상을 예쁘게 띄워주는 것이었다고 할 수 있다. 물론 GPU 자체도 반도체로 이루어진 첨단기술이긴 하지만, 프로그램 수행의 결과를 받아서 명령대로 움직이는 존재에 가까웠지 무언가 결정을 내리는 역할은 아니었다.

하지만 이런 GPU의 위상은 기존의 CPU 성능 향상이 한계에 도달하고, 이로 인해 대안으로 떠오른 기계학습 능력이 빛을 발하면서 크게 변화하기 시작했다. 기계학습은 기존 CPU의 성능 향상 한계를 벗어나게 해주는 수단이었으며, 조건 자체를 찾는 것이 매우 어려웠던 문제들을 해결할 수 있게 해주었다. AI는 강력한 비순차 처리 능력을 갖춘 CPU를 통해 수많은 조건을 헤쳐 나가며 빠르게 참과 거짓을 판별하여 동작을 결정하는 방식이 아니었고, 대규모의 '무식한' 연산을 수많은 연산장치에 욱여넣는 방식으로 구현되었다. 과거에는 프로그래머가 조건을 찾아 함수를 넣어 주면, CPU가 각종 분기를 타며 최종 조건을 계산해야 했다면, 지금은 인공 신경망을 구성한 뒤 수많은 데이터를 투입하여(한 달 이상) 신경망을 학습시키면 된다. 그 뒤에 그 학습된 신경망에 추측하고자 하는 값을 집어넣으면 대부분 곱셈과 덧셈으로 구성된 계산만으로 원하는 것을 찾아낼 수 있다.

이는 그야말로 그래픽카드가 해오던 일 그 자체였다. CPU도 4~20개 등 다중코어 시스템으로 나아가긴 했지만, 여전히 CPU로서의 역할을 하기 위해서는 거대한 디코더, 비순차 수행기 등 거대한 하드웨어가 필요했다. 때문에 그래픽카드가 가진 수천 개 수준의 연산장치를 따라갈 수는 없었다. 그래픽 카드의 연산장치는 1,000단위로 붙기 때문이다.

물론 엔비디아의 행운은 거저 얻어진 것은 아니었다. 하드웨어가 아무리 병렬연산에 특화되었다고 해도 사용하기 어렵다면 큰 의미가 없다. 사용하기 쉽고 비즈니스 핵심에 써도 된다는 확신을 줄 만큼 신뢰할 수 있어야 한다. 다행히도 엔비디아는 오래 전부터 GPU를 이용하여 기존 CPU가 차지하고 있던 시장 중에서 대규모 단순연산이 주가 되는 시장에 진출하려는 노력을 수없이 해왔다.

엔비디아는 2008년 에이지아^{Ageia}라는 물리 연산 가속기 전문 회사를 인수하여 대규모 물리학 시뮬레이션이 필요한 분야에 진출하려고 했다. 물리 연산 역시 그래픽 표시 작업과 마찬가지로 특정 정지된 시간에 공간상에 표

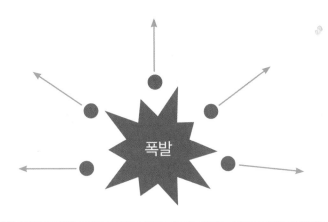

그림 2-39 폭발에서 튀어 나오는 각 파편의 다음 위치는 따로 계산할 수 있다.

시된 물체들의 속도 등을 각기 따로 계산하면 되는 작업이기 때문이다. 사방으로 튀는 파편이나 여기저기 따로 심어진 풀은 서로에게 거의 영향을 미치지 않기 때문에 각자의 다음 상태를 병렬로 계산할 수 있다.

그뿐만 아니라 CUDA를 개발하고 프로그래머들이 CUDA를 통해 쉽게 프로그래밍할 수 있는 수많은 툴을 제공하여 GPU를 통해 연산 시장에 진출하려고 했다. 이를 위해 사용자들이 GPU를 통해 여러 가지 일을 할 수 있도록 돕고 있었다.

최초의 CUDA는 2006년에 출시되었으며, 그래픽카드 종류에 무관하게 엔비디아 CUDA를 지원하기만 하면 사용할 수 있었기 때문에 일련의 사용자층이 생겨나기 시작했다. CUDA는 물리학 시뮬레이션과 인코딩/디코딩 등에 사용되었다. AI가 크게 떠오르자 CUDA는 GPU와 큰 시너지를 발휘하게 되었다. 그래서 엔비디아는 그래서 GPU^Graphic Processor Unit를 GPGPU^General Purpose GPU라는 이름으로 재명명하기도 했다. GPU는 단순

표 2-7   엔비디아의 컴퓨팅을 향한 수많은 행보

	2001	2006	2007	2008
엔비디아 CUDA	지포스(GeForce) 3 발매. 최초의 프로그램 가능한 GPU	G80 등장. 스레드 (Thread) 등 컴퓨팅에 가까운 용어, 디자인으로 변화	CUDA 첫 릴리스	물리가속 전문 카드 회사 에이지아 인수

히 모니터에 그림을 띄우는 칩이 아니라는 엔비디아의 선언이었다.

GPU의 사실상 유일한 경쟁자였던 AMD는 CPU와 GPU 모두를 가지고 있어서 컴퓨팅에서 더 유리한 위치를 차지할 가능성이 있었으나, CPU에서의 실패로 인해 스스로 주저앉게 되면서 존재감이 사라지게 되었다. 그리고 엔비디아는 GPU 기반의 컴퓨팅에서 경쟁할 자가 없는 자리에 서게 되었다.

심지어 인텔이나 ARM도 GPU라는 테두리 안에서는 엔비디아에게 몇 수 접어주어야만 했다. ARM의 말리는 대형 하드웨어를 두고 고성능 컴퓨팅을 제대로 시도해본 일이 없다. 인텔은 라라비^{Larrabee}라고 부르는 x86 기반의 병렬 프로세서를 개발하려 했으나 제대로 된 성능을 내지 못하여 계획을 전면 재검토해야 했다. 인텔의 그래픽 카드 잔혹사는 2017년 라자 코두리가 AMD에서 옮겨 오고 나서야 개선의 바람이 불기 시작했으며, 2020년 들어서야 쓸만한 물건이 나오게 된다.

자연스럽게 경쟁자들이 사라지자, 엔비디아는 이 분야의 최강자로 군림하게 되었다. 2021년 2분기 기준 엔비디아는 팹리스로서는 퀄컴 바로 아래로 세계 2위에 위치해 있다. 경쟁 회사가 모뎀부터 AP 등 수많은 컨트롤러를 판매하는 회사임을 감안했을 때, 차지할 수 있는 거의 최고의 위상으로 떠오른 것이다. CPU'도' 같이 파는 AMD는 매출로는 엔비디아의 60~70%

수준밖에 되지 않는다.

이러한 위치를 차지하게 된 엔비디아는 늘어난 고객들과 높아진 연산력, 신뢰성에 관한 요구사항을 충족시킨 덕분에 기존 하드코어 게이머^{Enthusiast}를 압도하는 더 큰 지불 용의를 가진 고객들을 만날 수 있었으며 이를 기반으로 TSMC의 최첨단 공정을 마음껏 사용할 수 있게 되었다.

실제로 게이밍 카드의 가격은 최고급이라고 해봐야 100만~200만 원 선이었지만 머신 러닝 전용 카드들의 가격은 1,000만 원을 넘어선다. 게다가 이제는 단일 카드만 파는 것이 아니라, 일종의 소형 슈퍼컴퓨터와 비슷한 콘셉트로 팔기도 한다. 여러 개의 엔비디아 A100 카드를 엮어 만드는 컴퓨터인 엔비디아 DGX A100의 초기 출시가는 〈그림 2-40〉의 기사에서도 확인할 수 있는 것처럼 무려 19만 9,000달러(한화 약 2억 3,400만 원)에 달했다. 최고급 외제차를 사고도 돈이 남을 정도로 엄청난 액수임을 알 수 있다. 이런 제품들이 공급부족에 시달리는 것이 엔비디아가 처한 즐겁고도 놀라운 상황이다. 기세가 잠시 주춤하나 싶었지만 2022년 ChatGPT가 등장하면서, 지금까지 보지 못했던 더욱 큰 성장을 보여주고 있다.

머신 러닝을 하는 고객들이 연산력을 크게 필요로 하면서 부가가치가 넘치는 시장이 열렸고, 이 영역에 발을 디디자 매출과 실적이 폭등하게 된 것이다. 이런 장비를 이용해 수익을 올리는 구글과 같은 회사들은 회사 매출액에 비해 직원의 수가 적으며, 비싼 디바이스를 사는 회사들 역시 높은 수

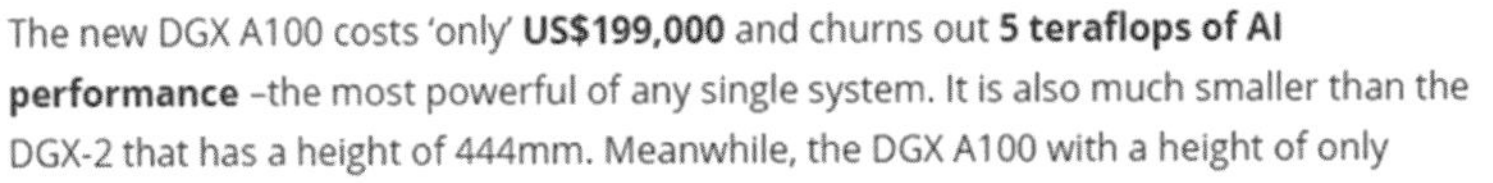

The new DGX A100 costs 'only' **US$199,000** and churns out **5 teraflops of AI performance** –the most powerful of any single system. It is also much smaller than the DGX-2 that has a height of 444mm. Meanwhile, the DGX A100 with a height of only

그림 2-40 DGX A100의 발매 가격을 설명하는 뉴스(hardwarezone.com)

익을 올리고 있기 때문에 이러한 지출이 가능한 것이다. 엔지니어 각자에게 2억 원 이상의 임금을 지불할 수 있는 회사가 엔지니어 3~4명당 디바이스 한 대를 지급하지 못할까?

엔비디아는 기존의 광대하던 PC 게이밍 시장은 그대로 유지하고 있으며, 시대가 변화하면서 슈퍼컴퓨팅, 서버, 자율주행차 등 수많은 분야에서 PC 게이밍을 능가하는 광대한 성장 시장을 차지했다. 물론 모든 사업이 성공적이지는 않았다. NVIDIA의 모바일 진출용 AP였던 테그라^{Tegra}는 결국 스마트폰이라는 플랫폼에는 자리를 잡지 못하였기 때문이다. 이는 앞에서 언급된 거대한 성공에 비하면 조족지혈에 불과하다. 엔비디아가 놓친 시장은 콘텐츠 소비용 디바이스일 뿐이고, 새로 차지한 시장은 컴퓨팅을 고강도로 수행하는 부가가치가 넘치는 시장이기 때문이다.

심지어 테그라는 살아남아서, 모바일 시장을 떠나 무주공산이었던 인공지능 에지$^{Edge\ AI}$ 부분의 시장을 개척하고 있다. 엔비디아의 솔루션인 젯슨^{Jetson} 시리즈의 설계에 재활용되었기 때문이다. 본래 모바일 시장 목표에서는 빗나갔지만, 나름 자신의 자리를 찾은 것이다. 지금의 테그라는 초저전력부터 고성능까지 다양한 형태로 설계되어 전자는 머신 러닝 입문자들이 좋아하는 젯슨 나노에, 후자는 자율주행에도 사용 가능한 고급형 모델인 자비어^{Xavier}에 투입하고 있다.

NVIDIA의 CUDA 개발자 생태계는 이제 NVIDIA를 지켜주는 든든한 진입장벽이 되었다. 인터넷의 오픈소스 기반 AI 코드는 대부분 NVIDIA CUDA가 있는 것을 전제하고 작성되어 있으며, 이 코드들을 주로 사용하는 프로그래머들이 자리 잡았다. 당분간 경쟁이 거의 없는 시장에서 엔비디아는 독과점에 가까운 지위를 누릴 수 있을 것이다. 그리고 이러한 지위를 유

그림 2-41   NVIDIA의 젯슨 나노

지하기 위해 엔비디아는 지속해서 CUDA에 신기능을 도입하고 있으며, 젯슨 나노^{Jetson Nano}와 같은 CUDA를 사용하는 개발자 보드를 개발하여 머신 러닝에 관심을 가지게 된 초보자들을 계속 엔비디아의 품에 끌어들이려고 노력하고 있다. 젯슨 나노는 카메라까지 갖추어도 20만 원 정도면 구매가 가능한데다 각종 기능이 충실하여, 당장 고급 컴퓨터를 살 수 없는 사람들은 웹 서핑용 컴퓨터 정도로도 사용이 가능할 정도이다.

실제로 엔비디아는 젯슨 나노에 약 10줄 정도의 코드만 짜면 이미지 인식 등을 시킬 수 있는 젯슨 인퍼런스^{Jetson Inference}의 예시를 무료로 제공하고 있다. '우리와 함께하면 인공지능은 정말 쉽다'라는 메시지인 것이다.

다만 엔비디아에게도 위협은 존재한다. 엔비디아의 새로운 상품들은 대부분 GPGPU를 중심으로 하고 있으며, 필요한 경우 기존 GPGPU 근처에 ARM 프로세서를 결합하여 제어 능력을 부여한 것이 대부분이다. 엔비디아는 이러한 소형 프로세서의 자체 설계를 가지고 있지 않아 결합 정도가 제한될 수밖에 없다. 만약 인텔과 같은 거대한 기업이 고성능 로직 프로세서와 기존에 잘 갖춰진 x86 생태계를 FPGA, 혹은 GPGPU를 결합하고 이를 통해 강력한 부가가치를 만들어내기 시작하면 큰 위협이 될 수 있다. 비록 수년간 GPU 시장에서 힘을 쓰고 있지는 못하지만 x86의 2인자인 AMD 역시 아직 사라진 것은 아니다.

혹은 구글과 같은 강력한 소프트웨어 기업이 알파고에서 했던 것과 마찬가지로 자체 가속기를 설계해 사용하고, 나아가서 해당 가속기에 맞는 소프트웨어 환경을 구축하기 시작할 수도 있다. 이렇게 되면 엔비디아는 큰 고객의 손실과 생태계 주도권의 상실이라는 두 가지 문제를 한 번에 겪게 될 수도 있다. 물론 엔비디아 역시 텐서 연산기를 칩에 내장하는 등의 방식으로 성능 우위를 유지하려고 한다. 그러나 결국 연산의 종류를 결정하는 것은 소프트웨어 기업이기 때문에 언제나 한발 늦을 위험이 있다. 어찌 보면 컴퓨팅 패러다임의 변화로 기존 경쟁자들이 물러갔지만 이로 인해 기존보다 더욱 강력한 생태계의 지배자급에 해당하는 경쟁자들을 맞이하게 된 것이다.

NVIDIA도 자신 앞에 있는 기회와 위협 모두를 잘 이해하고 있을 것이다. 인텔의 패트릭 겔싱어 대표는 "온 업계가 CUDA 시장을 없애고 싶어 한다(You know, the entire industry is motivated to eliminate the CUDA market)"라고 언급하기도 하였다. NVIDIA는 앞으로도 생태계 구성원들이 감히 자신들을 버리지 못할 정도로 지속적으로 새로운 것을 제공해야 하는 것이다. ARM 인수 시도와 같이 생태계 장악력을 높일 수 있는 시도를 계속해 나가야 할 것이다.

TSMC : 제조 분업화의 최대 수혜자

TSMC는 일반인들에게 잘 알려진 기업이 아니었다. B2B에서 자신의 역할을 조용히 영위하는 기업이었기 때문이다. 마이크로컨트롤러, PMIC(전력 반도체) 등 작은 제품에 들어가는 칩을 위탁 생산하는 기업이었기 때문에 이름이 알려지는 일은 드물었다. 당연히 맨 앞에서 알려지는 이름은 인텔, 삼성전자 같은 반도체 공룡이나 애플 같은 완제품 회사였다. 조금 더 지식이 있는 사람이라면 마벨, 퀄컴 등 칩 자체를 설계한 회사까지는 들어보았을 것이다. 물론 대만의 경쟁자인 UMC와의 대결 구도 등 흥미로운 드라마가 많은 기업이었지만, 그동안은 '그들만의 싸움'이라는 이미지가 강하여 그런 싸움의 의미가 부각되지 않았다.

하지만 이러한 상황은 모바일 혁명이 시작되면서 크게 변화하기 시작한다. 스마트폰이 인텔 CPU 대신 ARM을 선택하여 사람들에게 최초로 침투하고 성공을 거두기 시작하자, 사용자들이 스마트폰에 요구하는 기능이 늘어났다. 이로 인해 스마트폰 AP의 저전력이란 요구는 '저전력 + 고성능'이라는 두 가지 목표로 진화했다. 이를 이루게 해주는 마법은 바로 공정 미세화였으며, TSMC는 수많은 AP회사들이 찾아갈 수 있는 몇 안 되는 회사 중 하나이자 가장 신뢰할 수 있는 파트너였다. 그리고 스마트폰에서 쏟아져 들어오는 높은 부가가치는 TSMC가 첨단 공정을 향해 나아갈 수 있는 원동력이 되었고, 이는 다시금 스마트폰 시장이 더 많은 부가가치를 만들 수 있도록 선순환에 기여하였다.

TSMC는 머신 러닝이 크게 유행하면서 겹경사를 맞이하게 되었다. 머신 러닝의 핵심 반도체인 GPU도 팹리스인 NVIDIA의 제품이었으며, NVIDIA는 TSMC에 대부분의 위탁 생산을 맡기는 업체였다. 인텔이 놓친 저전력, 병렬 연산 시장에 해당하는 트랜지스터 수요는 대부분 TSMC가 차지하게 된 것이다.

덕분에 2015년이 지나자 TSMC의 자본투자 규모는 한때 세계 최고의 반도체 기업이었던 인텔을 넘어서게 되었다. 이런 자본투자의 상당 부분은 현

세대 첨단 공정을 위해 투자되는 것이다. 수요가 급격히 늘어나는 반도체들의 생산 대부분을 차지하게 된 덕분이다. 이젠 2022년 3나노 반도체 양산을 목전에 두게 되었으며, 2024년쯤에는 2나노급 반도체를 양산하게 될 것이다. 그리고 앞으로도 이러한 첨단 공정에 대한 투자는 높은 시장 수요 덕분에 더 높은 순이익으로 돌아오게 될 것이다. 투자하지 않으면 되레 고객인 팹리스들이 당황하게 될 것이다. 투자하지 않을 이유가 없다.

이러한 위상 변화 덕분에 TSMC는 과거의 사업 모델을 더욱 강화하면서도 정교화할 수 있게 되었다. 본래 TSMC의 사업 모델 중 한 가지는 구세대 공정을 한참 동안 사용하는 것이었는데, 모바일 혁명 이후 이러한 일을 더욱 쉽게 해낼 수 있게 된 것이다. 반도체의 수요가 완제품 PC뿐만 아니라 수많은 마이크로컨트롤러와 AI 가속을 위한 가속기까지 뻗쳐나가게 되자, 구 공정에도 수많은 첨단 고부가가치 칩 생산 수요가 몰리게 된 것이다. 이 시기에 생겨난 수많은 작은 회사는 칩의 설계를 매해 바꾸기에는 큰 부담을 느끼는 경우도 있었다. TSMC는 이러한 회사들을 위해 구 공정에서 만든 설계를 거의 재활용하면서도 성능과 면적은 개선하는 공정들을 개발해나가고 있다. 〈그림 2-42〉는 삼성전자가 발표한 파운드리 전략인데, TSMC 역시 유사한 전략을 취하고 있다.

TSMC는 이러한 장점을 더욱 적극적으로 사용할 수 있게 되었다. 예를 들면 첨단 7nm 공정에서는 하이엔드 스마트폰용 AP와 CPU, 엔비디아의 GPGPU를 위탁 생산하고, 14~28nm 정도의 구세대 공정에서는 중간급 스마트폰용 AP와 고용량 SSD 등에 사용할 대형 마이크로컨트롤러 등 소위 가성비 라인에 해당하는 제품과 주변 부품을 위한 칩을 위탁 생산하는 것이다.

이러한 방식은 모든 업체에 도움이 되었다. 첨단 공정은 분명 성능도 좋

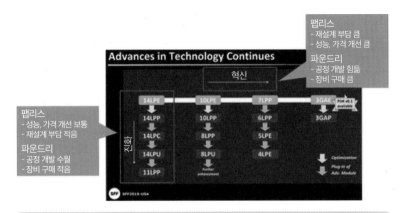

그림 2-42　삼성전자의 파운드리 전략: 고속 컴퓨팅과 고효율을 추구하는 고객을
위한 혁신 방향과 개발원가 절감을 추구하는 고객을 위한 진화 방향㉑

고 가격도 싸긴 하지만, 이는 대량으로 판매할 때의 이야기다. 첨단 공정으로 칩을 설계하는 것은 칩을 새로운 위험에 노출시킬 뿐 아니라, 값싸진 트랜지스터들의 용도를 정하고 더욱 늘어난 하드웨어 블록들을 검증해야 하는 어려움이 생겨나게 된다. 뿐만 아니라 TSMC 자신의 사정으로 공정 도입이 늦어지거나 수율 안정화에 문제가 생기는 경우, 로드맵이 전체적으로 밀리는 문제가 생길 수 있다. 이런 큰 위험을 버틸 수 있는 회사들이 선제적으로 신기술에 달려들 수 있다. 이들은 컴퓨팅의 최전선에 있기 때문에 이런 위험이 실제로 일어나더라도 충분한 매출과 순이익을 누릴 수 있다.

　반면 후발주자거나 반도체 시장에서 전력 대비 성능비나 절대적 성능이 상대적으로 덜 중요한 고객들의 경우 이미 검증된 구세대 공정을 사용해 자신들의 칩을 양산하는 것이다. 예를 들면 SSD용 컨트롤러의 경우, 분명 전체 서버의 전성비나 성능에 영향을 미치기는 하겠지만, 서버의 GPGPU나 CPU만큼 전체 시스템에 미치는 영향이 크지는 않을 것이다. SSD는 어디까지나 연산장치가 아닌 저장소이기 때문이다.

무엇보다도 SSD 컨트롤러를 설계하는 인원의 숫자는 AP 설계 인원보다 적을 수밖에 없다. 때문에 조금이라도 잘 알려진 길을 감으로써 인원 필요를 줄일 필요가 있다.

연산 성능이나 시스템 전체에서 사용하는 에너지가 워낙 커서 전력을 조금 아낀다고 하더라도 크게 티가 나지 않는 분야라면 10년이 넘은 공정을 이용해 만들기도 한다. 자동차 ECU용 반도체 대부분이 그러한 예이다. 너무 오래되어 증산을 생각하지 않다 보니, 갑작스러운 시장의 수요 폭등으로 공급에 차질이 생기기도 했다.

TSMC는 이러한 수요도 놓치지 않기 위해 구공정을 계속 그대로 두지는 않고 지속적으로 개량하고 파생공정을 만들어내기 때문에, 고객들이 반드시 첨단 공정을 차지하지 않더라도 지속적인 성능 개량이 가능하다. 실제로 TSMC는 16nm 공정의 대부분을 계승한 12nm 공정을 소개하기도 했다. 이러한 공정은 팹리스들이 기존 16nm 설계를 거의 바꾸지 않고도 사용할

2016년 2분기부터 TSMC는 가격대 성능비가 더욱 뛰어난 16FFC 양산을 시작하였다. 16FFC는 노광 패턴의 미세화와 제조 프로세스 단순화를 통해 원가를 낮추었으며, 나아가 2017년 양산에 들어간 12nm FinFET Compact Technology는 게이트 밀도를 최대로 끌어 올렸다.

그림 2-43 TSMC는 16nm(2013) 공정의 밀도를 극적으로 높인 12nm(2017)공정을 도입했다.

수 있기 때문에 팹리스들의 수요도 클 뿐만 아니라, TSMC 입장에서는 큰 투자를 하지 않고도 설비를 재사용할 수 있는 장점이 된다.

모바일의 대두 이후 TSMC의 성장가도는 예상된 것이었다. 시장이 원하는 칩의 디자인은 다양해졌지만, 반도체 제조의 파괴적인 원가 경쟁의 특성상 미세공정을 밀어붙일 수 있는 회사는 지속적으로 줄어들 수밖에 없었다. 이 기간 동안 TSMC의 발전은 그야말로 괄목할 만하다. 2012년 분기 4조 원 수준이던 매출액은 분기 10조 원 가까운 액수로 성장했다. 이는 엄청난 성장세이며, 이를 발판 삼아 동시대 미세공정 밀도 대결에서 세계 최강이었던 인텔을 누르는 데 성공했다. 2021년 시가총액 기준으로 삼성전자와 인텔 모두를 제치는 쾌거를 이루었다. 심지어 인텔 CPU 중 일부가 위탁 생산될지도 모른다는 소문까지 돌았다. 주요 팹리스의 수요 폭등이 예상된 까닭에 파운드리에만 무려 31조 원의 설비 투자를 계획하기 시작하였다. 이는 2020년 삼성전자 반도체 전체 분야 투자액인 32조 9,000억 원(출처: 삼성뉴스룸)과 맞먹는 액수이다.

2012년만 해도 TSMC뿐만 아니라 글로벌파운드리^{GlobalFoundry}, 삼성전자, UMC, SMIC 등 5개의 유사한 파운드리 모델을 가진 업체가 있었다. 이 업체들 모두 지속적으로 첨단 파운드리 공정을 밀어붙였지만, 결국 하나씩 고성능 컴퓨팅을 목표로 하는 첨단 공정을 포기하고 내실 다지기 전략으로 돌아섰다. 한때 인텔과 세계 로직 시장을 양분하였던 글로벌파운드리*조차도 2018년, 7nm 공정을 양산하지 않을 것임을 발표하면서 결국 첨단 파운드리 시장

---

* 글로벌파운드리는 과거에 AMD의 제조 부문이었다.

TSMC의 매출

그림 2-44 TSMC의 2012년부터 2019년까지의 분기 매출

에는 전통적인 강자였던 TSMC와 타사들과 체급 자체가 다르고 자사 물량도 어마어마했던 삼성전자 단 둘만이 남게 되었다. 글로벌파운드리, UMC, SMIC가 만들던 첨단 설계 물량의 상당량은 이 두 회사가 서서히 이어받게 될 것이다. 실제로 글로벌파운드리가 위탁 생산하던 IBM의 메인프레임용 POWER 계열 CPU는 삼성전자에게 넘어갔으며, AMD의 물량은 TSMC로 넘어갔다.

이렇게 사실상 단 둘만이 남은 파운드리 시장이기에 TSMC의 미래는 아주 밝다. 주문은 끊이지 않을 것이고, 매출은 지속적으로 발생할 것이다. 후발주자인 삼성전자가 있기는 하다. 그러나 과점화된 시장의 특성상 두 플레이어가 한쪽이 죽을 때까지 치킨게임을 벌일 수는 없을 것이다. TSMC가 삼성전자 파운드리를 죽이기에는 반도체 회사로서 삼성전자의 체급은 너무나 거대하다. 그리고 삼성전자가 TSMC를 공격한다면 고객사들이 공급선 다변화라는 명목으로 균형을 맞출 것이다.

다만 TSMC는 스스로 수요를 만들 수는 없는 기업이다. 그렇기 때문에 거대한 혁신의 반사이익을 온전히 차지할 수 없다. 2023년, 팹리스인 NVIDIA는 ChatGPT 혁명이 일어나자 TSMC 전체 매출의 절반 가까운 매출을 기록했다. TSMC는 자신의 고객이 엄청난 이익을 누리는 상황에서도 약속한 매출만을 얻는 것이다. 그렇다고 이러한 상황을 타파하기 위해 TSMC가 설계 분야에 진출한다면 고객의 큰 원망을 받게 될 것이다.

TSMC는 반도체 제조에서는 첨단 공정을 가장 먼저 도입하는 혁신가 중 하나다. 하지만 IT 업계 전반적인 시선으로 보면 예전에도 그래왔듯 앞으로도 혁신가들이 무언가 새로운 제품을 원할 때, 신형 반도체 설계가 나타나면 그 자리에서 모든 걸 준비하고 기다리며 IT 혁신의 마중물 역할을 해나갈 것이다. 어쩌면 '최종 수요는 더 민첩한 사람들에게 맡기겠다'는 이 생각이야말로 정말 앞서가는 회사의 생각일지도 모른다. 골드 러시 시대의 현명한 자는 청바지와 곡괭이를 팔지 않았던가?

구글 : 사용 시나리오를 지배하는 거대 반도체 수요자

구글은 검색엔진 회사로 사업을 시작했으며, 이를 통해 얻어낸 자본을 새로운 기술에 투자하여 지금은 스트리밍뿐만 아니라 이메일, 클라우드(구글 드라이브) 등의 서비스도 공급하고 있다. 모바일 혁명이 시작되었을 때 안드로이드라는 OS를 공급함으로써 영원할 것만 같았던 마이크로소프트의 사용자 OS 독점을 깨고, 폐쇄적이었던 애플을 대신하여 사실상 앱스토어를 중심으로 하는 새로운 ARM 기반의 소프트웨어 생태계를 창조해냈다. 명실 공히 구글은 실리콘 밸리, 나아가서 전 세계 대표 소프트웨어 기업이다.

구글은 아주 독특한 회사다. 반도체 사업에서 최초 구글의 위상은 구매량이 많은 VIP 고객이었다. 구글은 2019년 기준 세계 16개 지역에 데이터센터를 보유하고 있으며, 매해 막대한 양의 메모리, CPU나 SSD를 반도체 기업들에게서 구매하고 있다. 구글을 위시한 소프트웨어 회사는 대형 구매자로서 영향력을 행사한다. 구글은 큰 고객이기 때문에 구글이 원하는 제품을 만드는 것은 어찌 보면 당연하다. 그리고 다른 중소 반도체 고객들에게도 '구글이 받아 쓴 물건은 써본다'는 선택지가 생겨나게 되었다. 선두 기업이 갔던 길은 상대적으로 부담이 적은 법이다.

하지만 최근 반도체 시장에서 구글의 입지도 크게 변화하고 있다. 물론 구글 자신의 사업 전략과 기본적인 사상은 크게 변화하지 않았지만, 주변 상황이 변화하자 구글 역시 변화하게 된 것이다. 구글은 반도체 상품을 단순히 구매하던 입장에서 벗어나, 간단한 구조이긴 하지만 스스로 설계하는 단계에 이르렀다. 구글의 TPU는 구글 자신이 스스로 설계하고 TSMC 28nm 공정에 위탁 제조를 맡긴 칩이다.

이는 상당한 시사점이 있다. 이제 소프트웨어 공룡들이 하드웨어 디자인을 소프트웨어처럼 자신들의 주요한 지적 자산으로 인식하기 시작한 것이다. 지금까지도 하드웨어 설계는 지적 자산으로 인정받고 있었지만 개발법과 사용법이 일반적인 소프트웨어와는 상당히 이질적이었기 때문에 소프트웨어 회사들의 우선순위에서 뒤로 밀려나 있었다. 하드웨어 설계는 파운드리에 위탁하여 칩을 제조하고, 테스트해보기 전에는 가지고 있는 아이디어

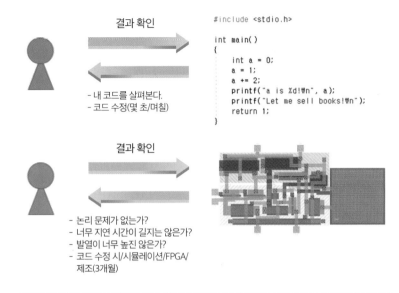

```
#include <stdio.h>

int main()
{
    int a = 0;
    a = 1;
    a += 2;
    printf("a is %d!\n", a);
    printf("Let me sell books!\n");
    return 1;
}
```

결과 확인

- 내 코드를 살펴본다.
- 코드 수정(몇 초/며칠)

결과 확인

- 논리 문제가 없는가?
- 너무 지연 시간이 길지는 않은가?
- 발열이 너무 높진 않은가?
- 코드 수정 시/시뮬레이션/FPGA/
  제조(3개월)

그림 2-45 칩을 개발하는 것은 시간도 오래 걸리고 고려할 것이 많아 유연성이 많이 떨어진다.

를 바로 사용할 수 없다는 점에서 볼 때 유연함을 무기로 하는 소프트웨어 기업들에게는 다소 딱딱할 수 있다.

하지만 최근 반도체 시장에서 CPU의 성능 향상이 느려지기 시작하고, 구글도 점점 커지자 상황이 변화하게 되었다. 구글은 하드웨어를 주어진 것으로 생각하고 그에 맞춰 창의적 사업을 전개했다. 하지만 이제는 구매를 원하는 CPU 분야의 성능 향상이 너무 느려진 것이다. 전개하고 싶은 사업의 컴퓨팅 요구사항은 계속 커지고 있기에 스스로 칩 설계를 선택한 것으로 볼 수 있다. 규모가 커져 칩 설계에 할당할 인력도 충분해졌을 뿐만 아니라, 스스로 설계팀 및 검증 운용에 할당할 인력을 정당화할 만큼 내부 수요가 생긴 것이다. 구글의 알파고가 막강한 능력을 보여줌으로써 그 효용성이 사실로 밝혀지게 되었다.

구글이 직접 칩을 설계하는 것은 타사들에게 여러모로 견제 대상이 될 수 있다. 대부분의 칩 제조사는 결국 소프트웨어와 함께 가야 하고, 소프트웨어 회사들의 요구를 어느 정도는 맞춰주어야 한다. ARM 역시 모바일이 대세가 되자 수많은 절전기술을 칩에 탑재하고 이를 소프트웨어가 사용할 수 있도록 방법을 배포해야 했다. 엔비디아도 GPU를 판매하다가 물리연산에 카드가 사용되기 시작하자 이에 맞는 소프트웨어 툴을 배포했다.

하지만 이런 인풋은 일반적으로 회사와 회사가 주고받는 게 보통이다. 쉽게 말하면 ARM이 이런 디자인을 만들기 위해서는 완제품 스마트폰 회사와 대화해야 하며, 엔비디아가 CUDA에 새로운 기능을 추가하기 위해서는 개발 회사들의 이야기를 들어봐야 한다. 그렇게 하지 않으면 제조 과정의 특징상 중요한 시점에 기능이 다 빠진 칩이 출시될지도 모르기 때문이다.

하지만 구글은 그런 걱정이 없다. 자사에 보장된 내부 수요를 가지고 있기 때문에 칩에 대한 요구사항도 매우 뚜렷하며, 칩과 소프트웨어 사이의 상호작용을 어떻게 할지를 실시간으로 결정하고, 사용자(구글 내 소프트웨어 개발자)들의 피드백을 매우 빠르게 받을 수 있다. 이러한 피드백 속도는 일반적인 팹리스가 따라가기 쉽지 않다. 이렇게 되면 칩이 완성되는 시점에는 잘 정의된 칩의 기능과 소프트웨어가 같이 나올 수 있다. 게다가 이미 구글이라는 거대 회사의 실전 사례까지 포함된다. 일반적으로 칩이 출시되면 마케팅팀이 이런저런 성능을 주장하는데, 이런저런 제약이 있는 칩의 성능표가 아니라 실제로 실전을 거친 칩의 성능과 전력 사용량 등이 전부 나오게 된다.

실제로 구글은 TPU를 만들고 나서 이 칩의 성능과 전력 소모량, 아키텍처까지 공개했다. 뿐만 아니라 이 칩에 사용할 사용자 라이브러리인 텐서플로^{Tensorflow}를 오픈소스로 전환했고, 전 세계의 개발자들이 자신의 알고리즘을 테스트해볼 수 있도록 실제 구글이 사용했던 학습 데이터 세트도 공개하고 있다. 고성능 라이브러리, 편한 사용자 인터페이스, CPU, GPU, TPU(구글 내부 사용에 한함) 등 어떤 하드웨어를 기준으로 개발하건 간에 코드를 재작성할 필요가 거의 없는 수준의 재사용성을 제공하고 있다. 자신이 만든 AI 알고리즘이 GPU에 맞는지, CPU에 맞는지 확인하고 싶다면 하드웨어만 바꾼 채 자신의 기존 텐서플로를 쓰면 된다.

이런 강력한 개방성을 통해 구글은 생태계 저변을 자연스럽게 소규모 혹은 영세한 개발 회사까지 넓혀가고, 전 세계 수십만 명의 사용자가 보내는 결함 보고를 확인하여 실수들을 자연스럽게 교정받는 효과가 생겼다. 마냥 밑지는 장사는 아닌 셈이다.

반도체 시장에서 구글의 행보는 이후 거대해진 소프트웨어 회사들이 어떤 식으로 행동하게 될지를 보여주는 한 예라고 할 수 있다. 구글은 이제 자사 내부의 수요가 충분하다면 단순히 완제품 하드웨어뿐만 아니라 반도체 자체, 칩 설계에도 진출할 수 있음을 보여주었다.

데이터세트

TensorFlow 공식 데이터세트	Google 리서치 데이터세트	추가 데이터세트 리소스
TensorFlow에서 사용할 수 있는 데이터세트 모음	광범위한 컴퓨터 과학 분야에서 Google 연구팀이 발표한 대규모 데이터세트를 살펴보세요.	TensorFlow와 함께 사용할 수 있는 다른 데이터세트를 탐색하세요.
자세히 알아보기 →	자세히 알아보기 ↗	데이터세트 검색 ↗ Google Cloud 공개 데이터세트 ↗ Kaggle 데이터세트 ↗

그림 2-46 직접 만들어낸 데이터까지 아낌없이 공개하는 구글(출처: 텐서플로)

구글은 TPU에서 멈추지 않고 2021년 VCU라는 칩을 공개하였다. 이 칩은 유튜브의 영상 압축 및 변환만 전문으로 하는 칩이다. 내부에서 수년간 테스트 해 본 결과 인텔 CPU기반의 서버를 사용할 때보다 최대 33배에 가까운 비용 절감 효과가 있다고 한다. 구글 자체의 수요가 어마어마하기 때문에 가능한 일이다. 유튜브는 전 세계 트래픽 3위를 차지하는 거대 사이트이며, 이로써 구글은 수백 개가 넘는 이미지 압축 방식 중 자신들이 선호하는 압축 방식(H264 VP9) 한두 개를 이미 선택한 셈이다. CPU가 주는 유연함이 필요 없는 상황인 것이다.

뿐만 아니라 기존 칩 제조사들이 가지고 있지 않은 강력한 유연성과 개방성을 이식함으로써 시장 자체를 교란할 저력을 보여줄 수도 있다. 이미 그

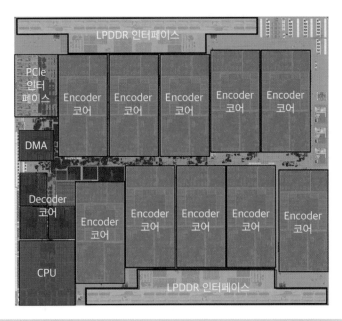

그림 2-47 구글 VCU의 구조

러한 생각을 가진 몇몇 선구자가 오픈소스 기반의 RISC-V 같은 개방형 하드웨어 플랫폼을 주장하기 시작했으며 조금씩 그 결과도 나타나기 시작했다. 구글은 앞으로도 수없이 많은 파격을 보여줄 것이다.

삼성전자 : 최대의 수요자이자 공급자

지난 40년간 삼성전자는 눈부신 성취를 이루었다. 기술력 하나 없는 단순한 가전조립 회사로 시작했던 삼성전자는 현재 메모리, 로직 설계, 위탁 제조, 종합가전 및 스마트 디바이스까지 제작하는 세계 최대의 첨단 전자 기업으로 성장했다. 한때는 삼성전자의 벤치마크이자 목표였던 전성기 시절의 소니SONY와 비교하는 것이 민망할 정도로 눈부신 성장을 이루었다.

매출로도 전성기 소니의 3배 가까이 될 뿐만 아니라, 당시 소니가 갖추지 못했던 세계 최고 수준의 첨단 부품 기술을 갖춘 회사로 성장했다. 삼성전자는 메모리에서는 기존 NEC, 히타치, 도시바 등의 일본 메모리 업체들을 쓰러뜨렸으며, 디스플레이에서는 샤프SHARP를 넘어섰고, 가전에서는 소니를 제쳤다. 기존 피처폰의 최강자였던 노키아 역시 스마트폰 시대가 열리면서 삼성전자에게 밀리고 말았다. 2009년 일본의 언론들은 일본 대형 가전기업들이 사실상 삼성전자 한 회사를 이기지 못한 현실을 대대적으로 보도하기도 했다.

기존 가전 및 IT 업체들과 비교되는 삼성전자의 가장 큰 특징은 압도적 수직 계열화를 통한 최적화 및 부가가치 흡수 능력이다. 삼성전자는 전자부품의 상당 부분에서 세계 최고이거나 이에 준하는 수준의 기술력과 생산 능

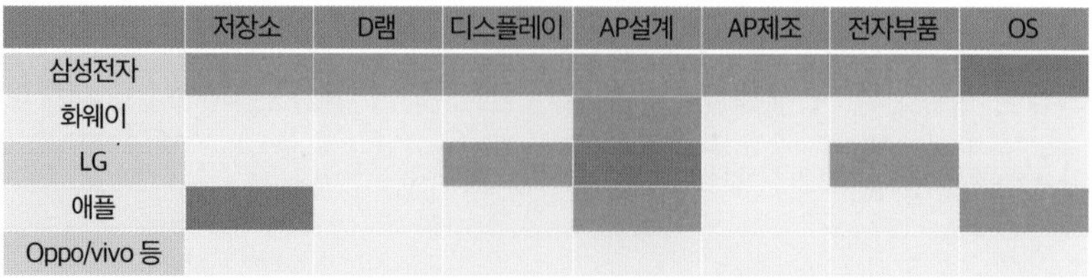

	저장소	D램	디스플레이	AP설계	AP제조	전자부품	OS
삼성전자	■	■	■	■		■	■
화웨이				■			
LG			■			■	
애플	■			■			■
Oppo/vivo 등							

그림 2-48 스마트폰 시장에서 삼성전자가 가진 원가의 절대우위: 녹색은 기술이 우수한 정도, 주황색은 일단 기술은 보유하고 있는 정도를 의미한다.

력을 갖추고 있다. 스마트폰의 예를 들어보면 쉽게 알 수 있다.

〈그림 2-48〉을 보면 타사들이 디스플레이, AP 설계 등 핵심 부품의 일부만을 밸류 체인에 내재화하고 있는 것과는 달리 삼성전자는 거의 모든 부품을 가지고 있다.

디스플레이, AP, 메모리는 한 분야에서도 세계 톱 수준의 경쟁력을 가지는 것이 힘들다는 것을 고려할 때 삼성전자가 타사들에 대해 가진 압도적 우위를 짐작할 수 있다. 삼성전자는 강력한 자체 공급망을 통해 세계 톱 티어 수준의 부품들을 쉽게 확보할 뿐만 아니라, 외부 공급사에 대한 강력한 협상력을 얻어낸다.

강력한 자체 공급망을 통해 초기부터 제품 조합에서 올 수 있는 문제를 인지하여 최적화를 진행하고, 최종 판매 제품에서 나오는 부가가치를 대량으로 흡수할 수 있다. 또한 대부분의 경우 회사 내부에 대안 부품을 가지고 있기 때문에 부품 구매 시에도 높은 가격 협상력을 가질 수 있다.

실제로 안드로이드 진영에서 스마트폰 판매 자체만으로 돈을 벌고 있는 회사는 삼성전자뿐이라고 봐도 무관한 상황이다. 또한 삼성전자는 타사들에 메모리, 디스플레이 등의 부품을 판매함으로써 경쟁사들이 누려야 할 부가가치의 일부도 이익의 형태로 얻어가고 있다. 이러한 막강한 수직 계열화는 삼성전자의 부품에도 매우 긍정적인 영향을 미친다. 메모리나 디스플레이 사업부 입장에서는 이미 최고급 제품부터 개발도상국향 보급형 제품까지 두루 갖추고 있는 완제품 회사를 주고객으로 둔 것과 비슷한 효과가 있다. 부품 회사로서의 삼성전자는 세계에서 가장 큰 고객사를 가지고 있는 것이나 다름이 없다.

이런 강력한 수직 계열화의 힘은 스마트폰의 저장소(eMMC, UFS 등)의 예에서도 나타난다. eMMC나 UFS 같은 제품이 나오기 위해서는 반도체 공장에서 일단 낸드 기술 개발이 완료되어야 한다. 이렇게 얻어낸 낸드(처리되지 않았다는 의미로 로우 낸드라고 부른다.)를 신형 컨트롤러에 부착한 뒤, 그에 맞는 제어 프로그램(펌웨어)를 탑재하고 수일에서 수개월 간의 테스트를 거쳐야만 한다. 이렇게 상품화된 저장소는 각 스마트폰 완제품 제조사를 고객으로 맞이한다. 각 스마트폰 제조사들은 저장소의 샘플을 받아 자사 신형 스마트폰에 부착해 만족스러운 결과가 얻어질 경우 대량 구매하여 스마트폰에 탑재한다.

〈그림 2-49〉를 보면 이 과정이 얼마나 복잡하고 위험이 큰지 이해할 수 있다. 일단 UFS나 eMMC가 완성되기 위해서는 대형 반도체 회사의 낸드 테크가 완성되어야 한다. 그동안 팹리스 회사들은 컨트롤러에 들어갈 낸드의 특성이나 파운드리로부터 받은 셀 특성들을 고려하여 신형 컨트롤러를 시뮬레이션 등을 이용해 설계해야 한다. 이렇게 완료된 신형 컨트롤러 설계는 파운드리 회사가 제조에 사용할 수 있는 마스크로 변환되고, 다시 수개월 간 반도체 공장 안에서 제조 과정을 거치게 된다. 제조가 완료된 최초의 칩(팹 아웃 Fab Out이라고 함)은 다시 컨트롤러 회사로 넘겨져 테스트를 거치며, 이

낸드 제조사	D램 제조사	파운드리

UFS를 개발 중인 팹리스 : 컨트롤러는 설계하고 낸드, D램은 테스트용으로 구매

코드 구현 및 조립
·낸드 문제 : 각 회사의 낸드 특성은 매해 바뀐다.
·D램 문제 : 전류, 온도 특성 차이가 난다.
·컨트롤러 문제 : 컨트롤러 내부의 하드웨어 설명이 어렵다. 버그가 있다.
·펌웨어 코드 개발 : 낸드 차이가 크면 아예 다르게 짜야 할 수 있다.

테스트
주요한 조합은 다 테스트해봐야 한다 : A사 낸드 + B사 D램 등

판매

그림 2-49 팹리스의 스마트폰용 저장장치(UFS) 개발 과정

과정에서 설계 결함이나 TSMC의 제조상 문제점을 찾아낸다. 만약 설계상 치명적 결함이 발생할 경우 마스크 제조부터 팹아웃까지 다시 해야 하기 때문에 수개월의 시간을 낭비하게 된다. 이 시기의 팹리스는 매우 민감하다. 당연하지만 TSMC가 최초 웨이퍼를 양산하는 것도 상당한 고정비용이 필요하기 때문에 이것저것 다양한 대안을 만들어 웨이퍼에 찍어보는 것은 불가능하다.

이렇게 완성된 컨트롤러는 다시 스마트폰 회사에 전달되어 오랜 검증 기간을 거친다. 이 과정에서도 컨트롤러의 문제점이나 양사의 의견 차이 등 많은 문제점이 발견된다. 이러한 부분들에서 세부 조정을 거치고 나면 드디어 양산이 시작된다.

일련의 과정을 확인하면 알 수 있지만, 수많은 회사가 이 과정에 관여한

다. 일단 메모리 반도체 회사의 낸드가 개입되며, 이후 팹리스의 컨트롤러 설계와 파운드리 업체의 제조 능력이 필요해진다. 이 과정을 거치고 나서야 스마트폰 신제품에 탑재될 수 있다. 각 회사들은 기술 완성에 1년이 넘는 시간을 소요하며, 각 기술을 완성하기 위해 고도의 커뮤니케이션이 필요하다. 당연하지만 이 회사들은 각기 다른 회사이기 때문에 이 과정에서 실수와 시행착오는 적잖게 발생한다.

하지만 삼성전자는 이 일련의 과정들이 전부 회사 안에서 이루어진다. 낸드의 개발은 삼성전자 메모리 사업부가 담당하며 로직 설계는 삼성 LSI에서 이루어진다. 컨트롤러의 제조는 삼성전자 파운드리 사업부에서 시행하며, 패키징이 필요하다면 역시 회사 내에서 패키징을 하면 된다. 이렇게 완성된 컨트롤러는 다시 삼성전자 무선 사업부에 맡겨진 후 시장으로 나아가게 되는 것이다. 이러한 과정에 개입된 사업부들은 문어발식으로 확장되어 있는 것이 아닌, 세계 톱 티어에 해당하는 기술을 갖추고 있다. 그러니 신형 하드웨어를 적용하는 속도에서 타 완제품 회사들이 따라올 수가 없는 것이다. 단순 하드웨어 스펙뿐만 아니라 조합의 측면에서도 타사들은 삼성전자를 따라가기 매우 힘들다. 삼성전자의 이러한 부품 레벨의 우위는 〈그림 2-50〉의 SSD의 기술 보유 유무를 보아도 알 수 있다.

지금까지 수많은 글로벌 전자 업체가 생기고 사라졌지만, 전성기의 소니나 노키아도 이러한 수준에 다다르지는 못했다. 대부분 전자 기업의 능력은 시장의 부품들을 조합해 글로벌 최고의 제품을 만드는 능력이었지, 스스로 그런 부품들까지 만드는 것은 아니었다. 이러한 능력은 지금의 삼성전자를 독보적인 모습으로 존재하게 한 원동력이며, 삼성전자는 스스로의 수요만으로도 상당 부품이 규모의 경제를 누릴 수 있을 정도로 판매량이 거대하

	낸드	D램	컨트롤러설계	컨트롤러제조	전자부품	펌웨어/조립	판매	비고
삼성전자								
하이닉스								
도시바								
인텔								
시게이트								
WD/SanDisk								
마벨/샌드포스/SMI								
LG/HP								
ADATA/킹스턴 등								

그림 2-50 SSD 밸류 체인의 거의 모든 부분을 가진 삼성전자

다. 같은 회사 내의 사업부라는 특징을 이용해 빠르게 신규 제품의 예상 스펙에 대해 커뮤니케이션할 수 있으며, 이를 통해 미리 부품의 특성을 조정해 둘 수 있다. 또한 완제품의 빠른 발매와 높은 판매량, 인기를 기반으로 사실상 표준으로서의 지위를 누릴 수 있으며, 이는 다시 부품 개발의 편의로 되먹임된다. 그나마 가장 유사한 비즈니스 모델을 가져가려는 화웨이조차도 AP 설계 이상으로는 나아가지 못했다. 파운드리 기술은 규모의 경제가 갖춰지지 않으면 시작하기조차 힘든 기술이기 때문이다. 화웨이와 달리 삼성전자는 내부 수요도 탄탄할 뿐만 아니라 외부 고객도 적잖이 갖추고 있기 때문에 가능한 일이다.

당분간 이러한 능력을 갖춘 경쟁사가 생겨나는 것을 걱정할 필요가 없을 것이다. 실제로 삼성전자는 메모리의 표준을 정하는 JEDEC과 NVMe 표준 제정 및 수정에 깊게 관여하고 있으며, 때로는 전혀 새로운 형태의 제안을 하기도 한다.

〈그림 2-51〉은 kv-SSD라는 콘셉트인데, 기존 SSD와는 달리 사용자가 데이터베이스를 검색할 때 사용하는 양식을 SSD가 내부적으로도 그대로 사용하겠다는 콘셉트다. 쉽게 말하면 기존 사용자는 지번주소를 사용하는

사람이고 SSD는 GPS 좌표를 사용하는 우체부였다면 kv-SSD는 둘 다 지번 주소를 사용하도록 바꾸는 방식이다. 이러한 작업은 기존 방식으로 짜여 있는 OS의 큰 변화를 필요로 하기 때문에, 후발주자가 선제적으로 개발하기 힘든 방식이다.

하지만 이런 삼성전자가 오랫동안 공을 들여왔음에도 제대로 되지 않은 부분이 있다. 바로 소프트웨어와의 통합이다. 가전부터 스마트폰까지 일상생활에 가까운 플랫폼을 세계 1위로 판매하고 있는 회사로서는 안타까운 수준이다. 각 가전제품 내부를 제어하는 소프트웨어는 매우 뛰어나지만, 그이외 분야에서는 큰 성과를 내지 못하고 있다. 나름 야심차게 준비했던 스마트폰용 OS인 바다는 시장에 제대로 나가보지도 못한 채 사라졌다. 그리고 타이젠은 일부 스마트워치 제품에서만 라이선스 비용 절약 목적으로 사용되고 있는 상황이다. 본래의 목적이었던 사물인터넷의 진출이나 디바이

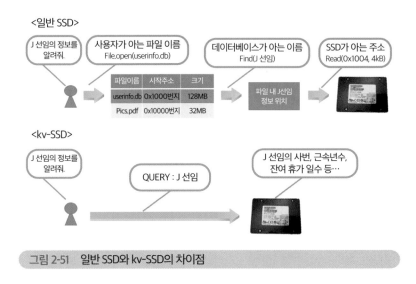

그림 2-51   일반 SSD와 kv-SSD의 차이점

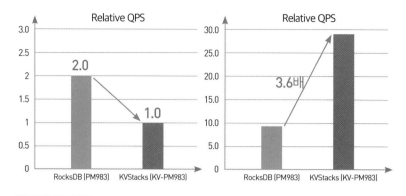

그림 2-52 kv-SSD를 통해 예상되는 성능 향상 정도 ⑫

스 간의 연결은 제대로 이루어지지 못하고 있는 상황이다. 삼성그룹은 스마트 디바이스의 강자일 뿐만 아니라, 자체 아파트 브랜드도 가지고 있기 때문에 '집-가전제품-스마트폰' 사이의 연결성을 실현하기 좋은 환경을 가지고 있다. 그럼에도 그 포텐셜을 완벽하게 활용하지 못하고 있다.

삼성전자의 AI 비서인 빅스비 역시 상황이 좋지 못하다. 2019년 초 기준 구글에 '빅스비'를 칠 경우 '빅스비 끄는 법'이 맨 앞에 자동 완성되는 아쉬운 상황이 지속되고 있다. 많은 삼성 폰 사용자들은 오늘도 설치할 필요도 없는 빅스비 대신 구글을 사용하고 있다. 그나마 위안이 되는 건 실사용자들이 '음성 인식 정확도가 높지 못하다'라고 피드백은 하고 있다는 것이다. 이조차도 사라진다면 존립 자체가 위험할 수도 있다.

이러한 문제들은 대부분의 경우 삼성전자의 패스트 팔로어 전략으로 인한 한계라고 할 수 있다. 삼성전자가 진출하려고 했던 OS나 AI 등의 사업 대부분은 시장 초기 진입이 매우 중요한 소프트웨어들이기 때문이다.

OS는 하드웨어 생태계의 근간을 이루는 핵심적인 소프트웨어다. 구글 안드로이드 생태계의 중심인 앱스토어는 프로그래머들과 고객을 이어주는 중요한 유통 창구다. 앱스토어가 존재함으로써 소비자는 신뢰할 수 있는 프로그램을 세계 어디에서든 원 클릭으로 받을 수 있으며, 유통망을 스스로 개척할 수 없는 앱 개발자는 이를 통해 생계를 해결하고 커나갈 수 있다.

그리고 이 거대한 톱니바퀴는 오로지 안드로이드와 iOS 위에서만 작동한다. 구글 앱스토어에서 구입한 소프트웨어는 타이젠이나 바다 OS에서는 동작이 보장되지 않는다. 안드로이드용 소프트웨어를 다른 OS에서 돌리게 할 유일한 방법은 소프트웨어 회사가 직접 그렇게 만드는 것뿐이다.

하지만 대부분의 앱 회사는 그런 일을 할 필요가 없다. 이미 안드로이드를 위한 앱스토어가 갖춰져 있고, 충실한 개발 툴이나 구글의 기술 지원이 이루어지고 있기 때문이다. 유휴 인력이 있더라도 구글 앱스토어에서 판매할 새로운 소프트웨어를 개발하는 것이 훨씬 유리하지, 얼마나 버틸지 모를 새로운 OS를 위한 소프트웨어를 만드는 위험을 감수할 이유가 없는 것이다. 구글과 애플 기준만 만족한다면 세계 99%의 앱스토어를 대응할 수 있다. 이러한 생태계에 시동을 걸어보기 위해 삼성전자는 자체 앱도 개발해서 여러 개발 툴을 만들어 배포하지만 이 흐름을 돌리는 것은 거의 불가능에 가깝다.

AI의 경우는 쌓인 데이터가 그 질을 결정하게 된다. 인공 신경망 구조에 대한 연구는 이미 상당 부분 끝난 상태이며, 이제 중요한 것은 학습에 사용할 데이터의 양과 질이다. 하지만 이러한 데이터 역시 먼저 진입한 플레이어들이 압도적인 양을 보유하고 있다. 특히 구글의 경우, 오랜 시간 검색엔진의 최강자로 군림했기 때문에 다른 경쟁자가 따라오기 힘들 것이다. 뿐만 아니라 구글은 캡차CAPTCHA와 같은 무료 보안 프로그램, 퀵드로QuickDraw 등의 놀이용 프로그램을 통해 자사의 AI 능력을 향상시키는 지혜로움을 보였다.

 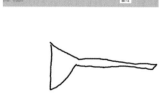

그림 2-53 구글의 캡차(좌)와 퀵드로(우)

캡차는 사용자가 진짜 사람인지, 혹은 매크로나 봇의 자동 접속인지 구분하게 해줌으로써 웹사이트에 대한 공격, 과도한 트래픽 등을 막아주는 프로그램이다. 퀵드로는 사람들에게 여러 사물을 그려보게 한 뒤 AI가 맞추는지를 확인해보는 단순한 놀이 프로그램이다.

구글은 사람들에게 무료로 서비스와 놀이를 제공하고 그 대가로 더욱 값진 것들을 얻어가고 있다. 일반적인 회사라면 학습을 시킬 사람을 직접 뽑아서 했겠지만, 구글은 전 세계인에게 무료 노동을 시키는 지혜를 보여준 것이다.

삼성전자가 향유해온 사업 모델 대부분은 강력한 리더십을 바탕으로 한 방향 설정과 기술력을 바탕으로 한 규모의 경제가 핵심이었다. 반도체의 경우 리더들은 시장을 파악하여 빠르게 차기 테크의 방향을 설정해야 하며, 연구진들은 수백 개가 넘는 제조 공정을 통합하고, 유휴장비가 없도록 세팅해야 한다. 그 과정에서 불량이 발생할 경우 불량이 발생한 공정을 찾아내어 빠르게 대응해야 한다. 프로세스가 어느 정도 이상 물이 오르기 시작하면 수십조 원의 돈이 공장으로 빨려들어가기 시작하며, 전 세계 수요를 좌지우지할 거대한 공장이 완성된다. 그 잘 짜인 톱니바퀴 사이에서 큰 창의성을 내는 것은 힘들 뿐만 아니라 그 효과도 크지 않다. 자칫 수율에 큰 문제를 일으킬 위험도 있다. 이런 사업 모델은 지금의 삼성전자를 있게 해준 대들보와도 같지만, 소프트웨어 산업에서는 통하기 힘들다. 기발한 아이디어를 통해 전 세계인들을 자기도 모르게 끌어들여야 하기 때문이다.

설령 삼성전자가 수십조 원의 돈을 투자하여 AI 학습 인력을 채용하더라도, 전 세계인들이 인지하지 못한 채 구글을 돕고 있는 현 상황에서 우위를 점하는 것은 사실상 불가능하다. 전 세계인이 자발적으로 참여하는 상황이라면, 고용 인원이 1만 명이든 10만 명이든 사실상 차이가 없다. 구글은 매우 적은 돈만을 사용했음에도 삼성전자가 겪게 될 대리인 문제(일을 시키는 사람과 하는 사람 사이 정보 비대칭으로 생겨나는 업무 효율성 감소, 감시 비용 증가 등의 문제)조차 없이 압도적 결과를 만들어낸다. 사람을 많이 뽑아서 그런 일을 시켰다면 작업자가 즐겁지 않으며 게으름 피우기도 쉽고 각 직원이 몰래 잘못된 값을 눌러 AI 학습이 잘못되는 참사가 일어날 수도 있다.

하지만 캡차나 퀵드로를 사용하는 사람들은 대부분 진심이다. 서비스를 이용하려는 것이며, 정말로 놀이를 즐기며 신기해하고 있다. 사람들은 오늘도 사이트 접속을 위해서 캡차를 누르고 있으며, 그냥 신기하다는 이유만으로 퀵드로에 이것저것 그려보고 있다. 뒤에서 구글은 조용히 웃고 있다. 삼성전자가 소프트웨어 중심으로 조직을 잘 재편했더라도 힘든 싸움이다. 이미 검색엔진과 개발 환경, 유저 풀을 갖춘 상대와의 싸움이기 때문이다.

그래도 삼성전자에게 다행스러운 점은 OS와 AI 분야에서 큰 재미를 보지는 못했지만, 그 이외의 애플리케이션 분야에서는 성과가 나오고 있다는 것이다. 삼성전자는 일반적인 앱 개발 회사들과는 달리 강력한 하드웨어적 지원이 가능하다. 이를 통해 킬러 앱*을 개발할 수 있으며, 자사의 다른 앱과

연계가 가능하다는 것이다.

　삼성전자는 2015년에 삼성페이를 최초로 선보였다. 당시 국내 모바일 페이 시장은 답보 상태에 있었다. 모든 스마트폰은 NFC라는 칩을 탑재해서 사실상 신용카드의 기능을 대신할 준비가 되어 있었다. 하지만 소매점에 보급된 단말기들이 그렇지 않았다. 소매점 단말기들은 이미 MST 기반의 기기들을 가지고 있는 상황이었고, 대부분의 플라스틱 신용카드 역시 MST를 사용했기 때문에 딱히 불편함이 없었다. 이를 해소하기 위해 많은 회사가 개별적으로 가맹 협약을 하거나, QR 코드나 바코드 기반의 시스템을 사용했다. 당연하지만 이는 시스템적으로나 범용성으로나 진정한 의미의 모바일 결제라고 할 수 없었다. 실제 금전이 금융망을 통해 오고 가는 것도 아닐 뿐만 아니라, 가맹에 가입되지 않은 곳에서는 사용할 수 없기 때문이다. 스마트폰 업체와 구글을 포함한 소프트웨어 업체들은 NFC 단말기의 보급만을 기다리고 있었다.

　삼성전자는 이런 상황을 미리 인지했던 것으로 보인다. 삼성전자는 하드웨어 업체인 루프페이LoopPay를 인수했고, 이를 통해 MST 방식의 카드를 모사할 수 있는 자기장 발생장치의 제반 기술을 확보할 수 있었다. 삼성전자는 이 자기장 발생장치를 자사 스마트폰 플래그십 모델에 탑재하는 동시에, 은행권과 연계하여 가상카드를 통한 결제 시스템을 만들어냈다. 삼성전자는 삼성페이를 통해 수수료 장사를 하지 않을 것임을 천명함으로써 은행권

＊　PC나 스마트폰 등의 사용 가치를 결정할 정도로 인기 있고 중요한 프로그램들

과 카드사들의 지지를 끌어냈다. 최초로 호환성 문제가 전혀 없는 온라인 페이가 탄생한 것이다. 삼성페이는 급속히 보급되었으며, 삼성 스마트폰의 킬러 앱 중 하나로 자리매김했다. 가까운 곳에 나갈 때 스마트폰 하나만 휴대하면 되는 시대를 만든 것이다. 2020년 8월 와이즈웹^{WiseWeb}에 따르면 삼성페이는 지금도 국내 간편결제앱 1위를 지키고 있다. 국내 한정이긴 하지만, 막강한 하드웨어 판매량이 소프트웨어에 미칠 수 있는 영향을 보여주는 것이다.

이외에도 삼성전자는 다른 소프트웨어 분야를 선점하기 위한 포석을 두는 움직임을 계속하고 있다. 예를 들면 기어 VR을 출시하면서 동시에 개발자용 VR 기기를 발매한 것이다. VR 기기를 위한 앱의 개발은 기존에 사용하던 PC 기반의 개발 툴로는 한계가 있을 수밖에 없다. 사용자와 상호작용하는 PC의 입력장치 기반은 키보드와 마우스, 모니터, 스피커인 반면, VR

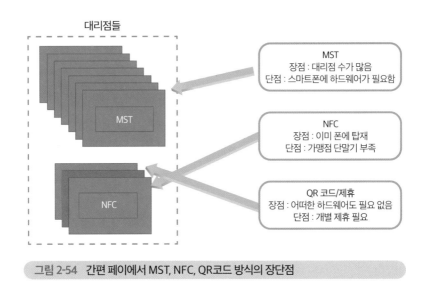

그림 2-54 간편 페이에서 MST, NFC, QR코드 방식의 장단점

기기는 대형 스크린과 일부 스틱 버튼, 이어폰으로 구성되기 때문이다. VR로 게임을 제대로 만들고 확인하기 위해서는 VR 환경과 비슷하지만 더 많은 정보를 개발자에게 띄워줄 필요가 있다. 삼성전자 입장에서는 현재 완벽하게 표준화가 진행되지 않은 VR 시장을 선점할 필요가 있기에 개발자들에게 지원을 하고 있다. 또 개발 회사 입장에서도 이러한 도구들이 공급되면 경쟁사들보다 더 나은 체험을 사용자에게 제공해줄 수 있기 때문에 나쁠 것이 없다. 삼성전자 나름 신시장의 생태계에 선제적으로 투자를 한 셈이다. 다만 지금까지도 VR 시장은 의미 있는 성장을 이루지는 못하고 있다. 하지만 개발 생태계 확보의 중요성을 알고 있으니, 이후 다른 혁신적인것이 떠오르면 다시금 도전해 볼 수 있을 것이다. 아마도 다음 생태계 조성 시도는 폴더블에서 이루어 질 것이다.

한편, 삼성전자의 성장축 중 하나인 파운드리는 큰 갈림길에 놓여 있다. 2위에 진입하긴 하였으나, 선두와의 점유율 격차가 벌어지고 있다. TSMC는 2021년 파운드리에만 31조 원의 돈을 투자하기로 발표하였다. 반면 삼성전자는 2019년 세계 최초 7나노 EUV 도입에서 EUV출력 부족과 공정 특성 부족 등으로 인해 고배를 마셨고, 2020년까지 큰 고객들을 TSMC에게 지속적으로 빼앗겼다. 고객과 제품 포트폴리오가 겹친다는 페널티도 가진 삼성전자로서는 기술까지 밀리는 상황인지라 대응이 쉽지 않았을 것이다. 실제로 애플과 퀄컴은 이러한 문제로 삼성전자와 충돌하기도 하였으며, 애플은 삼성 외주를 끊었다. 삼성전자는 항의를 막기 위해 일단 파운드리를 별도 사업부로 분리해야 했다. 최소한의 성의는 보여야 했을 것이다.

삼성전자는 5nm는 일종의 중간 다리로서 7nm 개선판으로 대응하고, 대신 3nm에서 GAAFET등 첨단 기술을 선제적으로 도입함으로써 3nm에서도 핀펫^{FinFET}을 유지하기로 한 TSMC에게 다시금 도전장을 내밀 계획이다. 생태계를 미리 가꾸기 위하여 삼성전자는 2019년 선제적으로 '세이프^{SAFE,} $^{Samsung\ Advanced\ Foundry\ Ecosystem}$'라고 부르는 파운드리 생태계를 런칭하고, 2022년에 양상될 3nm 공정의 PDK를 2019년에 설계 회사들에게 배포하는 등 노력을 하였다.

삼성전자는 거대한 규모만큼이나 큰 가능성을 가지고 있다. 세계 대부분 기업들이 하나라도 가지고 있다면 자랑스러워 할 메모리, 파운드리, 스마트폰 기술 등을 전부 가지고 있으며 기술 수준 역시 매우 높다. 때로는 퀄컴과 같은 경쟁사 겸 고객의 견제를 받기도 하지만 이러한 단점은 종합 전자기업의 장점을 묻어 버릴 만큼 크지는 않을 것이다.

삼성전자는 현재도 굉장한 기업이지만, 소프트웨어 회사로서의 면모까지 갖추게 된다면 지금과는 차원이 다른 기업이 될 것이다. 1년에 삼성전자가 출하하는 완제품은 4억 개에 달한다. 이들은 모두 조그마한 컴퓨터이며 어떤 형태로든 소프트웨어를 탑재하는 것이 가능하다. 지속적으로 개발자 환경에 투자하는 한편 이런 제품들의 성능을 향상시키다 보면 언젠가 삼성전자 완제품에서만 돌아가는 킬러 앱이 등장하게 될 것이다. 그렇게 되면 사용자 층이 폭발적으로 증가하며 전세계의 창의적인 개발자들이 모여들어 새로운 용도를 만들어내고, 더 많은 고객을 끌어모을 것이다.

삼성페이는 MST를 통해 초기 사용자를 끌어 모았으나, 해외 사용자 확보는 미흡하였다. 기기 사용 점유율에 비해 삼성페이 사용률은 떨어진다. 이런 일들이 생기더라도 계속 하드웨어가 바탕이 되는 소프트웨어 시장 공략을 해나가야 한다. 삼성페이에서 시도했던 MST, 갤럭시 S6의 엣지 전용 앱 등 '삼성만이 할 수 있는' 일을 폴더블 스마트폰, 자동차 분야에서 계속해 나

표 2-8 반도체 강자들의 강점과 단점

회사	사업종류	강점	단점
인텔	IDM	막강한 고성능 로직 설계 능력 세계 최고 수준의 공정 능력 엔터프라이즈 시장의 절대적 강자	폐쇄적 개발 관행으로 생태계 적응 능력 낮음 인텔 종속을 두려워하는 파트너사
ARM	팹리스	가벼운 비즈니스 모델 생태계 내 수많은 파트너사	파트너사에게 의존하는 비즈니스 모델 비즈니스 모델상 집중력 부족: 서버 시장 진출 더딤
엔비디아	팹리스	최근 떠오르는 AI 연산의 최강자 GPU 시장의 1인자로 생태계 구성이 용이	로직(CPU) 설계가 없음
TSMC	파운드리	위탁 제조 분야의 압도적 1인자 공정의 높은 재사용성	설계가 없어 IT 기술 선도기업이 될 수 없음
구글	소프트웨어	소프트웨어 회사의 막강한 유연성 자체 설계를 해볼 만한 규모의 경제	본격적 반도체 사업에는 부족한 규모
삼성전자	IDM/ 종합가전	주요 제품 전체의 압도적 수직 계열화 세계 최고 수준의 개별 요소 기술 보기보다 뛰어난 소프트웨어 개발 능력	소프트웨어 생태계 역량 부족 고객이자 경쟁자인 미묘한 고객 관계

가야 한다. 그러다 보면 세상에 넘쳐나는 천재들 중 하나가 삼성 기기에서만 가능한 멋진 아이디어를 떠올릴 것이다. 삼성전자는 천재들에게 창의력을 펼칠 제품과 개발 도구를 강력하게 지원하여 외부의 천재들 덕분에 먹고사는 회사가 될 수 있다.

또한 시장의 완제품에서 모이는 수십억 개의 사용 시나리오들은 다시금 수직계열화되어 있는 삼성전자의 모든 제품군을 개선하는데 사용될 수 있을 것이다. 활용할 수 있는 디바이스의 종류가 많아 얻을 수 있는 정보도 많으며 수직계열화된 덕분에 하나의 정보로 개선할 수 있는 사업도 스마트폰, 메모리, 파운드리 등 수를 헤아릴 수 없다. 삼성전자가 소프트웨어를 통해 얻어낼 수 있는 시너지는 무궁무진하다 할 수 있으며, 이러한 장점들은 지금

	설계(팹리스)	제조(파운드리)	종합반도체(IDM)
로직	ARM	TSMC	AMD 인텔
마이크로컨트롤러	삼성전자 퀄컴		시장 작음
ASIC(GPU)	엔비디아		AMD
메모리	원가 경쟁 심함		SK 하이닉스 삼성전자 인텔마이크론

그림 2-55 과거 반도체 회사들의 진출 영역

	설계(팹리스)	제조(파운드리)	종합반도체(IDM)
로직	AMD 애플 아마존 마이크로소프트	글로벌 파운드리	
마이크로컨트롤러	A R M 삼성전자 퀄컴	TSMC	인텔
ASIC(GPGPU, NPU?, TPU?)	엔비디아 구글 테슬라? AMD 벤처들	글로벌 파운드리	
메모리	원가 경쟁 심함		SK 하이닉스 삼성전자 인텔? 마이크론

- AMD : 파운드리를 분사시킴
- 퀄컴, ARM : 기존 마이크로컨트롤러 설계에서 로직(AP)로 진출
- 애플 : 완제품 회사에서 자체 AP 개발 시작
- 구글 : 텐서 전용 가속기 및 VPU 설계
- 아마존, MS : 자체 로직 칩 설계
- 테슬라 : 자율주행용 반도체 자체 설계
- 인텔 : 파운드리 재진출, 각종 가속기 및 FPGA 등의 비즈니스 지속
- 삼성전자 : NPU 등의 비로직 ASIC 설계 진출(AP에 포함), 자사 물량이 많아서 로직과 마이크로컨트롤러의 IDM으로 취급 가능

그림 2-56 현재의 반도체 회사들의 진출 영역

1위를 차지하지 못한 사업들의 돌파구가 될 가능성이 다분하다.

6장

기술 패권의 욕망: 중국 반도체 굴기는 성공할 수 있을까

지금까지는 과거 반도체 시장을 지배해왔던 기업들과 현재 시장의 변화로 인해 떠오른 새로운 다크호스들에 대하여 살펴보았다. 이 과정에서 한국의 메모리 기업들은 변화에 적응하여 크게 성장하고 큰 이익을 보았는데, 과연 현재 상황에 대한 위협은 존재하지 않을까?

이번 장에서는 한국 반도체에 대한 위협 중 가장 잘 알려져 있는 중국의 반도체 굴기에 대해 알아보고, 과연 중국의 굴기가 한국에게 실제로 위협을 줄지, 만약 위협이 된다면 어느 경우, 어떤 분야에 치명적일 수 있는지를 알아보고자 한다.

반도체 굴기의 현실과 가능성

2015년, 중국 전국인민대표회의에서 '중국제조 2025'라는 산업 계획을 발표했다. 향후 핵심 성장동력이 될 10대 산업을 선정하고 2025년까지 중국의 제조업 수준을 독일과 일본에 준하는 정도로 끌어올리겠다는 야심찬 내용이었다. 그중 한 분야가 '차세대 정보기술'인데, 이 과정에서 중국 정부는 반도체의 핵심 설계기술을 확보하고 핵심 칩을 생산할 것임을 분명히 했다. 한국은 대중 수출 비중이 25% 가까이 될 뿐만 아니라, 대중국 ODI(대외 직접투자) 비중이 높고, 첨단 제조업이 국민경제에서 차지하는 비중이 매우 높다. 따라서 중국이 첨단 제조업 국가가 되는 과정에서 가장 큰 피해 국가가 될 수 있다는 조사 결과가 있다.(MERCIS(2015))

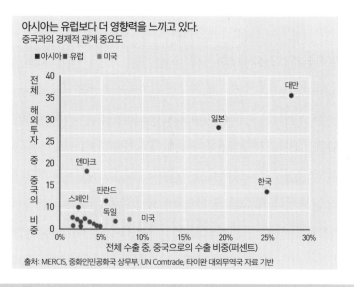

그림 2-57 중국으로의 수출 비중(x축)과 중국 국내 투자액 비율(y축)⑳

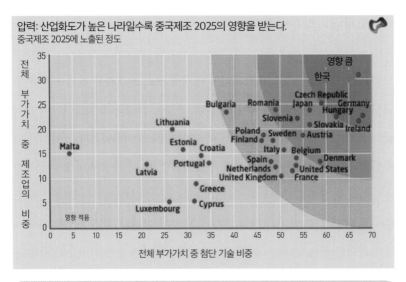

그림 2-58 하이테크 기술 비중(x축)과 국민경제에서의 제조업 비중(y축) [74]

중국은 '중국제조 2025' 중 반도체 분야의 굴기를 실현하기 위하여 10년간 120조 원에 가까운 예산을 사용하기로 했고, 실제로 막강한 자본 투입의 결과가 일부 보이기 시작했다.

중국은 서방국가에서 반도체 회사가 매물로 나올 때마다 언제나 적극적으로 M&A를 시도하고 있다. 2015년 미국의 낸드 및 낸드 기반 솔루션 제조 전문 업체인 샌디스크가 매물로 나왔을 때도 인수합병을 시도했고, 무려 세계 3위의 D램 제조사인 미국의 마이크론을 인수합병하려고도 했다. 이것이 잘 되지 않자 대신 샌디스크를 인수하려 했던 미국의 HDD 전문 업체인 웨스턴디지털에 지분 참여를 하려 했다. 그다음 해에 도시바가 회계부정 사건으로 도시바메모리를 분리하여 매각하려 했을 때도 컨소시엄의 형태로 입찰에 참여했다. 이런 인수전에서 대개의 경우 미국이나 서방세계의 견제로 큰 효과를 보지는 못했지만, 대신 스프레드트럼Spreadtrum 등 잘 알려진 회사들의 지분은 꾸준히 매입하고 있다.

사실 중국의 이러한 움직임에는 이유가 있다. 중국은 세계 반도체 매출의 32%를 차지하는 반도체 최대 수입국이다. 중국은 알리바바 등의 거대 IT 기업을 가지고 있을 뿐만 아니라, 세계 최대 규모의 스마트폰 제조사도 여러 개 가지고 있는 세계 IT 강국 중 하나다. 하지만 여전히 IT 생태계의 기반이 되는 부품과 개발 툴은 서방 국가에 의존하고 있다. 반도체 굴기의 성공은 중국의 무역수지를 크게 개선할 뿐만 아니라, 최근 꺾이고 있는 경제 성장을 다시 견인할 수 있게 한다. 그리고 서방 국가에 대한 중국의 승리를 외칠 수 있게 할 것이다. 그렇다면 중국의 반도체 굴기는 성공할까? 성공한다면 중국이 어느 정도로 해낼 수 있을까?

만들 수 있을까 : 메모리 제조의 어려움

중국이 반도체 굴기를 해내기 위해서는 일단 제조 기반을 갖추고 생존 가능한 기술적 역량을 확보해야만 한다. 웨이퍼를 투입하여 작동 가능한 양품을 만들어내야 하며, 이를 충분한 돈을 받고 판매해야만 한다. 과연 중국은 이 모든 것을 해낼 수 있을까? 중국 반도체 기업들의 기술 상황을 알아보도록 하자.

현재 D램 분야에서 중국 업체들은 한국 업체들과 최소 3년, 최대 10년의 기술 격차를 가진 것으로 평가되고 있다. 〈로이터통신〉에 따르면, 2019년 1월 수원지법은 과거 한국에서 D램 설계를 주도했던 김 모 씨의 중국 회사이직을 금지시켜 달라는 삼성의 요구를 받아들여 당해 11월까지 해당 중국 회사에서 일하지 말 것을 명령했다. 이때 법원은 '중국 반도체 회사들의 D램 설계 기술이 3~10년 정도 뒤처진 것으로 보인다'고 말하며 김 씨의 이직이 중국 D램 제조 업체인 창신메모리테크놀로지스^{CXMT}가 삼성을 따라잡는 데 도움이 될 것이라는 의견을 밝혔다.

3~10년이라는 숫자가 의미하는 바를 간략히 알아보면 다음과 같다. 2017년 4분기 삼성전자의 주력 D램은 1~2기가비트 사이였고, 2017년에는 8기가비트다. 이는 현 시점에 중국 D램이 8기가비트를 구현하기 위해서는 4~8배 가까운 웨이퍼 면적이 필요함을 의미한다. 즉 중국은 2010년 당시 삼성전자가 했던 것보다 4~8배 더 면적이 큰 칩을 만들어야 한다.

하지만 칩의 사이즈를 키우는 것은 반도체 회사에서는 굉장히 고민되는 일이다. 특히나 소비자가 정해져 있는 마이크로컨트롤러가 아닌, 모든 제조사가 균일한 제품을 생산하는 D램의 경우는 더욱 그렇다. 〈그림 2-59〉에서 볼 수 있듯이, 웨이퍼에서 칩이 차지하는 크기가 커질수록 결함품의 비율이 늘어나게 된다.

이 효과를 간단하게 모델링해보도록 하자. 업계 양산 수율인 85%를 삼성전자가 달성하고 있다고 보고, 칩의 사이즈가 4배, 8배 커질 경우 수율이 얼마나 나빠질 수 있는지 확인하는 것이다. 편의상 웨이퍼 한 장에 약 100개의 칩이 들어간다고 가정한다. 칩이 4배 커지면 25개 미만의 칩이, 8배가 커질 경우 13개 미만의 칩이 들어갈 수 있다.

〈그림 2-60〉에서 볼 수 있듯이 100개의 칩의 수율이 85%라면 총 15개의 구역 안에 결함이 하나씩 들어가 있을 수 있다. 참고로 이 결함들은 반드시 미세한 먼지 등은 아니다. 노광이나 에칭 과정에서 제대로 처리되지 못한

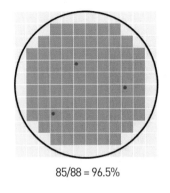

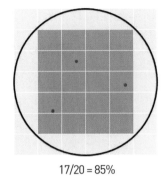

85/88 = 96.5%   17/20 = 85%

그림 2-59   면적이 4배로 늘어날 경우 면적 손실뿐만 아니라, 결함의 영향이 커지게 된다.

패턴들이거나, 유달리 작동 성능이 나쁜 일부 트랜지스터 집합, 반도체 후처리 중 손상을 받은 부분일 수도 있다. 최악의 경우 이 결함들은 웨이퍼 전체에 골고루 퍼져 있게 된다.* 칩의 크기가 4배로 커졌다면 무려 15개 칩이 결함품이 될 수 있으며, 최악의 경우 수율은 40%로 급감하게 된다. 만약 칩의 크기가 8배라면 대부분의 칩이 결함품이 될 가능성이 생긴다. 이미 미세공정 수준으로 인해 원가가 상당히 밀리고 있는 상황인데, 시장 진출을 위해서는 또 한 번 원가가 깎여나가는 고통을 겪어야 하는 것이다. 대략적으로 이미 4배 차이나는 원가였다면, 최악의 경우 수율로 인해 사실상 8배 가까이로 원가가 폭등하게 되는 것이다.

이 효과를 알려진 몇 가지 모델[Poisson, Murphy, Seeds, Moore]**을 통해 계산해

---

*   실제로는 이런 결함의 분포는 해당 회사가 겪고 있는 공정상의 어려움과 관계가 깊다.
**   각 모델은 순서대로 완전히 랜덤하게 분포한 결함 모델, 웨이퍼 외곽에 더 많은 결함 모델, 결함들이 군집해 있는 모델, 웨이퍼 외각에 군집으로 존재하는 모델을 의미한다.

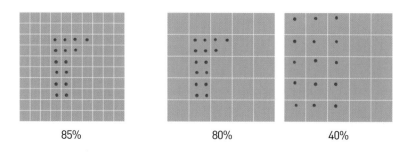

| 85% | 80% | 40% |

그림 2-60 칩 크기가 4배가 될 경우 최고 vs. 최악의 수율인 경우 비교

볼 수 있다. 각 모델의 결과는 〈표 2-9〉와 같다. 참고로 이 결과는 중국의 제조 능력이 2010년 삼성전자와 맞먹어서, 웨이퍼 내 결함의 비율도 당시 삼성전자의 기술과 같다고 가정한 것이다. 칩 면적이 8배가 되는 경우를 가정했을 때, 수율은 27~63%가 되어 원가를 1.35~3.14배 사이로 크게 증가시킴을 알 수 있다.

2010년 1월부터 2017년 1월까지 D램의 소비자 가격은 약 3.87분의 1로 하락했다.* 이를 통해 7년 기술 격차의 최종 원가 범위를 추정해보면, 2017년 삼성전자와 5.22~12.15배의 원가 차이가 있다고 생각할 수 있다. 어지간한 숫자 변동이 아니면 사업성을 논할 수 없는 수준이다. 좀 더 낙관적으로 면적 4배를 적용해 보아도 여전히 사업성 자체가 없는 레벨이다.

당연하지만 이런 참사를 중국 업체들도 그냥 보고 있지는 않을 것이다. 스페어 영역**을 늘리거나, 각종 보호회로를 추가하여 결함품 증가에 대응

---

* 가격은 https://jcmit.net/memoryprice.htm에서 2010년 초와 2017년 초의 가격을 놓고 비교한 것이다. 시장가격은 원가를 정확하게 반영하지 않을 가능성이 있으므로 실제로는 해당 시점 삼성전자의 순이익률을 곱해야 더 정확한 결과가 나온다.
** D램 제조 중 특정 셀이 오작동할 경우를 대비하여 남겨 놓은 예비 영역

표 2-9	삼성전자의 수율을 85%로 두고, 당시 삼성전자와 동등한 기술을 가지고 4배, 8배 더 큰 칩을 만들 시 중국 회사가 얻을 수 있는 수율		

모델	삼성전자 수율	중국 회사 예상 수율 (면적 4배)	중국 회사 예상 수율 (면적 8배)
Poisson	85%	52%	27%
Murphy	85%	54%	31%
Seeds	85%	59%	41%
Moore	85%	72%	63%

할 것이다. 당연하게도 그러한 보호 조치들은 칩의 사이즈를 더욱 크게 만든다. 어느 순간 수율이 오르고 안정화되기 시작하겠지만, 선두 업체들이 90%가 넘는 수율을 달성할 노력을 해야 후발 업체는 간신히 80%대 수율에 안착할 수 있을 것이다. 하지만 80%대 수율에 도달했을 시점이면 선두 업체는 다시 차기 공정으로 넘어가 있을 것이다.

참고로 테크인사이트에 따르면,[20] 2017년 하이닉스 2z나노 8기가비트 D램의 칩 사이즈는 약 76mm²이었다. 여기서 칩의 크기를 4배로 늘리면 무려 304mm²이며, 8배로 늘릴 경우 608mm²가 된다. 이는 엔디비아의 동시대 하이엔드급 그래픽카드인 1080Ti의 코어 사이즈와 맞먹는 무시무시한 크기다. 이러한 거대한 칩은 사실상 결함 없이 개발하는 게 불가능하다. 엔비디아에서는 일단 대형 칩을 기준으로 제조한 뒤, 불량이 난 영역을 죽이거나 잘라서$^{cut-chip}$ 하위 라인업의 그래픽카드에 사용하는 방식으로 대응한다.*

---

* 따라서 이러한 칩들은 같은 명칭을 가지고 있더라도, 제품마다 실제 구동하는 영역이 조금씩 다르다.

하지만 D램의 경우 8기가비트 칩의 일부를 죽여 7기가비트나 6기가비트로 판매할 수 없다. 무조건 8기가비트를 맞춰야만 하며, 제조 과정에 추가적인 셀을 집어넣고, 웨이퍼 제조가 끝난 뒤 레이저 퓨즈를 이용해서 특성이 나쁜 셀들을 다시 매핑해주는 과정(레이저 수리)이 필요하다. 하지만 제조 노하우가 부족한 중국이 이를 최적화하는 것은 쉽지 않을 뿐만 아니라, 모든 결함이 해당 수리를 통해 고쳐질 수도 없다.

결국 결함의 밀도가 동시대의 삼성전자와 동급이더라도 더 심각한 수율 문제를 겪게 되는 상황인 것이다. 과거 기술로 같은 용량의 칩을 만드는 것은 이렇게 힘든 일이다. 수율이 85%라는 것은 트랜지스터의 15%에 해당하는 부분만이 불량이라는 의미가 결코 아니다. 트랜지스터의 결함률은 수억 분의 1 정도로 매우 작지만, 이런 결함이 칩 전체를 죽인다. 칩의 면적이 넓어지면 칩 하나에 이런 결함이 나타날 가능성이 높아지고, 결국 전체 원가에 큰 영향을 미치게 된다.

혹자는 '그렇다면 칩의 용량을 1기가비트를 유지하고 많이 꽂으면 되지 않을까'라고 질문할지 모른다. 하지만 이는 현재 소프트웨어 및 하드웨어 생태계의 특성상 적용하기 힘든 방법이다.

기술 격차가 3~4년이라고 파악되는 낸드의 경우는 좀 더 사정이 복잡하다. 낸드의 경우 일반적으로 기술 난이도가 D램에 비해 낮을 뿐만 아니라, SSD 등의 디바이스에는 많은 양을 겹쳐서 사용할 때의 제약이 상대적으로 적다. 즉 D램처럼 칩당 용량 대결을 위해 대형화할 필요가 없이 작은 사이즈로 생산해 여러 개를 겹치는 것이 가능해지는 것이다. SSD는 D램과는 달리 각 칩이 CPU와 직결될 필요가 없으며, CPU가 직접 나노초 단위의 고속 접근을 요청하지도 않기 때문이다.

낸드는 D램보다 복잡한 양상이다. 낸드는 CPU와 직접 작업하지 않고 중간의 SSD 컨트롤러 등을 매개로 CPU와 작업한다. 이 덕분에 제조 역량 열세가 어느 정도 상쇄될 수 있다. 컨트롤러에 대량의 낸드를 결합하여 SSD의 성능과 용량을 늘릴 수도 있고, 소프트웨어 알고리즘을 통해 낸드의 수명을 관리함으로써 짧은 수명을 상쇄할 수도 있기 때문이다. 이런 이유로 인해 중국이 낸드 분야에서는 나름 성과를 보이고 있다.

하지만 여전히 시장을 차지하기 위해서는 큰 어려움이 따른다. 현재 중국과 선두업체는 2~3년의 기술격차를 가진 것으로 알려져 있다. 이는 시장성을 확보하기에는 아직은 부족한 기술력이라 할 수 있다. 중국은 이를 따라잡기 위해 다양한 시도를 하고 있다.

그러한 시도 중 하나가 바로 Xtacking이라고 부르는 칩 간 결합(패키징)

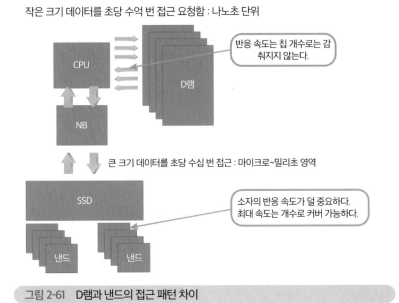

작은 크기 데이터를 초당 수억 번 접근 요청함 : 나노초 단위

반응 속도는 칩 개수로는 감춰지지 않는다.

큰 크기 데이터를 초당 수십 번 접근 : 마이크로~밀리초 영역

소자의 반응 속도가 덜 중요하다. 최대 속도는 개수로 커버 가능하다.

그림 2-61　D램과 낸드의 접근 패턴 차이

기술이다. 본래 낸드 플래시 안에는 저장 소자에 해당하는 셀^{cell}과 각종 명령을 처리하는 전기 회로^{peripheral}가 있는데, 이 둘을 각각의 웨이퍼에서 제조한 뒤 이후에 결합하겠다는 것이다.

이런 접근에는 약점과 강점 모두가 존재한다. 약점은 웨이퍼를 두 장 써야 한다는 점과 검증되지 않은 결합 기술을 사용해야 한다는 것이다. 추가 웨이퍼를 사용하면 원가가 높아질 수 있을 뿐만 아니라, 본딩 과정에서 수율 저하가 필연적이었기 때문이다.

하지만 장점도 존재한다. 웨이퍼를 쪼개면 셀과 주변 회로 각각에 최적화된 공정을 사용할 수 있다. 이로 인해 셀과 주변 회로의 연구개발 속도가 빨라질 수 있으며, 셀은 밀도가 상승하고 주변 회로 부분의 성능(<그림 2-62>, <그림 2-63>)이 향상될 수 있다.

기술이 소개되었던 초기에는 기존의 메모리 회사 대부분이 이런 접근 방식을 취하지 않았다. 당시 칩 간 결합 기술이 성숙하지 않았고, CuA와 같이 회로 영역과 셀 영역을 한 장의 웨이퍼로 만들되, 회로를 셀 아래에 제조하는 방법이 있었기 때문이다. 주변 회로 영역의 성능 향상으로 얻을 수 있는 것에 비해 새로운 제조 방법의 리스크가 컸던 것이다.

하지만 낸드 플래시의 단수가 높아지며 제조가 어려워지고, 낸드 플래시의 입출력 성능 향상이 용량 향상을 따라가지 못하게 되자 기존 제조사들도 셀 영역과 회로 영역을 따로 제조하여 결합하는 방식을 사용해 보기 시작하였다. 실제로 웨스턴 디지털과 도시바의 8세대 낸드 플래시가 이 방법으로 제조되었다.

이는 중국이 기존 반도체 제조 역량에서 기존 회사들을 앞서간 몇 안 되는 사례 중 하나일 것이다. 그럼에도 중국의 낸드 제조가 넘어야 할 산은 여전히 높다. 웨스턴 디지털에 따르면 자사의 8세대 218단 낸드 플래시의 셀 밀도는 6세대인 162단에 비해 50% 높다고 한다. 대략적으로 계산해 보면, 단수 증가로 인한 밀도 증가는 34%(1-218/162)정도 되므로, 중국의 칩 간 결합 기술은 밀도 향상에 16%(50%-34%) 정도 기여할 것이라고 짐작할 수 있다.

패키징으로 인한 각종 추가 비용을 고려하면, 중국 업체가 칩 간 결합 기술로 얻을 수 있는 원가 우위는 16% 미만일 것이다. 웨스턴 디지털은 유사 기술을 적용하는 데 그렇게 긴 시간이 걸리지 않았다. 이후에 다른 제조사들도 빠르게 따라올 가능성이 높다고 짐작할 수 있다. 중국 업체들은 핵심 장비 수입이 막힌 채로, 칩 간 결합을 통해 얻은 원가 우위가 사라지기 전에

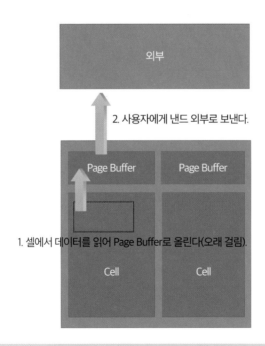

그림 2-62 데이터를 읽을 때 낸드의 작동 과정: 쓰기의 경우 순서가 반대이다.

다른 회사들 수준으로 낸드 플래시의 제조 수율을 높여야 하는 것이다.

낸드 시장에서 로우 낸드의 비중이 줄어드는 것 역시 중국 업체들에게는 큰 리스크이다.

현재 SSD와 eMMC 등의 낸드 기반 스토리지 시장은 서서히 낸드 팹을 가진 회사들을 중심으로 재편되고 있는 상황이다. 실제로 〈그림 2-64〉에서 글로벌 SSD 시장 매출을 살펴보면 2015년 4분기부터 2017년 4분기까지 전체 SSD 용량 출하량이 81%나 늘어났음을 알 수 있다. 하지만 낸드를 제조하지 않는 SSD 업체의 출하량은 되려 25% 가까이 감소했다. 낸드 제조사가 직접 판매하는 SSD의 용량 출하량이 두 배 가까이 늘었음을 알 수 있다.

이는 낸드가 점점 복잡해지고, 특성이 제조사별로 크게 달라지기 시작하면서 일어난 일이다. SSD의 핵심 부품은 누가 뭐라 해도 낸드인데, 개발이 끝날 때까지 이번 테크의 낸드가 어떤 장점이 있고 단점이 있는지는 해당 낸드의 제조사만이 정확히 알 수 있다. 때문에 개발 능력의 차이가 벌어질 수밖에 없다. 아무리 코드와 컨트롤러를 뛰어나게 설계하고 준비해놓았다고 해도 낸드의 특성이 크게 변해버리면 상당한 양의 일을 다시 해야 할 수밖에 없다. 하지만 IDM 업체들은 이미 자사 낸드의 특성을 알고 미리미리 준비할 수 있기에 제품 출시도 빠르고 성능도 좋다. 결국 SSD가 아닌 일반 낸드를 사줄 작은 컨트롤러 전문 업체가 줄어들게 된다. 이렇게 되면 개발한 낸드 특성이 좋지 않을 때 떨이로 팔아버릴 수 있는 잠재적 고객이 줄어들게 되는 것이다.

---

* 계산 방법은 4킬로바이트를 전송 속도인 3GBps(384메가바이트/s)로 나누는 것이다.
** Toggle DDR 4.0의 성능은 1.4GBps로 약 Xtacking이 주장하는 성능의 46%이다.

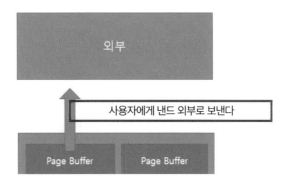

그림 2-63 YMTC가 Xtacking으로 개선한 부분은 위 빨간 사각형 부분이다.

IDM 업체들은 타사의 로우 낸드를 사서 SSD를 만들지 않으려 하는 경향이 강하다. 예외적으로 인텔이 하이닉스의 TLC 낸드를 구입해서 소비자형 SSD를 만든 사례가 있는데, 이는 인텔 공장의 낸드 라인업이 대부분 데이터 센터에 치중되어 있어서 단가가 높아 소비자형 진출을 위해 더 값싼 낸드를 구입해야 했던 예외적인 경우에 해당한다.

그나마도 줄어가는 SSD 전문 업체들에게 파는 것도 쉽지 않다. 일반적으로 낸드 제조사가 아닌 SSD 제조사들은 컨트롤러를 팹리스에서 구매한 뒤, 낸드 제조사로부터 완제품 낸드를 구입해 자신들이 PCB에 직접 조립하여 판매한다. 팹리스가 판매하는 컨트롤러들은 일반적으로 최대로 연결 가능한 낸드 개수에 제한이 있다는 문제가 있다. 컨트롤러에 낸드와의 연결 통로를 만드는 것 역시 생각보다 번거롭고, 컨트롤러의 크기를 크게 만드는 원인이 되기 때문이다.

<그림 2-65>를 보면, 컨트롤러 스펙을 통해 최대로 연결 가능한 낸드 수가 32개임을 알 수 있다(8개 채널 × 채널당 4개). 기술이 수년 뒤처져 있는 중국

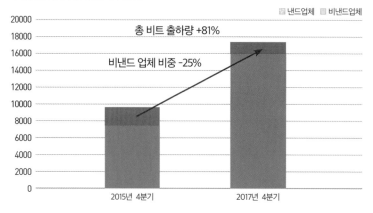

비트 출하량 : 페타바이트(1000 테라바이트)

그림 2-64 지속적으로 감소 중인 비 낸드 제조사의 SSD 출하량 비율⑦

자료 : TrendFocus

회사의 경우 동일 컨트롤러로 만들 수 있는 최대 용량이 절반으로 줄어드는 효과가 있는 것이다. SSD는 일반적으로 '1개 컨트롤러+여러 개의 낸드' 조합으로 이루어지기 때문에, 한 컨트롤러로 고용량을 구현할수록 원가에 유리하다. 이를 위해서는 칩당 용량이 큰 낸드 플래시가 있어야 한다. 수율 문제가 있다면 용량이 큰 칩의 생산량 증대가 힘들다. 고용량 SSD 원가 문제에서 불리해지게 되는 것이다.

〈그림 2-65〉는 실제 실리콘모션^SMI 사의 컨트롤러인 SM2262의 스펙이다. 제원을 살펴보면 최대 32개의 낸드를 연결할 수 있음을 알 수 있다. 4년 전(2015년) 128기가비트 낸드를 32개 연결할 경우 최대 용량은 512기가바이트가 된다. 동일 컨트롤러로 2019년의 512기가비트 낸드를 사용한다면 2테라바이트를 구현할 수 있다. 최대 용량이 4분의 1밖에 되지 않는 것이다.

게다가 낸드 회사의 영향력이 강해짐에 따라, 컨트롤러 회사들은 특정 회

SM2262
PCle 3세대 X4
NVMe 1.3
8
4
순차 읽기: 3,200MB/s 순차 쓰기: 1,900MB/s 무작위 읽기: 370KIOPS 무작위 쓰기: 300KIOPS

그림 2-65 최대 낸드 개수가 32개인 SMI의 SM2262:
4년 전 낸드 기술로 만들 수 있는 최대 용량은 512기가바이트다.

사의 낸드를 기준으로 컨트롤러를 설계하고 성능을 측정하게 되었다. 써보지 않은 낸드를 사용할 경우 성능을 장담하기 힘들어질 뿐만 아니라 예상치 못한 펌웨어나 컨트롤러 결함을 보게 될 가능성이 높아지기 때문이다. 최고급 음식점이 주재료인 쇠고기 납품처를 바꾸면 전체 요리의 맛이 크게 변할 수도 있는 것과 마찬가지다.

반도체 기술뿐만 아니라, 투입되어야 하는 압도적인 웨이퍼의 양 역시 중국 회사들에게는 문제가 된다. 기술적으로 밀리고 있는 중국은 한국 업체들이 사용하는 웨이퍼의 양보다 훨씬 많은 웨이퍼를 투입해야 동일한 비트를 생산해낼 수 있다. 중국이 한국 업체들과 동일한 수율을 가졌다면 동일한 비트를 생산해내기 위해서는 D램의 경우 4배의 웨이퍼가 투입되어야 한다. 수율을 50%로 고려한다면 최악의 경우 8배의 웨이퍼가 투입되어야 한다.

이 분량이 얼마나 거대한 것인지 간단히 판단해볼 수 있다. 삼성전자의 D램 웨이퍼 투입량은 정확한 수치가 공개되어 있지는 않지만, 2018년 시장조사기관들에 따르면 약 월 50만 장® 정도로 추정되고 있다. 삼성전자의 높은 기술력에 의한 웨이퍼당 용량 차를 고려할 때, 전 세계 주요 제조사들의 D램 웨이퍼 투입 총량을 합치면 월 100만 장을 약간 넘을 것으로 추정할 수 있다. 중국이 시장점유율 10%*를 목표로 D램 생산을 시작한다고 해보자. 위에서 살펴보았듯 수율이 양산 수준인 85%더라도 미세공정 기술력 차이로 인해 칩의 크기는 4배 정도 클 가능성이 높다. 이렇게 되면, 시장점유율 10%를 위해 최소한 월 40만 장의 웨이퍼를 투입해야 한다.

여기에 수율을 고려한다면 최악의 수율 27%인 경우 148만 장이 넘는 웨이퍼가 매월 투입되어야 한다. 시장 10%를 차지하기 위해서는 현재 글로벌 톱 기업들의 사용량보다 더욱 많은 양의 웨이퍼를 구입해야 할 뿐만 아니라, 더욱 거대한 시설을 만들어서 운영해야 하는 것이다.

더 큰 문제는 이 시설들은 2018년 수준의 D램 가격이 유지되더라도 적자를 면치 못할 것이라는 점이다. 〈그림 2-66〉은 SK 하이닉스의 2018년 재무제표와 4분기 실적 발표의 일부이다. 하이닉스의 당해 1분기 감가상각비 ^{D&A}는 약 1조 7,000억 원 정도이며, 이 시기 매출원가는 4조 1,000억 원이었다. 이 값에서 감가상각비를 제함으로써 순수한 자재비 및 전기 등의 비용을 약 2조 4,000억 원(매출의 약 24.3%)으로 추정해볼 수 있다. 즉 하이닉스가 비즈니스를 유지하기 위해서는 설비 투자 및 판관비를 제외하더라도 원자재비로 매출의 약 24%가 투입되어야 하는 것이다.*

중국 회사들의 웨이퍼당 생산량을 하이닉스의 4분의 1밖에 되지 않는다

---

* 중국제조 2025의 목표는 2025년까지 반도체 자급률 70%였으며, 최근에 50%로 내려온 것으로 알려져 있다. D램 자급률은 딱히 명시되어 있지 않다.

고 볼 경우, 중국 회사들은 순수하게 '자재값+전기+소모품+인건비' 등의 비용으로 매출액의 96% 가까운 비용을 지불해야 한다. 웨이퍼, 식각용 물질, 포토레지스트 등은 투입되는 웨이퍼에 비례해서 사용될 것이기 때문이다.** 설비 투자가 하나도 없다고 가정하더라도 하이닉스 수준의 판관비인 매출의 12%를 적용하고 나면 도합 108%로 적자에 빠진다는 것을 쉽게 알 수 있다. 또한 D램 가격이 조금만 하락세로 접어들더라도 비즈니스 자체가 존립의 위기에 빠지게 된다. 특히 판관비의 경우 실제로는 비즈니스를 시작해본 적이 없는 회사에서 더 높게 나타난다. 감가상각비는 실제로 지어져야 할 막대한 공장 크기를 생각할 때 비중을 더 크게 잡아야 할 상황이다. 게다가 여기에 아직 수율은 고려하지도 않았음을 상기할 필요가 있다.

이러한 결과를 바탕으로, 중국 업체가 가장 우호적인 시장 환경에서 웨이퍼 수율조차 하이닉스와 동급이라고 할 경우 한국 2위 사업자인 하이닉스와 비교하여 몇 년의 기술 격차까지 따라잡아야 생존 기반을 마련할 수 있는지를 알아볼 수 있다. 〈그림 2-67〉을 보면 중국은 하이닉스의 면적(칩의 크기)의 3배 정도가 되기 시작하면 적자를 보기 시작한다. 만약 현실적 가정이 추

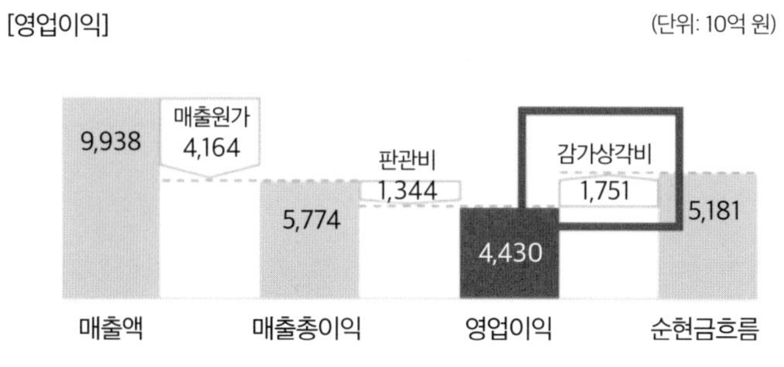

[영업이익]   (단위: 10억 원)

그림 2-66 SK하이닉스의 경영실적에 명시된 1분기 감가상각⑩

가되어 메모리 가격이 폭락하거나, 수율을 고려하면 지금보다 파란선은 아래로 이동한다. 예를 들면, 메모리 가격이 4분의 1 정도 하락하면 2배 정도 면적이어도 적자를 보기 시작한다.

　중국은 반도체 굴기를 위해 10년간 1조 위안(약 160조 원)을 사용할 것이라고 공언하였다. * 이 액수는 상당해 보이지만, 계산해보면 실제로는 순식간에 고갈될 수 있는 재원이다. 중국이 한 분기 동안 하이닉스의 절반 매출액(4조 9,700억 원, 시장 14%)을 유지하기 위해 필요로 하는 총 변동비용은 D램 시장이 가장 호황이던 시점을 기준으로 해도 5조 3,700억 원(원재료비+판관비)이 된다. 감가상각비도 하이닉스 절반 수준으로 잡을 경우(하이닉스의 2배 이상 웨이퍼가 투입되어야 하므로 말도 안 되게 낙관적이지만), 매 분기 6조 2,500억 원을 비용으로 사용하는 효과가 생기며, 이는 분기당 약 1조 2,500억 원의 손실이 발생하게 된다는 의미다. 글로벌 D램 가격이 20% 하락하는 경우 매출액이 4조 원으로 감소하게 되고, 손실은 분기당 2조 3,000억 원 가까이로 폭증하게 된다.

　즉 시장점유율을 유지하는 것에만 연 10조 원 가까운 손실이 예상된다. 여기에 감가상각비를 현실적으로 조금만 더 높게 잡더라도 재원이 순식간에 빨려나갈 것임을 짐작할 수 있다. 사실 이는 놀랍지 않다. 승자 기업들은 이미 매 분기 그 금액보다 큰돈을 불태우고 있다. 그저 엄청난 투자를 매해

---

*　하이닉스는 D램과 낸드를 전부 판매하는 회사지만, D램의 비중이 높으므로 하이닉스를 순수 D램 사업자로 가정해보고 간략하게 계산할 수 있다.
** 실제로는 미세공정이 진척되면 한 개 웨이퍼에 투입되는 물질의 양도 조금씩 증가하므로 화학물질 투입은 웨이퍼 투입량에 정비례하지는 않을 수 있다. 하지만 가장 큰 부분인 웨이퍼는 무조건 비례해서 투입되어야만 한다.

하면서도 이를 정당화할 만큼의 순이익을 벌어들이기 때문에 크게 티가 나지 않는 것뿐이다. 이 사업의 파괴적 성격을 다시금 생각해볼 필요가 있다.

하이닉스의 결과를 바탕으로 삼성전자의 D램 사업을 추정해보면, 분기당 감가상각 및 원자재비가 10조 원 가까이 될 것임을 짐작 가능하다. 연간으로는 40조 원에 해당하는 금액이다. 삼성전자가 유지될 수 있는 이유는 그저 이 압도적인 비용을 상쇄하고도 남을 만큼 더 많이, 작게 생산하여 그만큼 저렴하게 판매하기 때문이다. 하지만 중국 업체는 그럴 수 없다. 삼성전자와 하이닉스에게 재료 원가는 그저 그런 부담이지만, 동일한 제품 제작에 4배 이상의 비용이 필요한 중국 업체들은 원자재 조달만으로도 매출을 전부 잡아먹히는 상황이다. 시장이 역대 최고 호황인 순간에도 말이다.

이런 간단한 모델들은 웨이퍼 사이즈만 차이 나고, 납품 가격이 글로벌 톱 업체들과 똑같은 수준이라는, 상당히 중국 측에 낙관적 가정에 근거하고

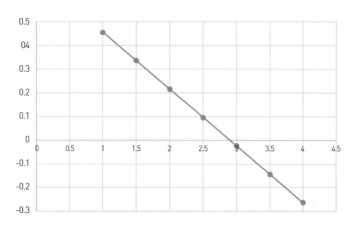

그림 2-67 감가상각, 판관비가 같다고 가정했을 경우 하이닉스와의 기술 격차에 따른 중국 업체들의 순이익률: X축은 하이닉스 칩 크기를 1로 두었을 때, 중국 칩의 크기이며, y축은 순이익률이다.

있다. 실제로는 아직 비즈니스를 제대로 해보지 못한 중국의 매출액 대비 판관비율은 기존 반도체 3사보다 높을 수밖에 없다. 또한 감가상각비 역시 막대한 공장 투자의 규모 및 노하우 부족을 고려했을 때 더 높아야만 한다. 비트당 매출액은 반도체의 질이나 밀도 차이를 생각해볼 경우 낮을 수밖에 없다. 즉 이 지표는 매출액은 과대평가되어 있고, 비용은 과소평가되어 있는 상태인 것이다.

이 평가는 D램을 위주로 작성되었으나 낸드 분야도 사정은 크게 다르지 않다. 비록 낸드가 기술적으로는 더 쉽고, 소프트웨어와 컨트롤러로 어찌해볼 여지가 좀 더 크긴 하지만, 마진 자체가 D램보다 더욱 낮다는 것을 생각할 필요가 있다. 시장 1위 사업자의 순이익도 호황기에 30% 근처였던 것을 감안하면, 시장이 흔들릴 경우 순식간에 순적자로 빠질 위험은 더욱 크며, 치킨게임의 여지도 더 높다.

중국이 메모리 시장에 진입해 현재 수준의 기술 격차로 제조를 시작할 경우, 가장 낙관적인 가정을 바탕으로 해도 중국은 매해 5조 원에 가까운 순손실을 보게 될 것이다. 뿐만 아니라, 시장을 조금만 흔들어도 순식간에 연 10조 원이 넘는 순손실이 발생하게 된다. 그 손실을 버텨내는 동안 경쟁사들은 연 20조 원이 넘는 순이익을 얻어내며 제조 역량을 혁신하고 있을 것이다. 중국이 반도체 굴기를 성공하기 위해서는 일단 이 고리를 끊어내고 첫 흑자를 얻어내는 것이 중요하다. 이는 세계에서 제일 거대한 제조 라인을 운영하면서 거기에서 나오는 세계에서 가장 질이 나쁜 물건을 가장 기술력이 뛰어난 업체들과 경쟁하며 팔아야 하는 매우 어려운 일이 될 것이다.

물론 웨이퍼 업체들과 장비 업체들은 중국이 그 웨이퍼로 반도체를 만들건, 바로 폐기하건, 요리에 사용하건 큰 관심이 없을 것이다. 그리고 1.5배가 넘게 늘어날 웨이퍼 투입량 덕분에 유래가 없던 큰 호황을 맞이하게 될 것이다.

그렇다고 중국에게 기회가 없는 것은 아니다. 만약 선두 기업들의 미세화와 대용량화가 동시에 멈추는 순간이 오면 그때가 따라잡을 수 있는 기회가 될 수 있다. 미세화가 멈출 경우 압도적 진입장벽으로 작용하는 비트당 원가 갭이 좁혀지기 시작할 것이며, 대용량화가 멈출 경우 웨이퍼당 수율 압박에서 벗어날 수 있게 될 것이다. 실제로도 D램의 매해 원가 감소율은 36%에 가까웠지만, 이제는 10%대로 내려앉았다. 이렇게 되면 제조업의 이익률을 15%로 가정할 경우, 기존 반도체 업체와의 기술 격차를 약 2년 정도로 따라잡는다면 원가 차이는 약 20% 정도가 되어 생존기반이 확보될 가능성도 있다. 물론 그 2년 갭의 기술력도 매우 어려운 기술이므로 개발하기는 쉽지 않을 것이다. 또한 그 기간 동안 기존 선두 사업자들 역시 동일 공정하에서도 더욱 제조가 힘든 HBM 등의 개발에 박차를 가하며 지속적으로 차이를 넓히려 할 것이다. 그러므로 그 시점 즈음에는 기존 업체들이 더욱 난이도가 높고 부가가치가 높은 곳으로 나아가있을 가능성이 있다.

팔 수 있을까 : 메모리 시장 진입의 어려움

중국이 어떻게든 부족한 기술력을 이겨내고 메모리를 양산해내기 시작했다면, 이제는 시장에 진출하여 매출을 올리기 시작해야 한다. 사실 앞에서는 중국이 매출을 내고 있다는 전제하에서 계산했지만, 사실은 이 역시 매우 어려운 일이다.

이 문제의 핵심은 소프트웨어 시장과 하드웨어 시장이 빠르게 함께 발전하고 있다는 것이다. 과거와 똑같은 스펙의 메모리를 사용할 수는 없는 것이다. 만약 중국 메모리 제조사가 거대한 칩 생산으로 인한 수율 저하를 버티지 못하고 7년 전 기술의 칩을 제조한다고 가정해보자. 이것이 시장에서 어떻게 받아들여질까?

2019년 기준 전 세계 스마트폰은 플래그십에는 최대 12기가바이트의 D램이 탑재되고 있다. 최저가형 모델에조차 3기가바이트 D램이 탑재되고 있는 상황이며, 소프트웨어 생태계는 이미 이 용량에 맞추어 진화했다. 안드로이드 OS뿐만 아니라, 앱스토어에서 발매되는 수많은 앱과 게임, 인터넷으로 서비스되는 동영상 모두 이러한 기준을 두고 발전해나가게 되었다. 실제로 이것이 우리가 기존 폰이 '느려서 못 쓰겠다'고 느끼게 되는 이유 중 하나다.

일반적으로 모바일 시장은 물리적 공간의 제약이 커서 D램을 4개까지만 겹쳐서 사용 가능하다. 앞에 언급된 3기가바이트 D램의 스마트폰에는 12기가비트(1기가바이트는 8기가비트에 해당한다)가 2개 끼워져 있거나, 6기가비트 D램 4개 구성으로 이루어진다. 그 이상 겹쳐서 사용하려 할 경우 전력 및 발열 제어, 칩 높이 조정이나 와이어 연결 등 많은 문제가 발생하게 된다. 지금도 하이엔드 스마트폰은 공간이 부족하여 발열 덩어리들인 AP, D램, UFS를 한 개 패키지 안에 차곡차곡 쌓아 넣은 방식을 사용하고 있다.

〈그림 2-68〉을 보면, 스마트폰 내에 사용할 만한 공간이 거의 없음을 알 수 있다. 일반적으로 D램 칩의 개수는 공간이나 AP의 제한으로 인해 최대 4개로 제한된다. 상하좌우로 칩을 탑재할 공간이 없을 뿐만 아니라, AP 역시 D램을 연결하기 위해서는 추가적인 핀을 확보해야 한다. 이는 필연적으

로 칩의 면적 증가를 불러오게 된다. 이 용량은 PC 중 가장 작은 플랫폼인 울트라북의 4분의 1에 불과하다. 따라서 모바일 시장에서는 용량이 작은 개별 칩으로 대응하는 것이 더욱 힘들어질 수밖에 없다. 1기가비트 D램을 조합하여 만들 수 있는 스마트폰의 최대 D램 용량은 4기가비트=0.5기가바이트가 되는데, 이는 아이폰 4 수준의 D램 용량이므로, 2017년 기준으로는 사용 불가능한 수준이다.

이러한 메모리를 무리하여 저가형 스마트폰에 패키징하여 출하하려 할 경우, 용량은 보급형·저가형 스마트폰이더라도 메모리의 전원 사용량만큼은 하이엔드 스마트폰 수준이 될 것이다. 그리고 이에 비례하여 발열도 증가하게 될 것이다. 이는 단가를 낮추기 위해 쥐어짜고 있는 저가폰에 더 큰 부담을 안긴다. 그렇지 않아도 부족한 공간에 전원 및 발열 제어를 위해 약간이나마 추가 부품이 들어가게 되므로, 배터리 효율도 떨어지게 되는 것이다. 이는 스마트폰 회사의 개발 난이도 상승과 원가 상승이라는 이중고를 만들게 된다. 저가폰의 가격이 150달러 미만임을 감안할 때, 1,000~2,000원 정도의 추가 지출로도 마진에 1% 가까운 타격을 입히게 된다. 이미 중국 저가 스마트폰 회사들이 심각한 유동성 문제를 겪고 있는 것을 생각하면 이는 매우 난감하다. 이러한 고객사의 수익성 방어를 위해 메모리 제조사가 저가 전략을 취할 경우, 박한 마진이 더 나락으로 떨어지게 된다.

앞에서 낙관적 가정에서도 중국 회사들의 원가는 적자 수준이었다는 것을 알아보았다. 한편, 중국 스마트폰 회사들이 저급의 반도체를 이용해 저가 폰을 힘겹게 만드는 동안, 타국의 경쟁사들은 저가폰을 '저가폰다운 방식'으로 빠르게 개발하여 제조하고 있을 것이다. 잘 알려진 제품들을 사용하여 개발 기간을 단축하고, 부품의 개수를 줄여 검증의 부담을 줄임으로써 발매까지 걸리는 시간을 절약하는 것이다.

당연하지만, 중국이 자국 반도체 사용을 고집할 경우 반도체 수입 금액이 격감하기는 할 것이다. 반도체 굴기를 통해 수입을 대체해서가 아니라, 완제품 자체가 팔리지 않으니 수입할 이유가 없기 때문이다. 중국이 반도체를 직접 수급한다고 해서 반도체를 구입해 사용하는 중국 기업들이 시장경쟁의 면제를 받을 수 있는 것은 아니다. 이미 해외에는 삼성전자 등의 공급 체인의 최강자들이 버티고 있는 상황이며, 중국 정부의 자국 기업 보호 및 지적재산권 부정 사용이라는 보너스를 받고도 경영이 힘들어지고 있다.

설령 이런 모든 위기를 이겨내고, 내수만을 위한 저성능의 제품을 자국민에게 강요한다 해도 중국이 대체할 수 있는 D램의 양은 전체 D램 시장에서 모바일이 차지하는 비중 35%에 자국 물량인 30%를 곱한 10.5% 정도에 불과하다.* 물론 이 역시 매우 긍정적인 가정이며, 실제로는 메모리 사용량이 큰 2,500위안(약 41만 원)이 넘는 고가형 스마트폰의 경우 D램 사용량이 4

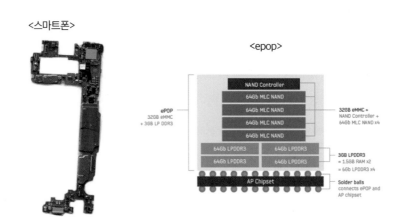

그림 2-68 빼곡한 스마트폰 기판과 공간 절약 기술 중 하나인 ePOP[31]

메모리

- 메모리 속도 : 2,133MHz
- 메모리 타입 : 4x16-비트, LPDDR4x
- 메모리 밀도 : 최대 16기가바이트

그림 2-69 최대 4개의 메모리로 제한되는 스냅드래곤 855: 아래에 적힌 최대 용량은 출시 시점 기준 시장에 있는 최고 밀도의 메모리를 꽂았을 경우의 수치다.

기가바이트로 뛰어오르기 시작하기 때문에 중국산 D램으로 대체하기 매우 힘들다. 중국은 매출 기준으로 이 정도 메모리 시장을 차지하는 대가로 모바일 소프트웨어 생태계 발전을 상당 부분 포기해야 한다. 수입 대체를 대가로 중요한 21세기 경쟁력 중 하나를 상실하게 되는 것이다. 내수시장에서 만든 소프트웨어는 국내 소비자들의 폰 사양에 맞추어 매우 다운그레이드되어 나올 수밖에 없으며, 글로벌 시장과 동떨어진 모습이 될 것이다. 그런 앱은 눈이 높아져 있는 해외 소비자들을 만족시키기 힘들어 해외 진출은 매우 어려울 것이다.

PC D램은 플랫폼이 거대하기 때문에 좀 더 여유가 있을 것 같지만, 역시 비슷한 문제를 겪게 된다. 〈그림 2-70〉을 보면 이들은 칩 패키지 하나당 한 개의 D램만이 패키징되어 들어갈 수 있는 형태다. 일반적으로 PC들은 체급에 따라서 최대로 장착할 수 있는 D램의 개수가 2개(노트북), 4개(데스크톱), 8개(고성능 데스크톱), 24개(2S 서버) 등으로 정해져 있다.

---

* 성능과 가격 모두 경쟁력이 심하게 떨어지는 스마트폰을 해외에 수출하기는 매우 힘들 것이기 때문에 국내 수요만 메꿀 수 있다고 가정한다.

일반적으로 DIMM에는 한 면에 8개씩 최대 16개의 D램을 붙일 수 있으며, 노트북용 D램은 폭이 좁아 최대 8개로 제한된다. 1기가비트 D램을 조합하여 만들 수 있는 최대 DIMM의 크기는 16기가비트=2기가바이트인 것이다. 즉 이러한 D램으로는 노트북에 최대 2기가바이트의 메모리밖에 보장할 수 없으며, 일반 4개 D램을 사용 가능하게 만들어진 사무용 데스크톱 PC에도 8기가바이트, 본래 수백 기가바이트의 메모리를 상정하고 설계된 12슬롯 서버에도 96기가바이트 메모리밖에 제공할 수 없다.

문제는 서버나 워크스테이션 등 전문가용 제품이다. 문서 작업이나 웹서핑 위주의 일반 사용자들은 어떤 회사의 D램이 꺼져 있어도 큰 피해가 발생하지 않는다. 사실 일반 사용자들의 PC는 여러 가지 관리 문제를 겪다가 재부팅해야 하는 일이 흔하다. 이는 일반 사용자에게는 큰일이 아니다. 하지만 전문가들 입장에서는 완전히 이야기가 다르다. 이들이 수행하는 작업 중에는 분산 처리가 불가능해 반드시 한 개 PC에서 처리해야 하는 작업들이 가득하다. 이러한 일을 하는 사람들 입장에서는 무조건 PC당 D램의 양이 중요해지게 된다. D램이 부족해지면 어느 순간부터 PC가 SSD나 HDD에 쓰고 읽기 작업을 시작해야 하며, 그 순간부터 작업 효율이 급감하게 되기 때문이다. 이런 업종에서는 1기가비트 D램으로 구성된 DIMM당 2기가바이트짜리 메모리는 공짜로 주더라도 사용하지 않게 된다. 메모리 가격뿐만 아니라, 최대로 낄 수 있는 메모리 자체가 발목을 잡아버리는 것이다.

데이터센터들 중에는 메모리 용량에 매우 민감한 센터들이 있는데, 이러한 곳들의 경우 극단적으로 'CPU는 램을 위해 존재하는' 수준인 경우가 상당하다. 이런 센터들 역시 메모리를 공짜로 준다고 해도, CPU와 건물 임대료, 전기세 등이 추가로 지출된다. 한국산 메모리라면 서버 100대로 해결할

수 있는 용량을 서버 400개로 해결해야 한다면 공간, 전력, CPU 투자가 4배로 뛰어오른다. 이러한 투자를 했음에도 불구하고 성능은 되려 뒷걸음칠 치게 된다. 메모리가 없어서 못 쓰는 게 아니라, 컴퓨터에 메모리 꽂을 자리가 없는 게 문제다.

그리고 안타깝게도 이러한 곳들은 실리콘 밸리 대기업들과 경쟁해야만 하는 IT 산업 경쟁력에 핵심적인 곳이다. 반도체 굴기를 시도하다가 AI와 사물인터넷 혁명에서 뒤처지면 이것이 중국에게 바람직한 일일까? 사실 D램과 낸드 등은 맨 위에서 돌아가는 응용프로그램과 그 사용자들로 인해 가치가 유지되는데, 정작 사용자 서비스 기술력이 밀려버리게 되면 그야말로 주객전도인 것이다. 실리콘 밸리 기업들은 자기들끼리의 경쟁도 치열해서

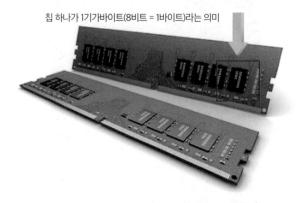

삼성전자가 8기가비트 D램을 개발했다

칩 하나가 1기가바이트(8비트 = 1바이트)라는 의미

그림 2-71 삼성전자가 8기가비트 디램을 개발했다면, 위 DIMM에는 8개의 D램이 있으므로 용량은 8기가바이트가 되는 것이다. 양면이라면 최대 용량은 16기가바이트가 된다.

순식간에 성장해 앞서갈 것이고, 중국 기업들은 한 단계 낮은 수준의 하드웨어를 이용해 이들에 대항하여 '굴기'해야 한다.

그렇다면 전략을 바꾸어 아예 큰 용량이 필요하지 않는 가전 등에 사용할 D램으로 시작해볼 수 있지 않을까? 사실 이것도 매우 어렵다. 마이크론에 따르면 D램 시장의 90%는 높은 성능이 요구되는 'PC+모바일+서버'다. 나머지 10% 중 상당량은 사실상 고성능·고신뢰성을 요구하는 자율주행 자동차 등에 들어가야 한다. 결국 중국이 가전 등을 목표로 D램을 양산하게 되면 아무리 잘해도 전체 시장의 수 % 정도만 차지할 수 있다.

그것도 비트 판매량 비율로 수 %이고, 이 시장들은 메모리가 핵심이 되는 시장이 아니다. 말 그대로 메모리가 작동하기만 하면 되지 높은 성능과 신뢰성을 가져야 할 필요가 없다. 극단적으로는 메모리가 50% 가까이 느리더라도 사용자 경험에서 큰 차이를 가져다주기 힘든 곳이다. 밥통과 냉장고의

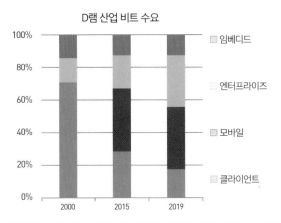

D램 산업 비트 수요

■ 임베디드
▨ 엔터프라이즈
▧ 모바일
▨ 클라이언트

그림 2-72   D램의 응용처별 비율: 가전 등의 시장은 맨 위 임베디드 중에서도 일부분에 불과하다. ⁶²

메모리가 2배 빠른 게 무슨 의미가 있겠는가? 때문에 상대적으로 비트당 가격을 낮게 받게 된다.

더 문제가 되는 것은 이런 시장에서 머무르면 정말 중요한 노하우와 고객 시나리오를 얻어낼 수 없게 된다는 것이다. 21세기 들어 D램 기술 개발이 어려워지는 한편, 사용자 요구사항이 빠르게 늘어나게 되면서 대형 고객사들이 JEDEC 표준 이외의 내용들을 D램 제조사에게 요구하기 시작한 것이다. 원래는 이런 요구사항이 있더라도 D램 제조사들은 들어줄 이유가 없었지만, 과거와는 달리 고객사들도 전 세계 D램의 수 % 정도는 스스로 소비할 수 있을 정도로 매우 커졌다. 뿐만 아니라, 그러한 커스텀에 대해 어느 정도는 추가 대가를 지불하려 하기 때문에 D램 제조사들도 이를 받아들인다. 고객사는 어려운 요구사항만을 늘어놓지는 않으며, 필요 없는 특성들을 완화시켜주기도 하므로 메모리의 개발 일정이나 비용이 감소할 수도 있다.

때로는 아예 고객이 자사 워크로드의 일부나 소프트웨어의 일부를 가져와서 메모리 회사 내부 검증 과정에 사용해줄 것을 요구하기도 한다. 고객 입장에서는 제품 개발 완료가 앞당겨지게 되고, 메모리 회사 입장에서는 매출 발생 시점이 앞당겨지는 것이다. 메모리 회사 역시 고객들에게 자사 미완성 샘플을 보내서 미리 제품의 특성을 알아볼 수 있도록 배려한다. 고객들도 메모리 회사가 단시간에 특성을 잡기 힘들다고 판단하면 자신들의 요구사항이나 제품을 수정해주기도 한다.

이 과정에서 D램 제조사들은 고객들이 요구하는 특성을 보고 고객이 어떤 일을 하려 하는지 등을 어깨너머로 나마 이해할 수 있으며, 이를 차기 D램(낸드도 마찬가지)에 적용할 수도 있다. 특히 고객사가 크다면 이는 미래 전반적인 업계의 발전 방향을 담고 있을 가능성도 매우 크기에 소중한 정보가 된다. 이는 다른 사람의 온라인 쇼핑몰 구매 목록을 들여다보는 것과 같다. 구매 목록에 쌈채소, 참기름, 삼겹살, 참숯 등이 있다면 이 사람은 다음 날 저녁에 무엇을 먹으려는 것일까? 이 사실을 아는 가게 주인과 모르는 가게 주인 중 누가 더 잘 재고를 준비하고, 손님에게 물건을 잘 팔 수 있을까?

이러한 이유들 때문에 저가 메모리 시장에 머무르는 것으로는 반도체 굴기는 불가능하다. 이는 그렇지 않아도 박한 마진 상황에서 더욱 저마진 시장으로 굴러떨어지는 방향이며, 다음 메모리를 개발하기 위한 핵심적인 시장 정보를 얻어내지 못하기 때문이다. 삼성전자와 SK하이닉스 등의 메모리 업체는 매해 미세공정을 개선해가며 단순히 셀의 크기만 줄이고 있는 것이 아니다. 앞에서 살펴보았듯 반도체 개발의 시작은 시장조사다. 올해의 비즈니스에서 고객의 의견을 수렴하고, 비즈니스 비율을 분석해서 이를 차기 메모리 설계의 특성으로 반영하게 된다.

만약 특정 회사와의 비즈니스가 잘 되지 않았거나, 높은 가격을 받지 못했던 이유가 전력 소모가 컸기 때문이라면 차기 메모리를 설계할 때 전력을 아낄 수 있는 형태의 셀을 설계해야 한다. 또한 이에 필요한 노광기와 에칭 장비들을 정해야 한다. 만약 성능 부족이 원인이었다면, 성능에 관계되는 센스앰프 등의 하드웨어를 강화하는 방향으로 설계를 수정하고 이에 맞는 새로운 장비들을 도입해야 한다. 그리고 이러한 장비들이 최대한 100% 가까운 가동률을 발휘할 수 있도록 프로세스를 구성해야 한다.

이런 일은 이미 노하우가 많은 업체들도 하기 힘들어하는 일인데, 신생 업체가 고객사와의 호흡을 맞춰보지 않고 과연 이런 일을 해낼 수 있을까? 많은 경우 특성을 바꾸기 위해서는 이미 도입해둔 장비만으로는 대응되지 않을 것이며, 이 경우 비즈니스를 포기하거나 새로운 장비를 도입해야 한다. 투자 효율이 나빠져 추가적 재무 부담을 지게 될 뿐만 아니라, 고객들에게 선택을 받게 되지 못할 가능성도 높아진다. 1년 정도 되는 제품 출시 사이클이 1개월만 밀려도 시장을 경쟁자에게 선점당하는 것은 당연하다.

아무리 공장을 잘 지었더라도 제품을 실제로 고객에게 판매하지 못하면 의미가 없다. 제품이 판매된다는 것은 판매한 제품이 고객에게 그만한 부가 가치를 창출시킬 수 있다는 의미다. 메모리는 고객들의 목적 그 자체가 아닌 서버나 사무용 PC에서, 혹은 스마트 디바이스에서 고성능 혹은 저전력의 컴퓨팅 환경을 제공해주기 위해 필요한 부품 중 하나일 뿐이며, 이러한 제품들은 결국 메모리 회사의 고객들이 처한 경쟁 환경 때문에 필요한 것이다. 다른 스마트폰 회사가 더 고성능·저전력의 스마트폰을 내놓는 것이 메모리 수요의 원인이다. 이는 정부가 완제품 회사, 소프트웨어 회사, 메모리 회사를 강제로 묶어서 함께 일하도록 하더라도 변치 않는 사실이다. 메모리 회사가 보조금을 받아서 할 수 있는 것은 메모리를 원가 아래로 판매하는 것이지, 세계와 경쟁할 수 있는 고성능 제품을 만들 역량 확보가 아니다. 이는 수년간의 제조 경험과 고객, 파트너사들과의 협력으로 이루어지는 것이다. 애초에 이를 자금력으로 해결할 수 있었다면, 어째서 중동 석유 재벌들이 메모리 회사를 만들지 않았을까?

물론 중국이 어느 순간 세계 경쟁에서 밀리지 않을 수준의 고성능·저전력의 메모리를 개발할 가능성은 있다. 하지만 아직 양산 발표된 제품도 없고, 고객사와의 접점도 없는 상황을 보면 아직은 먼 이야기다. D램을 개발한다고 선언했던 JHICC는 신제품 개발 완료를 발표했던 시점에조차 홈페이지가 미완성이었으며, YMTC는 2019년 3월 기준으로도 제품 카탈로그를 찾아볼 수 없다. 고객에게 다가가기 위한 첫 걸음도 제대로 되어 있지 않은 것이다.

가능성이 보이는가 : 설계와 파운드리

지금까지의 내용들은 한국과 직접적으로 관계가 있고, 가장 크게 영향을 끼칠 메모리 반도체 시장에 집중했다. 그렇다면 설계와 파운드리 같은 분야는 어떨까? 차후 중국이 한국과 비슷한 수준에 올라올 수 있을까? 혹은 잠재적인 경쟁자 수준이 될 수는 있는 것일까?

설계의 경우 모바일 시장에서는 중국이 이미 상당한 수준에 올라와 있다. 대표적인 회사는 화웨이의 자회사인 하이실리콘HiSilicon으로, 이미 Kirin(기린)이라는 자체 AP를 가지고 있다. 다만 이들은 삼성전자, 퀄컴과는 달리 자체 ARM 코어 설계를 만들지는 않으며, 언제나 ARM이 제공하는 코어 설계를 사용했다는 차이가 있다. 따라서 칩 판매당 순이익은 두 개 회사보다 약간 적을 것으로 짐작할 수 있다.

하이실리콘은 세계 팹리스 7위에 도달할 정도로 많은 양의 칩을 설계하며, 그 라인업은 하이엔드 스마트폰부터 로우엔드, 최근에는 서버까지 전부 커버할 수 있을 정도로 다양하다.

이런 일이 가능했던 이유는 반도체 설계에는 거대한 제조 설비가 따라다닐 필요가 없기 때문이다. 칩의 설계가 어려운 일이긴 하지만, 제조와는 달리 공장의 가동률과 매해 대규모 투자를 염려해야 할 필요가 없다. 뿐만 아니라, 이미 스마트폰 시장에서 큰 매출을 가진 모회사인 화웨이가 있기 때문이다. 원래 화웨이가 통신 시장에서 성장했기 때문에, 퀄컴과 비슷하게 네트워크 칩을 원칩 형태로 제공함으로써 기존에 진출해 있던 시장에서의 시너지를 가져올 수 있었다.

또 다른 중국의 설계 회사는 유니그룹이다. 유니그룹 역시 하이실리콘과 비슷하게 ARM으로부터 코어 디자인을 라이선싱하여 AP를 설계해 판매한다. 차이가 있다면 하이실리콘과는 달리 이들은 모회사에 스마트폰 사업부가 없으며, 오로지 칩을 외부에 판매한다. 역시나 ARM의 설계를 받아서 사용하고 있으며, 대체로 플래그십 스마트폰을 노리기보다는 그 아래 급의 AP를 이미 검증된 구 공정을 통해 제조해 판매하는 비즈니스 모델을 가지고 있다. 실제로 이들의 가장 최신 AP는 동시대 삼성전자와 퀄컴이 10nm를 사용하고 있음에도 28nm 공정으로 제조되고 있다. 덕분에 가격이 상당히 싸며, 삼성전자 역시 초저가형 라인업에 이 회사의 칩을 사용한 예가 있다. 물량이 부족하고 우선순위가 밀리기 때문에 애초에 하이엔드 시장을 목표로

표 2-10 화웨이의 주요한 최근 칩들

이름	종류	출시 시기	공정	CPU
Kirin 980	AP	2018	7nm	2+2+4
Kirin 710	AP	2018	12nm	4+4
Kunpeng 920	서버 CPU	2018	7nm	32~64
Ascend 310	AI 가속기	2018	12nm	-

하지 않았음을 추정할 수 있는 대목이다. 독특한 점은 인텔의 아톰 코어 기반의 SoC를 라이선싱하여 생산하고 있다는 것인데, 시장에서의 존재감은 미미하다. 이 칩을 통해 크게 모바일 시장에서 무언가를 해보려는 생각보다는 x86 칩의 설계 경험을 가져보는 정도의 시도로 생각할 수 있다.

하이실리콘과 유니그룹 두 회사가 세계 톱 10위에 들어가는 중국의 팹리스 회사들이다. 〈트렌드포스^{TrendForce}〉에 따르면 두 회사를 합친 연 매출액은 약 6조 원 정도로 추정되고 있다.[39] 그 외에도 중국에는 이미지 센서 등을 설계하는 좀 더 작은 팹리스 회사들이 있지만, 글로벌 시장에서의 존재감은 옅은 편이다.

중국의 팹리스들은 최근 외형적으로 크게 성장하고는 있지만, 문제는 이들이 기존에 차지하고 있던 자국의 모바일 시장에서 크게 벗어나지 못하고 있다는 것이다. 대부분의 물량이 자국 회사들의 스마트폰 제조에 소비되기 때문에, 중국에서 생산되는 완제품이 아닌 경우 납품에 제한이 생기고 있다고 볼 수 있다.

뿐만 아니라 위에 언급된 회사들 모두 AP 설계 시 ARM에서 설계한 코어를 사용하는데, 이는 아직 중국 팹리스들이 고성능 로직을 자체 설계할 준비가 되어 있지 않다는 의미다. 최근 화웨이가 발표한 ARM 기반의 64코어 프로세서인 Kunpeng(쿤펑) 920 역시 ARM에서 Ares(아레스)라 불리는 디자인을 구매해 설계한 것이다. 미국의 경우 인텔(CPU), 엔비디아(GPU), IBM(메인프레임용 CPU), AMD(CPU, GPU), 퀄컴(AP) 등의 회사가 수많은 목적의 고성능 로직을 직접 설계하며 세계 시장에서 존재감을 나타내는 것과는 대비되는 모습이다.

한국의 경우, 삼성전자의 시스템 LSI 사업부가 사실상 나머지 국내 팹리스를 합친 것보다 큰 매출을 내고 있는 것으로 알려져 있다.* 삼성 파운드리가 분리된 뒤 파운드리의 분기 매출액은 32억 달러 정도이고, TRI에 따르면 절반 정도의 파운드리 물량이 삼성 LSI가 삼성 파운드리에 맡기는 물량이라고 알려져 있다.[24]

이 결과와 다른 팹리스와의 비교를 통해 팹리스로서의 삼성전자의 크기, 즉 삼성전자 설계가 완전히 독립해 나갔을 경우의 매출액을 추정해볼 수 있다. 계산의 편의를 위해 삼성 파운드리 매출의 50%가 삼성 LSI 설계부서에서 나온다고 가정한다. 〈그림 2-73〉에서 2018년 엔비디아의 재무상태를 확인해보면, 엔비디아의 2018년 한 분기 매출액은 32억 달러였고, 그 중 원가는 약 11억 달러에 해당했다. 이 11억 달러가 파운드리에 넘겨지는 돈이라고 추정할 수 있다. 마벨의 경우도 파운드리의 수탁 잔고의 2.6(마벨)~2.9배(엔비디아)가 팹리스 매출이라고 할 수 있다.

이를 통해 삼성 LSI의 분기별 매출을 추정하면 최대 약 46억 4,000만 달러

---

* 몇몇 자극적인 기사들에서 삼성 LSI의 물량을 제외한 채 한국과 중국의 팹리스 매출을 비교하여 한국이 크게 밀린다는 논조의 기사를 쓴 일이 있다.

가 된다. 물론 이는 매우 낙관적인 가정이다. 엔비디아와 마벨의 칩은 부가 가치가 매우 높은 칩들에 해당하고, 삼성전자는 매우 작은 컨트롤러도 생산하므로 실제 삼성전자의 매출은 이것보다는 적을 것이다. 그러나 낮게 잡아서 삼성전자가 파운드리 수탁액의 2배의 가격으로 칩을 판다고 가정하더라도, 설계 회사로서의 삼성전자는 분기 32억 달러 가까운 매출을 내는 거대한 팹리스라고 할 수 있다.

세계 팹리스 매출액 1위인 브로드컴이 분기당 약 5조 5,000억 원의 매출을 올리고 있으며, 3위인 엔비디아가 약 3조 3,000억 원의 매출을 올리고 있는 것을 감안해보면 그 규모를 추정할 수 있다. 사실상 세계 3~4위 사이에 위치하고 있을 것으로 볼 수 있다.

삼성 LSI는 중국의 회사들보다 더욱 다양한 사업을 영위하고 있다. 삼성 오스틴 연구소SARC가 2019년 해체되기 전까지는 ARM 계열에서 애플과 함께 가장 거대한 슈퍼스칼라 CPU를 만들고 있었으며(표 참고), 현재는 AMD로부터 PC용 GPU를 라이선싱 받아 모바일용으로 만드는 등 여전히 다른 AP 회사들은 쉽게 도전해보기 힘든 일들을 시도할 수 있는 몇 안 되는 회사 중 하나이다.

뿐만 아니라 삼성 LSI는 자사가 완제품 분야에서 톱 티어인 것을 통해 디스플레이 구동 칩, 이미지 센서, 소형 컨트롤러 등에서도 강력한 존재감을 나타내고 있으며, 수준 역시 매우 뛰어나다. 이 분야에서도 중국 회사들은 아직 한국을 따라잡지 못했다.

이를 통해 판단해보면, 비록 중국 회사들이 반도체 설계 분야에서 상당한 실적을 내고 있고 상당한 수준의 자립을 해냈다고는 하지만 아직 '굴기'라고 부르기에는 미약한 수준임을 알 수 있다. 자국의 가전이나 완제품이 발전하

<엔비디아>

ITEM 1. FINANCIAL STATEMENTS (UNAUDITED)

NVIDIA CORPORATION AND SUBSIDIARIES
CONDENSED CONSOLIDATED STATEMENTS OF INCOME
(In millions, except per share data)
(Unaudited)

	Three Months Ended	
	April 29, 2018	April 30, 2017
Revenue	$ 3,207	$ 1,937
Cost of revenue	1,139	787
Gross profit	2,068	1,150
Operating expenses		
Research and development	542	411
Sales, general and administrative	231	185
Total operating expenses	773	596
Income from operations	1,295	554

<마벨>

MARVELL TECHNOLOGY GROUP LTD.
UNAUDITED CONDENSED CONSOLIDATED STATEMENTS OF OPERATIONS
(In thousands, except per share amounts)

	Three Months Ended	
	May 5, 2018	April 29, 2017
Net revenue	$ 604,631	$ 572,709
Cost of goods sold	228,938	227,198
Gross profit	375,693	345,511
Operating expenses:		

그림 2-73 엔비디아와 마벨의 분기보고서 내 원가

기 전까지는 이 이상의 분야로 진출하는 것도 힘든 상황이다. 뿐만 아니라 설계 부분에서의 굴기는 무역수지, 순이익 측면에서는 그다지 큰 이익을 가져다주지 않는다. 애초에 지적재산권이 중심인 곳이므로, 한국 업체들과 정면대결을 하기보다는 한국 업체가 진출하지 않았지만 자국에서의 수요가 큰 제품 중심으로 사업을 전개할 가능성이 높다. 또한, 겹치는 설계 부분에서의 승부는 완제품의 경쟁력 대결이라는 대리전 양상으로 펼쳐질 가능성이 높다.

파운드리는 더욱 힘든 상황이다. 세계 파운드리는 TSMC와 기타 등등으로 나뉜다고 해도 될 정도로 쏠림이 심하다. TSMC가 세계 파운드리 시장의 50%를 넘게 점유하고 있으며, 나머지 파운드리들이 남은 조각을 가지고 다투는 상황이다. 그 아래로 글로벌파운드리(구 AMD 제조 부문), UMC(대만), 삼

표 2-11   주요 회사들의 AP 내 코어 구성 비교

이름	코어 구성	코어 1	코어 2	코어 3
A12 Bionic	2+4	Apple Vortex	Apple Tempest	-
Exynos 9820	2+2+4	Samsung M4	ARM Cortex A75	ARM Cortex A55
Kirin 980	2+2+4	ARM Cortex A76	ARM Cortex A76	ARM Cortex A55

성전자 파운드리 사업부가 위치하고 있으며, 중국은 5위 업체인 SMIC를 소유하고 있다. 참고로 2~4위는 큰 차이가 나지 않는다. 삼성전자의 매출액 중 절반은 삼성 LSI 자체 물량으로, 실제 수주 집계 시에는 제외하는 경우가 많다.

일견 봐서는 5위에 해당하는 SMIC가 중국 업체이므로, 중국의 굴기가 성공하는 것으로 볼 수도 있다. 하지만 파운드리 사업에서 중국이 겪고 있는 문제는 지금이 파운드리 업체의 분수령이라는 것이다. 2018년 8월, 세계 2위 파운드리였던 글로벌파운드리는 차기 공정이었던 7nm의 양산을 포기한다는 충격적인 발표를 했다. 그 직후 주고객이었던 AMD가 차기 CPU의 위탁 생산을 TSMC에 넘기겠다는 발표를 했다. 일반적으로 팹 아웃이나 및 설계 조정에 걸리는 시간을 생각해보면, 이미 1년~수개월 전부터 글로벌파운드리의 이러한 행보는 업계에 알려져 있었다고 볼 수 있다.

이러한 상황은 얼핏 시장을 모르는 사람에게는 치고 나갈 기회로 보일 수도 있다. 하지만 사정은 많이 다르다. 4위 업체인 대만 UMC의 CEO는 글로벌파운드리의 발표 이후 인터뷰에서 자신들도 7나노 레이스에 끼어들 생각이 없으며, 좀 더 성숙한 공정(14나노)에 집중할 것임을 밝혔다. 분명 SMIC보다 노하우도 뛰어나고 규모도 큰 파운드리임에도 이를 기회라고 생각하

표 2-12 2019년 2분기 세계 파운드리 매출액 순위(출처: Trendforce) ☺

순위	이름	매출(100만 달러)
1	TSMC	7,553
2	삼성	2,773
3	글로벌파운드리	1,336
4	UMC	1,160
⋮	⋮	…
10	동부하이텍	144

지 않는 것이다. 왜일까?

파운드리의 투자액 역시 메모리 시장과 마찬가지로 기하급수적으로 늘고 있을 뿐 아니라 고객과의 관계가 더욱 중요해지고 있기 때문이다. 파운드리는 IDM들을 제치고 최초로 EUV를 도입하는 반도체 분야가 되었는데, 대충 작은 방 하나 정도의 사이즈에 불과한 EUV 장비의 가격은 대당 무려 1,500억 원에 달한다. 외식업종인 BBQ의 2018년 한 해 매출이 2,400억 원, 순이익이 200억 원 정도인 것을 감안하면 이게 얼마나 큰 숫자인지 알 수 있다. 당연하지만 저런 장비를 매해 수십 대를 도입해야 하며, 기기 가동률을 확보하지 못하거나 기술 개발에 실패할 경우 그대로 회사의 막대한 손실로 돌아올 수밖에 없다. 발을 들여놓으면 무조건 거대한 고객들을 잡아 공장을 최대한 가동해야만 하며 실패하는 순간 회사는 나락으로 떨어지게 된다. 중간이란 없다. 첨단기술을 앞서서 해보지 않은 2류 기업이 함부로 나설 수가 없는 것이다.

실제로 SMIC는 2021년 현재까지도 14나노보다 첨단인 공정 양산에 진입하지 못한 상황이다. 이러한 파운드리 분야의 약세 덕분에 미·중 무역분쟁에서 미국은 TSMC 한 회사만을 설득하여 하이실리콘(화웨이)의 핵심 비즈니스를 마비시킬 수 있었다.

고객과의 관계도 중요한 사항이다. 팹리스들이 칩을 설계하기 위해서는 파운드리나 툴 업체로부터 EDA 툴*을 받아서 로직을 설계한 뒤 이를 마스크로 바꾸고 TSMC에서 최종적으로 웨이퍼를 투입해 회로를 찍어내야 한다. 함께 일하던 회사와 다시 일하게 되면 기존에 사용했던 회로 대다수를 약간의 수정만을 거친 채 재사용할 수 있는 장점이 있다. 특성이 완전히 다른 파운드리로 옮기려고 할 경우 기존 파운드리에서는 나오지 않던 칩의 문제점이 나타날 수도 있고, 발열이나 전력 소모량이 크게 변화할 수도 있다. 실제로 아이폰이 TSMC와 삼성 양쪽에게 위탁 생산을 맡겼을 때 이러한 문제로 논란이 되었던 적이 있다.

TSMC에서 상당히 효율적으로 동작했던 특정 트랜지스터가 UMC에서 생산할 경우 효율이 굉장히 나쁘거나, 셀 설계 차이로 인해 회로의 지연 시간 등이 달라질 수 있기 때문이다. 회로를 전면 재설계하는 것보다야 시간이 적게 걸리겠지만, 웨이퍼 실물을 확인하는 것만으로도 3개월이 소요된다. 이는 심한 경쟁에 노출된 기업들에게는 상당한 부담으로 작용한다. 이런 칩의 특성은 동일한 사물을 그리더라도 화가마다 조금씩 그림의 특징이 다른 것과 같다. 실제로 애플이 자사 AP를 삼성전자와 TSMC 양쪽에 전부 위탁하였을 때도 두 파운드리에서 제조된 칩은 차이가 나타났다.

뿐만 아니라 고객들 역시 파운드리 진행이 어려워지는 것을 알고 있기 때문에, 웬만하면 성공 가능성이 높은 파운드리와 일하려는 경향이 커지고 있

---

* Electronic Design Automation Tool: 사람이 손으로 짠 코드를 자동으로 전자회로로 바꿔주고 시뮬레이션도 해볼 수 있는 개발 도구의 일종

다. 고성능 로직들에는 칩 하나에 수억 개의 트랜지스터가 들어가기 때문에, 두 개 파운드리를 대상으로 설계를 운영하는 것은 팹리스들에게는 상당한 부담이 된다. 수많은 트랜지스터를 양산하기 전에 검증하고 치명적인 버그를 전부 찾아내야 하기 때문이다. 그렇게 할 수 없는 회사들은 한 개의 파운드리를 목표로 잡고 설계해야 하는데, 해당 파운드리의 로드맵이 밀려버리거나, 최악의 경우 공정이 실패하면 해당 팹리스 역시 1년 비즈니스를 그대로 망칠 위험이 있다. 이 때문에 대형 파운드리가 선호되는 것이다.

이러한 시장 상황에서 중국의 SMIC가 대적해야 할 상대는 TSMC와 삼성전자다. TSMC는 파운드리 시장의 절대적인 강자로 군림하고 있으며, 수많은 EDA 툴 업체와 FPGA 업체들의 지지를 받고 있다. 대형 고객들에게 잘 알려진 신뢰성과 기존 설계의 재사용성 덕분에 TSMC와 함께 일했던 회사들은 계속 TSMC에 남아야 할 이유가 있는 것이다. 반드시 옮겨야 할 강력한 이유가 없다면 그대로 남아 있을 것이다.

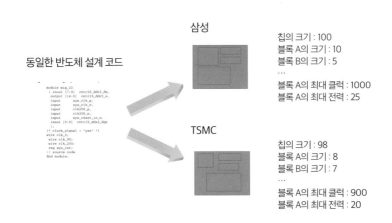

그림 2-74 파운드리를 옮길 경우 칩의 연결 관계는 같더라도 여러 가지 특성 차이가 날 수 있다. 이를 조정하는 것도 상당한 노력이 필요하다.

삼성전자의 경우 자사 내 매출을 제외한 파운드리 매출만 볼 경우 글로벌 파운드리, UMC와 비슷한 수준이다. 하지만 종합 반도체 회사로서의 삼성전자는 TSMC보다도 거대하다. 글로벌 파운드리와 UMC의 연 매출은 5조 원 수준인 반면, 삼성전자의 반도체 연 매출은 매해 80조 원 가까이 되며 순이익은 20조 원이 넘는다. 하지만 SMIC는 글로벌파운드리도 따라가지 못하는 상황이다. 연구개발이나 장비 도입에 사용할 수 있는 현금의 차이가 클 뿐만 아니라, AP부터 각종 마이크로컨트롤러까지 최소한의 가동률을 유지시켜줄 자체 소요 물량도 어마어마하다. 뿐만 아니라 비효율적으로 도입된 장비의 일부를 메모리 사업으로 돌리는 등의 효율화(삼성전자가 쓰는 단어로는 라인 재조정)도 가능하다.

글로벌파운드리의 사업 재조정 선언 이후, 글로벌파운드리가 영위하던 고성능 칩 사업의 일부는 삼성전자에게 넘어왔다. IBM은 글로벌파운드리의 전략 변화 이후 자사의 첨단 메인프레임 프로세서를 차기 삼성 EUV 라인에서 생산할 것임을 밝혔다.● 삼성전자 입장에서는 세계 최고성능의 칩 제조를 위탁받은 것이다. 이는 삼성전자가 십수 년간 IBM과 함께 공정 개발을 해왔기에 가능한 일이기도 하다.

조만간에 파운드리 시장에서도 중국은 선택을 강요당하게 될 것이다. 이미 톱 플레이어들 중 2개의 플레이어가 사실상 첨단 공정으로의 진출을 포기했고, 곧 중국도 선택을 내려야 할 것이다. TSMC, 삼성과 자웅을 겨루는 제3의 파운드리를 설립하기 위한 행동을 시작하거나, 아니면 그대로 있는 것이다. 전자를 선택하면 대규모 장비 투자뿐만 아니라, 고객의 편의를 증대시킴과 동시에 신뢰를 쌓고 개발 일정과 웨이퍼 분량을 준수하는 등 지금까지와는 다른 방식의 비즈니스를 시작하고 오랜 시간 버텨내야만 한다. 그렇지 않으면 역시나 글로벌 경쟁에 노출되어 있는 팹리스 고객들이 떠나가 거나 망하게 될 것이기 때문이다. 후자의 경우 지금처럼 그대로 하면 되지 만, 역시나 중국이 굴기라고 부를 만큼 엄청난 성과라고는 할 수 없다. 자국 IT 산업의 가장 핵심부에는 여전히 서구 선진국의 반도체가 사용되고 있을 것이기 때문이다.

제한된 메모리 및 파운드리 침투, 설계 자립

지금까지 중국 반도체 굴기의 현황을 간략히 살펴보았고, 각 사업 분야들 이 현재의 한국과 어떤 식으로 충돌하게 될지를 살펴보았다. 전체적으로는 우려되는 사항이 없는 것은 아니지만, 중국이 내세우는 투자 액수나 IT 산 업에 대한 이해 부족에서 오는 과도한 경계감이 있는 것이 사실이다. 120조 원이라는 돈은 분명 큰돈이지만 무한한 액수는 아니며, 투명성이 부족한 국 가 특유의 비효율이 숨어 있을 수 있다. 지금의 중국이 반도체 최대 수입국 인 이유는 핸드 세트부터 컴퓨터까지 IT 기술의 최강대국이 되고 싶어서라 는 것을 생각하지 못하고 있는 것이다. 돈다발로만 되는 것이었다면 진작 중동 석유 부국들이 반도체 시장 진출을 이루어냈을 것이다. 하지만 이들이 이룬 것은 AMD의 파운드리인 글로벌파운드리 인수뿐이다.

현재 알려진 중국의 기술 수준으로는 D램 분야에서 따라오기에는 아직 긴 시간이 필요할 것으로 보인다. 또한 높은 원자재 비용으로 인해 보조금 으로 찍어누르며 버티는 정책을 취하기도 힘들 것이다. 가전 같은 조그만 시장에 들어갈 수는 있겠지만, 주 시장인 컴퓨팅이나 모바일에 진입하는 것 에는 아무런 도움도 주지 못할 것이다.

낸드의 경우는 기술 격차도 낮고, 양으로 커버 가능한 특성상 제한적으로

나마 주요 시장에 침투할 가능성이 있다. 하지만 그 양은 그다지 크지 않을 것이며 당분간 서구권 회사들이 중국제 낸드가 들어간 디바이스를 사용하는 모습은 보이지 않을 것이다.

설계 분야의 경우, 지적재산권이 중심이기 때문에 딱히 중국을 막을 방법은 없으며, 중국은 이미 하이실리콘과 같은 글로벌 기업 수준의 큰 회사를 가지고 있다. 하지만 다른 나라의 설계 회사와 마찬가지로 ARM을 비롯한 서구권 회사와 긴밀히 협력해야만 하는 상황이며 이를 벗어나는 것은 사실상 불가능에 가깝다. 중국은 사실상 첨단 파운드리 분야에 진출하지 못한 상황이기 때문에 설계 분야에서의 굴기는 중국의 외화 유출을 막아줄 수는 있겠지만 중국이 정말로 원하는 안보적 안정감을 가져다 주기는 힘들다.

현재 양강체제로 재편되고 있는 상황과 장비 수출이 막힌 상태에서 중국이 시장 3위권을 차지할 수 있는 파운드리를 설립하여 TSMC나 삼성전자와 진검승부를 겨루는 일은 일어나기 힘들 것이다. 대신, 한두 세대 전의 미세공정을 최적화시켜 마이크로컨트롤러나 보급형 제품에 들어가는 반도체를 자체 생산하려 할 것이며 이미 상당 부분 이루어졌다. 이는 컨트롤러 공급이 완전히 끊기는 등의 위험을 없앤다는 측면에서 중국에게 최소한의 안정감은 제공할 것이다. 하지만 진정한 의미에서 자체 기술로 최고 기술력의 프로세서는 만들어내지 못한다는 의미가 된다. 동일 설계라면 미세공정 수준이 제품의 성능을 정할 것이기 때문이다.

2021년 현재 기준으로 TSMC와 삼성전자가 집행하는 파운드리 투자액의 합은 40조 원이 넘는다. 이에 맞춰 SMIC 또한 5조 원에 가까운 투자를 진행할 예정인데 업계 1, 2위의 선두 그룹에서는 이미 3나노 공정을 염두에 두고 있다. 하지만 SMIC는 첨단 공정을 따라잡지 못한 채, 연 매출의 두 배가 넘는 투자를 한 해에 집행하기로 한 상황이니 마음이 편하지 않을 것이다. 이러한 투자의 결과물은 몇 세대 뒤처진 공정으로 만든 각종 반도체일 수밖에 없다. 파운드리 굴기라는 목적이 완제품의 글로벌 경쟁력을 깎아 먹는 결과로 이어질 뿐이다.

계산에서 사용된 가정 및 각종 고려사항

미래에 대한 예측은 매우 힘들다. 이러한 예측을 조금이라도 높여보기 위해 간단한 모델을 만들어 현상에 대한 예측력을 높이고자 한다. 하지만 모델에는 언제나 현실을 간단하게 만들어보기 위한 가정이 들어가게 된다. 만약 현실 상황이 바뀐다면 모델의 디테일을 바꿔야만 한다. 다음의 표에는 계산에서 활용한 몇 가지 가정을 적었다. 또한, 본문에서 완벽히 다루지는 못한 몇 가지 고려사항들 역시 추가했다.

가정	실제	모델에서의 영향	효과
수율은 동일 연도의 기술 수준에서는 칩 크기에만 영향을 받는다.	유사한 트랜지스터 밀도 수준이더라도 공정 구성에 따라 수율 형태가 달라질 수 있다.	큼	중립
COGS는 웨이퍼 투입량에만 비례한다.	- 웨이퍼당 각종 소모성 물질의 소비량은 신공정에서 더 크다. - 노하우가 부족할 경우 적지만 추가 자재가 들어갈 수 있다.	보통	중국에 긍정적
주어진 시장가격에서 판관비는 매출에만 비례한다.	- 회사에 걸려오는 클레인 개수 및 판매량 대비 고객의 숫자에 의해 결정되며, 신규 업체에서 그 비율이 높을 가능성이 크다. - 비 자본주의권의 특성상 보이지 않는 비용이 클 가능성이 존재한다.	낮음	중국에 부정적
감가상각비는 투자금액에 비례한다.	- 감각상각비는 설비 투자를 원가로 환산하는 순수한 재무적 개념에 불과하다. - 하지만 운영 노하우가 고려되지 않은 비현실적으로 낮은 감가상각비는 운영 중 추가 소모성 비용으로 나타날 수 있다. - 기존 장비 운영 노하우가 크고, 다른 포트폴리오를 가진 기존 업체들의 경우 연한이 끝난 장비를 다른 목표로 전환하는 등의 작업을 통해 추가 가치를 끌어낼 수 있다.	보통	중국에 부정적
설비 투자금액은 매출액에 비례한다.	- 구형 장비의 가격은 출시일에 비해 낮아져 있을 가능성이 높다(-). - 하지만 구공정으로 신공정의 회사들과 현재의 시장점유율을 놓고 경쟁하기 위해서는 다수의 장비를 들여놓아야 한다(+).	보통	중립

기타 고려 사항들

기타 고려사항	실제
매해 D램/낸드의 원가 절감	- D램: 해당 원가절감은 20% 정도로, 과거 33%대에서 감소한다. 이 폭이 매해 10% 정도로 내려앉을 경우 중국 업체가 2년 기술 격차 내로 들어오면 독자 생존 기반 확보가 가능하다. - 낸드: 3D화로 당분간 매해 원가절감이 유지된다. 다만 컨트롤러와 항상 같이 사용되는 낸드의 특성상 성능과 사용자 용량을 포기한 물건을 자국 소규모 업체에 덤핑이 가능하다.
저가시장 공략/고객과의 관계	- D램 등의 기술발전 어려움은 고객 맞춤형 제품 설계의 중요성을 높이는 아이러니함이 있다. - 각 제조사는 한정된 설계 및 제조역량을 최적화하여 고객 요구사항에 맞는 특성의 제품을 만들어야 한다. - 저가 시장 위주의 전략은 이 방향으로의 발전을 가로막을 수 있다.
노광기의 미래	노광기의 발전이 빨라지면 D램의 원가절감도 회귀 가능하지만 물리적 문제로 힘들다.
성능 강화를 위한 추가 웨이퍼	Xtacking 같은 방식은 추가 웨이퍼 사용 및 패키징 등의 문제로 원가에 치명적일 수 있다.

승자의 법칙은
변화하고 있다

기술적 이해와 IT 산업 전반의 이해

앞에서 매우 많은 기술적 논의를 살펴보았다. 낯선 용어와 공정, 기술들을 설명하기 위해 최대한 많은 비유법을 사용했지만 여전히 쉽지 않았을 것이다. 반도체 산업과 기술에 흥미가 있는 독자라면 몰라도, 투자자라면 '몇 개 기업에 투자하는데 이렇게 많은 내용을 알아야 할 필요가 있을까'라는 생각이 들 수도 있다.

하지만 투자자도 알아야 할 내용이 분명히 존재한다. 새로운 혁신은 기존 기술이 앞에 가로막혀 원하는 것을 제공하지 못하였을 때 나타났다. 일본 회사들은 왜 D램 시장에서 밀려났는가? 품질이 엉망인 것으로 유명했던 낸드는 어떤 순서로 HDD 시장을 잠식하여 미운오리에서 백조가 되었는가?

IBM 호환 PC가 생겨난 후 인텔은 어떻게 했기에 30년간 독재를 이루었는가? 일본 회사들과 HDD 회사들은 시장의 혁신가들이 원하는 것을 제공하지 못했기 때문에 허망하게 기존의 탄탄했던 시장을 잃어버린 것이고, 인텔은 혁신가들이 원하는 것을 적절한 타이밍에 내놨기 때문에 성공한 것이다. 투자 성공의 실마리는 여기에 있다. 혁신가들이 지금 원하는 건 무엇인가? 그것을 이루기 위해서 무엇이 부족한가? 누가 가장 그곳에 가까운가?

그것을 이해하기 위해서는 자신이 관심 있어 하는 분야의 최소한의 기술적 이해가 선행되어야만 한다. 투자자들이 인텔의 비순차 시행기가 겪는 기술적 난맥상이나 삼성전자가 SAQP를 해내기 위해 얼마나 많은 자재를 조합해야 하는지 등을 알 필요는 없다. 이런 내용은 투자자 입장에서는 TMI^Too Much Information이다. 하지만 비순차 시행기는 왜 등장했는지, SAQP 같은 어려운 기술이 왜 등장할 수밖에 없었는지는 알아야 한다. 각 기술을 하나씩 이해함으로써 이 기술이 가져다주는 이익을 알 수 있게 되며, 이를 통해 과거에 겪었던 문제가 무엇인지 자연스럽게 깨닫게 된다. 이후에는 이 경험을 되살려 특정 신기술을 전혀 새로운 업계에서 보았을 때 이 기술이 무슨 의미를 가지는지 이해할 능력을 가질 수 있다. 그리고 두 경쟁기술 중 더 혁신에 가까운 기술을 구분할 능력을 얻게 된다. 이런 것은 애널리스트 보고서나 경영성과 발표 등의 두루뭉술한 표현에서는 얻어낼 수 없다. 한국 기술 대기업의 대표는 대부분 이공계 출신이다. 이들의 임무는 기업을 성공으로 이끄는 것이며, 기업 활동의 핵심 중 하나는 투자다. 이런 논리는 개인 투자자들에게도 적용될 수 있는 것이다.

이 책에서 설명했던 수많은 기술적 특성을 통해 독자들이 언뜻 봐서는 왜 존재하는지 이해하기 힘들었던 사업이나 기능들의 존재 이유를 이해하게 되고, 나아가 전혀 새로운 분야의 기술을 접했을 때도 비슷한 방법론을 공부하여 성공 투자를 할 수 있게 된다. 혹은 투자자가 아니더라도 이 책을 통해 자신의 결정이 하나라도 긍정적인 방향으로 바뀌었다면 이 책에 나온 기술을 완전히 이해하지 못하였더라도 이 책은 목적을 이룬 것이다.

과거가 주는 교훈 : 승자는 혼자가 아니다

다시 책 앞부분으로 돌아가, 컴퓨터가 세상을 바꾸는 과정을 살펴보자. '컴퓨터'라는 개념을 만족하는 모든 기기가 세상을 바꿀 수는 없었다. 컴퓨터라는 개념을 구현하는데 사용할 수 있는 수많은 수단 중에서 모스펫을 사용해야만 세상을 바꿀 힘을 얻는 것이다.

모스펫은 트랜지스터가 개발되지 않았다면 나올 수 없었을 것이고, 노광 기술이 없었다면 이렇게 강력한 파괴력을 가지지 못했을 것이다. 기술은 나 홀로 존재하여 세상을 바꿀 수 없다.

우리는 수많은 회사도 살펴보았다. 지난 시기 승자들인 삼성전자와 인텔은 대변혁이 일어나는 시점에 그 자리에 있었을 뿐만 아니라, 필요한 경우 시장의 혼란을 잠재우고 세상을 이끌어나가려는 사람들을 돕는 마중물로서의 역할을 했다.

삼성전자는 반도체 시장이 거대한 집중식 메인프레임에서 개인용 PC 시장으로 넘어가는 것을 포착했고, 이에 맞춰 원가를 극한으로 내리면서 시장에 간단하고도 살벌한 치킨게임을 불러왔다. 이를 통해 수많은 경쟁자가 쓰러지기도 했지만, 반도체 시장의 메모리 가격은 감자칩 한 봉지 가격으로 백

과사전을 100권 이상 저장할 수 있을 정도로 폭락했고, 덕분에 프로그래머들이 고민하지 않고 메모리를 낭비할 수 있는 세상을 맛볼 수 있었다.

스티브 잡스가 쑥대밭이 된 애플을 다시 일으켜 세우러 돌아온 이후 그가 혁신을 시도할 때마다 삼성전자는 옆에 있었다. 휴대기기의 혁명이자 스마트폰으로 가는 마중물이 되었던 아이팟 나노가 스티브 잡스에게서 떠올랐을 때, 스티브 잡스는 보조기억장치의 헤게모니를 장악하고 있던 하드디스크가 자신의 요구사항을 맞출 수 없음을 알았을 것이다. 그 옆에는 낸드의 가능성을 보고 있던 삼성전자가 있었고, 압도적 양산 능력을 통해 아이팟 나노가 원하는 만큼의 낸드를 공급했다. 이를 통하여 애플은 화려하게 부활했고, 삼성전자는 낸드 시장의 절대강자로 자리하게 되었다. 그리고 이를 통해 메모리 회사들이 하드디스크 회사들에게 사형선고를 내릴 수 있음을 보여주었고, 삼성전자는 그 여세를 몰아 HDD 시장에 SSD를 가져와 맹렬한 공격을 퍼붓게 된다. 이렇게 시장에 나타난 SSD는 훗날 모바일 시대가 열리고 개인 스트리밍 시대의 도래로 인터넷 트래픽이 폭주할 때 서버 분야의 부담을 획기적으로 낮추는 역할을 다시 해내게 된다.

그 이후 애플이 아이폰을 통해 세계 스마트폰 시장, 나아가서 사람들의 일상과 프로그래밍의 가치를 혁신하려 할 때, 삼성전자는 세계에서 ARM 설계와 제조 경험이 가장 풍부한 회사 중 하나였으므로 애플이 원하던 '웹서핑 가능한 성능+기존 인텔 칩보다 훨씬 작은 로직 프로세서'를 제때 공급할 수 있었다. 둘은 다시 한번 손을 잡았다. 애플은 혁신의 아이콘으로 떠오르며 세계 최대의 기업으로 성장했으며, 삼성전자는 파운드리와 LSI에서 높은 수익을 얻어내고, 고성능 로직 설계에 더욱 박차를 가할 수 있게 되었다. 그리고 이 둘의 성공은 지금까지 보이지 않던 세계에 있던 ARM을 컴퓨팅의 다크호스로 끌어올렸다. 그리고 퀄컴 등의 회사가 스마트폰 AP를 만들게 함으로써 인텔과 대적할 만한 거대한 회사로 바꾸어놓는 나비효과를 발생시켰다. 혁신은 핵 연쇄반응이 일어나듯 폭발적으로 다른 혁신들을 불러왔다.

삼성전자는 언제나 혁신가들이 무엇인가를 원할 때 곁에 있었다. 이를 통해 세상을 바꾸고자 했던 혁신가들의 바람을 들어주었고, 자기 자신은 반도체 시장의 강자로 떠오르게 되었다. 삼성전자 반도체는 IBM의 개인용 PC 흐름에 맞춰간 덕분에 D램 시장의 지배자가 되었으며, 애플과 함께하며 낸드의 최강자가 되었고, ARM 기반 설계와 제조의 전문가가 되었다.

인텔은 IBM 호환 PC가 처음으로 생겨났던 시절 프로그래머들이 원하는 대부분의 것을 갖춘 CPU를 제공하고 있었다. 높은 수준의 산술 연산력을 갖추었을 뿐만 아니라, 원가 문제로 드물었던 16비트 메모리 연산을 지원할 수 있는 설계를 제공했다. 뿐만 아니라 이후 시장의 헤게모니가 IBM 호환 PC로 변화하던 시점에 약간의 협상력과 순간의 이익을 두고 소탐대실하기보다는 새로 얻어낸 트랜지스터를 큰 변덕 부리지 않고, 하위 호환성을 유지하며 시장에 지속적으로 그대로 환원했다.

이러한 인텔의 노력과 마이크로소프트의 지원 덕분에 프로그래머는 큰 수혜를 입게 되었다. 혼란스러웠던 반도체 시장의 수많은 프로그래머들은 한 방향을 보고 갈 수 있게 되었으며, 다른 걸 신경 쓰지 않고 전문적으로 소프트웨어만을 다루는 집단이 최초로 생겨날 수 있었다. 소프트웨어 생태계가 생겨난 것이다. 소프트웨어 생태계가 커지고, 소프트웨어가 할 수 있는 일이 늘어나자 PC 판매량은 폭증하였다. 노트북 등의 휴대용 사무기기 보급도 빨라졌다. 이를 통해 인텔은 더욱 더 덩치를 키울 수 있었다.

이렇게 생겨난 소프트웨어 생태계는 다시 혁신의 씨앗을 뿌렸다. 안정된 소프트웨어 생태계 위에서 실리콘 밸리는 전문 소프트웨어 기업인 구글, 페이스북, 아마존을 탄생시켰다. 인텔은 이러한 시대의 흐름에 맞추어 고성능 서버용 마이크로프로세서를 공급하며 이들과 공존할 수 있었다.

결국 승리한 반도체 회사들은 혁신가들과 함께했던 회사들이라는 것을 알 수 있다. 어찌 보면 당연한 결과이다. 반도체는 최종 사용자인 컴퓨터, 스마트폰 같은 디바이스 구매자들은 정확히 이해하지 못하며, 디바이스를 통해 최종 사용자들에게 가치를 제공하려는 사람들만 이해하고 있다. 그런 의미에서 보면 반도체는 그저 중간 단계일 뿐이며, 혁신가들이 즐겨 사용하는 수단 중 하나일 뿐이다. 고성능 로직도 메모리도 그렇다. 무엇을 빠르게 계산하느냐와 무엇을 많이 저장하느냐가 중요한 것이다. 어찌 보면 반도체가 혁신을 이끌어가는 것은 성능 향상을 통해 혁신가들의 말도 안 되는 망상을 현실로 만드는 능력일지도 모른다.

한편 우리는 혁신가들의 기대를 충족시키지 못한 인텔이 어떤 결과를 얻었는지도 살펴보았다. 인텔은 자신이 만들어낸 거대한 생태계의 지배자였고, 컴퓨팅에서 무소불위의 권력을 가진 것처럼 보였다. 하지만 오랜시간 자신과 함께한 혁신가들의 기대를 제때 충족시켜주지 못했다.

그 대가는 가혹했다. 혁신은 인내심이 없었다. 인텔이 단시간에 원하는 물건을 제공할 수 없음이 명백해지자, 혁신가들은 그동안 인텔이 관심도 가지고 있지 않던 전혀 다른 집단과 손을 잡았다. 이로 인해 최초의 아이폰에는 ARM CPU가 탑재되었으며, 인텔은 ARM 프로그래밍 생태계가 생겨나는 것을 용인해야 했다. 지금의 인텔을 있게 해주었던 전략 중 하나는 폐쇄적인 설계 제조였고, 이를 통해 인텔은 원가를 절감하여 얻어낸 추가 트랜지스터로 컴퓨팅의 혁명을 이끌고 x86 생태계를 유지했다. 하지만 이는 결정적인 1년 동안 저전력, 소형의 x86 CPU가 생기는 것을 가로막고 말았다. 인텔 이외의 누구도 x86을 제대로 만들 줄 몰랐기 때문에 인텔 자신이 초저전력 CPU가 필요 없다고 생각하면 만들지 않았던 것이다.

인텔이 전략을 수정한 2013년 시점에는 이미 ARM 개발자 숫자가 생태계 스스로 살아남을 정도로 상당히 늘어나 있었다. 그렇게 될 수 있던 이유 중 하나는 구글의 존재였다. 한때는 인텔의 대형 고객이었던 구글은 소프트웨어를 잘 이해하는 기업이었고, 마이크로소프트가 했던 것보다 더욱 빠른 속도로 생태계를 구성했다. 신성장 시장을 관심 있게 지켜보던 개발자들은 구글이 주는 아늑함에 안착했다. 인텔은 21세기에 들어서도 엄청난 매출 증가를 보이고 있지만, 위상은 프로그래머들을 이끌던 독재자에서 지역 강자 수준으로 변화하고 말았다. 과거와 같은 수준이었다면 인텔은 스마트폰 시장의 AP도 전부 독식했어야 했다.

결국 뛰어난 회사들은 거대한 IT 생태계를 상생하게 만드는 회사들이라고 할 수 있다. 자신이 속한 분야에서는 치열하게 경쟁자들을 밀어내기 위해 기술을 개발하지만, 다른 밸류 체인에 속한 혁신가들에게는 새로운 가치를 창출할 수 있도록 적극적으로 도움을 주는 것이다. 삼성전자는 IT 혁신가들이 저전력, 고용량, 휴대성을 더 원할 때 모든 경쟁자를 가격과 기술력으로 밀어내고 압도적 공급 계약을 받아낸 뒤 실제로 실행했다. 이들이 없었다면 우리가 지금 보는 수많은 휴대 장비가 중산층이나 서민들이 쓸 수 있는 가격까지 내려오는 일은 없었을 것이다.

인텔은 생태계의 혼란을 잠재우고, 오랜 시간 동안 모두가 신뢰할 수 있는 소프트웨어 환경을 조성하고 후원했다. 소프트웨어 회사들은 인텔 덕분에 주변부 코드들에 영향을 쓸 필요가 없게 되었다. 워드프로세서 회사는 윈도우 드라이버에 신경 쓰지 않아도 되며, 게임 회사는 운영체제가 크게 변할까 봐 떨지 않아도 되었다. 오로지 자신들의 핵심 역량에만 집중할 수 있게 된 것이다. 때로 인텔은 자신들의 CPU에 대한 지식을 십분 활용하여 고성능 수학 라이브러리나 멀티코어 디버깅을 위한 툴을 직접 만들어 배포하기도 했다.

이는 이후로도 변화하지 않을 승자의 법칙이다. 우리가 앞으로 지켜봐야 할 기업들 역시 IT 생태계 전체를 이해하고 존중하는 기업일 것이다. 생태계가 어떤 식으로 변화하고, 설계 제조의 법칙이 변화하더라도 언제나 혁신가들이 나타날 것이다. 그리고 그들이 필요로 하는 그 시대의 가치를 가져다주는 기업이 승자 기업이 될 것이다.

변화하는 세상 : 독과점 그리고 다원화

21세기에 들어서면서 IT 시장에는 거대한 변화가 시작되었다. 제조 기술의 난이도는 지금까지와는 비교가 되지 않을 정도로 올라가기 시작했지만, 반도체 미세화의 이익이 눈에 띄게 줄어들었다. 지난 시기와는 차원을 달리하는 거대 IT 공룡들이 나타났고, IT 시장에 거대한 변화를 일으키고 있다.

가장 눈에 띄는 변화는 거대화로 인한 독과점이다. 반도체 제조 기업들 중 수많은 작은 플레이어가 사멸하였다. 현재까지 종합 반도체 제조 기업으로 남은 회사는 삼성전자, 하이닉스 등의 메모리 회사, 인텔과 같은 거대 로직 회사뿐이다. 자신의 제조 공장을 포기하는 회사들은 팹아웃을 추진했으며, 팹리스로 전환했다. 그렇게 공백이 생긴 제조 역량은 파운드리, 사실상 TSMC 한 개 회사가 전부 차지하게 되었다.

현재 생존한 기업들은 높은 전문성과 기술 장벽을 가지고 있을 뿐만 아니라, 생태계에 대한 지배력이 뛰어나기 때문에 신규 플레이어의 진입이 매우 힘든 상황이다. 인텔 이외에는 누구도 x86과 서버 생태계에 들어오려 하지 않으며, ARM을 대체하는 새로운 ISA를 개발하려는 모바일 AP 기업도 없다. 이러한 시도는 실상 전 세계에 쌓여 있는 수많은 지적재산권을 사용하는 것을 포기하고 모든 토양을 스스로 만들어야 한다는 것과 같기 때문이다. 실상 ARM이 모바일에 진출하는 것 같은 기회가 없을 때 이런 생태계를 만들어내기 위해서는 구성원 모두에게 평생 소득을 보장하고 수십 년간 막대한 돈을 투자하지 않으면 이루어낼 수 없다.

이러한 변화는 제조 기업뿐 아니라 소프트웨어 기업에서도 유사하게 나타났다. 아마존, 구글, 페이스북, 마이크로소프트 등은 강력한 네트워크 외부성을 기반으로 자신들의 위치를 확고히 했다. 이들에게는 사용자 자체가

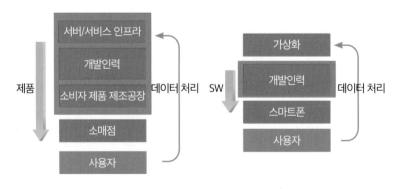

그림 2-75 자사의 핵심 가치에 집중할 수 있게 된 소프트웨어 회사들

힘이며, 사용자들은 이들이 제공하는 엄청난 부가가치와 편안함 때문에 떠날 이유가 없다. 페이스북 사용자들은 페이스북에 친구들이 있기 때문에 계속 머무르고, 구글 사용자들은 압도적 DB에서 나오는 검색 정확도로 인해 그대로 구글 사용자로 남는다. 구글의 검색 시장점유율은 90%로 타사를 압도한다. 이미 다른 회사들이 새로운 검색 알고리즘을 만들어내더라도 넘을 수 없는 수준이다.

흥미로운 점은 수많은 기업이 합쳐져 독과점이 나타나기 시작했지만, 그 결과는 일반적으로 교과서에서 보던 것과 같은 디스토피아가 아니라는 점이다. 교과서대로라면 독과점 기업들은 새로운 경쟁자를 막음으로써 자신의 시장에서 경쟁을 막고 초과 수익을 누리며 균형점을 향해 다가가려는 시장의 활력을 떨어뜨려야 한다.

하지만 현실은 그렇지 않았다. 거대화된 기업들은 반대로 극한의 효율화를 완성했을 뿐만 아니라, 그렇게 얻어낸 효율성을 외부 수많은 기업에게 공개하고 제공하면서 새로운 혁신의 씨앗을 뿌리기 시작했다. 기업들은 독재자가 되었지만, 한편으로는 기름진 토양이 되었다.

애플로부터 시작된 모바일 혁명은 거대 반도체 회사들의 도움으로 이루어졌다. 이 덕분에 온 세상 사람들이 통신과 인터넷이 되며 자신의 위치를 실시간으로 보고 가능한 센서 덩어리를 들고 다니게 되었다. 기존의 혁신가들이 사람들의 동선이나 생활 패턴을 바탕으로 하는 무언가를 개발하기 위해서는 최종 사용자 디바이스를 보급할 걱정부터 해야 했지만, 이젠 대부분의 사람들이 센서를 들고 다니게 된 것이다. 뿐만 아니라 거대한 정보 기반의 통계는 구글 등이 공개하는 자료를 사용하면 된다. 영상 인식 같은 기초 기술 역시 대기업들이 공개하기 때문에 논문을 헤집고 다닐 필요가 없다.

오로지 무엇을 분석하고, 어떻게 최종적으로 가치를 창출할 것인지를 고민하면 되는 세상이다. 벤처사업가는 실물 디바이스 제조나 판매에서 벗어나 사업 모델의 핵심만을 고민하면 된다. 엄청난 물류와 제조공장의 체인을 고려할 필요가 없어졌고, 소프트웨어는 다운로드 받으면 되기 때문이다.

아마존과 마이크로소프트가 이끌어가는 가상화는 여기에 설비 투자의 부담까지 낮추었다. 기존에 필요했던 서버 등 설비 부담은 가상화로 인해 크게 사라지게 되었다. 혁신가들은 서비스를 위해서는 최고/최악 상황의 서버 부하까지 신경 써가며 세심하게 코드를 짜고 하드웨어 조합을 고민하며 인프라를 구성해야만 했다. 하지만 이젠 가상화 업체에 찾아가서 계약하면 그만이다. 순간적으로 서비스 부하가 심해질 경우, 시간이나 분 단위로도 과금 체계를 구성할 수 있다. 사용자 단말뿐만 아니라 회사 내 투자의 부담도 크게 줄어든 것이다.

이러한 변화들은 신사업의 장벽을 극단적으로 낮추게 되었다. 미국은 2015년에 무려 10만 개의 소프트웨어 회사를 가지게 되었으며, 대부분은 고용인원 500명 미만의 소형 기업이었다. 현실의 벽에 가로막혀 있던 수많은 인재가 사업에 뛰어들 수 있게 된 것이다. 그 변화는 헬스, 영상 인식, 번역, 공유경제, 심지어 특정 지역의 주차장을 찾아주는 서비스까지 확대되고 있다. 적어도 IT 소프트웨어 분야에서는 아이디어의 시대가 온 것이다.

이런 아이디어의 시대에 우리는 어디에 투자할 수 있을까? '토양'에 투자하거나 '아이디어'에 투자하거나 둘 중 하나가 되어야 한다고 생각한다. 거대한 반도체 기업들은 값싸고 강력한 고효율의 하드웨어를 지속적으로 대형 소프트웨어 회사나 소비자 디바이스에 공급할 것이다. 새로 만들어진 반도체들과 새로운 사용자 디바이스를 확인한 대형 소프트웨어 회사들은 새로운 고효율의 소프트웨어나 자원 관리 프로그램들을 만들어낼 것이다. 이를 본 수많은 '작은 혁신가'는 자신이 신경 써야 할 곳이 하나 줄어든 것을 깨닫고, 다시 새로운 아이디어를 꺼낼 것이다.

이러한 시대에 투자자는 사용자 요구사항에 귀를 귀울이고, 기술과의 관계를 깨달아야 한다. 무엇이 무엇을 부를지 수없이 고민하고, 수요와 공급을 뒤집어보는 아이디어도 가져야 한다.

스마트폰이 생겨났던 초기, 수많은 사람이 사용자 앱이 활성화되어 새로운 세상이 열릴 것을 알았다. 하지만 그 핵심이 가상화라는 것을 깨달은 사람들은 많지 않았다. 이를 깨달은 사람들은 소프트웨어 회사들을 앱의 공급자가 아닌 '신기술의 수요자'로 본 소수의 인물들이었다. 마이크로소프트의 사티아 나델라는 애저^{Azure}를 통해 저물어가던 마이크로소프트에게 다시금 찬란한 영광을 선사했다. 반도체 회사 투자자라면 스마트폰 앱의 발전을 보고 모바일 D램이 아닌 서버 D램의 수요 폭발을 예견하고 서버 포지션이 강한 회사나 서버와 관련된 부품주를 찾아다녔을 수도 있다.

대형 소프트웨어 회사 투자자라면 모두가 FANG을 지켜보던 시절 마이크로소프트의 재도약을 추측해볼 수 있었을 것이다. 자신이 소형 소프트웨어 회사에 투자하는 벤처캐피털이라면 수많은 투자 대상 기업 중 자원 관리의 묘를 이해하고, 이를 통해 고정설비 투자를 줄이고 핵심자산에 집중하려는 기업을 택했을 수도 있다.

이러한 방식은 현재의 기업을 투자할 때도 적용할 수 있다. 예를 들면, 미래를 모르는 상태로 2015년으로 돌아가 인텔의 3D X포인트를 두고 투자 아이디어를 떠올려본다고 하자. 3D X포인트는 인텔의 주장에 따르면 비트당 가격은 D램보다 훨씬 낮아질 예정이며,* 뿐만 아니라 DIMM당 용량은 D램보다 압도적이다. 대신 반응 속도가 꽤 나쁘다(50%). 이러한 물건을 필요로 하는 서버당 D램 용량 자체가 더 중요한 응용처는 분명 존재한다.

넓은 영역의 메모리에 가끔 접근해야 하는 대형 DB라면 'D램+SSD' 조합보다 TCO가 뛰어날 수 있다. 하지만 사용자인 소프트웨어 회사들은 소프트웨어를 크게 엎어야만 하고 인텔 CPU에 종속되는 결과가 생긴다. 여기까지는 주어진 현실이니 그 이후에는 예측을 해야 한다. 원가 측면에서 3D X포인트는 얼마나 싸질 수 있을까? 최종 사용자의 측면에서 3D X포인트는 어느 정도의 이익을 주는가? 가상화 서버에서 '고용량+저성능'의 D램을 통해 절약 가능한 자원은 무엇인가? 혹시 스마트폰 앱 중에 서버 쪽에서 큰 메모리를 오래 붙잡고 '미지근하게' 사용하는 것이 나올 수 있을까?

이러한 온갖 예측들을 통해서 투자결정을 할 수 있다. 장비 회사 투자자라면 3D X포인트와 유사한 메모리(PC램)를 제조하는 데 필요한 역량을 찾고, 해당 장비를 공급하는 장비 회사에 투자할 수 있다. 혹은 인텔 자체에 투자하거나, 잘 되지 않을것이라 생각하면 타 회사로 투자를 돌릴 수 있다. 벤처 투자자라면 3D X포인트의 큰 가능성을 믿고 램 절약 기술보다는 다른 분야에 집중하려는 스타트업에 투자해볼 수 있다.

승자들의 법칙은 계속되고 있다. 과거에도 현재도 혁신가들은 서로에게 영향력을 주고받으며 승자가 되고 있다. 다만 과거에는 혁신을 부를 수 있는 강력한 원가 경쟁력을 가진 반도체와 고성능 기반의 강력한 하드웨어 플랫폼의 안정성이 생태계의 중심이었다면, 지금은 그 위에 소프트웨어 기업들을 중심으로 하는 새로운 사용자 생태계가 생겨나고, 사용자 간 연결성이

---

* 하지만 현재까지는 3D X포인트 DIMM은 같은 용량의 RDIMM과 비슷한 가격을 가지고 있다.

대두되는 시대가 되었다는 것뿐이다.

한편, 이런 사용자 환경 변화는 앞으로 서서히, 혹은 매우 급격하게 한국 회사들에게도 영향을 주게 될 것이다. 지금 한국 메모리 회사들은 거대한 '독과점' 회사들인 애플, 마이크로소프트, 아마존 등의 회사에 대규모 메모리 (D램, 낸드) 등을 공급하는 입장이다. 이들의 크기가 계속해서 커진다면 무슨 일이 일어날 것인가? 혹은 결국 메모리들이 기술 장벽에 부딪치게 되면 어떻게 될까? 점차 기술이 따라잡히게 되니 저런 독과점 기업들이 직접 제조를 고민하게 될까? 혹은 그렇게 되기 전에 더욱 고부가가치 상품을 만들어 거대 기업들이 사지 않고는 못배기는 물건을 제시할 수 있을까? 우리 역시 투자자로서 이런 상황에 촉각을 곤두세워야 할 것이다. 철옹성 같던 노키아도 몰락하지 않았는가!

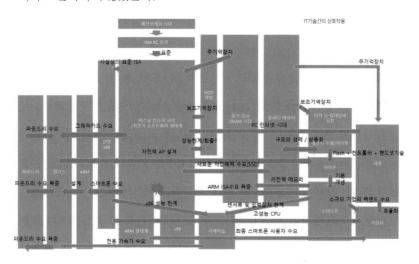

그림 2-76　기업과 산업 간의 상호작용

현재를 통해 미래를 예측한다

책을 쓰는 것이 이렇게 어려운 일인지는 써보고서야 알았습니다. 수십 페이지가 안 되는 보고서만 쓰다가 갑자기 100페이지가 넘는 글을 한 방향을 향하도록 쓰려니 고생이 이만저만이 아니었습니다.

한편으로 제가 이런 어려운 작성 및 편집 작업을 고작 이 정도 시간 만에 해낼 수 있다는 것에 감사함을 느낍니다. 지금 제 앞에는 모니터, 컴퓨터 본체, 스마트폰이 있습니다. 이 책을 쓰는 데 사용한 도구들인데 모두 수십 나노 미만의 초미세공정으로 개발된 반도체가 들어 있습니다. 이 모든 물건에 들어간 반도체 가격을 합쳐도 100만 원이 채 되지 않을 것입니다. 겨우 그 정도 지출만으로 지우개의 번거로움도, 원고지의 번잡함도 없이 거의 완벽한 원고를 만들어낼 수 있습니다. 심지어 모르는 내용이 있으면 키보드와 마우스, 나아가서 스마트폰의 경우는 음성으로 검색도 가능합니다. 이렇게 엄청난 물건들이 푼돈 가격에 주어졌음에도(다들 비싸다고 투덜거리겠지만) 책을 다 쓰고서 돌아보고서야 이 사실을 깨달았습니다. 업계에 종사하는 저보다 먼저 반도체 시장에 투자하고자 관심을 가진 분들은 분명 통찰력과 눈썰미가 좋은 분들일 겁니다.

이 책은 '무엇(어떤 회사, 어떤 주식)을 살까'에 대한 답을 주는 책은 아닙니다. 반도체란 무엇이며 어떤 과정을 거쳐 발전해왔는지, 또한 일상에서 어떤 역할을 하는지 한 번쯤 생각해보는 기회를 만들고 싶었습니다. 만약 반도체 분야 취업을 생각하는 대학생이나 취업 준비생이 앞으로 자신이 하게 될 일의 가치를 알 수 있게 된다면 하고 싶은 일에 좀 더 가까운 직무나 직업을 찾을 수 있을 것입니다.

만약 투자자라면 자신이 산(혹은 사게 될) 기업의 주식이 무엇을 의미하는지 생각할 계기가 될지 모릅니다. 삼성전자에 투자를 하려 한다면, 현재 삼성전자의 메모리 매출/순이익을 보는 것에서 벗어나, 이후에 나올 제품들이 다른 기업들에게 어떤 가치를 제공하는지까지 생각할 수 있기를 바랍니다.

노어와 낸드가 주도권 싸움을 벌이고 삼성전자가 2위에 머물러 있을 때, 휴대용 기기에 대한 강력한 확신이 있던 스티브 잡스가 홀연히 나타나서 간을 보는 것 하나 없이 엄청난 양의 낸드를 구입하기 시작했고, 시장이 평정되었고, 삼성전자가 확고한 낸드의 1인자로 자리잡았습니다. 스티브 잡스가 휴대폰을 재발명하고자 했을 때, 그곳에는 메모리는 물론 연산까지 할 만한 저전력 컨트롤러 설계와 파운드리까지 보유한 삼성전자가 있었습니다. 또 그 뒤에는 컴퓨팅의 후방에서 조용히 자기 일을 하던 ARM이 있었습니다. 이후 시장은 완전히 변하였고, 바로 구글과 안드로이드가 따라오면서 철옹성과 같던 x86의 지배에 종지부를 찍고 이에 맞춰 소프트웨어 회사들까지 새로운 생태계를 만들어내었습니다.

이런 수많은 현재의 벽을 넘기 위한 기업들 간의 상호작용을 보면서, 혹자는 아이폰의 발표자료를 보자마자 소프트웨어 회사 중 스마트폰 관련 소프트웨어에 가장 빨리 적응할 회사를 찾았을지도 모릅니다. 누군가는 스마트폰의 특징 상 영원히 UI 문제는 해결되지 않을 것을 짐작하고 음성 인식, 지문센서 등의 대안을 미리 찾았을지도 모릅니다. 이 책이 지금의 기술발전과 회사들의 행동을 보며, 미래를 예측해보고 결정적 순간이 왔을 때 큰 결정을 할 수 있는 그런 첫걸음이 되었으면 합니다. 자신의 취향에 따라 다양한 방식으로 판단하고 움직이겠지만, 적어도 눈앞의 뉴스보다는 큰 흐름을 보고 행동하는 모두가 되었으면 합니다.

저는 참 운이 좋은 사람입니다. 반도체 회사에서 커리어를 시작해 훌륭한 동료들을 만났고, 반도체 제품 개발에 컴퓨팅 능력을 강력하게 사용하는 새로운 방법론을 적용하려고 노력하는 조직에 속하게 되었습니다. 덕분에 반도체를 왜 그렇게 원하는지를 상품 개발자이자 사용자의 관점에서 살펴볼 기회를 얻었습니다. 이후 이런저런 글을 쓰다가 출판 제의를 받았는데, 투자 서적 전문 회사임에도 종목 재무분석이나 추천을 하지 않아도 좋다는 이야기를 들었습니다. 이렇게나 타이밍이 잘 맞기란 쉽지 않으리라 생각합니다.

저에게 새로운 시선을 열어주었던 동료들, 부족한 글도 받아준 출판사 분들, 그리고 누구보다도 이 책을 구입해주신 여러분께 감사의 말씀을 드립니다. 이 책이 여러분에게 아주 깊은 지식을 전달할 수 있다고 생각하지는 않습니다. 다만, 여러 기업과 기술이 상호작용을 주고받는 것을 보여줌으로써, 어떤 추가 자료를 찾아서 공부해야 하는지 혹은 어떤 지점에서 투자 아이디어를 시작할지 이정표 역할을 하기를 바랍니다. 이 책이 그 목적을 다한 뒤 마지막에는 냄비받침으로라도 여러분을 돕길 바랍니다.

100만 원도 안되는 첨단기기 앞에서

정인성

376

THE
FUTURE
OF
SEMICONDUCTOR
EMPIRES

부록 1

반도체 공정과
한국의 관련 기업들

  서장에서 반도체 공정에 대해 간략하게 살펴보았다. 그리고 이후 오늘날의 반도체 제국이 탄생하기까지의 과정과 새롭게 떠오르는 IT 기업들의 도전과 위험, 가능성을 살펴보았다. IDM, 파운드리, 팹리스가 존재하기 위해서는 재료와 부품을 공급하는 장비 업체가 뒷받침되어야 한다. 한국 반도체 산업의 성공 여부에는 장비 업체의 기술력 역시 매우 중요하다고 할 수 있다. 별도의 페이지를 마련해 한국 반도체 밸류 체인의 한 부분을 차지하는 장비 기업들에 대해 알아보려 한다.

  본 페이지의 설명은 해당 기업이 생산하는 장비가 전체 공정에서 어떤 역할을 하는 지 알아봄으로써 전체 반도체 제조 공정에서 해당 기업의 위치를 이해할 수 있게 하는 것을 목표로 한다. 따라서 해당 기업의 역할을 기업 소개 및 재무제표에 소개된 내용을 기반으로 설명하는 것에 국한했다. 결코 특정 기업에 대한 추천이 아님을 유념했으면 한다.

반도체 공장에서는 무슨 일이 일어나는가?

들어가기 앞서, 뉴스에서 자주 접하는 반도체 제조 회사들의 장비가 반도체 제조에서 어떻게 쓰이는지 알아보도록 하자. 먼저 다음 페이지의 〈그림 1〉을 보자.

〈그림 1〉은 금속층을 만들기 전 맨 아래의 수십억 개의 소자층을 생성하는 과정이다. 최근 미세공정에 사용하는 SADP나 SAQP*는 포함되지 않았다. 전반적인 프로세스를 보면, '보호막을 전체에 씌운다, 물리적으로 모양을 바꾸고 싶은 곳의 보호막을 뚫는다, 다른 물질을 도포하거나 주입한다, 세정한다'의 과정이 반복되는 것을 알 수 있다. 장비 업체와 재료 업체들의 가장 큰 임무는 특정 공정 단계에 가장 잘 맞는 특성의 장비와 물질을 공급하는 것이며, 반도체 제조 업체의 가장 큰 결정사항은 시장에 주어진 수많은 장비를 이용하여 매해 최대한 원가를 절감하는 것이다.

이러한 작업이 끝나고 나면 BEOL 과정으로 넘어가 수많은 금속 배선을 소자와 연결하는 등의 작업을 하게 된다. 요구되는 정확도 등은 다르지만, 사용하는 장비들의 종류와 작업 방식은 FEOL과 크게 다르지 않다.

BEOL 과정이 끝나고 나면 웨이퍼를 테스트 장비로 보내게 되며, 테스트 장비에서 칩에 여러 가지 상황을 인가해보며 칩이 원하는 대로 제조되었는지를 확인하게 된다. 테스트는 간단한 전기적 검사에서부터 고온/저온 테스트 및 수많은 스트레스 테스트로 구성된다. 이를 위해 테스트용 프로브^{Probe}

---

* Spacer Assisted Double(Quadruple) Patterning: 저해상도의 노광기를 통해 촘촘한 패턴을 그려내는 기법

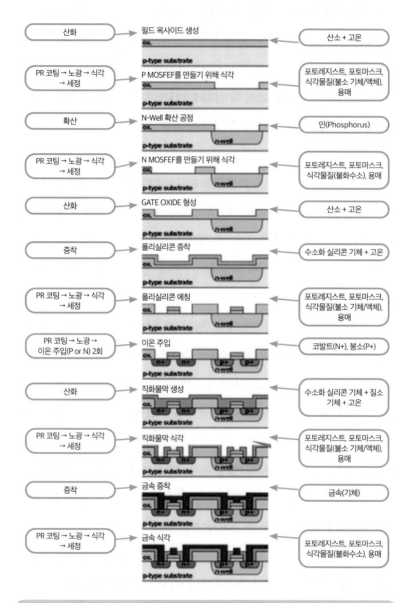

그림 1   FEOL에서의 반도체 소자 제조 과정. 관련 공정의 이름(좌)과 물질(우)㉙

뿐만 아니라, 고온/저온 체임버 등 수많은 장비가 추가로 필요해지게 된다. 이러한 장비들의 가격은 공장의 양산용 장비보다는 상대적으로 저렴한 편이다.

한편 이 수많은 과정을 진행하는 중 목적에 맞추기 위해 다양한 장비가 사용될 수 있다. 예를 들면 위에 나오는 산화^{Oxidation}공정의 경우 열을 사용하는 방식 중에도 건식^{Dry}과 습식^{Wet} 방식이 있다. 건식은 얇은 산화막이 필요할 때 사용되며 습식은 두터운 산화막이 필요할 때 사용된다. 그 이외에 아예 열 방식이 아닌 전기화학식이나 플라즈마 방식이 사용되기도 한다.

이후 각기 다른 다양한 장비를 살펴볼 텐데 이것이 어떤 공정에 사용되는지를 파악할 수 있게 된다면 부록에서 전달하고자 한 내용을 전부 익힌 것이라고 생각해도 된다.

한국의 장비 기업들을 소개하기에 앞서 알아야 할 몇 가지가 있다. 앞에서도 알아보았지만 반도체 제조 공정의 종류는 생각보다 많지 않다. 노광, 식각, 이온주입, 산화, 세척, 증착 정도의 동작을 끊임없이 조합하여 원하는 모양을 만들어내는 과정이 수없이 반복될 뿐이다. 그리고 이러한 일을 하는 장비들은 각 반도체 종류와 공정 단계가 요구하는 특성에 맞춰 납품된다.

이를테면 패턴이 훨씬 미세한 FEOL 단계에서 사용되는 노광기는 패턴의 크기가 매우 큰 BEOL 마지막 수준에 사용되는 노광기와는 다를 수 있다. 식각 역시 맨 아래 소자층에 사용되는 식각 장비 및 가스와 금속 상단부에서 사용되는 것은 크게 다를 수밖에 없다. 하부층에서는 처리량이 낮더라도 정확도가 높은 장비가 사용될 가능성이 높으며 상부층에는 처리량이 우월한 기계를 사용하여 전체 투자를 낮추려고 할 가능성이 높다.

한편, 제조 장비 중 가장 비싼 장비는 노광기이며,* 앞에서 수차례 알아보았듯 최첨단 EUV 노광기의 가격은 대당 2,000억 원을 호가한다. 이는 국내 장비 업체 5~6위 정도 되는 회사의 연매출과 맞먹는다. 이러한 장비를 만드는 네덜란드의 ASML은 연 매출이 15조 원에 육박한다. 매출이 15조 원이 넘는 기업은 한국 내에서도 드물며,** 필요한 기술력의 수준을 보았을 때 국내의 매출 2조 원 미만의 회사들이 노광기를 만들어내기는 쉽지 않을 것이다. 따라서 노광기 관련 기업은 여기에서 소개하지 않는다. 이런 상황을 보고 국내 장비 업체의 수준이 낮다는 등의 이야기를 하며 자괴감을 느낄 필요는 없다. 글로벌 분업의 일부일 뿐이다.

또한 대부분의 장비 기업은 한 개 공정만을 대상으로 하는 거래를 하지 않으며, 장비 기업은 여러 종류의 공정에 관여하는 물품을 한 번에 판매하는 경향이 있다. 또한 개발 가능한 장비의 기술 수준은 회사의 매출액과 큰 관계가 있을 수밖에 없어, 대형 회사가 여러 종류의 공정 장비를 다루게 되는 결과가 나온다. 이로 인해 소개되는 장비 회사의 수는 생각보다 적을 수밖에 없다. 너무 작은 회사들을 다루게 될 경우, 자동차 회사의 협력 업체를 분석하는 데 '의자용 방석을 납품하는 회사' 레벨로 핵심에 벗어나는 회사들을 보게 될 위험이 있다.

필자 역시 이 분야에서는 그저 '반도체 관련 단어를 잘 이해하는' 일반인에 가까운 위치이므로 틀린 사실이나 지나치게 일반론을 말하게 될 수도 있다. 반도체 제조업은 사업의 특성상 한 개인이 모든 분야를 속속들이 알아

---

* 노광기가 가장 비쌀수밖에 없는 이유가 있다. 실제로 웨이퍼 위에 무언가 그리는 것은 노광기 뿐이며, 나머지 기기들은 이미 모든 것이 그려진 웨이퍼를 어딘가 통째로 넣고 담그거나, 산화 시키거나 하는 방식으로 동작하기 때문이다.
** 현대제철이 약 20조 원 정도다.

내는 것이 불가능에 가깝다.

다시 말하지만, 여기서 소개되는 특정 장비나 물질의 용도는 '이렇게 사용할 것을 전제로 한 제품이다'이지, 어딘가에 반드시 채택된다는 의미가 아님을 유념하였으면 한다. 부록의 내용은 투자자들에게 투자 지식을 전달하기보다는, 공부의 시작 지점을 제공하는 데 의미를 두고 있다.

원익 IPS
(산화, 증착)

원익 IPS는 종업원 1,200명 정도의 기업으로 디스플레이, 반도체, 태양광 제품 관련한 장비들을 생산하는 회사다. 국내 반도체 장비 기업으로는 2위의 크기이며, 세계 장비 회사 중 17위 정도의 매출을 가지는 상당히 큰 회사[*]다. 위 세 가지 제품들 모두 실리콘 가공이 관련되어 있으며, 공정상의 유사점이 있기에 동시에 진출한 것으로 추정된다. 주로 관여하는 공정은 증착으로, 산화 장비 역시 모두 웨이퍼 위에 무언가 씌우는 일이다.

원익 IPS의 반도체 관련 주요 장비들은 증착 장비다. '증착'은 실리콘 위, 혹은 제조 중인 반도체 구조물 위쪽에 얇은 물질을 바르는 것을 말한다. 인텔의 최첨단 로직 공정 기준으로 위로 최대 13층까지도 갈 수 있는 반도체 제조 과정에서 증착은 매우 자주 사용되는 공정 중 하나다. 〈그림 2〉만 봐도 알 수 있지만, 반도체의 층이 바뀌면 최소 한 번은 무언가 새로운 층이 생겨난다. 새로운 물질을 매우 많이 위로 쌓아 올려야 하며, 그중 얇은 층을 형성해야 할 때는 반드시라고 해도 좋을 정도로 증착이 사용된다. 대체로 층이 두꺼운 경우 CVD를 사용하고, 원자 레벨로 얇아야 할 경우 ALD라는 증착을 사용하는데, 원익 IPS는 두 가지 방식을 전부 다루고 있다.

또한 증착은 단순히 금속이나 절연재를 표면에 바르기만 하는 것이 아니

---

[*] http://file.mk.co.kr/imss/write/20190520111858__00.pdf (유진투자증권 기업분석, 이승우)

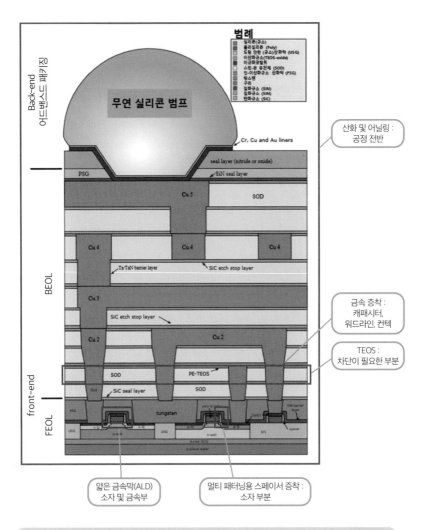

그림 2 원익 IPS가 반도체에서 관여하는 부분들

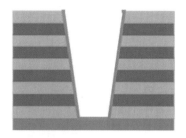

그림 3　일반적인 웨이퍼 위의 증착(좌)와 3D 낸드의 증착 차이(우): 증착의 방향과 두께 문제가 생길 것임을 알 수 있다.

며, 원하는 모습을 만들기 위해 노광 전이나 식각 전에 사용하는 경우도 있다. 멀티 패터닝용 마스크가 그러한 예 중 하나다. 그림으로 요약하면 〈그림 3〉과 같다.

　원익 IPS가 가지고 있는 증착 장비는 대체로 티타늄 등의 금속을 원자 레벨로 도포할 수 있는 장비와 화학기상증착^{CVD} 장비다. 이를 통해 이 회사가 만드는 장비들은 공정 중 주로 소자부분의 금속 및 D램의 캐패시터, 배선과 소자의 연결 부위 형성에 사용될 것임을 짐작할 수 있다. 또한 세밀하고 얇은 막부터 매우 두꺼운 막까지 다양하게 다루고 있음을 알 수 있다. 이 과정들은 전부 D램 제조에서 핵심적인 부분들이라고 할 수 있다. 캐패시터 형성은 D램에서 어려운 부분 중 하나이기 때문이다.

　또한 흥미로운 것은 3D 낸드에 관련한 증착 기기와 멀티 패터닝 관련 기기들을 납품하고 있다는 것이다. 3D 낸드는 수직으로 깊게 파고 들어가며 여러 겹의 산화물 층을 만들어야 하는데, 수평한 평면에 증착하는 것과 비교하면 좀 더 어렵고 독특한 기술이 필요하다고 할 수 있다. 현재 낸드 업계는 3D 낸드로의 전환을 거의 마친 상태이다. 더 이상 2D 낸드를 제조하지 않는 회사도 있다. 시장의 수요에 따라 매해 총투자액은 변할 수 있지만, 3D 낸드 장비에 대한 수요는 꾸준히 지속될 것이다.

멀티 패터닝용 증착 장비는 EUV 없이 더욱 미세한 패턴을 그릴 수 있게 해주는 멀티 패터닝 기술에서 사용된다. 삼성 7nm 공정에서 EUV가 도입되면 당분간은 단일 패터닝만으로 시장이 원하는 수준의 미세한 회로를 그릴 수 있게 되므로 잠시 주춤할 가능성이 있다. 그러나 ASML에 따르면 이후 5nm, 3nm 공정으로 나아가게 되면 다시 EUV에도 멀티 패터닝을 사용해야 할 가능성이 있다. 이런 상황이라면 다시 해당 시장이 열릴 때, 기존에 멀티 패터닝 경험이 있는 기업이 유리할 가능성이 높다. 뿐만 아니라, D램/낸드 등의 제품은 당분간 non-EUV 공정을 사용할 것이므로, 이 제품들의 수요가 늘어날 경우 당분간은 수요가 유지된 채 사용될 것이다.

세메스
(장비 세정, 식각, 웨이퍼 테스트)

세메스는 1993년에 설립된 디스플레이 및 반도체용 제조 장비를 공급하는 회사로, 국내 장비 회사 중에는 가장 큰 규모를 자랑한다. 매출 비중은 반도체 쪽이 80% 정도로 사실상 반도체 장비 회사로 생각해도 좋을 정도다. 세계적으로도 2018년 기준 매출 9위의 장비 기업으로 상당히 큰 기업에 속한다 할 수 있다.

국내 장비 회사 중 가장 큰 기업답게, 굉장히 많은 부분의 장비를 다룬다. 세정 설비, 식각 장비, 포토 트랙, 웨이퍼 레벨 테스트 장비, 정렬장치 등 다양한 것을 다루고 있다. 세정 설비는 이름에서도 알 수 있듯이 특정 스텝이 끝난 웨이퍼 위의 불순물을 제거해주는 역할이다. 포토 트랙은 최근 일본과의 사건에서 자주 회자되는 포토레지스트[PR]를 웨이퍼에 균일하게 발라주는 장비다. 에칭 장비는 포토레지스트가 없어진 부분을 물리적으로 깎아내는 일을 한다. 마지막으로, 웨이퍼 레벨 테스트 장비는 웨이퍼를 커팅하여 패키지로 만들기 전 전기적 특성을 검사하는 기계라고 생각하면 된다. 사업보고서 상의 반도체 사업 장비 종류만 7가지가 된다.

세메스에서 자세하게 설명하고 싶은 것은 세정, 식각 및 웨이퍼 테스트다. '세정'은 각종 공정을 마친 뒤 웨이퍼 위에서 이물질을 제거하는 작업이다. 노광이 끝난 뒤 반도체 위에 남아있는 포토레지스트[PR]나 연마[CMP] 과정 뒤에 남은 부스러기들은 이후 그대로 남아 있을 경우 반도체 수율에 큰 영향

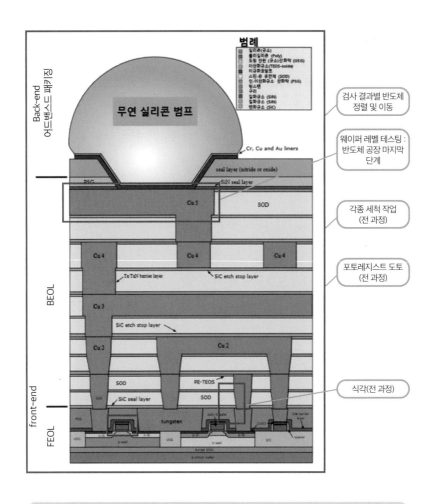

그림 4 매우 다양한 부분의 사업을 영위하는 세메스

을 미치게 되므로, 반드시 제거되어야 한다.

'식각'은 제조 중인 웨이퍼의 물질을 깎아 내어 원하는 모양을 물리적으로 만들어내는 작업이다. 반도체 회사들은 소자를 원하는 모양으로 형성해야 할 뿐만 아니라, 때로는 두 소자 사이에 일종의 차단막을 만들어 전류의 누설을 막아야만 한다. 또한 완성된 소자에 금속 등을 연결하기 위해서는 구멍을 뚫어야만 한다. 이러한 작업은 모두 내용물을 파낸 뒤, 전도도가 높은 물질 혹은 전도도가 낮은 물질을 채워넣는 과정이 필요하다. 따라서 식각 장비 역시 공장에서 굉장히 자주 사용되는 장비다.

이 회사가 가지고 있는 식각 장비는 전부 플라즈마 방식의 건식 식각장치다. 식각에 대해 약간 익힌 사람이라면 식각에는 습식과 건식이 존재함을 알고 있을 것이다. 다만 습식 식각은 정확도가 마이크로미터 수준으로 높지 않은 문제가 있어 지금은 밀도의 핵심이 되는 아래층 공정Critical Dimension에는 잘 쓰이지 않으므로, 건식 식각 위주로 장비가 구성되어 있는 것은 신기한 일은 아니다. 이 회사가 반도체 회사들의 첨단 공정을 따라가는 장비 회사임을 짐작하게 하는 부분이다.

식각 장비는 HARCHigh Aspect Ratio를 지원하는 장비와 상대적으로 얇은 것을 에칭하는 두 개의 장비로 나뉘어 있다. 이중 HARC 식각은 매우 깊게 파고 내려가 소자층과 닿아야 하는 부분에 사용되는 식각 장비로 D램과 3D 낸드, TSVHBM의 연결에서 사용이 가능하다. 둘 모두 현재 한국 메모리 회사들의 주력 부품의 핵심 공정에 사용될 수 있다는 뜻이다. 얇은 쪽 식각 장비는 공정에서도 쓸 수 있고, 웨이퍼 레벨 패키징WLP: Wafer Level Packaging에도 사용할 수 있는 것으로 나와 있다. WLP의 경우 최근 모바일 등에서 문제가 되는 칩의 사이즈 문제들을 해결해주는 솔루션 중 하나일 뿐만 아니라, 와이

어링 부담을 줄이고 성능을 증가시키는 부가적 효과를 얻을 수 있는 기술이다.

웨이퍼 테스트는 BEOL 과정까지 거쳐 나온 웨이퍼에 패키징을 하기 전에 거치는 과정이다. 현대의 반도체는 한 개의 웨이퍼 위 칩의 특성을 100% 컨트롤할 수 없기 때문에, 양품의 위치는 늘 다를 수밖에 없다. 불량 칩의 출고를 막아 고객의 불만을 줄이기 위해서는 제조 완료된 칩들을 분류하고 테스트하는 것 역시 중요하다. 테스트하기 위해서는 웨이퍼 프로브^{Wafer probe}라고 부르는 검사 장비를 웨이퍼에 가져다 대야 한다. 검사 장비는 웨이퍼 위의 각 칩에 검사 패턴을 보내고, 검사 기기는 웨이퍼로부터 제대로 된 답변이 오는지를 확인한다. 만약 제대로 된 답변이 오지 않는다면 정해진 대로 한번 수리를 시도하고,* 성공할 경우에는 두고 실패한 경우에는 불량품으로 처리한다. 이후 양품과 불량품의 위치는 장비에 기록되며, 이후 최종 패키지 제작에 사용된다.

세메스는 검사하는 장비를 갖추고 있을 뿐만 아니라, 검사 결과에 따라 절단된 칩을 분류하는 장비를 같이 만들고 있어 이 분야에서의 시너지도 뛰어나다. 이후 패키지 수준의 작업을 하는 장비 역시 함께 판매하고 있다.

---

* 수리는 칩의 불량 정도에 따라 예비 영역(spare)이 충분하면 가능할 수도 있고 아닐 수도 있다.

유니테스트
(패키지 레벨 테스트)

유니테스트는 2000년 설립된 반도체 검사장비 기업이다. 반도체의 검사는 앞에서 설명한 수많은 FEOL, BEOL 공정을 마친 뒤 진행되는 일이다. 흔히 생각하는 반도체 회사의 기술력인 초미세 회로를 그리는 일을 하는 회사는 아니다. 하지만 최종 수율을 정확히 알게 해줌으로써 개발 중에는 개발 성숙도를 파악하도록 하는 한편, 개발 완료 뒤에는 고객에게 불량 칩이 보내져 항의가 들어오는 일을 막는 역할을 한다. 반도체 회사의 꽃이라고 할 수 있는 반도체 공장^{Fab} 제조 과정에 참여하지 않기 때문에, 회사의 규모는 앞의 업체들과 비교했을 때 작을 수밖에 없다.

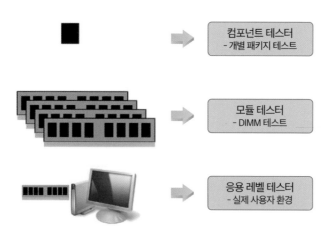

그림 5 유니테스트가 다루는 패키지 레벨 테스트의 범위

유니테스트는 웨이퍼를 벗어나 이미 패키지가 되어 있는 제품을 대상으로 하며, 테스트 대상은 D램으로 제한된다. 엄밀히 말하면 반도체 공장^{Fab}의 밖에서 일어나는 일로, 〈그림 4〉와 같은 모습은 보이지 않는다. 반도체 공장을 벗어난 웨이퍼는 이후 개별 칩으로 절개된 뒤, 흔히 보는 까만색 패키지 안에 들어가게 된다. 이렇게 완성된 까만색 패키지는 필요한 경우 다시 PCB 위에 여러 개가 배치되어 우리가 흔히 아는 제품이 된다. 우리가 흔히 볼 수 있는 DIMM이 바로 그런 형태이다.

이러한 테스트도 크게 3가지 단계에서 테스트 해볼 수 있다. 하나는 까만 패키지 상태로 테스트하는 것이고, 두 번째는 PCB 위에서 테스트 하는 것이다. 세 번째는 완제품 자체를 실제 환경에서 테스트 해보는 것이다. 유니테스트는 위 3가지의 테스트를 D램에 한정해서 제공하고 있다.

이러한 기기들은 보통 테스트할 부품을 꼽고, 랜덤한 패턴을 쓰고 읽은 다음 비교하는 방식으로 이루어지며, 필요한 경우 온도나 전압 등을 바꾸는 예외 상황을 만들어내는 기능을 제공한다. D램의 테스트는 각종 커맨드를 잘 받고 수행하는가, 쓴 대로 읽히는가 등으로 이루어지며 결과 자체는 매우 명백하게 나오는 편이다.

이런 테스트들은 미세공정의 영향을 받지 않아 사용자 입장에서 장비의 재사용성이 높다. 테스트 기기 입장에서는 45나노 DDR3 D램이건, 28나노 DDR3 D램이건 똑같이 '까만 패키지 안의 무언가'일 뿐이기 때문이다. 예를 들면 D램이 DDR3 → DDR4로 변하는 식으로 사용하는 법이 변하는 시점이 아니라면 계속해서 쓸 수도 있는 것이다. 매출액은 2,000~3,000억 원 사이로, 상대적으로 다른 대형 장비 회사에 비해 매출액이 작은 이유 중 하나일 것이다.

뿐만 아니라, 날이 갈수록 반도체 회사들이 D램을 파는 방법은 다양해지고 있어 이러한 회사들은 변화를 맞이해야 할 상황이 다가오고 있다. 과거 D램의 비즈니스는 DIMM이 중심이었지만, 지금은 모바일향 MCP 형태로 나가기도 한다. 심지어 반도체 회사가 웨이퍼를 패키징하지 않고 통째로 고객에게 넘기는 경우도 있다. 이렇게 고객에게 웨이퍼 단위로 나가게 될 경우 반도체 회사의 테스트는 웨이퍼 공장의 마지막 단계인 웨이퍼 레벨 테스트에서 끝나버리며, 이러한 장비의 수요가 위축될 수도 있다. 물론 고객 자신도 테스트 장비를 도입하긴 하겠지만, 웨이퍼 단위로 거래했다는 것 자체가 고객이 자기 원하는 방식으로 패키징을 하겠다는 의미다. 그러므로 기존의 대량생산된 테스터는 사용하기 힘들 수 있음을 의미하는 것이다.

SK머터리얼즈
(소모품)

    SK머터리얼즈는 1982년에 설립된 산업용 가스 공급기업이다. 수많은 산업용 기체들이 그렇듯 반드시 반도체에만 사용되는 것은 아니며, 원익 IPS나 세메스와 비슷하게 디스플레이 업종이나 태양광 패널 사업 분야에도 가스를 공급한다. 이들의 사업 분야는 일종의 화합물 가스인 특수가스와 순수한 물질(O_2, N_2 등)로 이루어진 산업가스로 나뉘어진다. 그 외에 고유전 물질 High-K을 증착하기 전에 바르는 특수한 물질인 프리커서Precursor 역시 제조한다.

    이들이 판매하는 특수가스는 챔버 세정, 증착 식각 등 대부분의 공정에 사용된다. 여기에서는 소개되어 있는 소모품의 용도만을 하나씩 살펴보도록 하겠다. 들어가기 앞서 이런 가스들은 그대로 사용되는 것이 아니고, 때로 다른 기체들과 혼합되어 사용된다는 것을 유념해야 한다.

    챔버 세정용 가스는 증착 과정을 끝낸 기기를 세정하는 데 사용되는 가스다. 챔버에는 하루에도 수백 장의 웨이퍼가 오고가야 하는데, 이 과정에서 전 단계에서 시행했던 공정의 잔류물이 남을 수 있다. 이 경우 다시 공정을 시작했을 때 잔류물이 떨어져 나오면서 웨이퍼의 특성을 악화시키고 수율을 감소시킬 수 있다. 이를 방지하기 위해서 화학적 방법으로 잔류물을 제거해주는 과정이 필요하다. 공정에서 필요로 하는 증착 횟수에 비례하여 필요할 것임을 짐작할 수 있다.

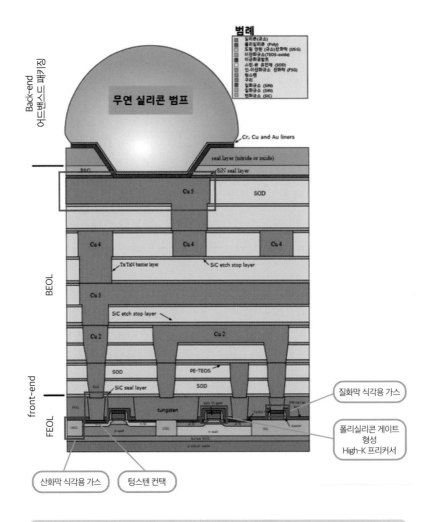

그림 6 SK머터리얼즈의 특수 가스들이 사용되는 위치들

SK머터리얼즈가 다루는 증착용 가스 중 하나는 모노실란^{SiH4}이다. 이 기체는 다결정 실리콘을 표면에 증착하는 데 사용된다. 다결정 실리콘은 소자의 핵심적인 부위 중 하나인 게이트^{Gate} 형성에 사용된다. 게이트는 소자의 전류 구동 능력뿐만 아니라 누설 전류에도 영향을 미쳐, 전력 대 성능비 및 D램의 리프레시 등에도 영향을 주게 된다. SK머터리얼즈는 이러한 실리콘 증착 과정을 도와주는 필요한 전구 물질 역시 다루고 있다.

또 하나는 육불화텅스텐^{WF6}인데, 이 물질은 소자와 첫 금속이 만나는 부분(컨택)을 만드는데 사용된다. 텅스텐은 저항이 낮은 특성이 있어 오랫동안 컨택 물질로 선호되어 왔다. 이후에는 핵심적인 소자 부분에는 코발트 등의 대체 물질로 교체될 가능성이 있다. 하지만 모든 소자가 동일한 사이즈를 갖는 것은 아니므로 지속적인 수요는 남아 있을 것이다.

식각용 가스는 크게 두 종류를 다룬다. 하나는 실리콘 산화막 에칭용 가스고, 나머지 하나는 실리콘 질화막 에칭용 가스다. 두 개의 막 모두 회로를 다른 부분과 절연시키거나 보호하기 위해 사용되며, 때로 반도체 제조가 완료된 뒤 가장 위쪽에 보호용 막으로 씌워지기도 한다. 반도체 회사는 필요한 경우에 이런 산화막들을 뚫어 다른 재료들을 연결하거나 새로운 물질을 주입하여 구조물을 만들어내야 한다.

파운드리 3강 체제가
시작되는가

삼성전자는 2019년 발표에서 세계 최초로 3nm에서 GAAFET을 사용하기로 하였다. 2021년 TSMC는 역대 최대 규모의 투자액을 발표하였다. 그리고 2021년 3월에는 인텔이 IDM 2.0모델을 도입했음을 선전하며 2018년 철수하였던 파운드리 사업에 다시 진출하겠다고 선언했다. 이번에는 팹리스 관점에서 파운드리 사업이 무엇인지 살펴보고 삼성전자와 TSMC에게 다가올 상황들을 정리해 보겠다.

파운드리는 왜 이리 어려운가 : 설계의 사정

이번 장에서는 칩을 설계하는 기업들의 고민을 알아보며 팹리스-파운드리 생태계를 파악하는 시간을 가지려고 한다. 이를 통해서 우리는 밸류 체인상의 각 회사가 어떻게 역할하는지 이해할 수 있다. 더 나아가서 파운드리 시장에 신규 진입이 왜 이토록 어려운지, 뛰어난 파운드리 기업이란 어떤 의미인지도 알게 될 것이다.

앞장에서도 보았듯이 현재의 반도체는 10억 개가 넘는 트랜지스터들이 층층이 쌓인 금속 배선들로 연결된 구조를 가지고 있다. 이런 반도체를 설계하기 위해서는 칩의 각 기능을 쪼개 담당 엔지니어들에게 할당해야 할 것이다. 그런데 과연 트랜지스터를 하나씩 손으로 배치하는 것이 가능할까? 예를 들면 A 영역과 B 영역이 연결되어야 하는데, A 영역 담당자가 금속의

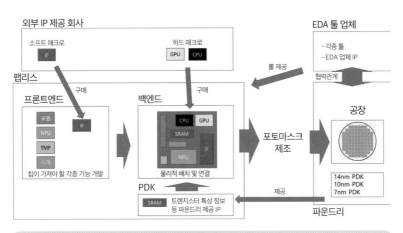

그림 7 팹리스가 칩을 설계하는 방식을 간단히 표현한 모식도

위치를 바꾼다면? 트랜지스터 개수는 10억 개가 넘는다. 그저 엔지니어끼리 소통을 잘한다고 해서 해결될 일이 아님을 쉽게 알 수 있다. 이 일을 해내기 위해서는 EDA 툴이 필요하다. 엔지니어들은 이러한 툴의 도움을 받아, 구체적인 칩의 물리적 구현을 고민하지 않고서도 자신이 담당하는 칩의 기능 부분을 정확히 나눌 수 있으며 프로그램을 짜듯 칩의 물리적 실체를 생각하지 않은 채 기본적인 기능 중심의 설계를 할 수 있다. 팹리스에서는 이를 프런트엔드 디자인Front-end design이라고 부른다. 시놉시스Synopsys, SNPS, 케이던스Cadence와 같은 다양한 회사들이 해당 툴을 제공하며, 여기에 사용되는 언어는 베릴로그Verilog 등이 있다.

코드를 보면 알 수 있듯이 이 칩이 삼성 10nm인지 TSMC 5nm인지 등이 전혀 표시되지 않았다. 이렇게 줄 몇 개 타이핑한 것이 대체 어떻게 그 복잡한 반도체 제조 과정으로 이어질 수 있다는 것인가?

코드들을 현실의 칩으로 만들기 위해서 이제부터 파운드리의 도움이 필요하다. 파운드리는 PDKProcess Design Kit라는 소프트웨어를 설계 회사에 전

```verilog
module adder(operand1, operand2, result);
    input [31:0] operand1;
    input [31:0] operand2;
    output [31:0] result;
   // carry omitted for simplicity
    assign result = operand1 + operand2
End module;
```

그림 8 베릴로그의 문법 예시

달한다. 이 소프트웨어는 EDA에 탑재하여 사용할 수 있으며 각 파운드리 공정에 맞는 트랜지스터의 특성을 포함하고 있다. 또한 트랜지스터의 배치가 특정 공정(예 : TSMC 16nm) 등에서 제조될 수 있는지를 검사하는 능력을 포함한다.* 또한, 각 파운드리가 팹리스에게 제공하는 사용 가능한 칩 IP가 포함되기도 한다.

각 팹리스는 이 툴들과 구입한 각종 IP의 조합을 이용하여 최종적으로 수십억 개의 트랜지스터 위치가 빼곡하게 포함된 실제 파일을 만들어낸다.** 드디어 추상적이었던 코드가 실제 트랜지스터로 변한 것이다. 이 파일들은 이후에 실제로 파운드리에서 제조에 사용할 포토마스크를 만들 때 사용되며, 최종적으로 반도체 팹으로 보내져 현실 세계의 칩으로 변화한다. 매우 복잡한 칩은 파일의 크기가 수십기가바이트에 이르기도 한다. 팹리스에서 이 과정을 백엔드 디자인^{back-end design}이라고 부른다. 크게 보면 팹리스의 반도체 설계는 논리적이고 추상적인 형태로 칩의 기능을 구현하고 만드는 영역과 디자인을 실제 물리적 실체로 바꾸는 영역으로 나눌 수 있다. 여기서는 간단히 설명했지만 두 분야는 다시 수많은 세부 단계로 나뉘며, 그 과정에서 사용하는 툴과 언어들도 매우 다양하다.

뛰어난 칩을 설계하기 위해 팹리스는 파운드리에게 받은 신형 공정 반도체 특성을 반영해 수많은 시뮬레이션을 돌린다. 이를 통해 자사의 차기 프로젝트에 가장 알맞은 파운드리를 택하여 제조 위탁을 맡기게 되는 것이다.

---

* 디자인 룰, 전기적 룰 등 실제 트랜지스터 배치에서 지켜야 하는 규칙이 많다. 예를 들어 멀티 패터닝을 사용하는 노광 프로세스의 경우, 제조 특성상 함께 붙어있을 수 없는 셀들이 존재한다.
** GDS(Graphic Design System) 파일이라 부르며, 이를 통해 실제로 3D 렌더링도 가능하다.

칩 기획부터 제조까지 1~2년이 걸리는 것을 고려할 때 파운드리는 공장 양산이 시작되기 전에 이미 자기 회사의 트랜지스터 특성을 전달해야 하는 것이다. 성숙하지 않은 첨단 공정을 사용하는 팹리스는 이 과정에서 트랜지스터 특성이 처음 파운드리에서 받은 신형 공정 반도체 특성과 크게 달라질 수 있는 리스크를 짊어져야 하며(혹은 특성에 부합하기 위해 수율을 낮추거나), 파운드리는 신뢰를 지키고 이후에도 해당 고객을 붙잡기 위해 어떻게든 공정의 개발을 1~2년 전에 약속한 것과 비슷하게 완료해야 한다.

팹리스가 이러한 과정을 거치다 보면 자신들의 회사 내부 IP가 시장이 요구하는 성능을 따라가지 못하거나, 급히 새로운 기능을 추가해야 하는 경우가 생길 수 있다. 그럴 때 팹리스들은 회사 외부에서 IP의 라이선스를 받아서 내부 칩에 사용한다. 이런 IP들은 설계의 프런트엔드 수준에서 사용할 수 있도록 코드 형태로 제공되기도 하며, 아예 물리적 실체로 제공되기도 한다. 전자를 소프트 매크로^{Soft Macro}라고 부르며, 후자를 하드 매크로^{Hard Macro}라고 부른다. 필요한 경우 팹리스 자신이 직접 만든 설계에 타사의 IP를 끼워 넣음으로써 완전한 칩의 기능을 구현해내는 것이다. 따라서 물리적 실체가 없는 소프트 매크로의 경우 그 특성을 예상하기 힘든 대신 자사 칩과 완전히 한 덩어리의 기능 단위로 뭉쳐 넣을 수가 있다. 하드 매크로의 경우 아예 칩 위의 물리적인 모습까지 결정되어 팔리기 때문에 칩 내에서 자유로운 모습으로 변경은 불가능하지만 대신 하드 매크로 부분의 성능, 전력 사용량, 면적 등을 쉽게 추측할 수 있다는 특징이 있다.

이러한 사업 모델은 팹리스에게 상당한 유연성을 부여한다. 예를 들어 예전 퀄컴의 경우 내부에서 고성능 ARM CPU IP를 개발하고 있음에도 불구하고 사내 연구팀의 결과물이 지지부진하자 ARM 홀딩스가 제공하는 IP를

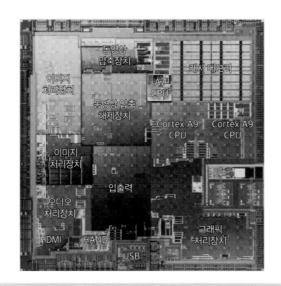

그림 10 엔비디아의 테그라 2 칩의 모습. 다양한 기능이 물리적 위치에 배치된다. [98]

이용해 1~2년간 플래그십 라인을 유지했던 적이 있다. 모든 IP 설계 리스크를 스스로 짊어져야 하는 IDM과는 사뭇 다른 모습이다. 이는 팹리스의 생태계가 사실상 통일되어 있기에 가능한 일이다.

그러나 자사의 기술과 타사의 기술을 합쳐 어렵게 만들어낸 칩들은 그냥 웨이퍼 위에 멀뚱멀뚱 있어서는 아무런 일도 할 수 없다. 결국 이렇게 만든 칩은 패키징 과정에서 다리를 붙이거나 BGA로 만드는 등의 작업을 해야 비로소 기판에 납땜되거나 달라붙어 작업을 할 수 있다. 이러한 작업 시설을 가진 팹리스는 없기 때문에 업체를 찾아야 한다.

매우 추상적이고 단순화하여 칩 설계를 설명하였지만, 이를 통해 우리는 팹리스와 파운드리 생태계가 어떻게 돌아갈지 짐작할 수 있으며, 흔히 알고 있는 미세공정 전환을 위한 대규모 연구개발 비용 및 자본투자 이외에 생태계에 존재하는 유무형의 해자를 가늠해 볼 수 있다.

알아야 할 중요한 사실 중 하나는 파운드리의 PDK와 설계 업체들이 사용하는 EDA 툴 사이의 궁합이 잘 맞아야 한다는 것이다. EDA 툴들은 PDK를 탑재하여 운영할 수 있기 때문에, 파운드리는 EDA 툴 회사와 지속적으로 협력해야 한다. 제공되는 PDK가 기술한 각종 트랜지스터 특성이 좋아야 할 뿐만 아니라 최종 양산때와 최대한 비슷하게 유지되어야 한다. PDK자체를 만드는 것도 큰 일인지라 파운드리로부터 공정 정보를 받아 PDK를 만들어 제공하는 실바코^{Silvaco}와 같은 업체도 존재한다. 파운드리 입장에서는 친하게 지내야 하는 존재들이라 할 수 있다. 실바코 같은 업체들은 EDA 툴 분야에도 함께 진출할 뿐만 아니라, EDA 툴에 자사 IP를 탑재하는 일도 있기 때문에, 해당 IP들의 특성에 파운드리의 셀 특성을 반영하도록 하는 것도 중요한 일이 된다.

또 한가지 사실은 팹리스들 역시 네트워크 외부성을 겪고 있다는 것이다. 이 말은 남들과 비슷한 방식으로 일해야 살아남기 쉽다는 것이다. 아래의 르네사스[Renesas]사의 하드 매크로 예시를 살펴보자.

그림에 열거된 개개의 IP가 무엇인지 독자가 이해할 필요는 없으나,* 하드 매크로에서 극명하게 TSMC와 비TSMC사 사이의 차별을 느낄 수 있다. 삼성의 첨단 공정 중 하나인 7nm LPP[Low Power Plus]의 지원 계획은 없는 반면, TSMC N7을 타깃으로 수많은 하드 매크로를 이미 개발했거나 지

표 1 르네사스 반도체의 하드 매크로 로드맵(2021년 3월 기준)

● 양산 준비 완료 ○ 개발 중 ✓ 계획 중

분류	IP	프로토콜	최대속도	TSMC							UMC	삼성	
				40LP/ULP	28 HPC	28 HPC+	22ULL	16FFC	12FFC	N7/N7+	28 HPC+	28FD SOI	7LPP
물리적 인터 페이스	32G SerDes	PCIe5/4/3/2/1, 10G-KR	32G						✓	✓			
	16G SerDes	PCIe4/3/2/1, 10G-KR	16G		●			○	○	○			
	10G SerDes	PCIe3/2/1, 10G-KR	10G			●							
	5G SerDes	PCIe2/1, QSGMII	5G								●		
	USB3.1		10G		●			○	○	○			
	USB3.0		5G		●	●		○	○	○	●		
	USB2.0		480Mbps	●	●	●	○				●	●	
	USB1.1		12Mbps	●			○					●	
	SATA3		6G		●	●		○	○	○	●		
	MIPI D-PHY TX	DSI-2 1.1	1G				○					○ (1.5G)	
	MIPI D-PHY RX	CSI-2 2.1	1G	● (1.2G)			○					○ (1.5G)	
	SGMII		1.25G			●		○	○	○			
	FPD-Link		1G	●								○	
	LVDS(TIA/ EIA-644-A, IEEE1596.3)		1G	●	●	●		●	○	○			
	PLL				●	●		●	●	○	○		

---

* 칩과 외부를 연결하는 부분들(PHY), 각종 신호 변환기와 내장 센서, 프로세서용 소형 메모리, 기초 블록들이다.

금도 개발하고 있음을 알 수 있다. 표의 르네사스 IP 항목을 보면 몇몇 개는 TSMC 40LP/ULP에서 사용 가능한 것을 알 수 있는데, 〈그림 10〉에 나온 테그라 2 역시 TSMC 40LP 기반이므로 필요하다면 르네사스의 IP를 사서 붙일 수 있다. 테그라 2는 TSMC 40LP기반으로 엔비디아가 직접 설계한 ULP 지포스 MP12와 ARM이 TSMC 40LP 기반으로 설계한 Cortex A9을 결합하여 만든 것이다.

압도적인 선택지의 차이는 고객들이 TSMC를 선택하도록 만드는 중요한 이유이다. 삼성의 7nm LPP 트랜지스터 특성이 아무리 좋다고 한들, 하필이면 내가 반드시 필요로 하는 르네사스의 IP가 삼성 7nm LPP로 만들어져 있지 않다면 어떻게 되겠는가?

르네사스에 찾아가서 삼성 7LPP에 맞는 IP를 만들어 달라고 부탁한들 받아들여질지 장담할 수 없고 만약 한다고 하더라도 언제 나올지는 알 수 없는 일이다. 르네사스 입장에서도 고객 하나만을 위해 그런 일을 하기는 힘들 것이다. 설령 르네사스가 IP를 개발해준다고 해도 이미 TSMC에 갖춰진 IP를 사용해 만드는 것과 비교했을 때 늦어지는 출시 일정은 어떻게 할 수 없다. 삼성이 첨단 공정을 TSMC보다 6개월 일찍 개발을 끝냈는데 르네사스가 하드 매크로를 만들기까지 6개월이 걸린다면 결국 팹리스의 최종 칩 출시 일정은 똑같다.

이러한 상황이 되면 생태계 하위에 속한 회사들은 살아남기 위해서라도 남들이 가장 많이 쓰는 파운드리에 맞춰 자사 IP를 제공할 수밖에 없다. 가게 창업 비용이 똑같다고 할 때, 인구수가 집중된 중심가에 개업하는 것이 분산된 곳에 개업하는 것보다 나은 것이다.

이러한 특징들로 인해, 거대 파운드리는 경쟁하는 콜로세움이면서도 협력의 장이라는 매우 독특한 장소가 된다. 퀄컴, 미디어텍과 같은 AP회사들은 경쟁사에게 미세 공정 서비스를 제공하는 TSMC가 미울 수도 있지만, 한편으로는 TSMC 덕분에 수많은 협력사, 심지어 경쟁사의 IP와 EDA툴도 쓸 수 있게 되면서 더 나은 칩을 설계할 수 있는 환경이 마련된다. TSMC는 지재권 산업의 등대와 같은 역할을 하는 셈이다. 잘 모른다면, 일단 TSMC에 맞춰 IP와 서비스를 만들면 이후 운신의 폭이 넓어진다. 남들이 TSMC를 쓰는 이유는 내가 쓰기 때문이고, 내가 쓰는 이유는 남들이 TSMC에 찾아오기 때문이다. 이것이 TSMC가 기획했던 가상 IDM^{Virtual IDM}의 실체이다.

파운드리가 어려워지는 또 하나의 이유는 패키징과의 결합 때문이다. 미세 공정의 난이도가 올라가면서, 수많은 팹리스들이 이종 칩을 제조한 뒤 후공정에서 결합하는 방식으로 변화하고 있다. 이 흐름에 맞춰 파운드리 역시 칩 제조위탁뿐만 아니라, 칩 간 결합과 패키징까지 책임지는 회사로 변화해 가고 있다. 예를 들어, 2020년에 발매된 NVIDIA A100은 HBM을 GPU에 무려 6개나 함께 결합해야 했지만 당시 삼성전자는 최고 4개의 HBM만을 결합할 수 있었다. 무조건 HBM 6개가 필요한 상황이라면, NVIDIA의 선택지는 TSMC뿐인 것이다. 이미 살펴보았듯이 IDM인 인텔 역시 포베로스^{Foveros}나 EMIB과 같은 새로운 결합 기술을 개발하기 시작하였으며, TSMC도 고객을 끌어들이기 위해 플립칩과 같은 공간 절약 기술, CoWoS* 등의 고성능 연결 기술을 개발하였다. 이러한 칩 패키징 및 결합 기술 역시 팹리스 업체들이 파운드리를 결정하는 주요한 요인이 된다. 결합 기술은 생각보다

---

* 칩-온-웨이퍼-온-서브스트레이트, 반도체 칩을 기판 대신 실리콘 웨이퍼 위에서 연결하는 TSMC의 방식

어렵고 복잡하며, 칩의 전력 사용량 등에 큰 영향을 끼친다. 따라서 팹리스 업체 입장에서는 자사 칩을 한층 더 업그레이드하기 위해서는 기술력이 뛰어나고 가격대가 맞는 결합 및 패키징 기술을 가진 업체를 구해야 한다. 이 일을 파운드리에서 직접 할 수 있다면 칩을 옮기는 과정이나 중간 단계 테스트 결과를 주고받는 절차에 필요한 시간과 비용을 절약할 수 있다.

TSMC : 남들이 가만히 있다면 계속 1위

앞서 살펴본 팹리스 세상의 수많은 특성은 기존 강자인 TSMC에게 매우 우호적으로 작용한다. 제조 기술력이 세계 최고 수준인데다가 칩 설계부터 제조 범위까지 구성원 사이에서 생태계의 정점에 서며 사실상 표준으로 군

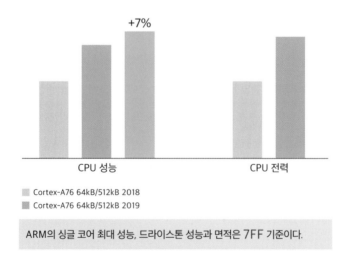

ARM의 싱글 코어 최대 성능, 드라이스톤 성능과 면적은 7FF 기준이다.

그림 11 ARM의 신형 CPU 설계 성능 향상 도표에는 TSMC 7FF가 기준임이 명시되어 있다.

림하고 있다. 팹리스 업체들부터 EDA 툴 업체까지, 매우 특별한 사정이 없는 이상 무조건 TSMC에 맞춰서 무언가를 해 두는 것이 이득이기 때문이다. 실제로 수많은 팹리스 업체들은 자사 칩의 특성 변화를 설명할 때 〈그림 11〉 ARM의 발표 자료처럼 TSMC를 기준으로 설명한다.

그럼에도 불구하고 TSMC는 가만히 있지 않는다. IP 동맹^{IP Alliance} 프로그램 등을 통하여 동맹에 속한 업체들에게 표준을 제공하고 있다. 각 업체가 지켜야 할 규칙을 만들고, 표현 방식을 통일시킴으로써 각 업체간 IP 교류를 활발하게 한다. 그리고 어떠한 조합이든 예측 가능한 칩을 TSMC에서 만들 수 있도록 한다. 동맹에 속한 업체들이 칩의 특성을 TSMC 파운드리에 맞추어 상세히 기술해 둔다면, 최종 칩의 특성도 예측하기 쉬울 것이기 때문이다.

이러한 노력에 파운드리 생태계 일인자라는 포지션이 더해져 시장에 새로 발을 들인 팹리스들이 TSMC의 고객이 될 수밖에 없는 구조를 만든다. 자체 IP가 적은 신생 팹리스 기업이라면 가져다 쓸 수 있는 IP가 풍부한 파운드리를 찾아다닐 수밖에 없기 때문이다. 수백 개의 신생 팹리스 중 한두 회사가 살아남아 커진다면 다시금 TSMC의 대고객이 될 수 있는 것이다.

또한 강력한 칩간 결합 기술을 통해 다양한 칩들의 결합을 허용함으로써 최종 칩의 가성비를 높이고 자사에 있는 과거 공정들의 재사용성 역시 높일 수 있다. TSMC의 과거 공정들은 글로벌파운드리 등의 가장 진보된 공정과 맞먹을 정도로 성능이 높기 때문에 상대적으로 칩의 구동 횟수가 적은 부분은 과거 공정으로 만들고 구동 횟수가 높은 부분은 최첨단 공정으로 만들어 결합하면 비용을 절약할 수 있다. 칩을 한 덩어리로 만들 경우 지나치게 크기가 커지거나, 동일 공정을 완전히 공유하기엔 너무나 추구하는 바가 달라 수율이나 제조에 문제가 생길 수 있을 경우에는 따로 만들어 고속의 결합 기술로 뭉치면 되는 것이다. 이 분야에서도 TSMC는 경쟁사인 삼성 파운드리보다 앞서 있다.

이러한 생태계 유지 노력은 3nm에서 2nm공정까지 수십조 원의 투자액과 합쳐지면 더욱 막강한 효과를 가져온다. 이러한 상황에서 경쟁사가 이탈자를 만들 수 있는 방법은 트랜지스터 특성을 극적으로 개선하고 비용을 낮춰 전체 칩 생산 비용을 낮추는 것이다. 그리고 고성능을 기반으로 팹리스의 칩 단가는 올리는 것이다. 하지만 이미 미세공정 원가 싸움에서 세계 최고 수준의 경쟁력을 보유하고 있는 회사가 대규모의 선제적 투자를 단행할 경우 이러한 움직임이 봉쇄되거나 위축될 수 있다. 후일 팹이 남을 경우 가격싸움을 걸 수 있다는 무언의 위협이 되기 때문이다.

TSMC의 강점은 이미 세계 최고라는 것이다. 전통적인 형태의 파운드리 최강자로서 제조부터 생태계까지 두말할 것이 없다. 그럼에도 지속적으로 투자를 집행하고, 생태계를 이끌어 나가는 것이 놀랍고 혁신적이다.

삼성전자 : 기업 내 시너지를 찾아 헤매는 2위

삼성전자는 TSMC, 인텔과 더불어 로직 반도체에서 10나노 아래의 미세공정을 갈 수 있는 3개 회사 중 하나로 꼽힌다. 따라서 삼성전자의 파운드리 사업이 망할 것인지 아닌지를 논하는 것은 의미가 없다. 팹리스들 역시 삼성전자가 망하길 원치 않는다. 삼성전자가 사라질 경우 파운드리에 대한 팹리스의 가격 협상 능력은 곤두박질치게 될 수밖에 없기 때문이다. 실제로 애플, 퀄컴과 같은 대형 기업은 삼성 파운드리와의 협업을 위해 따로 프로젝트를 진행할 수 있을 정도로 규모가 크다. 이는 막대한 자사 내부의 수요와 더불어 삼성 파운드리에게 최소한의 안정감을 제공해 줄 것이다.

다만 최근 7nm부터 이어져 5nm까지 영향을 미치는 미세공정 파트의 문제와 패키징과 생태계 분야에서의 문제가 걸림돌일 것이다. 삼성전자의 7nm EUV는 TSMC EUV와 비교했을 때 특성과 밀도면에서 크게 밀렸다. 패키징은 TSMC의 고성능 패키징보다는 아직은 AP와 메모리를 집적하는 등 모바일용 좁은 공간 패키징에 집중되어 있다고 할 수 있다. TSMC가 무려 1700mm^{2}로 현존하는 가장 큰 칩의 3배 가까운 면적을 칩간 결합으로 구현해본 것과 비교하면 아직은 갈 길이 멀다 할 수 있다.

팹리스-파운드리 생태계 분야에서는 당연히 밀리고 있다. 앞서 말했듯 팹리스는 기본적으로 시장 점유율이 큰 파운드리에 맞춰 움직여야 하며, 애플과 같은 고객들은 때로 파트너지만 경쟁사이기도 한 삼성전자와 충돌하기도 한다. 이런 이유들 때문에 생태계를 유지하는 것은 힘들 수밖에 없다.

그렇다고 삼성전자 파운드리가 마냥 뒤쳐질 요인밖에 없다고는 할 수 없다. 일단 파운드리 생태계에 오랫동안 있었기 때문에 팹리스들이 삼성전자의 존재는 알고 있으며, 중요한 IP의 경우 삼성전자에서 지원될 수 있도록 준비하기도 한다. 삼성의 외부 파운드리 고객 비중은 TSMC의 4분의 1 정도 되는데, 이는 파운드리 시장의 10%로 결코 적은 양이 아니다. 이 비중 안에는 구공정까지 알뜰하게 쓰는 TSMC의 특성이 포함되어 있어, 첨단 공정 점유율은 이보다 나은 상황이다. 따라서 첨단 웨이퍼로 갈 경우 삼성전자의 영향력은 더 커진다. 그리고 최근 SAFE와 같은 프로그램을 진행하여 생태계를 이끌어보려는 노력 또한 긍정적으로 작용한다.

또한 삼성전자는 TSMC와는 달리 메모리 사업부를 가지고 있다. 최근 칩 간 결합에서 중요한 부분 중 하나는 상호작용이 가장 활발한 칩들의 고성 능을 유지한 채 효율적으로 결합하는 것이다. 이러한 칩들은 CPU, GPU, FPGA, D램이다. 이 중 D램을 HBM으로 묶은 칩을 가지고 있다는 것은 이후 패키징 기술이 안정되면 GPU의 고성능 로직을 수주하는데 도움을 줄 수 있다는 말과 같다.

비록 어려운 싸움을 해 나가고 있지만 삼성 파운드리는 여전히 큰 가능성을 가졌다 할 수 있다. 삼성전자가 가진 D램부터 완제품까지 강력한 포트폴리오는 이후에도 삼성전자 파운드리의 전공정부터 후공정까지 서비스에 최소한의 수요를 제공해 줄 것이며, 이를 통해 언제나 앞으로 나아갈 기회를 얻을 수 있을 것이다. 게다가 도전 정신도 상당해서 7nm의 실패 이후 3nm 에서 GAAFET을 적용시키기 위해 부단히 노력하고 있다. 어쩌면 3nm공정에서 TSMC와 다시 한번 붙어볼 기회를 잡고, 최첨단 공정에서의 트랜지스터 성능과 가격에서는 리더십을 뺏어 볼 수 있을지도 모른다.

인텔 : IDM 2.0, x86, 반도체 공급망

최근 파운드리 사업을 다시 시작하겠다는 패트릭 겔싱어 인텔 신임 CEO 의 발언은 꽤 충격으로 받아들여지고 있다. 불과 3개월 전만 해도 수많은 투자 은행들이 인텔도 팹리스로 가야 한다는 과격한 주장을 해 오고 있었기 때문이다. 인텔이 사용하는 엄청난 양의 웨이퍼 숫자를 생각했을 때 다소 무리한 발언이기는 했다. 하지만 포기했던 파운드리 사업을 3년도 안되어 다시 시작하겠다는 것은 매우 놀라운 소식으로 받아들여졌다.

이번 발표에서 놀라운 점 중 하나는 인텔이 드디어 x86 IP를 공개하겠다고 천명한 것이다. 앞서 보았듯이 인텔 x86은 데스크톱컴퓨터, 서버 등 고성능과 호환성이 필요한 시장에서 여전히 막강한 영향력을 행가하고 있다. 이 포트폴리오를 손에 쥐었다는 것이 인텔의 경쟁력 중 하나였는데 이를 파운드리를 통해 제공하겠다는 것이다. 기존 파운드리들이 가진 자체 IP라고 해봐야 SRAM과 같은 단순한 설계 IP인 것을 생각해보면 상당히 큰 차별점이다.

이는 인텔의 파운드리 사업에 매우 긍정적으로 작용할 수 있다. 파운드리를 선택하는 기준 중 하나는 해당 파운드리에서 사용 가능한 IP가 얼마나 되는가이다. x86 IP는 오로지 인텔 파운드리만이 제공할 것이다. 게다가 이런 IP에 관심을 가질 대상들은 기존 팹리스들이 아닌 마이크로소프트, 구글, 페이스북 등 거대한 소프트웨어 회사들이다. 형성된 파운드리들의 시장을 빼앗아 오기보다는 인텔 CPU 매출을 파운드리에 나눠주는 모습이 될 것이다.

이를 대가로 인텔이 얻을 수 있는 것은 더욱 강력해진 x86 중심의 생태계 지배력이다. 각 소프트웨어 회사들은 CPU에서 자신이 원하는 부분이 어딘지 잘 알고 있기 때문에 x86 IP를 사용할 경우 인텔을 떠날 이유가 줄어든다. 인텔 CPU의 매출은 줄어들겠지만, 생태계를 유지하는 것은 그보다 더 중요한 일이다. 어쩌면 이를 기반으로 범용성이 넓어지면서 FPGA, 인텔 GPU IP 등을 적극적으로 결합하기 시작하면 매출이 늘어날 수도 있다.

인텔은 잘 해낼 수 있을까? 아직은 판단하기 이르다. 지난 수년간의 부진으로 인해 조직 내부에 수많은 상처가 남아 있을 것이고, 이는 계획을 수행할 때 걸림돌로 작용할 것이다. 인텔의 가격 정책과 자체 IP의 공개 수준도 아직은 불명확하다. 하지만 우호적인 환경도 있다. 미국이나 유럽을 비롯한 서구권 정부가 칩 제조 기술의 내재화가 중요한 안보적 가치를 지닌다는 것을 깨달았기 때문이다. 그리고 인텔의 핵심 제조시설은 서구권에 집중되어 있다. 다음 장에서 살펴보겠지만 이 부분은 바이든 행정부가 매우 중요하게 판단하는 부분이다.

확실한 것은 인텔이 파운드리 시장에서 TSMC, 삼성은 할 수 없지만 자신들이 할 수 있는 일이 무엇인지만은 확실히 알고 있다는 것이다. 인텔은 세 기업 중 유일하게 소프트웨어 개발 생태계까지 발을 뻗은 회사이고, 막강한 자체 IP를 가지고 있다. 어쩌면 인텔은 파운드리 시장의 참여자를 x86 고객들로까지 증가시킴으로써 파이 자체를 크게 늘리며 자신의 몫을 챙겨갈 회사일지도 모른다.

결론

이번에 설명된 내용은 칩 설계부터 제조까지의 과정을 매우 간단히 설명해 둔 것이다. 더욱 상세한 내용을 원한다면 'Intergrated Circuit Design' 등의 키워드를 검색하는 것이 좋고, 이 분야에 큰 관심이 있다면 이후에도 공부를 지속하길 바란다. 매해 제공되는 트랜지스터 수가 늘어나는 만큼 설계부터 테스트까지 칩 설계 방법론 역시 빠른 속도로 바꾸어 적용하기 때문이다.

급변하는 파운드리 시장 상황을 이해하는데 도움이 되고 독자 여러분 스스로가 후일을 예상해 볼 수 있었으면 하는 마음으로 이번 장의 주제를 다뤘다. 예를 들어 중국이 파운드리 시장에 대규모 진출을 꾀하고 있는데 잘 진행되고 있는지 등을 판단할 근거를 찾을 때나 시장 상황을 파악할 때 이 책이 힘이 되기를 바란다. 중국의 상황을 따질 때는 유명한 팹리스 업체의 하드 매크로 지원 리스트를 통하여 간접적으로 추정하는 것도 고민해 볼 수 있고, 파운드리 강국으로 나아가기 위해 정말 필요한 지원이 무엇일까를 생각하는 것도 약간이나마 도움이 될 것이다. 변별에 보탬이 된다면 매우 만족스러울 것 같다.

부록 3

●

미국 백악관 반도체 공급망 보고서의 의의

2021년 6월, 미국 백악관은 공급망 보고서(BUILDING RESILIENT SUPPLY CHAINS, REVITALIZING AMERICAN MANUFACTURING, AND FOSTERING BROAD-BASED GROWTH)를 발표하였다. 이 보고서는 미국이 미래에 국가의 성장과 안보에 관계되었다고 생각하는 수많은 사업들을 조사한 결과를 포함하고 있다. 그리고 이 보고서에서 가장 윗자리를 차지하고 있는 것은 단연 반도체 사업이다. 이번 장에서는 공급망 보고서와 보고서에서 참고한 문헌들을 확인하며, 미국이 생각하는 반도체 안보상의 위협을 살펴보고 이후 어떻게 대응하면 좋을지 고민해 보려고 한다.

미국이 가진 위험부분

공급망 보고서를 봤을 때, 미국이 비중 있게 다루는 부분은 다음과 같다.[89]

- 미국의 칩 설계 능력은 세계 최고이나 중국 매출 의존도가 크며, 핵심 IP 및 제조의 공급망이 매우 제한적이다.
- 미국의 제조 역량은 매우 부족하며 타이완, 한국, 중국 등에게 의존하고 있다.
- ATP(고급 테스팅과 패키징) 부분을 해내기에 물적 자원이 부족하며, 가격 경쟁력이 부족하다.
- 원자재 중 웨이퍼와 포토마스크의 해외 의존도가 크다.
- 제조 장비 중 노광기의 네덜란드 및 일본 의존도가 크다.

이 보고서는 반도체 밸류 체인의 모든 부분을 다루고 있지만 실제로 미국이 가장 중요하게 여기는 것은 바로 제조 부분일 것이다. 공급망 보고서에는 미국 백악관이 생각하는 각 분야의 위험 포인트가 나열되어 있는데 파운드리 접근성Access to Foundries의 경우, '설계' 부분(보고서 33페이지)과 '제조' 부분(보고서 39페이지) 양쪽에서 모두 확인할 수 있기 때문이다.

또 지속적으로 '집중concentration'이란 단어를 거론한다. 정확하게는 '회사 차원에서도 제조 역량이 극히 일부에 집중되어 있으며(TSMC, 삼성전자), 지역 측면에서도 동북아시아에 매우 크게 집중되어 있다'는 점을 언급하고 있다.

이는 반도체 공급망에서 동북아시아가 미국을 비롯한 서구권에 등 돌리거나 불안정한 상황이 발생할 가능성이 높다고 판단했다는 의미일 것이다.

EUV를 독점하고 있는 네덜란드의 ASML의 경우 생각보다 언급이 강하지 않으며, 되려 단일 공급선이 일으킬 수 있는 재고 관리 문제를 더 언급하고 있음을 알 수 있다. 아마도 이미 서방의 영향권에 완전히 들어와 있을 뿐만 아니라, ASML의 핵심적 부품을 미국이 쥐고 있기 때문이 아닌가 한다.

반도체의 부가가치간 의존

앞에서 우리는 파운드리와 설계가 어떤 관계를 가지고 움직이는지 보았다. 그렇다면 미국이 파운드리에 접근할 수 없을 경우 일어날 수 있는 피해를 자료로 알아보자.

표 2 반도체 제조의 각 분야별 부가가치 창출량과 국가별 차지하는 분량[90]

단위: %

종목별 부가가치		시장점유율						
		미국	한국	일본	대만	유럽	중국	기타
EDA 툴	1.5	96	<1	3	0	0	<1	0
핵심 IP	0.9	52	0	0	1	43	2	2
웨이퍼	2.5	0	10	56	16	14	4	0
팹 툴	14.9	44	2	29	<1	23	1	1
ATP 툴	2.4	23	9	44	3	6	9	7
설계	29.8	47	19	10	6	10	5	3
팹	38.4	33	22	10	19	8	7	1
ATP	9.6	28	13	7	29	5	14	4
부가가치 총합		39	16	14	12	11	6	2

미국은 무려 반도체 부가가치의 39%를 차지하고 있다. 이 중 EDA 툴에서는 절대적 강자이며 설계, 핵심 IP의 52%, 장비의 44%, 설계의 47%를 차지하고 있음을 알 수 있다. 부가가치 비율이 가장 큰 것은 바로 설계이다.

미국이 제조를 약한 고리로 지목한 이유가 있다. 칩 설계가 부가가치를 내기 위해서는 아래 두 가지 조건이 충족되어야 한다.

- 칩 설계에 사용하는 EDA 툴이 잘 준비되어 있다.
- 제조 공장이 충분히 마련되어 원하는 양의 칩을 생산할 수 있다.

EDA 툴이 잘 준비되기 위해서는 파운드리가 미리 공정의 특성을 발표해야만 한다. 파운드리는 청계천과 같은 곳이며 EDA 툴 업체를 비롯한 각종 설계 업체가 모여드는 곳인 만큼 제조 자체의 기술력도 어마어마하게 많이 필요할 뿐만 아니라, 모여든 업체들의 기술력 역시 무시할 수 없다. 그렇게 모인 업체들은 서로 경쟁하거나 협력하며 반도체 업계만의 고유한 문화를 만들어낸다. 파운드리와의 관계가 끊어지거나, TSMC에 접근이 불가능해진다는 것은 현재 미국이 반도체 시장에서 영위하고 있는 설계, EDA툴 분야의 압도적인 부가가치를 손실한다는 의미와 같다.

파운드리와의 관계가 망가지는 'SPOF^Single points of failure*'는 미국이 영위하고 있는 반도체 사업의 지위를 단시간에 파괴할 수 있을 정도로 어마어마한 피해를 끼칠 수 있는 것이다. 그리고 설계 분야가 무너지면 엔비디아 등의 회사의 칩을 통해 유지되는 IT 생태계에 대한 미국의 소프트파워에도 큰 문제가 생긴다.

---

* 예비나 백업이 없어서 시스템의 한 지점에 고장이 나면 전체 시스템이 멈추는 지점

2021년 일어나고 있는 일들

미국은 이미 작년부터 당근과 채찍 전술을 사용하기 시작했다. 지난 2020년 6월, 대만 TSMC는 미국의 대중국 제재에 사실상 호응하여 중국 화웨이 자회사인 하이실리콘의 자체 칩 공급능력을 붕괴시켰다. 하이실리콘은 설계 전문 기업이었고 자사에서 설계한 첨단 반도체를 제조할 수 있는 기반이 자국에는 없었다. TSMC의 화웨이 공격에 미국은 만족하면서도 한편으로는 복잡한 심경이었을 것이다. 엔비디아나 퀄컴이 겪고 있는 공급망 불안은 하이실리콘과 크게 다르지 않기 때문이다.

정부 지원으로 인해 제조 환경은 아시아에서 훨씬 더 저렴함
지역별 반도체 공장을 10년간 유지하는 데 드는 상대적 비용 비교(미국 100)

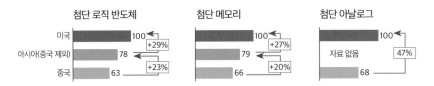

미국에 있는 반도체 공장 비용(TCO)이 더 높은 이유

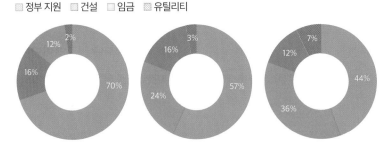

그림 12 반도체 제조 역량이 미국에 있을 때와 아닐 때의 TCO(총 비용) 비교 ⑨

미국 역시 당장 1~2년 내에 자체 파운드리를 해낼 방법이 없다. 미국은 당분간 기존 파운드리들에 대한 영향력을 넓히기 위해 노력해야 한다. 그리고 이를 위해서는 다음의 조건을 만족시켜야 한다.

- 미국 영토에 들어올 경우 파운드리의 이득이 커지도록 한다.
- 미국을 배신할 경우 파운드리의 피해가 커지도록 한다.

흥미로운 점은 두 가지 조건을 기존 파운드리의 제조 공장 유치라는 한 가지 방안으로 충족시킬 수 있다는 것이다. 우선 파운드리 회사들이 미국에 들어올 이유를 만들어 줘야 한다. 파운드리가 동북아시아에 집중되어 있는 이유는 그저 'TSMC와 삼성전자가 아시아 대륙에서 태동한 기업이기 때문이다. 두 회사가 북미 기업이 되지는 못하겠지만 제조 공장의 일부라도 옮기도록 만들려면 두 기업이 미국에 공장을 짓지 않는 이유부터 생각해 봐야 한다.

〈그림 12〉를 보면 알 수 있지만, 첨단 로직 공장을 미국에 지을 경우 29%나 더 높은 운영 비용이 발생한다. 그리고 29%의 차이에서 70%(전체 운영비의 20.3%)는 정부 지원금임을 명시하고 있다. 이는 미국 정부가 제조 시설에 보조금을 대규모로 책정하는 이유를 잘 설명해준다.

미국은 이렇게 보조금을 통해 제조 회사들을 유치함으로써 외교적으로 거의 완벽하게 자국 내 가장 약한 산업의 공급망 투명성과 통제력을 확보할 수 있다. 파운드리 산업은 기술 집약적이기 때문에 아무나 건설할 수 없고, 규모의 경제가 크게 작용하여 공장 한두 개가 전 세계의 수요를 감당할 수 있기 때문에 미국 국경에 일단 공장을 들여놓기만 하면 이후에는 통제가 매우 쉬워진다. 배신하기에는 미국 본토에 투자한 액수가 너무나 크다. 물건을 몰래 팔기도 힘들고, 발을 빼기도 힘들어지는 것이다. 즉, 배신하려면 많은 노력이 든다.

장기적으로 봤을 때 보조금 살포만으로는 완벽한 통제력을 가지기 힘들다. 미국이 아무리 강대국이라 하더라도 반도체 반도체 기업이 '슈퍼 갑'의 포지션에 서면 지속적으로 보조금 상향을 요구하는 등 문제가 생길 수 있기 때문이다. 이를 위해 미국 정부는 조금 더 긴 안목에서, 진정한 의미의 서방 반도체 기업인 인텔과 보조금 협상을 하고 있는 것이다.

미국이 인텔에 하는 투자는 중국이 SMIC에 하는 투자와 차이가 있다. SMIC는 소모품 수준의 제품을 주로 만드는 구형 파운드리에서 힘을 발휘하고 있지만, 인텔은 비교적 최근 시점까지 세계 최고의 미세공정을 압도적으로 선도하는 기업이었다는 것이다. IT 생태계가 CPU 중심이던 시절, 미국은 공급망에 대한 우려를 할 필요가 없었다. 현재의 미국은 인텔, 특히 파운드리 사업을 전략적으로 지원하면서 파운드리 기업에게 '선을 넘으면 우리도 협력하지 않겠다.'라는 위협 메시지를 보낼 수 있는 것이다. 기존에는 TSMC, 삼성전자와 등지면 설계가 완전히 무너지는 구조였지만 인텔이 파운드리의 주요 플레이어로 역할을 시작한다면 많은 것이 달라진다.

〈그림 12〉를 다시 보자. 미국은 제조 장비 시장에서 무려 44%를 차지하고 있다. 여기에 인텔이 파운드리 역량과 생태계를 확보한다면 미국 정부는 TSMC와 삼성전자에게 '만약 분쟁이 난다고 하더라도 공멸하지 않는다.'라는 메시지를 던질 수 있게 된다. 기존 파운드리 2강 체제에서는 미국 정부와 파운드리들의 사이가 나빠질 경우, 파운드리들이 미국과의 관계를 끊고 미국이 장비를 통해 보복함으로써 양쪽 모두 파괴되는 시나리오가 있다. 하지만 인텔이 키 플레이어로 들어온다면 제조장비를 인텔로 돌리는 등의 대응

을 할 수 있다.

앞으로 일어날 일들

인텔의 파운드리 사업은 미국 정부 입장에서 '절대 실패하면 안되는' 사업이 될 것이다. 먼 미래의 일이긴 하나 이미 퀄컴은 인텔의 20A로 칩을 생산하겠다는 메시지를 전달했다. 아직 공정 개발도 제대로 시작되지 않은 2025년 수주를 발표하는 것은 경제적 결정이라기보단 정치적 결정으로 보여 의미심장하다. 2021년 4월, 미국 조 바이든 대통령이 화상으로 개최한 반도체 회의에 퀄컴과 인텔이 참석한 이유도 이러한 배경 중 하나일 것이다.

팹리스 일인자 퀄컴이 스타트를 끊었으니 다른 미국계 팹리스 업체들도 인텔 파운드리 생태계에 조금이라도 익숙해질 겸, 크고 작은 위탁 제조

그림 13 인텔 20A의 퀄컴 수주 소식(출처: 인텔)

를 맡기기 시작할 것이다. 인텔 파운드리는 어지간히 엉망으로 경영하지 않는 이상 살아남아 지위를 유지하거나 키워갈 것이다. 대신 인텔은 자사 파운드리로 전환된 생산량의 상당 부분을 외부 파운드리에 의존하게 될 것이다. 2021년 8월 인텔은 자사 그래픽 카드 ARC를 TSMC의 7nm 파생 공정인 6nm로 제조한다고 발표한 바 있다. 미국 정부 입장에서 인텔이 생산량 어느 정도를 대만에 맡기는 것은 괜찮은 판단이다. 그렇게 아낀 인텔의 생산량을 파운드리로 돌리고 미국의 팹리스들이 인텔 파운드리를 쓰는 것이 안보에 훨씬 도움이 된다. 국제 외교에서 한계점을 넘을지 모를 절체절명의 순간에 우왕좌왕하지 않을 수 있다. 일종의 화재 대피 훈련과 같은 셈이다. 미국이 어떤 정책을 펼지 확실하지 않지만, 제조 분야뿐만 아니라 팹리스가 다른 파운드리용으로 예비 설계를 만드는 경우에도 보조금을 지급하는 등 방식을 잘 떠올린다면 더 빠르게 원하는 바를 진행할 수 있을 것이다.

이후에는 미국이 메모리 제조 공장 유치에 관심을 가지게 될 가능성이 높다. 〈그림 12〉를 보면 알 수 있지만 첨단 로직 제조 다음으로 정부 지원이 중요한 사업은 바로 메모리 사업이다. 미국이 마이크론이라는 자체 메모리 제조 회사를 가지고 있긴 하지만, 이는 미국 회사들에게 메모리가 끊기지 않도록 하는 방어 무기에 가깝다.

메모리 회사의 지정학적 구도는 첨단 로직 제조와 매우 비슷하다. 사실상 D램 회사는 3개뿐인데 대부분이 동북아시아(삼성전자, SK하이닉스)에 있다는 것도 똑같다. 달리 말하면 이 두 회사의 고삐를 잡고 영향력을 확대할 수 있다면, TSMC가 하이실리콘에 한 것과 같이 D램을 전략 무기처럼 이용할 수 있게 될 것이다. 미국의 보조금 투입이 메모리로 확산될 가능성까지 생각해 볼 수 있다.

미국이 택한 전략의 성공이 장기적으로 이어지려면 D램 개발의 기반 또한 미국에 세울 수 있도록 여러 조치를 해야 할 것이다. 세계 최고의 D램 전문가는 전부 한국에 있다고 봐도 무방하며, 이들을 어떻게 이동시킬지 고민해야 할 뿐만 아니라, 특히 첨단 로직과 2배 가까이 차이 나는 인건비 비중을 해결해야 한다. 한국이 제조 역량을 국내에 보유하려면 보조금 수준을 맞추는 것뿐만 아니라, 최고 수준의 메모리 연구원들이 한국을 떠날 이유가 없도록 무형의 지원도 해야 할 것이다.

만약 이러한 움직임들로 인해 제조 역량의 상당 부분이 미국으로 흡수된다면 곧 반도체 제조 자체가 전략 무기화되는 상황으로 나아갈 것이다. 소프트웨어 개발자 생태계는 팹리스가 책임지고, 팹리스의 생태계는 파운드리가 책임진다. 미국이 이 체인의 상당 부분을 제어하는 그림이 나올 것이고, 이는 특히 선진국 간의 분쟁에서 큰 압박으로 작용할 것이다.

반도체 설계 기업과 제조 기업 간의 균형추는 바뀌기 시작할 것이다. 최근 엔비디아는 TSMC 7nm의 생산량 부족으로 인해 삼성 8LPP 공정으로 지포스 3000을 제조해야 했다. 팹리스 입장에서도 현재 1강 1중 체제로는 TSMC와 만족스럽지 못한 계약을 하는 경우가 왕왕 있을 것이다. TSMC 이외 기업의 제조 역량 확보가 팹리스에게는 상당히 좋은 일이며, 현재 균형추의 일부를 파운드리에서 팹리스로 옮겨 오는 효과를 노릴 수 있을 것이다. 물론 짧은 시일 내에 일어날 변화들은 아니다.

반도체 산업에서 쓰이는 용어 중 다소 낯선 용어를 골라 간략한 설명을 달았다.
사전적 정의보다는 책의 이해를 돕기 위해 풀어서 설명했다.

단어	뜻
웨이퍼(Wafer)	반도체 제조에 사용하는 단결정 실리콘 원판
마스크(Mask)	반도체 제조 과정에서 광원을 원하는 패턴으로 만들기 위해 유리판 등의 표면에 반도체 회로 패턴을 그려 놓은 것
파운드리(Foundry)	고객(팹리스)로부터 설계도를 받아 반도체의 제조만을 전문으로 하는 업체. ex) TSMC
팹(Fab, Fabrication)	반도체 제조 공장
팹리스(Fabless)	반도체 제조 공장 없이 설계만을 전문으로 하는 반도체 회사
아날로그 반도체 (Analog)	Analog Semiconductor. 디지털 신호 기반이 아닌 온도, 광량, 습도 등의 연속적인 신호를 기반으로 동작하는 반도체. 특성상 미세공정의 이득이 적은 경우가 많다.
메모리 반도체	Memory Semiconductor. D램, 낸드등 CPU나 GPU 등의 하드웨어에서 생성된 데이터 저장을 목적으로 하는 반도체
시스템 반도체	System Semiconductor. 연산이나 제어를 목적으로 하는 반도체. CPU나 MPU 등이 이에 속한다
데너드 스케일링	Dennard Scaling. 트랜지스터의 크기가 작아지더라도, 면적당 사용하는 전력은 그대로라는 법칙. 즉 트랜지스터 크기를 줄여 면적당 트랜지스터를 늘려도 소비전력은 변하지 않으므로 성능을 늘릴 수 있게 되거나, 혹은 동일 성능을 유지하면서 전력 소비를 낮출 수 있게 된다.
NPU	Neural Processing Unit. AI 관련 명령을 보다 효율적으로 수행하기 위해 설계된 칩. ASIC의 일종으로 볼 수 있다.

보조기억장치	주메모리(D램)에 전부 넣을 수 없는 데이터를 저장하는 용도의 기억장치
TCO	총운영비용(Total Cost of Operation)
RDIMM	서버용 DIMM으로, R은 레지스터드(Registered)라는 의미이다. 레지스터를 통해 신뢰성을 개선하고, 더 많은 D램 칩을 한 개 DIMM에 꽂을 수 있다.
big.LITTLE	ARM이 개발한 이종(heterogeneous) 코어 아키텍쳐. 종류가 다른 코어 간의 연결 방법 및 업무 전환 방법 등을 가지고 있다.
노광기	Exposurer. 특정 대상을 광원에 노출시키는데 사용하는 기계. 반도체 업계에서는 회로를 그리는 단계에 사용된다.
D램	Dynamic RAM. 1개 트랜지스터와 1개 저장장치로 구성된 형태의 메모리로, 전력을 인가해도 시간이 지나면 데이터가 날아가므로 주기적으로 리프레시해줘야 한다.
캐패시터	Capacitor. 전하를 저장하는 기기. D램에서 사용시 데이터 한 비트를 저장하는 데 사용된다.
HDD	Hard Disk Driver. 하드디스크
SSD	Solid State Drive. 메모리 소자 기반의 저장장치로 현재는 대부분 낸드 플래시 기반의 PC용 고성능 저장소를 의미한다.
LDPC	LDPC. 데이터 정정 알고리즘의 일종으로 정정능력이 높다.
커맨드 코드	Command code(Command Encoding): CPU가 D램에 보내는 명령어의 약속. 예를 들면 CPU가 데이터를 D램에 쓰기 위해서는 특정 시그널이 LOW일 때 어떤 값을 보내라는 식이다.
BIOS	바이오스. 하드웨어 세팅 및 부팅 전 단계를 담당하는 작은 내장 프로그램
EPROM	Erasable-Programmable ROM. 과거 메인보드의 저장장치로 사용되었던 물건으로, 데이터를 지우고 다시 쓰기 위해선 공장에서 강력한 자외선을 쬐어줘야만 했다.

EEPROM	Electrically Erasable-Programmable ROM: 전기적 동작으로 데이터를 지울 수 있는 ROM으로, 이미 이 시점이 되면 ROM이라 부르기 힘들다. 플래시 메모리도 일종의 EEPROM으로 분류 가능하다.
MLC, TLC	Multi Level Cell, Triple Level Cell: 한 개의 물리적 저장 공간에 전하의 양을 조정하여 2개, 3개의 데이터를 저장하는 기술
RAID	Redundant Array of Inexpensive Disks: 이름과는 달리 실제로는 여러 개의 하드디스크에 일부 중복된 데이터를 나눠서 저장하는 기술이다.
TLB 버그	AMD에서 있었던 CPU의 결함. CPU 내부의 메모리 변환에 문제가 생겨, 운영체제를 다운시키는 결함
마이크로아키텍쳐	CPU의 설계. 특정 CPU의 ISA를 고성능 혹은 저전력으로 수행할수 있도록 구현한 모습을 뜻한다.
쓰레드	OS의 스케줄러가 관리 가능한 최소한의 명령 수행 단위. 프로세스보다 조금 더 작은 수준이다.
EUV	Extreme Ultra Violet. 극자외선. 124~10nm 사이의 파장을 뜻한다. 광원으로서는 대기에도 흡수가 잘되고, 렌즈를 사용할 수 없어 높은 출력을 만들어내기가 힘들다.
칩렛	Chiplet. 특정 기능을 가진 작은 칩을 뜻한다. 그 자체로도 기능을 가진다. 일반적으로 한 개 패키지 안에 여러 칩으로 구성된 MCM의 구성 요소로서의 칩을 의미한다.
IO	Input-Output. 컴퓨터의 입출력을 의미한다.
로해머	Rowhammer. 미세공정의 진척으로 나타난 보안위험 중 하나로, D램의 특정 회로를 자주 접근할 경우 그 근처의 무관한 회로의 데이터가 변조되는 현상이다. 현재 제조사들은 이에 대한 방지대책을 이미 적용하였다.
멜트다운	Meltdown. 인텔 CPU의 보안결함으로, CPU의 캐시 관리 실패로 특정 프로그램이 다른 프로그램의 메모리를 훔쳐볼 수 있는 문제를 일으킨다.
텐서플로우	Tensorflow. 구글이 만든 머신 러닝용 라이브러리 및 프레임워크.

패키지	Package. 완성된 칩을 검은색 플라스틱 등에 넣어서 만든 제품. 그 자체로 완제품이 될 수도 있고, 또 다른 PCB에 연결될 수도 있다.
식각	Etch. 물질을 깎아내는 것
트레이드 오프	Trade off. 상충관계. 한쪽을 선택하면 다른 한쪽을 잃어버리는 상황
F($6F^2$ $4F^2$)	Fundamental Dimension: 특정 미세공정하에서 만들 수 있는 가장 작은 수준의 크기
MST	Code-division multiple access. 부족해져가는 가용 주파수의 한계를 극복하기 위해 만들어진 규약으로, 각자의 통신을 암호화하여 타자가 들을 때는 단순 노이즈로 들리게 만들어 주파수의 재사용성을 높인다.
CDMA	Magnetic Secure Transmission. 기존 신용카드 결제에서 사용하던 자기장 기반의 인증 방식.

1. https://medium.com/tech-is-a-tool/building-the-modern-computer-babbages-analytical-engine-8179dedb08c8

2. https://www.flickr.com/photos/pedrik/24093489692

3. ENIAC Penn1 - ENIAC - Wikipedia

4. Jeongdong Choe. "SK hynix' 21 nm DRAM Cell Technology: Comparison of 1st and 2nd generation", TechInsights. 2017.7.5. https://www.techinsights.com/ko/node/16545

5. Nathan Brookwood. "EPYC: A Study in Energy Efficient CPU Design", AMD. 2018.

6. Mark Lapedus. "Battling Fab Cycle Times". 2017.2.16. https://semiengineering.com/battling-fab-cycle-times/

7. Cepheiden. "Cmos-chip structure in 2000s", Wikipedia. 2006.12.9. https://commons.wikimedia.org/wiki/File:Cmos-chip_structure_in_2000s_(en).svg

8. Seong Keun Kim et al. "Titanium dioxide thin films for next-generation memory devices", Journal of Materials Research. 2013.2.13. (좌) DavidCarron. "Siliconchip3d". 2016.7.15. https://commons.wikimedia.org/wiki/File:Silicon_chip_3d.png(우)

9. "Technology Roadmap of DRAM for Three Major manufacturers". Samsung, SK Hynix &Micron. 2013. p12.

10. James. "Megaprocessor". http://www.megaprocessor.com (Accessed 2019.8.1.) (좌) Thomas Nguyen. "IntelC4004". Wikipedia. 2016.8.10. https://commons.wikimedia.org/wiki/File:Intel_C4004.jpg(우)

11. 유노가미 다카시 저, 임재덕 옮김(한역). 《일본 반도체 패전》, 2009. 성안당. p38. 이 책 1장 대부분의 내용은 이러한 예를 설명하는 데 사용되고 있다.

12. 정주영. "차량 교체주기 '3~5년'이 1위", 〈매일경제〉. 2013.10.10.

13. Jordan Siegel & James Jinho Chang. "Samsung Electronics", Havard Business School. 2005.8.2. p7,

14. 한주엽. "[한국 반도체 50년]〈8〉삼성은 스택. 현대는 트렌치… 엇갈린 희비", 〈전자신문〉. 2016.8.31. http://www.etnews.com/20160831000350

15. Scotten W. Jones. "A Simulation study of 450mm Wafer Fabrication Costs",

ICKnowledge. 2010.

16. Fetchtor, Detwiler & Co. (재인용: Mark Martinez. "Overnight DRAM Pricing", TheStreet. 2001.3.27. https://www.thestreet.com/investing/stocks/overnight-dram-pricing-1358582)

17. "【Market View】DRAM Industry enters positive circle and profit in next 3 years is expected", DrameXchange. 2010.3.23. https://www.dramexchange.com/WeeklyResearch/Post/2/2320.html

18. Jack Robertson. "Elpida delays 300mm DRAM wafer fab", EETimes. 2001.9.28. https://www.eetimes.com/document.asp?doc_id=1267681

19. Samsung US News Center. "SAMSUNG Electronics Going All Out for Next-generation Memory", Samsung. 2001. https://www.samsung.com/us/news/newsRead.do?news_seq=1207&page=

20. "【Market View】Computex Taipei a key indicator for ongoing price trend; Growth of average NAND Flash content per MP3/PMP to bring a 29% QoQ demand 비트 growth in 2Q08", DRAMeXchange. 2008.5.27. https://www.dramexchange.com/WeeklyResearch/Post/2/595.html

21. Kapooht. "Von Neumann Architecture CC-BY-SA 3.0" https://commons.wikimedia.org/wiki/File:Von_Neumann_Architecture.svg

22. "WD Protégé WD100EB - hard drive - 10 GB - ATA-100 Specs", CNET. https://www.cnet.com/products/wd-protege-wd100eb-hard-drive-10-gb-ata-100. (Accessed 2019.8.1.) 신제품의 경우 WD의 specification을 참고.

23. RD Bentley. "Fujio Masuoka: Inventor of Flash Memory", TheCyberDaily. 2011.8.26. http://thecyberdaily.com/2011/08/fujio-masuoka-inventor-of-flash-memory

24. "IPhone 3G teardown-Intel 3050M0Y0CE-3303", Wikipedia. 2017.5.4. https://commons.wikimedia.org/wiki/File:IPhone_3G_teardown_-_Intel_3050M0Y0CE_-3303.jpg

25. Don Dingee & Daniel Nenni. 《Mobile Unleashed》, SemiWiki. 2015.12.21. p140.

26. ibid. p155.

27. Troy Wolverton. "A Flash in the iPod", TheStreet. 2005.8.25.

28. EDN Staff. "NAND Topped 2005 Flash Market", EDN. 2006.3.28. https://www.edn.com/electronics-news/4318083/NAND-Topped-2005-Flash-Market

29. Mark LaPedus. "Updated: PortalPlayer dealt setback at Apple", EETimes. 2006.4.20. https://www.eetimes.com/document.asp?doc_id=1160843#

30. James Kim. "Apple iPod: good-bye, PortalPlayer; hello, Samsung". CNET.

2006. 4. 26. https://www.cnet.com/news/apple-ipod-good-bye-portalplayer-hello-samsung/

31. Mark LaPedus. "Taiwan eyes NAND flash splash". EETimes. 2006. 8. 23. https://www.eetimes.com/document.asp?doc_id=1163183

32. Jim Elliot. "SSD: The Next Killer App in NAND Flash", Samsung. 2007. (좌) DaveReinsel. "The Global HDD Market: An Inside Perspective", idema. 2005. (우)

33. "Breaking Capacity Barriers With Seagate Shingled Magnetic Recording", Seagate. (Accessed 2019. 8. 1.) https://www.seagate.com/kr/ko/tech-insights/breaking-areal-density-barriers-with-seagate-smr-master-ti(좌), "assisted Recording Technology", WD. 2017. 10. 11. (Accessed 2019. 8. 1.) https://blog.westerndigital.com/the-need-for-energy-assisted-recording-technology(우)

34. Jim Elliot. "SSD: The Next Killer App in NAND Flash", Samsung. 2007. 8. 8. p25.

35. Zsolt Kerekes. "Charting the Rise of the SSD Market", StorageResearch. (Last updated 2018. 11.) https://www.storagesearch.com/chartingtheriseofssds.html

36. "A Performance-Based Comparison of C/C++ Compilers", Colfax Research. 2017. 11. 11. https://colfaxresearch.com/compiler-comparison

37. Xeno Kovah. "Intro x86 (32비트)", 2014. (Last accessed 2019. 8. 1.) https://www.youtube.com/playlist?list=PL038BE01D3BAEFDB0

38. Hannbarakat. "Deeper into Windows Architecture", MS Blog. 2007. 2. 25. https://blogs.msdn.microsoft.com/hanybarakat/2007/02/25/deeper-into-windows-architecture

39. Poli~commonswiki. "I8088". 2005. 4. 5. https://commons.wikimedia.org/wiki/File:I8088.jpg. 작성자 계정은 실제 계정이 아닌 일종의 관리자 계정으로 보인다.

40. Peter Norton. 《Inside the IBM PC(1986)》, 1997. Sams Pub

41. Steven Stengel. "IBM5150", Oldcomputers. (Last edited 2016. 5. 8.) http://oldcomputers.net/ibm5150.html

42. Doug Mataconis. "Farewell to Lotus 1-2-3", Outside the Beltway. 2014. 10. 6. https://www.outsidethebeltway.com/farewell-to-lotus-1-2-3

43. "Andy Grove orbituary", The Guardian. 2016.

44. (저자불명). "Transistor Count", Wikipedia. (Last edited 2019. 8. 2.) https://en.Wikipedia.org/w/index.php?title=Transistor_count&oldid=908961235.

45. "HPE Integrity Superdome SX1000 Servers - Overview", HP Enterprise. (Accessed 2019. 8. 1.) https://support.hpe.com/hpsc/doc/public/display?docId=emr_na-c01584070#N10014

46. Shaun Nikolas. "Intel to finally scatter remaining ashes of Itanium to the wind

in 2021: Final call for doomed server CPU line", The Register. 2019. 2. 1. https://www.theregister.co.uk/2019/02/01/intel_kills_itanium_again

47. AGodSpeed. "Poll: Does Intel's x86-64 "Yamhill" Project Really Exist?", Anandtech. 2002. 1. 26. https://forums.anandtech.com/threads/poll-does-intels-x86-64-yamhill-project-really-exist.715271

48. Imperator3733. IntelProcessorRoadmap-2. Wikipedia. 2011. 1. 14. https://commons.wikimedia.org/wiki/File:IntelProcessorRoadmap-2.svg

49. Ashlee Vance. "Intel says Adios to Tejas and Jayhawk chips", The Register. 2004. 5. 7. https://www.theregister.co.uk/2004/05/07/intel_kills_tejas

50. "Retail CPU market share in October 2005: AMD - 49.8%. Intel - 48.5%", ZDNet. 2005. 11. 9. https://www.zdnet.com/article/retail-cpu-market-share-in-october-2005-amd-49-8-intel-48-5

51. Scott Wasson. "Phenom TLB patch benchmarked", TECHREPORT. 2007. 12. 6. (Last accessed 2019. 8. 1.) https://techreport.com/review/13741/phenom-tlb-patch-benchmarked

52. Chris Mellor. "Hmm. there's something fishy about this graph charting AMD's push into Intel's server turf", The Register. 2018. 8. 6.

53. Handel Jones. "Whitepaper: Semiconductor Industry from 2015 to 2025", Semi. 2015. 8. 4. http://www1.semi.org/en/node/57416

54. "Nine Top-15 2018 Semi Suppliers Forecast to Post Double-Digit Gain", ICInsights. 2018. 11. 12. http://www.icinsights.com/news/bulletins/Nine-Top15-2018-Semi-Suppliers-Forecast-To-Post-DoubleDigit-Gains-

55. Peter Clarke. "Texas Instruments exits process development race", EETimes. 2007. 1. 24. https://www.eetimes.com/document.asp?doc_id=1246043

56. "ARM developers' conference 2004", ARM Holdings. 2004.

57. Guiding Light. "Photon Energy vs Resolution". 2008. 10. 19. https://commons.wikimedia.org/wiki/File:Photon_Energy_vs_Resolution.PNG

58. Martin van den Brink. "Many ways to shrink: The right moves to 10 nanometer and beyond", ASML. 2014. 11. 24. p45.

59. WC Jeong et al. "True 7nm Platform Technology featuring Smallest FinFET and Smallest SRAM cell by EUV. Special Constructs and 3rd Generation Single Diffusion Break", Samsung Electronics. 2018. 10. 29. p2.

60. "Fact Sheet: New Intel Architectures and Technologies Target Expanded Market Opportunities", Intel. 2018. 12. 12. https://newsroom.intel.com/articles/new-intel-architectures-technologies-target-expanded-market-opportunities/#gs.

unybt6

61. David Kanter. "Intel's Haswell CPU Microarchitecture. Real world technologies", RealworldTech. 2012.11.13. https://www.realworldtech.com/haswell-cpu/

62. "Design Challenges In The "More-than-Moore" Era", Marvell. 2016. p9

63. Herb Sutter. "The Free Lunch is Over", GotW. (Last updated 2009.8.) http://www.gotw.ca/publications/concurrency-ddj.htm. 본 그림을 그린 사람은 위키피디아. 인텔 및 Olukotun의 자료를 참고하였다.

64. Anton Shilov. "Market Views: Hard Drive Shipments Drop by Nearly 17% in 2015", Anandtech. 2016. https://www.anandtech.com/show/10098/market-views-2015-hard-drive-shipments 기반 데이터는 전부 WD 및 Seagate의 경영 보고서이다.

65. Cyril Zeller. "CUDA C/C++ Basics", NVIDIA. 2011.11. pp6. https://www.nvidia.com/docs/IO/116711/sc11-cuda-c-basics.pdf.

66. Applimed. "XILINX SPARTAN XC2S200", Xilinx. 2019.2.4. https://forums.xilinx.com/t5/Design-Entry/XILINX-SPARTAN-XC2S200/td-p/936302

67. Rachel Rose O'Leary. "Ethereum Developers Give 'Tentative' Greenlight to ASIC-Blocking Code", Coindesk. 2019.1.4. https://www.coindesk.com/ethereum-developers-give-tentative-greenlight-to-asic-blocking-code

68. David Silver. "Demis Hassabis. AlphaGo Zero: Starting from scratch", Deepmind. 2017.10.18. https://deepmind.com/blog/article/alphago-zero-starting-scratch.

69. Junko Yoshida. "Intel to Exit Mobile SoC Business", EE Times. 2016.4.19.

70. Billy Tallis. "Micron Abandons 3D XPoint Memory Technology", AnandTech. 2021.3.16.

71. Tom Dillinger. "Samsung Foundry Update 2019", Semiwiki. 2019.6.8. https://semiwiki.com/semiconductor-manufacturers/samsung-foundry/259664-samsung-foundry-update-2019 해당 그림은 Samsung Foundry Forum 2019 USA(Samsung Electionics)에서 공개된 것으로 추정된다.

72. "Samsung Key Value SSD enables High Performance Scaling. Samsung Electronics", Samsung Electronics. 2017. p7.

73. Max J. Zenglein & Anna Holzmann. "EVOLVING MADE IN CHINA 2025", MERCIS. 2019.7. p63.

74. Jost Wübbeke, Mirjam Meissner, Max J. Zenglein, Jaqueline Ives & Björn Conrad. "MADE IN CHINA 2025", MERCIS. 2016.12. p6.

75. Jeongdong Choe. "SK hynix' 21 nm DRAM Cell Technology: Comparison of 1st

and 2nd generation", TechInsights. 2017. 7. 5. https://www.techinsights.com/blog/sk-hynix-21-nm-dram-cell-technology-comparison-1st-and-2nd-generation

76. "About Xtacking", YMTC. 2018. www.ymtc.com/index.php?s=/cms/link/69.html

77. Don Jeanette. "TRENDFOCUS Publishes 4th Calendar Quarter NAND/SSD Report", TRENDFORCE. 2016. 2. 22. http://www.trendfocus.com/trendfocus-publishes-4th-calendar-quarter-nand-ssd-report/ (재인용 Don Jeanette. "TRENDFOCUS Publishes CQ4 '17 NAND/SSD Report". 2018. 2. 28. https://www.businesswire.com/news/home/20180228005497/en/TRENDFOCUS-Publishes-CQ4-'17-NAND-SSD-Report)

78. Gina Roos. "Samsung Could End Tight DRAM Supply Earlier Than Expected", EPSNews. 2017. 11. 7. https://epsnews.com/2017/11/07/samsung-end-tight-dram-supply-earlier-expected

79. "SK Hynix FY2018 Q4 Earnings Results", SK Hynix. 2019.

80. 김병수. "중국發 반도체 굴기 쓰나미 오나", 〈매일경제〉. 2018. 7. 3.

81. Inyoung Kim. "[Editorial] Packaging with a Punch", Samsung Electronics. 2015. 4. 14. https://news.samsung.com/global/packaging-with-a-punch-editorial

82. "2015 Summer Analyst Day", Micron. 2015. 8. 14. p9.

83. TrendForce. "Revenue of China's IC Design Industry Grew by Nearly 23% in 2018. HiSilicon. Unisoc. and OmniVision Ranked Top Three. Says TrendForce", TrendForce. 2019. 2. 20. https://press.trendforce.com/press/20190220-3212.html

84. TRI. 2019. 3 (재인용 "Global top ten foundries' revenue ranking in the first quarter is out with TSMC holding a 48.1% market share", ELinfor. 2019. 3. 19. https://elinfor.com/news/global-top-ten-foundries-revenue-ranking-in-the-first-quarter-is-out-with-tsmc-holding-a-481-market-share-p-11043)

85. Kurt Chen. "Global Top Ten Foundries for 2Q19 Perform Less-than-expected Due to Sliding Demand and High Inventories. Says TrendForce", TrendForce. 2019. 6. 13. https://press.trendforce.com/node/view/3259.html#ZGgtkPrxzu0KmZj6.99

86. "IBM Expands Strategic Partnership with Samsung to Include 7nm Chip Manufacturing", IBM. https://newsroom.ibm.com/2018-12-20-IBM-Expands-Strategic-Partnership-with-Samsung-to-Include-7nm-Chip-Manufacturing. 2018. 12. 20.

87. (저자불명). "CMOS fabrication process". Wikipedia. 2014. 8. 16. https://

commons.wikimedia.org/wiki/File:CMOS_fabrication_process.svg

88. BDTi, 2011.10.18. https://www.bdti.com/InsideDSP/2011/10/20/
NvidiaQualcomm

89. The White House. "BUILDING RESILIENT SUPPLY CHAINS, REVITALIZING
AMERICAN MANUFACTURING, AND FOSTERING BROAD-BASED GROWTH".
2021.6. p22.

90. Saif M. Khan et al. "The Semiconductor Supply Chain: Assessing National
Competitiveness", CSET. 2021.1. p8.

91. Antonio Varas et al. "Strengthening the global semiconductor supply chain in an
uncertain era". 2021.4. p34.

가치투자의 교과서 《증권분석》 핵심 요약판
벤저민 그레이엄의 증권분석

벤저민 그레이엄 지음 | 스티그 브로더슨·프레스턴 피시 편저 | 김인정 옮김
368쪽 | 16,500원

《증권분석》의 핵심만 정리하여 원전의 이해를 돕고, 현대 투자자들에게 유용한 투자 전략을 제시하고 있다. 벤저민 그레이엄의 투자 철학과 기법 그리고 현대에 맞는 투자 전략을 세우는 데 유용한 지침을 쉽게 파악할 수 있다.

엘리어트 파동이론

R. N. 엘리어트 지음 | 이형도 펴냄 | 로빈 창 옮김 | 309쪽 | 14,500원

금융시장의 핵심 이론 중 하나인 '엘리어트 파동이론'의 원전을 만난다. 엘리어트는 66세가 넘어 처음 주식시장에 발을 들였고 사망하기 전까지 10년간의 활동으로 전 세계 금융시장에 일대 충격파를 던졌다. '파동이론'은 지금도 금융시장의 분석도구로 유용하게 사용되고 있다.

와튼스쿨 제러미 시겔 교수의 위대한 투자철학
주식에 장기투자하라

제러미 시겔 지음 | 이건 옮김 | 신진오 감수 | 520쪽 | 27,000원

와튼스쿨에서 재무학을 가르치는 제러미 시겔 교수는 '장기투자 대상으로는 주식만큼 위험이 낮고 수익이 높은 자산은 없다'는 명제를 처음 제시하고 이를 체계적으로 증명한 사람이다. 출간과 동시에 베스트셀러가 된 이 책은 주식투자자라면 반드시 읽어야 할 필독서로 꼽힌다.

성공하면 크게 얻고 실패해도 손해가 없는 단도투자
투자를 어떻게 할 것인가

모니시 파브라이 지음 | 김인정 옮김 | 15,000원

워런 버핏과 찰리 멍거의 뒤를 잇는 가치투자의 명인, 모니시 파브라이가 말하는 성공하면 크게 얻고 실패해도 손해가 없는 '단도투자'의 법칙. 위험은 최소화하면서 이익을 최대화하는 방법을 실제로 입증한 인물의 투자 핵심원칙과 아이디어를 따라가 보자.

주식시장에서 살아남는
심리투자 법칙

알렉산더 엘더 지음 | 신가을 옮김 | 588쪽 | 27,000원

정신과 의사라는 독특한 이력을 가진 저자가 투자자들의 심리를 꿰뚫어 봄으로써 이를 시장에 적용시켜본 후 개발하게 된 '심리투자'. 새로운 해법을 제시함으로써 이 책의 저자 알렉산더 엘더 박사는 세계적 베스트셀러 작가 반열에 올랐다.

월스트리트 최고 투자 전략가의 매매 기법 5단계
윌리엄 오닐의 성공 투자 법칙

윌리엄 오닐 지음 | 김태훈 옮김 | 17,000원

이책은 지금까지 당신이 저질렀고, 타당한 규칙을 토대로 투자 결정을 내리지 않으면 앞으로 또 다시 저지르게 될 실수들을 미리 파악하도록 도울 것이다. 초보 투자자라면 성공 투자자가 되기 위해 해야 할 일뿐만 아니라 하지 말아야 할 일이 무엇인지도 알아야 한다.

연평균 수익률 70%, 90%, 그리고 220% 시장을 이기는 마법사를 찾아서!
주식시장의 마법사들

잭 슈웨거 지음 | 김인정 옮김 | 21,000원

월스트리트 최고의 베스트셀러 작가이자 헤지펀드 전문가인 잭 슈웨거는 '시장의 마법사들' 시리즈를 통해 금융시장의 다양한 마법사들을 밀도 있게 소개해 왔다. 성공한 트레이더가 강세장과 약세장에 어떻게 대응하는지 엿볼 수 있다.

경직된 사고를 부수는 '실전 차트 패턴'의 모든 것
차트 패턴

토마스 N. 불코우스키 지음 | 조윤정 옮김 | 420쪽 | 24,000원

세계 최고의 차티스트가 말하는 '똑똑한 돈'의 발자국인 차트 패턴을 분석한다. 저자는 25년 동안 주식을 매매하며 3만 8,500개 이상의 차트를 조사하고 연구했다. 그 패턴을 시뮬레이션하여 엄밀한 과학적 수치로 결과를 제시한다.

반도체 제국의 미래

초판 1쇄 발행 2019년 10월 15일
개정증보판 1쇄 발행 2021년 11월 18일
개정 2판 1쇄 발행 2024년 2월 9일
　　　2쇄 발행 2024년 12월 30일

지은이 정인성

펴낸곳 (주)이레미디어
전화 031-908-8516(편집부), 031-919-8511(주문 및 관리) | 팩스 0303-0515-8907
주소 경기도 파주시 문예로 21, 2층
홈페이지 www.iremedia.co.kr | 이메일 mango@mangou.co.kr
등록 제396-2004-35호

편집 이병철 | 표지디자인 유어텍스트 | 본문디자인 박정현
마케팅 김하경 | 재무총괄 이종미 | 경영지원 김지선

ISBN 979-11-93394-20-5 03320

당신의 소중한 원고를 기다립니다. mango@mangou.co.kr